DIREITO INTERTEMPORAL E O NOVO CÓDIGO DE PROCESSO CIVIL

Coordenação
Paulo Cezar Pinheiro Carneiro
Leonardo Greco
Humberto Dalla Bernardina de Pinho

DIREITO INTERTEMPORAL E O NOVO CÓDIGO DE PROCESSO CIVIL

Autores

Paulo Cezar Pinheiro Carneiro
Leonardo Greco
Humberto Dalla Bernardina de Pinho
Bernardo Braga e Silva
Camila de Castro Barbosa Bissoli do Bem
Érika Ribeiro de Oliveira Napoleão do Rêgo
Estefania Freitas Côrtes
Francesco Conte
Gustavo Quintanilha Telles de Menezes
José Roberto Sotero de Mello Porto
Ludmilla Camacho Duarte Vidal
Marcela Kohlbach de Faria
Mariana Ferradeira Sales Bezerra
Paula Menna Barreto Marques
Yuri Maciel Araujo

GZ EDITORA
Rio de Janeiro
2018

1ª edição – 2017
1ª edição – 2018 – 2ª tiragem

CIP – Brasil. Catalogação-na-fonte.
Sindicato Nacional dos Editores de Livros, RJ.

D635

Direito intertemporal e o novo código de processo civil / Paulo Cezar Pinheiro Carneiro, Leonardo Greco, Humberto Dalla Bernardina de Pinho. - 1. ed. - Rio de Janeiro: LMJ Mundo Jurídico, 2017.
366 p.; 24 cm.

Inclui bibliografia e índice
ISBN 978859524019-3

1. Processo civil. I. Carneiro, Paulo Cezar Pinheiro. II. Greco, Leonardo. III. Pinho, Humberto Dalla Bernardina de. IV. Título.

17-43343

CDU: 347.91/.95(81)

contato@editoragz.com.br
www.editoragz.com.br
Av. Erasmo Braga, 299 – sala 202 – 2º andar – Castelo – RJ
CEP: 20020-000 – Rio de Janeiro – RJ
Tels.: (0XX21) 2240-1406 / 2240-1416 – Fax: (0XX21) 2240-1511

Impresso no Brasil
Printed in Brazil

APRESENTAÇÃO

É difícil imaginar ramo do Direito mais prático que o processual. E, especificamente dentro dessa ciência, poucos temas (se é que há algum) podem ter maior reflexo no dia a dia forense que a aplicabilidade de novas normas a processos em curso.

O último ano, o primeiro da vigência do Código de Processo Civil de 2015, foi frutífero em questionamentos, por parte dos aplicadores da lei. Na realidade, a cada dia surgia uma nova e autêntica dúvida nos corredores dos fóruns pátrios, bem como nas salas de estudo. À doutrina, caberia dar as respostas – que, por vezes, tardaram em chegar –, sempre com os olhos voltados para os jurisdicionados, via de regra leigos, buscando não se afastar, pela abstração, dos fins últimos do novel diploma: a melhor prestação da Justiça.

Justamente por sentir essa quantidade de interrogações, é que decidimos nos debruçar sobre elas. E o fizemos bem acompanhados por estudiosos representantes de todos os seguimentos jurídicos, de modo a oferecer soluções, para além de técnicas, concretas.

Algumas das dúvidas foram prontamente sentidas, razão pela qual desenhamos *breves notas* sobre a aplicação de diversos institutos trazidos pelo legislador. O mote, a bem da verdade, deve ser o resguardo dos valores constitucionais, muitos deles inclusive densificados pela Lei 13.105/2015. Nessa linha, chegamos a uma regra geral intertemporal que vai além da simplória resposta legal: o jurista deve se preocupar com a segurança jurídica e com as legítimas expectativas eventualmente despertadas nas partes.

Além disso, pudemos perceber as diversas previsões específicas que vieram com o código, todas elas passíveis de aprofundamento: uma nova roupagem da divisão dos procedimentos, o tratamento que deve se dar às provas requeridas antes do advento da legislação, os termos da prescrição intercorrente (agora, positivada), etc.

Nem por isso, porém, podemos considerar que se esgotaram os pontos que demandavam tratamento intertemporal específico. *Mariana Ferradeira Bezerra*, por exemplo, após tratar, à exaustão, do atual panorama dos honorários advocatícios, concluiu, com precisão, que a incidência do regramento atual está ligada à segurança jurídica, à vedação das decisões surpresa e ao princípio da cooperação. Termina estabelecendo parâmetros certeiros para a questão.

Francesco Conte, por sua vez, esteve incumbido de verificar o recente papel do *amicus curiae*. Em um trabalho de fôlego, analisou o histórico dessa particular figura do processo, sugerindo uma maior atuação das agências reguladoras, e, por fim, verificou, que a problemática intertemporal, também nesse ponto, encontra réplica por parte de um princípio processual: o contraditório (a cada dia mais) participativo.

Prosseguindo na investigação do CPC/15, encontramos a toda reformada tutela provisória – instrumento dos mais pragmáticos –, dentro da qual, logicamente, o direito de compatibilização cronológica prontamente levantou indagações. Como ficam os processos cautelares em curso? Qual o impacto da tutela antecipada antecedente sobre os feitos preexistentes? Os novos traços da tutela de evidência se aplicam desde já? *Érika Napoleão do Rêgo* desenvolveu um texto respondendo a esses e diversos outros questionamentos inquietantes.

O moderno processo é, em definitivo, um processo cooperativo, repleto de diálogos, o que se evidencia pela robustecida dos negócios processuais, em especial os atípicos. A amplitude do ajuste, contudo, está longe de ser um tema "preto no branco". Buscando aprofundar o debate, o tornando o mais complexo possível, *Estefania Cortes* focou nos acordos plausíveis já no bojo de procedimentos executivos, ainda que oriundos de títulos judiciais anteriores ao diploma corrente.

José Roberto de Mello Porto se desincumbiu de uma questão de grande relevância prática: a da compatibilidade dos enunciados sumulados pelos tribunais de cúpula (Supremo Tribunal Federal e Superior Tribunal de Justiça) com o Código de Processo Civil hodierno. Em um estudo fluente e objetivo, porém exauriente, o autor presta valioso serviço aos profissionais do direito, facilitando a adaptação ao neoprocessualismo, ao sentenciar os enunciados positivados e ultrapassados pelo diploma processual civil.

Mantendo-se, ainda, dentro de uma das grandes colunas do NCPC, o tema da jurisprudência e dos precedentes, *Marcela Kohlbach de Faria* se dedicou ao ajustamento de um ponto nodal: os cadastros exigidos pelo código, notadamente para a sistemática dos casos repetitivos. Muito pouco se fala na doutrina a esse respeito, de modo que o texto ganha autoridade inquestionável, sobretudo pelo aprofundamento da análise da regulamentação oriunda do Conselho Nacional de Justiça.

Os recursos são outra área profícua em discussões, o que estimulou *Paula Menna Barreto* e *Yuri Maciel Araujo*. A primeira se dedicou ao agravo de instrumento, meio de impugnação restringido pelo legislador de 2015, quando comparado ao regramento de 1973, tendo esquadrinhado o seu cabimento (mesmo contra decisões anteriores ao novo diploma), mas também seu procedimento, em minúcias.

Por outro lado, o segundo autor preferiu desfazer angústias referentes aos embargos infringentes, espécie que, em um futuro não muito distante, se tornará peça de museu. O tempo que levará para tanto é que dependerá da visão adotada pelos tribunais, tendo o jovem processualista proposto diversas soluções, inclusive quanto à sobrevida dada por eventuais embargos de declaração interpostos no desenrolar do processo.

Os exames igualmente se voltaram a áreas mais específicas do direito. Enquanto diploma processual geral, o CPC de 2015 influencia outros ramos. Tal constatação está expressa no próprio texto da lei, mas suas vicissitudes e a exata medida desse diálogo interdisciplinar objetos eminentemente doutrinários. A esses interesses se dedicaram *Gustavo Quintanilha*, quanto aos procedimentos falimentares e da recuperação judicial, *Camila do Bem*, voltando-se ao processo do trabalho (esgotando e questionando a Instrução Normativa 39/2016, do TST), e *Bernardo Braga e Silva*, em audacioso trabalho acerca da interação com o processo penal, cujo longevo diploma há de beber das modernas águas do processualismo civil.

Também microssistemas terão que se entender com o código de processo, em cotejos intrincados. Demonstração disso é a sistemática dos juizados especiais, que tem suscitado acaloradas disputas (veja-se a dicotomia dias corridos *versus* dias úteis, sobre as quais *Ludmilla Camacho Vidal* colocou lentes de aumento, interpelando até mesmo certos dogmas instituídos, chegando à respostas derradeiras.

Dando mais um passo para fora da judicialização dos conflitos, mas em direção ao acesso à justiça, *Humberto Dalla Bernardina de Pinho* e *José Roberto Mello Porto* exauriram o presente estado da usucapião extrajudicial, inovação do Código de Processo Civil na Lei de Registros Públicos. A sintética disciplina, entretanto, demandou mergulhos profundos na seara administrativa, a qual, por vezes, se mostrou incompatível com a previsão legal e mesmo com a ordem constitucional.

O que se percebe, com facilidade, é que a criação de uma nova figura (ou sua reformulação) não apenas deve receber comentários teóricos, por mais completos que venham a ser. O fulcral é enxergar como se dará seu desenrolar prático. Por possuir esses dois aspectos, o direito intertemporal é dotado de um charme especial. Esperamos que esta obra possa aumentar seu brilho. Desejamos a todos uma agradável (e prática) leitura!

Rio de Janeiro, janeiro de 2017.

Paulo Cezar Pinheiro Carneiro
Leonardo Greco
Humberto Dalla

SOBRE OS AUTORES

Paulo Cezar Pinheiro Carneiro
Professor Titular de Teoria Geral do Processo na Faculdade de Direito da UERJ. Procurador de Justiça aposentado. Advogado no Rio de Janeiro. Membro da Comissão que elaborou o CPC/2015.

Leonardo Greco
Professor Titular aposentado de Direito Processual Civil na Faculdade de Direito da UFRJ. Advogado no Rio de Jeneiro.

Humberto Dalla Bernardina de Pinho
Professor Titular de Direito Processual Civil na Faculdade de Direito da UERJ. Martin-Flynn Global Law Professor (University of Connecticut School of Law). Promotor de Justiça no Estado do Rio de Janeiro

Bernardo Braga e Silva
Doutorando e mestre em Direito Processual (UERJ). Professor de Direito Processual Penal da Escola da Magistratura do Estado do Rio de Janeiro (EMERJ). Advogado no Rio de Janeiro.

Camila de Castro Barbosa Bissoli do Bem
Mestranda em Direito Processual da Universidade Estadual do Rio de Janeiro. Advogada.

Érika Ribeiro de Oliveira Napoleão do Rêgo
Mestranda em Direito Processual (UERJ). Advogada. Pós-graduada em Direito Processual Civil (PUC-RJ)

Estefania Freitas Côrtes
Mestranda em processo na Universidade do Estado do Rio de Janeiro – UERJ. Professora da Faculdade Nacional de Direito – FND/UFRJ. Professora da Escola da Magistratura do Estado do Rio de Janeiro – EMERJ. Professora do PREMERJ – Curso preparatório de ingresso à Escola da Magistratura do Rio de Janeiro. Advogada.

Francesco Conte
Mestre e Doutorando em Direito Processual pela Universidade do Estado do Rio de Janeiro. Procurador do Estado e Advogado.

Gustavo Quintanilha Telles de Menezes
Mestre e Doutor em processo civil pela Universidade do Estado do Rio de Janeiro. Juiz de direito.

José Roberto Sotero de Mello Porto
Mestrando em Direito Processual (UERJ). Pós-graduado em Direito Privado (UCAM). Defensor Público do Estado do Rio de Janeiro.

Ludmilla Camacho Duarte Vidal
Mestranda em Direito Processual (UERJ). Advogada. Pós-graduada em Direito Processual (UFJF).

Marcela Kohlbach de Faria
Mestre e doutoranda em Direito Processual pela Universidade do Estado do Rio de Janeiro. Advogada.

Mariana Ferradeira Sales Bezerra
Mestranda em Direito Processual pela Faculdade de Direito da Universidade do Estado do Rio de Janeiro (UERJ). Bacharel em Direito pela Universidade Federal Fluminense (UFF). Advogada.

Paula Menna Barreto Marques
Mestranda em Direito Processual (UERJ). Especialista em Direito Processual Civil (PUC-RJ). Advogada no Rio de Janeiro.

Yuri Maciel Araujo
Mestrando em Direito Processual (UERJ). Advogado.

SUMÁRIO

BREVES NOTAS SOBRE O DIREITO INTERTEMPORAL NO ADVENTO DO CÓDIGO DE PROCESSO CIVIL DE 2015

Leonardo Greco
Paulo Cezar Pinheiro Carneiro

A entrada em vigor de um novo Código de Processo Civil colheu em pleno andamento milhares de processos, aos quais passaram a aplicar-se as disposições do novo diploma, nos termos do seu artigo 1.046.

Entretanto, a interdependência característica dos atos processuais, que formam uma cadeia que não deve sofrer brusca ruptura, sujeita atos e situações posteriores ao novo diploma a efeitos de atos ou situações a ele anteriores.

Algumas situações específicas o próprio Código procurou regular, como, por exemplo, a das ações já iniciadas com procedimentos que vieram a ser por ele extintos, cujas regras do procedimento original foram mantidas até a sentença (art. 1.046, § 1°).

Embora poucas essas regras específicas, parece que seria impossível que o próprio legislador viesse a desvendar previamente todos os tipos de dificuldades e a sugerir o modo de equacioná-las. Assim, o que parece mais adequado é, à falta de regra específica, tentar um critério geral, que respeite as noções básicas de direito adquirido e de ato jurídico perfeito, aliás, consagradas na Constituição (art. 5º, inc. XXXVI) e no artigo 6° da Lei de Introdução às Normas do Direito Brasileiro e examinar em que medida, em face de cada questão, cada processo apresenta situações jurídicas previamente consolidadas, a serem observadas na aplicação do novo Código, sujeitando-se no restante inteiramente ao novo diploma, como prevê o já referido artigo 1.046.

1. As regras gerais

Os artigos 14 e 1.046 do Código de 2015 delineiam as regras gerais de direito intertemporal, estabelecendo que a norma processual não retroage e é aplicável de imediato aos processos em andamento, preservados os atos processuais anteriormente praticados e as situações jurídicas consolidadas sob a vigência da norma revogada.

Essas regras consagram a teoria objetiva de Roubier, adotando expressamente os critérios da *eficácia imediata* e do respeito às *situações jurídicas* consolidadas sob a vigência da norma revogada, difundidos entre nós por Galeno Lacerda por ocasião da entrada em vigor do Código de 1973[1], mas no fundo não se pode dizer que abandonem o critério subjetivo do direito adquirido, pois este constitui certamente fundamento para a verificação de inúmeras situações jurídicas consolidadas.

Há, sem dúvida, inúmeros direitos adquiridos processuais, como, por exemplo, o direito de recorrer de imediato de determinada decisão proferida antes da lei que extinguiu o recurso, alguns como tal definidos pelo próprio legislador e outros que resultam da própria eficácia imediata dos atos processuais, o que não impede que a nova lei processual seja desde logo aplicada se respeitar esses direitos com igual ou maior amplitude.

Por outro lado, há situações jurídicas que devem ser preservadas, mesmo que resguardadas de modo mais amplo pela lei nova, porque a ampliação das faculdades de uma das partes pode reduzir expectativa legítima da outra, como, por exemplo, na ampliação de prazos para interposição de recursos em razão da contagem dos prazos em dias úteis, no caso de prazos peremptórios. Nessas situações, a preservação da eficácia da norma da lei anterior é recomendável por exigência de segurança jurídica, de respeito à previsibilidade[2] e às expectativas das partes, impedindo que se modifique a relação de equilíbrio pré-estabelecida entre elas de que poderia resultar a colocação de uma delas em nítida posição de desvantagem em relação à outra.

Dissertando sobre o aspecto objetivo da segurança jurídica adotada na Constituição Federal de 1988, Humberto Ávila leciona que ela corresponde à segurança do ordenamento, de uma norma geral ou individual e de um comportamento, notadamente estatal.[3] Segurança jurídica é permitir que as partes, no momento em que praticam os atos processuais, conheçam as consequências jurídicas que desses atos resultarão.

A segurança jurídica é o mínimo de previsibilidade necessária que o Estado de Direito deve oferecer a todo cidadão a respeito de quais são as normas de convivência que ele, cidadão, deve observar, e com base nas quais poderá travar relações jurídicas válidas e eficazes.

Situações jurídicas produzem efeitos imediatos e efeitos futuros. E a lei nova, produzindo efeitos imediatos mesmo sobre fatos ou situações jurídicas pretéritas, deve respeitar os efeitos já produzidos anteriormente pelas

---

1 LACERDA, Galeno. O novo Direito Processual Civil e os Feitos Pendentes. Rio de Janeiro: Forense. 1974.

2 WAMBIER, Teresa Arruda Alvim. Anotações sobre o direito intertemporal e as mais recentes alterações do CPC. In Revista de Processo, ano 32, n. 150. São Paulo: Revista dos Tribunais. 2007. p. 263: "O valor que deve orientar a escolha das soluções de direito intertemporal é a *previsibilidade*."

3 ÁVILA, Humberto. Segurança jurídica. Entre permanência, mudança e realização no direito tributário. São Paulo: Malheiros Editores, 2011. p. 257.

situações pretéritas, incidindo para o futuro na produção de novos efeitos, desde que respeite as legítimas expectativas das partes, a amplitude de sua defesa e do seu direito de influir eficazmente nas decisões. O ato processual anterior à lei nova é preservado. São preservados os seus efeitos já produzidos. A lei nova será aplicada de imediato aos seus efeitos futuros, respeitando ao máximo as legítimas expectativas, o contraditório e a ampla defesa decorrentes da lei anterior de regência.

O processo é uma relação jurídica dinâmica, em permanente mutação, composta de um conjunto de atos interdependentes entre si. Teresa Wambier sustenta que se existe uma série de atos interdependentes, um anterior e outro posterior, ambos ficam imunes às novas regras.[4]

Essa posição, assim como uma posição mais radical de preservação da regência pela lei anterior de todos os efeitos dos atos anteriores (ultratividade da lei anterior), não nos parece que se compatibilize com a instrumentalidade do processo e corre o risco de comprometer o equilíbrio que deve existir em todo o desenvolvimento da relação processual entre todas as situações jurídicas por ele criadas, prejudicando a previsibilidade do procedimento e estabelecendo sua regência por uma terceira lei, que não é nem a anterior nem a posterior, e que será definida em cada caso concreto.

Por isso, a preponderante aplicação imediata da lei nova se recomenda, pois "as previsões contidas na lei velha já não existem e, obviamente, as consequências jurídicas dos atos futuros não são as que ela ditara no passado", conforme observa Lúcio Delfino, citando Cândido Dinamarco.[5]

É justamente essa interdependência entre todos os atos do processo que poderá exigir a compatibilização dos efeitos dos atos anteriores às exigências da lei nova,[6] cabendo ao verificar se as predeterminações anteriores são compatíveis com a lei nova, preservando-as em caso positivo, bem como no caso de se imporem pela exigência de respeito às expectativas legítimas (segurança jurídica e previsibilidade), à ampla defesa e ao contraditório. Por isso, parece-nos exagero sustentar que o novo Código tenha adotado pura e simplesmente a teoria do isolamento absoluto dos atos processuais.

Portanto, como observa Dinamarco, "não pode a lei nova retirar a proteção jurisdicional antes outorgada a determinada pretensão, excluindo ou

---

4 WAMBIER, Teresa Arruda Alvim Wambier, et alii. Anotações sobre o direito intertemporal e o processo. In ______. Breves Comentários ao novo Código de Processo Civil, 2ª ed. São Paulo: Revista dos Tribunais. 2016. p. 17.

5 DELFINO, Lúcio. Anotações sobre o direito intertemporal processual. In Revista Jurídica Notadez, n.356. São Paulo: ed. Fonte do Direito. Junho de 2007. P. 85. DINAMARCO, Cândido Rangel. Instituições de Direito Processual Civil, v. 1. 6ª ed. São Paulo: Malheiros. 2009. p. 101.

6 PIMENTEL, Wellington Moreira. A aplicação do novo Código de Processo Civil às Causas Pendentes. Rio de Janeiro: CEJUR. 1974. p. 24.

comprometendo radicalmente a possibilidade do exame desta de modo a tornar impossível ou particularmente difícil a tutela antes prometida".[7]

2. Aplicação retroativa?

O Código de 2015 consagra formalmente uma série de disposições que constituem a implementação necessária de princípios e garantias constitucionais vigentes desde 5 de outubro de 1988, de acordo com a compreensão geralmente aceita pela doutrina, consagrada ou não desmentida pela jurisprudência dominante dos tribunais, a respeito do alcance desses princípios e garantias em momento anterior ao início da vigência do novo Código. Alguns têm visto nesses dispositivos hipóteses de eficácia retroativa.[8] Não se trata propriamente de retroação. A rigor, o que se quer dizer é que a consagração explícita dessas regras no novo Código não significa que elas não existiam anteriormente. Assim, por exemplo, a *audiência bilateral* (art. 9º) e a paridade de armas (art. 7º).

Há, por outro lado, no novo Código, disposições que implementam garantias constitucionais cujo alcance não era plenamente reconhecido pela doutrina geralmente aceita ou era repudiado pela jurisprudência dominante. A segurança jurídica impede que sejam aplicadas retroativamente.

É o caso do artigo 10, em que, seguindo o exemplo de legislações de outros países, como as da Itália e de Portugal, estabelece que o juiz "não pode decidir, em grau algum de jurisdição, com base em fundamento a respeito do qual não se tenha dado às partes oportunidade de se manifestar, ainda que se trate de matéria sobre a qual deva decidir de ofício". Essa mesma regra se aplica à decretação *ex-officio* da prescrição e da decadência, de acordo com o artigo 487, parágrafo único. Também nos tribunais essa regra deverá ser observada, dispondo o art. 933 que, constatando o relator a ocorrência de fato superveniente à decisão recorrida ou a existência de questão apreciável de ofício ainda não examinada que devam ser consideradas no julgamento do recurso, intimará as partes para que se manifestem no prazo de 5 (cinco) dias. E os parágrafos desse mesmo artigo dispõem, em complemento, que, se a constatação ocorrer durante a sessão de julgamento, este será imediatamente suspenso a fim de que as partes se manifestem e se a constatação se der em vista

---

7 Op. Cit. p. 105.

8 V. DIDIER JR., Fredie. Eficácia do novo CPC antes do término do período de vacância da lei. In YARSHELL, Flávio Luiz. PESSOA, Fabio Guidi Tabosa. Direito Intertemporal. Salvador: Editora Juspodivm. 2016. P. 317-324; CABRAL, Antonio do Passo. Pré-eficácia das normas e a aplicação do Código de Processo Civil de 2015 ainda no dríodo de vacatio legis. In YARSHELL, Flávio Luiz. PESSOA, Fabio Guidi Tabosa. Direito Intertemporal. Salvador: Editora Juspodivm. 2016. p. 79-88.

dos autos, deverá o juiz que a solicitou encaminhá-los ao relator, para audiência das partes e subsequente exame da questão pelo colegiado.[9]

Apesar de decorrente da audiência bilateral, não tinha esse reconhecimento a regra agora consagrada no artigo 932, que obriga o relator no tribunal, antes de rejeitar monocraticamente recurso por inadmissibilidade, conceder prazo ao recorrente para sanar o vício ou complementar a documentação exigível.

A fundamentação consistente e precisa das decisões judiciais é um dos aspectos mais relevantes do contraditório, disciplinado com mais ênfase pelo Código de 2015. Implementando o disposto no artigo 93, inciso IX, da Constituição, o Código condena, nos §§ 1º e 2º do artigo 489, especificamente os mais frequentes vícios de fundamentação que devem ser evitados em qualquer decisão judicial, como a mera indicação de artigos de lei, o emprego de conceitos indeterminados sem explicar o motivo da sua incidência no caso concreto, a adoção de argumentos genéricos que se prestam a justificar qualquer outra decisão, a omissão de resposta a todos os argumentos relevantes deduzidos pelas partes que poderiam conduzir a conclusão diversa da adotada, a simples invocação de precedente ou súmula sem identificar de que modo os seus fundamentos se aplicam ao caso concreto e a não explicitação das premissas e dos critérios de aplicação do princípio da proporcionalidade. Em outros dispositivos, exige fundamentação consistente na concessão da tutela da urgência (art. 298), no indeferimento das diligências inúteis ou meramente protelatórias (art. 370, parágrafo único), na decisão sobre a distribuição do ônus da prova (art. 373) e na avaliação da prova pericial (art. 479), entre outras. Essas regras se aplicam a todas as decisões proferidas na vigência do novo diploma, mesmo que relativas a processos anteriormente pendentes.

3. Regras especiais

O Código adotou regras especiais de direito transitório a respeito de cinco questões, a saber: a tramitação de ações cujos procedimentos foram extintos no novo diploma (art. 1.046, § 1º); a produção de provas requeridas após a vigência do novo Código (art. 1.047); a coisa julgada da questão prejudicial (art. 1.054); a contagem do prazo de prescrição intercorrente para execuções em curso, a partir da vigência do novo CPC (art. 1.056); e

---

9 FELICIANO, Guilherme Guimarães. O novo Código de Processo Civil e as prerrogstivas da magistratura nacional. Reflexões de um juiz. In MIESSA, Elisson (org.). O novo Código de Processo Civil e os seus reflexos no Processo do Trabalho. Salvador: Juspodivm, p.354. É melhor deixar a critério do magistrado a observância do contraditório prévio, em atenção à necessidade, conveniência e adequação das fases e dos atos do processo às especificidades do conflito e à celeridade.

a aplicação dos arts. 525, §§ 14 e 15, e 535, §§ 7º e 8º, apenas às decisões transitadas em julgado após a vigência do novo Código (art. 1.057).

3.1. Procedimentos

O artigo 1.046, § 1º, mantém em vigor os procedimentos sumário e especiais do Código de 1973, revogados pelo Código de 2015, na disciplina das ações propostas e ainda não sentenciadas até o início da vigência do novo diploma.

São casos de ultratividade da lei anterior. A preservação dessas disposições diz respeito apenas às regras de rito, ou seja, as que estabelecem a sequência, o encadeamento e os prazos dos atos a serem praticados nesses procedimentos, não aos requisitos de validade e de conteúdo dos atos subsequentes, que se submeterão à regência do novo Código. Assim, a contagem dos prazos para os atos subsequentes, os requisitos formais das decisões, as intimações seguirão desde então as regras do novo Código.

No regime do Código de 1973 entendia-se que a ação se considerava proposta se fosse despachada pelo juiz, distribuída ou simplesmente protocolada. O Código de 2015 no artigo 312 determina que a ação se considera proposta quando a petição inicial for protocolada. Parece-nos que os dois regimes são compatíveis, exceto na hipótese da inicial que tenha sido levada diretamente a despacho do juiz sem protocolo e sem prévia distribuição. Praticado esse ato na vigência do Código anterior, a ação já estará proposta e, se adotar o procedimento sumário ou especial revogado ou que tenha tido disposições do Código de 1973 revogadas pelo novo Código, por aquelas disposições procedimentais continuará regida até a sentença de primeiro grau.

Há vários procedimentos especiais de jurisdição contenciosa do Código de 1973, que foram mantidos no Código de 2015, como, por exemplo, os procedimentos que regulam a ação de consignação em pagamento (CPC de 1973, arts. 890 a 900; Código de 2015, arts. 539 a 549), as ações possessórias (CPC de 1973, arts. 920 a 933; CPC de 2015, arts. 554 a 568), os inventários (CPC de 1973, arts. 982 a 1.045; Código de 2015, arts. 610 a 673), a ação de prestação de contas (Código de 1973, arts. 914 a 919; CPC de 2015, arts. 550 a 553) etc. Na entrada em vigor do novo Código, preservam-se os atos já praticados mas adotarão as regras dos respectivos procedimentos do novo Código, nos atos subsequentes.

Há também diversos procedimentos especiais de jurisdição contenciosa do Código de 1973 que desaparecem no Código de 2015 como procedimentos autônomos, como, por exemplo: o da ação de depósito (CPC de 1973, arts. 901 a 906); o da ação de anulação e substituição de títulos ao portador (CPC de 1973, arts. 907 a 913); o da ação de nunciação de obra nova (arts. 934 a 940); o da ação de usucapião de terras particulares (arts.

941 a 945); o das vendas a crédito com reserva de domínio (arts. 1.070 e 1.071). De acordo com o artigo 1.046, § 1º, continuarão regidos pelas regras procedimentais especiais do Código de 1973 até a sentença, mas observarão as regras do novo Código quanto às disposições gerais que lhes são aplicáveis (por exemplo, a regra de contagem de prazos). A partir da entrada em vigor do novo Código, as novas ações adotarão o procedimento comum.

O artigo 1.046, § 2º, mantém em vigor as disposições especiais dos procedimentos regulados em outras leis, aos quais se aplicará supletivamente o Código de 2015.

Em leis estranhas aos Códigos, a chamada legislação extravagante, são também regulados muitos outros procedimentos especiais de jurisdição contenciosa, como o mandado de segurança (Lei n. 12.016/2009), a ação popular (Lei n. 4.717/65), a ação de alimentos (Lei n. 5.478/68) e tantos outros. Em relação a estes, os procedimentos dessas leis continuarão a regulá-los integralmente, não limitadamente até a sentença de 1º grau, mesmo os que venham a ser propostos depois do início da vigência do novo Código, nos termos do § 2º do artigo 1.046, mas, a partir dessa data, a eles se aplicarão supletivamente as disposições do novo Código. Há muitas lacunas nessa aplicação subsidiária do novo Código aos procedimentos previstos em leis especiais, que certamente suscitarão controvérsias e que poderiam ser equacionadas em lei de adaptação, que não foi feita. Por exemplo, quais as decisões interlocutórias que são agraváveis no mandado de segurança? Sobrevive a concessão do efeito suspensivo da apelação pelo juiz de primeiro grau na ação civil pública?

Já o § 3º do mesmo artigo, destoando da regra do § 1º, manda aplicar o procedimento comum do novo Código às ações mencionadas no artigo 1.218 do Código de 1973 que não tenham sido incorporadas em outras leis.

Eram procedimentos do Código de 1939, mantidos pelo Código de 1973 até que fossem incorporados a leis específicas. Vários deles foram incorporados em leis específicas, como a Lei de Locação (despejo, renovatória) ou à Lei dos Registros Públicos e por elas continuarão regidos, aplicando-se subsidiariamente as disposições do novo Código, inclusive em relação às ações que vierem a ser propostas depois do início da sua vigência. Outros foram expressamente disciplinados no novo Código, passando a ser regidos pelas suas regras, sem prejuízo da conservação da eficácia dos atos anteriormente propostos no regime revogado, como a ação de dissolução parcial de sociedade (arts. 599 a 609); a ratificação dos protestos marítimos e dos processos testemunháveis formados a bordo (arts. 766 a 770).

Os remanescentes, como o dinheiro a risco, a vistoria de fazendas avariadas, a apreensão de embarcações e a avaria a cargo do segurador, se não absorvidos por algum procedimento do novo Código, adotarão, de acordo o § 3º do artigo 1.046, o procedimento comum, salvo se tiverem o caráter cautelar ou de jurisdição voluntária, mantidas as disposições procedimentais do Código de 1939 se ajuizados antes do início da vigência do Código de 2015.

No processo de execução, não há um procedimento comum, mas um procedimento para a execução por quantia certa, que pode ser individual (CPC de 1973, arts. 646 a 724; CPC de 2015, arts. 824 a 909) ou coletiva (CPC de 1973, arts. 748 a 786-A, mantidos em vigor pelo artigo 1.052 do Código de 2015), outro para a execução das obrigações de fazer e de não fazer (CPC de 1973, arts. 632 a 645; CPC de 2015, arts. 814 a 823) ou de entrega de coisa certa ou incerta (CPC de 1973, arts. 621 a 631; CPC de 2015, arts. 806 a 813), além de procedimentos executórios específicos no próprio Código, como os que regulam a execução alimentícia (CPC de 1973, arts. 732 a 735; Código de 2015, arts. 911 a 913), a execução pecuniária contra a Fazenda Pública (CPC de 1973, arts. 730 e 731; CPC de 2015, art. 910), o cumprimento de sentença (CPC de 1973, arts. 475-I a 475-R; CPC de 2015, arts. 513 a 538), e também em leis extravagantes, como a execução dos créditos decorrentes de contrato de alienação fiduciária (Decreto-Lei n. 911/69) e a execução fiscal (Lei 6.830/80), entre outros. Aos procedimentos executórios não se aplica o § 1º do artigo 1.046, pois não buscam a uma sentença. Entretanto, os embargos à execução contra a Fazenda Pública de título judicial ajuizados antes de 18/3/2016 sujeitam-se à regra do § 1º do artigo 1.046, prosseguindo nessa forma até a sentença de primeiro grau. Após essa data, caberá a impugnação ao cumprimento de sentença prevista no artigo 535 do NCPC. O § 1º do artigo 1.046 também se aplica a todas as ações de conhecimento incidentes na execução ou no cumprimento de sentença, como as liquidações, as impugnações ao cumprimento de sentença e os embargos do executado e de terceiro. Assim, as disposições do novo Código se aplicarão desde logo aos processos pendentes, preservada a eficácia dos atos anteriormente praticados.

O processo cautelar, por sua vez, no Código de 1973, possui um procedimento comum, regulado nos artigos 801 a 812 do Código de Processo Civil e aplicável a todas as ações cautelares que não tenham um procedimento específico. Além desse procedimento comum, há vários procedimentos específicos, tais como os que disciplinam o arresto (arts. 813-821), o sequestro (arts. 822-825), a busca e apreensão (arts. 839-843), o arrolamento (arts. 855-860), a justificação (arts. 861-866), as notificações (arts. 867-873), a produção antecipada de provas (art. 846-851) etc.

Diferentemente, o Código de 2015 não disciplinou um procedimento comum para a tutela de urgência, antecipada ou cautelar. Quando antecedente, após a sua fase preliminar, o procedimento passa a ser o comum do processo de conhecimento (arts. 303 a 307). Se incidente, se incorpora ao procedimento no qual for requerida. Excetuam-se, por conservarem procedimentos próprios a produção antecipada de prova (arts. 381 a 383), as notificações e interpelações (arts. 726 a 729), a homologação do penhor legal (arts. 706 a 703). Os que estiverem em curso na entrada em vigor do novo Código, se visarem à obtenção de sentença, continuarão regidos pelas disposições procedimentais do Código de 1973. Caso contrário, sujeitar-se-ão desde logo às disposições especiais do Código de 2015 ou, se inexistirem, ao seu procedimento comum, preservados os atos anteriores. Quanto aos procedimentos extintos, como arrestos, sequestros e outros, sobreviverão regidos pelo Código de 1973 até o seu final, conservando a eficácia dos atos neles anteriormente praticados, especialmente se neles tiver sido concedido algum provimento conservativo que deva produzir efeitos em demanda principal em curso.

Na jurisdição voluntária, a redação do artigo 719 é idêntica à do art. 1.103 do CPC/1973. Tal como aquele, o novo Código regulou na seção dedicada às disposições gerais da jurisdição voluntária as regras e o procedimento aplicáveis a todos os institutos por ela abrangidos. Essas regras e esses procedimentos se aplicam a todos os procedimentos de jurisdição voluntária atribuídos a juízes e tribunais, estejam eles ou não expressamente regulados como tal no Código, exceto se houver disposições específicas em outros capítulos do Código ou em outras leis que disponham de modo diverso.

Neste capítulo do Código estão previstos alguns procedimentos (arts. 719 a 770). Fora desse capítulo encontram-se a justificação (art. 381, § 5.º), o arrolamento (arts. 659 a 667) e a homologação do penhor legal (arts.703 a 706), aos quais igualmente se aplicam as regras dos arts. 719 a 724, no que for cabível.

Desaparecem no novo Código alguns procedimentos de jurisdição voluntária expressamente regulados no Código de Processo Civil de 1973, a saber: a posse em nome do nascituro e a especialização da hipoteca legal. O primeiro tornou-se absolutamente desnecessário em face da facilidade de acesso extrajudicial a exames de laboratório para a comprovação de gravidez. Quanto ao acesso a essa prova por parte do suposto pai, em face da negativa da mãe, foge ao âmbito da jurisdição voluntária se se destinar a produzir prova em processo contencioso. Caso não exista a perspectiva de litígio futuro, estará sujeito à justificação prevista no § 5.º do art. 381.

Quanto à especialização da hipoteca legal, o Código Civil de 2002 a dispensou em vários casos (v. art. 2040). Nos casos remanescentes (arts. 1.489 a 1.491), constitui verdadeira caução, como garantia de ressarcimento de dano futuro, a ser concedida no âmbito da tutela de urgência (arts. 297 e 300, § 1.º).

Aos procedimentos de jurisdição voluntária do Código de 1973 em curso na entrada em vigor do Código de 2015, que visem a uma sentença, se aplica igualmente o disposto no § 1º do artigo 1.046. Continuarão regidos pelas disposições procedimentais do Código de 1973 até a sentença. Aos que não visem a uma sentença, aplicar-se-á desde logo o Código de 2015.

Aos regulados em leis extravagantes a elas seguirão submetidos, com aplicação subsidiária do Código de 2015 a partir da sua entrada em vigor.

Essas mesmas regras se aplicam às ações da competência originária dos tribunais.

3.1.1. Procedimento comum

Não há regra especial de direito intertemporal para as ações de procedimento ordinário iniciadas antes de 18 de março de 2016 e a sua conversão em ações de procedimento comum na vigência do Código de 2015. Vigora a regra geral de aplicação imediata do novo Código aos processos pendentes, respeitadas as situações jurídicas consolidadas na vigência do Código anterior (arts. 14 e 1.046).

Se proposta a ação antes de 18/3/2016 e não proferido o despacho determinando a citação do réu, o juiz deverá determinar que o autor emende a inicial para manifestar a opção pela realização ou não da audiência de conciliação ou de mediação, e eventualmente efetuar algum ajuste do pedido à luz das novas regras dos artigos 322 a 324, seguindo nos termos do procedimento comum do novo Código.

Se já recebida a inicial e ordenada a citação do réu em 18/3/2016, mas ainda não efetivada a citação, deve o juiz retificar o seu despacho anterior, meramente ordinatório, determinar que o autor emende a inicial para manifestar a opção pela realização ou não da audiência de conciliação ou de mediação, e eventualmente efetuar algum ajuste do pedido à luz das novas regras dos artigos 322 a 324, seguindo nos termos do procedimento comum do novo Código.

Se a citação já tiver sido efetivada, o processo deverá seguir o regime do Código de 1973 até a audiência preliminar ou o saneamento do processo, seguindo o processo pelo procedimento comum do Código de 2015.[10] No saneamento, ainda que realizado na audiência preliminar, deverá o juiz observar o disposto no artigo 357 do Código de 2015.

Se em 18/3/2016 o processo estiver saneado apenas com deferimento de prova documental ou prova oral em audiência, o arrolamento e requerimento de intimação de partes e testemunhas observará o regime do Código de 1973, devendo o advogado providenciar a intimação nos termos do artigo 455 do Código de 2015 e seguindo-se a audiência nos termos do novo Código.

---

10 WAMBIER, Teresa Arruda Alvim Wambier, et alii. Anotações sobre o direito intertemporal e o processo. In ______. Breves Comentários ao novo Código de Processo Civil, 2ª ed. São Paulo: Revista dos Tribunais. 2016. p. 17: "Explicando: Adélia intenta ação contra José e este é citado. A juntada do mandado de citação aos autos faz deslanchar o prazo para a resposta. Alterada a lei que disciplina a resposta do réu após a juntada do mandado de citação, a nova disciplina não atingirá a resposta de José".

Deferida perícia, mas não apresentado o laudo, antes de 18/3/2016, a sua produção observará o disposto no novo Código.

Se já apresentado o laudo antes de 18/3/2016, este não poderá ser invalidado por ausência de indicação e comprovação do método utilizado e sua aceitação pelos especialistas da área, nos termos do artigo 473, inciso III. A sequência observará as regras do novo Código.

Se já iniciada a audiência antes de 18/3/2016, a continuidade observará o disposto no novo Código, preservados os atos já praticados e respeitadas as situações jurídicas consolidadas.

O juiz deve sempre fazer-se esta pergunta: Há situação jurídica consolidada, ou seja, ato consumado cuja renovação seja inconveniente, desnecessária ou excessivamente onerosa, ou cuja modificação possa violar expectativa legítima de qualquer das partes, violar o seu direito de defesa ou o seu direito de influir eficazmente nas subsequentes decisões em igualdade condições com o seu adversário?

Se não, as regras do novo Código devem aplicar-se de imediato.

3.2. Provas

Em redação infeliz, que diz muito mais do que deveria ter dito, o artigo 1.047 manda aplicar as disposições de direito probatório do novo Código apenas às provas requeridas ou determinadas de ofício a partir da data de início de sua vigência.

Consoante Teresa Wambier,[11] "o deferimento da prova deve se dar de acordo com a lei em vigor no momento em que a prova foi pleiteada." A parte não pode ser prejudicada ou beneficiada por causa do tempo que o juiz demora para decidir. A dar-se essa extensão ao dispositivo, haveria flagrante violação da paridade de armas, porque provas produzidas na mesma audiência seguirão regras diversas, conforme requeridas ou determinadas antes ou depois do início da vigência do novo Código.

É preciso interpretar a norma, de acordo com o motivo que a inspirou, que é a de impedir a perda da prova requerida ou determinada antes do seu desparecimento, preservando a eficácia das normas do Código anterior que asseguram o direito à produção de determinada prova e que possam ter sido limitadas ou suprimidas no Código de 2015. Não se refere ao procedimento probatório, à sequência de atos, prazos e requisitos formais dos atos probatórios que devem observar desde logo a lei vigente no momento em que são praticados (*tempus regit actum*), sob pena de convivência de dois procedimentos diversos, até mesmo sobre provas da mesma natureza que devam ser produzidas no mesmo

11 Op. Cit., p. 17.

momento, umas requeridas anteriormente e outras posteriormente à entrada em vigor do novo Código.

O protesto genérico por provas não é proposição de provas.

A inversão do ônus dinâmico da prova (art. 373) pode ser determinada em relação a provas requeridas ou determinadas de ofício antes da vigência do novo Código porque ela já constituía implementação necessária das garantias constitucionais do contraditório e da paridade de armas. Os pressupostos explicitados no artigo 373 (excessiva dificuldade de cumprir o encargo ou maior facilidade de obtenção da prova de fato contrário + não excessiva onerosidade para a parte a que for atribuído o ônus) já eram defendidos pela doutrina antes do advento do novo Código e devem justificar a inversão mesmo de provas requeridas ou determinadas antes da vigência do novo Código. Já a efetiva oportunidade para esta se desincumbir do encargo e a definição da distribuição na decisão de saneamento (art. 357, inc. III e § 2º), somente se aplicarão às decisões de saneamento posteriores à vigência do novo Código.

3.3. Coisa julgada da questão prejudicial

O artigo 503, § 1º, do novo Código estendeu a coisa julgada à resolução da questão prejudicial independentemente da propositura da ação declaratória incidental, mediante certos requisitos. E o artigo 1.054, em disposição transitória, determinou a aplicação da nova regra apenas aos processos iniciados após a vigência do novo diploma.

Consoante observamos anteriormente, no regime do Código de 1973 entendia-se que a ação se considerava proposta se fosse despachada pelo juiz, distribuída ou simplesmente protocolada. Assim, despachada pelo juiz, distribuída ou simplesmente protocolada a petição inicial até 17 de março de 2016, não estará o processo sujeito à extensão da coisa julgada, prevista no artigo 503, § 1º, do novo Código, que dependerá de expressa propositura da ação declaratória incidental, nos termos dos artigos 5º, 325 e 470 do Código de 1973.

3.4. Prescrição intercorrente como fundamento de extinção da execução

O Código de 2015, nos artigos 921 e 924, oficializou a prescrição intercorrente da execução pecuniária, se não forem encontrados bens a serem penhorados. A execução ficará suspensa por um ano, após o qual retomará o seu curso o prazo prescricional da execução que, afinal, será extinta, se nesse prazo não surgirem outros bens sobre os quais possa retomar o seu curso o procedimento executório. Essa prescrição já existia no regime das execuções fiscais, por força do artigo 40 da Lei n. 6.830/80 e era sustentada por alguns como aplicável às execuções pecuniárias comuns por aplicação analógica de regra correspondente no procedimento da insolvência civil (Código de 1973, artigos 777 e 778).

Em disposição transitória, o artigo 1.056 considera como termo inicial do prazo da prescrição prevista no art. 924, inciso V, inclusive para as execuções em curso, a data de vigência deste Código. A redação não é a melhor. Parece-nos que o entendimento a ser adotado é o de que o novo dispositivo se aplica aos processos pendentes em 18 de março de 2016. Se o termo inicial da prescrição intercorrente (art. 921, §§ 1º e 4º), já tiver ocorrido, a sua contagem iniciar-se-á na data da entrada em vigor do novo Código. Se o termo inicial vier a ocorrer posteriormente, o prazo será contado normalmente nos termos dos citados §§ do artigo 921.

Para os que entendiam que a prescrição intercorrente já existia na vigência do Código de 1973, reabrir-se-á novo lapso prescricional a partir da vigência do novo Código.

Ressalte-se que a matéria se aplica tanto à execução fundada em título extrajudicial quanto ao cumprimento de sentença, por força dos artigos 513 e 771, que estabelecem a subsidiariedade recíproca entre as regras dos dois tipos de procedimentos executórios.

3.5. Coisa julgada inconstitucional

O Código de 2015 mitigou em parte o regime da chamada *coisa julgada inconstitucional*, que havia tornado inexigível o crédito reconhecido por sentença que viesse a ser objeto de pronunciamento contrário do Supremo Tribunal Federal sobre a matéria (arts. 475-L, § 1º, e 741, parágrafo único, do Código de 1973).

As novas disposições (arts. 525, §§ 14 e 15, e 535, §§ 7º e 8º, do Código de 2015) estendem a inexigibilidade tanto às hipóteses em que a decisão contrária do STF tenha sido proferida em controle de constitucionalidade concentrado ou difuso, mas a limita aos casos em que a decisão contrária da Corte Suprema seja anterior ao trânsito em julgado da decisão exequenda. Se a decisão contrária do STF for posterior ao trânsito em julgado da decisão exequenda, caberá contra esta ação rescisória, cujo prazo será contado a partir do trânsito em julgado da decisão proferida pela Corte Suprema.

Em disposição transitória, o artigo 1.057 manteve o regime do Código de 1973 às decisões exequendas transitadas em julgado até 17 de março de 2016. Somente às que transitarem em julgado na vigência do novo Código serão aplicáveis as novas disposições.

4. Algumas outras questões

Há muitas outras questões de direito intertemporal que vêm sendo suscitadas e ainda serão num futuro próximo, a respeito da aplicação das regras do Código de 2015 ou da legislação em vigor até o início da sua vigência. Algumas são facilmente perceptíveis e merecem desde logo os nossos comentários, o que faremos a seguir, mas não é possível esgotá-las.

4.1. Prazos

Os atos processuais para cuja prática já tenham se iniciado os respectivos prazos antes de 18/3/2016, serão contados de acordo com as regras do Código de 1973. São situações jurídicas consolidadas que observarão a regra geral do artigo 14 do novo Código. Prazos ainda não iniciados passarão a contar-se de acordo com o regime do Código de 2015.

Prazos peremptórios para a prática de atos que constituem o exercício de direitos subjetivos nascidos no processo antes de 18/3/2016, como, por exemplo, a contestação, a réplica, a interposição de recurso, continuarão regidos pelo Código de 1973, mesmo que a intimação tenha sido posterior a essa data, porque a situação jurídica de que decorre a prática do ato pré-delimita temporalmente a prática do ato no regime da lei anterior e a produção de efeitos decorrentes da omissão da sua prática em favor da parte contrária.[12]

4.2. Recursos

Não há regra especial sobre os recursos, aplicando-se, portanto, a regra geral de respeito às situações jurídicas consolidadas e aplicação imediata do novo Código.

Quanto ao cabimento: o recurso é um direito subjetivo processual que nasce da sucumbência, que ocorre no momento em que a decisão judicial que a contém é proferida, ainda que não publicada.[13] Considera-se proferida a decisão oral no momento em que o juiz conclui a sua leitura ou o seu ditado em audiência; a decisão monocrática escrita no momento em que o juiz entrega o seu texto ao escrivão ou conclui o lançamento do seu texto no arquivo eletrônico do processo, independentemente de intimação. A decisão colegiada se considera proferida no momento em que o presidente do

12 Em contrário, WAMBIER, Teresa Arruda Alvim Wambier, et alii. Anotações sobre o direito intertemporal e o processo. In ______. Breves Comentários ao novo Código de Processo Civil, 2ª ed. São Paulo: Revista dos Tribunais. 2016. p. 20: Se o réu foi citado antes, mas a juntada do mandado foi depois, na contagem do prazo de resposta aplicar-se-á o novo CPC.

13 WAMBIER, Teresa Arruda Alvim. Op. Cit. p. 20. Anotações sobre o direito intertemporal e as mais recentes alterações do CPC. In Revista de Processo. No mesmo sentido, CARNEIRO, Paulo Cezar Pinheiro. Comentário ao artigo 14 do novo CPC. In WAMBIER, Teresa Arruda Alvim. et alii. Breves Comentários ao Novo Código de Processo Civil. 2ª ed. São Paulo: Revista dos Tribunais. 2016. p. 107.

órgão julgador proclama o seu resultado na sessão de julgamento, independentemente de lavratura de acórdão ou de publicação.

Nesse momento, o direito de interpor o recurso se torna situação jurídica consolidada, que a lei nova não pode suprimir. Também se torna situação jurídica consolidada em favor da parte beneficiada pela decisão a sua irrecorribilidade no regime da lei anterior, se o recurso foi criado pela lei que entrou em vigor depois de proferida a decisão, o que impede que se admita a aplicação desde logo do regime da nova lei.

É a data da prolação da decisão e não a da sua intimação que determina se o direito de recorrer existe ou não.

Quanto aos pressupostos de admissibilidade, inclusive prazo de interposição, aplica-se a lei vigente na data da prolação da decisão.

Quanto à extensão do efeito devolutivo, igualmente. A extensão do efeito devolutivo se define no momento em que nasce o direito de recorrer. Assim, quanto à nova hipótese de embargos declaratórios por erro material (art. 1.022, inc. III), somente se aplica aos embargos interpostos contra decisões proferidas a partir da vigência do novo Código.

Quanto ao efeito suspensivo, o recurso terá o efeito suspensivo automático que a lei do momento da prolação da decisão recorrida lhe der.

Em relação ao procedimento do recurso, não há regra especial, devendo aplicar-se a regra geral: preservação dos atos já praticados na vigência da lei anterior e incidência imediata da lei nova, desde que não gere violação de expectativas legítimas, do contraditório e da ampla defesa.

Assim, se o juízo de admissibilidade da apelação tiver sido proferido pelo juiz *a quo*, intimará o apelado para contrarrazões nos termos do CPC de 1973 e em seguida remeterá os autos ao tribunal para prosseguimento nos termos do CPC de 2015, sem novo juízo de admissibilidade do relator.

Nos processos em que em 18/3/2016 o revisor já houver passado o seu visto, o procedimento seguirá nos termos do novo CPC, preservada a validade da sua intervenção prévia. Nos que não tiver passado o seu visto, cessará de imediato a sua atuação.

Contar-se-ão os prazos em dias úteis, salvo quanto ao de interposição, aos recursos de decisões anteriores ao início de vigência do novo CPC.

Em relação ao cabimento da remessa necessária: a admissibilidade se verifica na data da prolação da decisão. As restrições do novo CPC não incidem sobre as sentenças proferidas antes de 18/3/2016.

A supressão dos embargos infringentes não atinge os casos em que o julgamento da apelação ou da ação rescisória foi anterior ao novo CPC, ainda que o acórdão somente tenha sido publicado posteriormente.[14]

14 WAMBIER, Op. e loc. cits.

O prazo de 15 dias para o agravo de instrumento se aplica apenas às decisões proferidas a partir de 18/3/2016.[15]

4.3. Processos nos tribunais

Não há regra especial sobre o processo nos tribunais.

As regras sobre a jurisprudência (arts. 926-928), assim como as relativas aos Incidentes de Resolução de Demandas Repetitivas (arts. 976 a 987), que não têm correspondência no Código de 1973, aplicam-se desde logo aos processos pendentes (art. 1.046).

Quanto aos poderes do relator, especialmente para negar ou dar provimento monocrático a recursos e processos (art. 932), aplicam-se de imediato, salvo quanto às matérias que tenham sido objeto de decisões anteriores na vigência do Código revogado, cujos efeitos serão preservados.

As novas regras sobre vista dos autos (art. 940) aplicam-se desde logo aos processos pendentes, inclusive às vistas pendentes em 18/3/2016.

A ampliação ou modificação da composição da turma de julgamento em razão da perspectiva de voto vencido (art. 942) não se aplica ao julgamento de apelações, agravos ou ações rescisórias iniciado antes do início da vigência do novo Código. Nos iniciados anteriormente e concluídos posteriormente não caberá aplicação do artigo 942 e não caberão mais os embargos infringentes do Código de 1973.

4.4. Ação rescisória

O direito à sua proposição nasce na data em que se completam os seus pressupostos fático-jurídicos e é regido pela lei vigente nessa data.

Para Galeno Lacerda, esse direito nasce no dia em que a sentença é proferida.[16] Nas hipóteses do Código de 1973 esse direito nascia com o trânsito em julgado da decisão e se extinguia após dois anos. Nas hipóteses do Código de 2015 (art. 966) esse direito nasce do trânsito em julgado ou em data posterior nas hipóteses de prova nova ou de simulação ou colusão, neste último caso para ação do Ministério Público ou do terceiro. Na coisa julgada inconstitucional, a que já nos referimos, o prazo começa da decisão do STF posterior ao trânsito em julgado da decisão exequenda (arts. 525, § 5º, e 535, § 8º).

Se a sentença transitou em julgado até 17/3/2016, a rescindibilidade ficará sujeita ao regime do Código de 1973. Se proposta a ação rescisória até essa data, o procedimento será o do Código de 1973 relativamente aos

---

15 WAMBIER<, Op. cit., p. 2421.

16 LACERDA, Galeno. O novo Direito Processual Civil e os Feitos Pendentes. Rio de Janeiro: Forense. 1974. P. 56.

atos já praticados, que serão preservados, seguindo daí em diante as regras do Código de 2015.

5. Considerações finais

Muitas outras questões mereceriam exame. No curso desta obra muitas delas serão abordadas, como a desconsideração da personalidade jurídica, a intervenção do *amicus curiae*, a possibilidade de celebração de convenções processuais, os honorários sucumbenciais, a usucapião por escritura pública, a aplicação do novo Código aos juizados especiais, à execução trabalhista e ao processo penal, bem como aprofundadas algumas às quais fizemos breve referência, como as súmulas e os precedentes.

OS HONORÁRIOS SUCUMBENCIAIS NO CPC/15

Novos aspectos e a aplicação aos processos em curso

(Uma análise à luz do direito intertemporal)

Mariana Ferradeira Sales Bezerra

1. Introdução

Depois de grande controvérsia doutrinária, a partir de 18.03.2016,[1] iniciou a vigência do atual Código de Processo Civil (lei nº 13.105/2015) (CPC), passado um ano de *vacatio legis* da publicação, tal como disposto no artigo 1.045.[2]

---

1 Em 09.03.16, o Plenário do Superior Tribunal de Justiça aprovou, em questionável e criticada sessão administrativa, o enunciado administrativo 1, no sentido de que, em 18.03.16, teve início a vigência do novo Código de Processo Civil. Não obstante as críticas em razão do enfrentamento da questão em âmbito administrativo, entendemos que salutar a definição, que pôs fim ao intenso debate gerado em torno da temática e que não permitiu, portanto, o afloramento da insegurança jurídica que estava por vir. Quando do julgamento do AgRg no AgREsp n.º 849.405/MG, em 05.04.16, os ministros da quarta turma reiteraram o teor do citado enunciado administrativo e esmiuçaram, na ocasião, os fundamentos que desaguaram na citada conclusão.

2 Sobre a controvérsia acerca do início da vigência do novo Código de Processo Civil, superada em razão do citado enunciado administrativo 1, aprovado pelo Plenário do Superior Tribunal de Justiça em 09.03.16, entendia em consonância com tal posicionamento, isto é, que em 18.03.2015 teria início a vigência do NCPC CARVALHO,

Uma das novidades trazidas pelo novo diploma é parte do longo e minucioso artigo 85, cujos parágrafos foram ampliados nas sucessivas alterações dos projetos de lei que tramitaram no Senado Federal e na Câmara dos Deputados, e que, além de detalhar a sistemática para a condenação a honorários advocatícios sucumbenciais, pôs fim a inúmeras discussões doutrinárias e divergências entre decisões judiciais sobre o tema.

Exauridos os dissensos havidos à época em que vigia o diploma processual revogado, surgiram outros, a partir da nova previsão legislativa, não obstante desde há tão pouco tempo aplicável.

Por meio deste trabalho, será feito um breve histórico sobre a natureza dos honorários e sobre as inovações trazidas pelo código em vigor para, em seguida, ser enfrentado o tema cujo enfoque é o principal: a condenação a honorários advocatícios e o direito intertemporal, isto é, a apresentação de potenciais conflitos relativos à aplicação do referido dispositivo às demandas já ajuizadas e ainda em curso quando da vigência do novo CPC.

2. A natureza dos honorários sucumbenciais

Nesse tópico, será retomado o artigo 20, do CPC revogado, para apontamentos acerca da natureza e do escopo dos honorários sucumbenciais.

O citado dispositivo previa a condenação do vencido, quando da prolação da sentença, ao pagamento *à parte vencedora* das "despesas que [esta] antecipou e [d]os honorários advocatícios", que também seriam devidos "nos casos em que o advogado [funcionasse] em causa própria".

Assim, os honorários advocatícios tinham natureza de ressarcimento, eram espécie do gênero "despesas processuais", o que é confirmado pela localização topográfica do artigo, na seção III intitulada "das despesas e das multas".

A parte autora, se vencedora, se socorreu ao Poder Judiciário, em regra, porque a outra negou o cumprimento de seu direito de forma volun-

---

Fabiano, conforme se infere de Divergência doutrinária sobre a entrada em vigor do Novo CPC e propostas de solução. Revista Justificando. Disponível em http://justificando.com/2015/06/19/divergencia-doutrinaria-sobre-a-entrada-em-vigor-do-novo-cpc-e-propostas-de-solucao/. Acesso em 16.10.2015. Também compartilhavam do entendimento CRAMER, Ronaldo. Comentários ao art. 1.045. DIDIER JR., Fredie; TALAMINI, Eduardo; WAMBIER, Teresa Arruda Alvim; DANTAS, Bruno. Breves comentários ao Novo Código de Processo Civil. São Paulo: RT, 2015, p. 2357.

Para Luiz Guilherme Marinoni, Daniel Mitidiero e Sérgio Cruz Arenhart, a data em debate seria 16 de março de 2016, conforme aduzido pelos autores em Novo código de processo civil comentado. São Paulo: RT, 2015, p. 991.

Finalmente, defendia ser 17 de março de 2016 a data de início de vigência do novo Código de Processo Civil CAMARGO, Luiz Henrique Volpe. É o que se extrai de Pela ordem: a polêmica sobre o início da vigência do Novo CPC, disponível em http://jota.info/pela-ordem-a-polemica-sobre-o-inicio-da-vigencia-do-cpc2015. Acesso em 23.10.2015.

tária e natural. De outra banda, sucumbir significa que o direito por cujo reconhecimento pugnava não era merecedor de tutela. Nas duas hipóteses, o vencedor teria tido dispêndios causados pelo sucumbente e sob esse rótulo estariam não apenas as despesas processuais como os honorários advocatícios, valores, portanto, que deveriam ser ressarcidos.

Dita sistemática estava em harmonia com os artigos 389[3] e 944,[4] do Código Civil, que incluem, respectivamente, a verba honorária para fins de ressarcimento do credor, quando inadimplida uma obrigação, e para reparar um dano de forma integral, quando presentes os requisitos caracterizadores da responsabilidade civil.

O Estatuto da Advocacia e a Ordem dos Advogados do Brasil (OAB) (lei n.º 8.906/94) alterou a natureza da verba honorária, por meio do art. 23,[5] a partir de quando se tornou induvidoso o seu caráter remuneratório, isto é, a pertença ao advogado, que, portanto, passaria a ter "direito autônomo para executar a sentença nesta parte, podendo requerer que o precatório, quando necessário, seja expedido em seu favor".[6]

Em 27.05.15, antes, portanto, da vigência do novo CPC, o plenário do Supremo Tribunal Federal aprovou a proposta de súmula vinculante 85, sobre a natureza alimentar dos honorários em precatórios, do que se extrai o caráter prioritário para recebimento.[7]

O novo CPC confirmou a mudança havida a partir da lei supracitada e previu, no art. 85, que os honorários serão arbitrados na sentença e serão pagos pelo vencido ao *advogado* do vencedor. O nome da seção em que localizado o dispositivo em análise – "seção III: das despesas, dos honorários

---

3 Art. 389. "Não cumprida a obrigação, responde o devedor por perdas e danos, mais juros e atualização monetária segundo índices oficiais regularmente estabelecidos, e honorários de advogado."

4 Art. 944. "A indenização mede-se pela extensão do dano.
Parágrafo único. Se houver excessiva desproporção entre a gravidade da culpa e o dano, poderá o juiz reduzir, eqüitativamente, a indenização."
Como se percebe, o parágrafo único do citado artigo excepciona o *caput*, quando se está diante de excessiva desproporção entre a gravidade da culpa e a extensão do dano.

5 Art. 23. "Os honorários incluídos na condenação, por arbitramento ou sucumbência, pertencem ao advogado, tendo este direito autônomo para executar a sentença nesta parte, podendo requerer que o precatório, quando necessário, seja expedido em seu favor."

6 A constitucionalidade dos dispositivos que versam sobre a titularidade da verba (art. 22 e 23) é questionada perante o Supremo Tribunal Federal, por meio da Ação Direta de Inconstitucionalidade n.º 5.055.

7 O texto foi aprovado nos termos sugeridos pelo ministro Marco Aurélio:
Súmula vinculante 47. "Os honorários advocatícios incluídos na condenação ou destacados do montante principal devido ao credor consubstanciam verba de natureza alimentar cuja satisfação ocorrerá com a expedição de precatório ou requisição de pequeno valor, observada ordem especial restrita aos créditos dessa natureza."

advocatícios e das multas" – confirma que sedimentado o escopo de remunerar o trabalho do advogado e não mais ressarcir os gastos da parte vencedora, tampouco punir o vencido. No mesmo sentido, o §17 do dispositivo em análise, que garante os honorários advocatícios em favor do advogado que atuar em causa própria. Não há novidades. Trata-se de texto normativo inédito no diploma processual, mas de norma consolidada ao tempo do código revogado, agora consagrada pelo legislador.

Em harmonia com a citada súmula vinculante, o §14, do art. 85, CPC, que, além de fazer menção à natureza alimentar, trouxe os consectários de dita essência, vale dizer: aos honorários advocatícios são atribuídos os mesmos privilégios dos créditos oriundos da legislação do trabalho, sendo vedada a compensação em caso de sucumbência parcial,[8] que se limita ao pagamento das despesas, distribuídas proporcionalmente entre o vencedor e vencido.[9]

Superada a natureza de ressarcimento da verba honorária, antes – repita-se – espécie de despesas processuais, tal como estava disposto no

8 Diante da norma em comento, deixou de existir substrato legal para o enunciado da súmula 306 do STJ, editada no ano de 2004, segundo a qual "os honorários advocatícios devem ser compensados quando houver sucumbência recíproca, assegurado o direito autônomo do advogado à execução do saldo sem excluir a legitimidade da própria parte", com respaldo nos artigos 21, do CPC revogado e 23, da lei n.º 8.906/94. A compensação, um dos modos de extinção do vínculo obrigacional, prevista no art. 368, do CC, seria possível para a linha de interpretação que prevaleceu no âmbito do STJ, porque o direito autônomo dos advogados aos honorários advocatícios apenas se estabeleceria após a fixação da sucumbência pela sentença, o que seria consonante com a concepção unitária do ordenamento jurídico, de acordo com a qual o direito subjetivo é o que nasce apenas no processo. A aplicação do instituto para fins de quantificação dos honorários nas hipóteses de sucumbência parcial não era apenas tecnicamente equivocada, como também socialmente injusta. Como bem ressaltou o ministro Carlos Alberto Menezes Direito, à época, em voto vencido, "se há direito autônomo, a compensação é impossível porque não se pode compensar direitos que a partes diferentes pertencem. Cada advogado é credor da parte contrária, daí a absoluta inviabilidade da compensação pretendida." Assim, se sucumbentes parcialmente, não há a reunião exigida pela lei em uma mesma pessoa das figuras do credor e do devedor que justifique a extinção das obrigações correspectivas. Não obstante, até a edição deste artigo, a referida súmula ainda não havia sido cancelada, conforme se depreende do sítio oficial do tribunal: http://www.stj.jus.br/SCON/sumulas/enunciados.jsp?livre=cancelamento+adj+da+adj+sumula&vPortalArea=544. Acesso em 09.07.16

9 Em relação ao pagamento de despesas, se a parte for vencedora e vencida simultaneamente, isto é, se houver sucumbência recíproca, haverá a distribuição proporcional (art. 86, *caput,* CPC) e teremos a confusão das figuras de credor e devedor na mesma pessoa. Se o litigante perdedor sucumbir em parte mínima do pedido, aplica-se o parágrafo único do mesmo artigo, que excepciona a distribuição proporcional à medida do sucesso no julgamento da demanda para estabelecer que "o outro [a parte vencida quase que integralmente] responderá, por inteiro, pelas despesas e pelos honorários".

diploma processual recentemente revogado, é preciso enfrentar outro aspecto também relacionado à essência da verba honorária: trata-se de norma de direito processual ou de direito material?[10]

A resposta ao questionamento acima não pode advir da inserção do dispositivo na lei processual, haja vista que nada impede, como de fato ocorre, que nela estejam previstas normas de direito substancial e vice-versa, isto é, que o Código Civil, por exemplo, traga normas de direito processual.[11] Assim, a localização do texto normativo jamais pode ser considerada como capaz de desnaturar a norma, prevalecendo sempre o seu objeto como crucial para definir a sua natureza, para, em seguida, se apurar se diante de norma heterotópica ou pura.

Ainda que implique repercussões no processo, trata-se de norma de direito material,[12] que versa sobre a situação jurídica substancial, pois confere um direito subjetivo de crédito ao advogado perante a parte que deu causa ao processo, e deve observar a lei vigente à época em que aperfeiçoado o ato, preservando-o, assim, porque ato consumado.

3. O cabimento dos honorários advocatícios sucumbenciais e a sua quantificação

Aquele que dá causa ao processo, isto é, a parte que move a ação judicial em desconformidade com o direito objetivo deve suportar as despesas do processo. É o único aspecto a ser observado e que decorre da *causalidade*.

Muita vez, a parte que deu causa ao processo é o vencido, mas dita associação – entre causalidade e sucumbência – não deve ser feita sob o

10 O tema foi tratado no breve e preciso artigo de Marcelo Barbi Gonçalves intitulado de "Honorários advocatícios e direito intertemporal" e disponível em http://jota.uol.com.br/honorarios-advocaticios-e-direito-intertemporal. No texto, o autor, após distinguir as normas de direito substancial e as de direito processual como, respectivamente, aquelas que regulam a distribuição dos bens e as relações sociais, e as que disciplinam a vida do processo, conclui que o dispositivo que versa sobre os honorários advocatícios é norma de direito material, porquanto atribui um bem da vida a ser satisfeito por aquele que deu causa ao processo.

11 É o caso, por exemplo, dos art. 212 e seguintes, que preveem normas sobre meios probatórios.

12 Para Bruno Vasconcelos Carrilho Lopes, trata-se de direito processual material, pois "apesar de sua natureza eminentemente processual, por estar inserido na técnica do processo como decorrência de sua instauração e ter como objetivo tutelar de modo integral o direito reconhecido em juízo, ele confere um direito subjetivo de crédito ao advogado perante a parte que deu causa ao processo". Confira em LOPES, Bruno Vasconcelos Carrilho. O direito intertemporal e as novidades do novo Código de Processo Civil em tema de honorários advocatícios. *In* PESSOA, Fabio Guidi Tabosa e YARSHELL, Flavio Luiz (coord). DIDIER JR., Fredie (coord. Geral). Coleção grandes temas do novo CPC – vol. 7 – Direito intertemporal. Salvador: JusPodivm, 2016, p. 106.

argumento de que elementos equivalentes.[13] Há casos na prática forense em que o réu satisfaz integralmente o direito do autor após a sua citação e o oferecimento de contestação, mas antes de qualquer provimento jurisdicional, o que implica a extinção do feito sem resolução do mérito, mas o que não significa que não terá de arcar com os custos do processo. Ao contrário, o réu, conquanto vencedor, deverá reembolsar as despesas processuais ao autor e deverá, portanto, pagar os honorários ao advogado do autor.[14] Adiante, por uma questão didática, faremos referência a vencido como aquele que deu causa ao processo.

Feita a ressalva acima, analisar-se-ão as fases procedimentais em que devem ser arbitrados honorários advocatícios sucumbenciais em favor do advogado da parte vencedora. No ponto, o novo CPC também encampa entendimento que, não obstante ausente no texto original do código revogado, foi trazido pela doutrina e jurisprudência. É que o antigo art. 34 previa que as disposições atinentes às despesas – em que, como visto, abarcados os honorários advocatícios – e às multas aplicavam-se "à reconvenção, à oposição, à ação declaratória incidental e aos procedimentos de jurisdição voluntária", ao passo que o §1º, do art. 85 do código atualmente em vigor dispõe que são devidos honorários advocatícios "na reconvenção, no cumprimento de sentença, provisório ou definitivo, na execução, resistida ou não,[15] e nos recursos interpostos, cumulativamente". A novidade se restringe, em verdade, à fase recursal, hipótese que já era palco de debate doutrinário, mas não encontrada nas decisões judiciais. O cabimento na fase de cumprimento de sentença, independentemente do oferecimento de impugnação, já era objeto da súmula 517, do Superior Tribunal de Justiça, pelo que – repita-se – o novo código limitou-se, nesse aspecto, a sedimentar dito posicionamento.[16]

---

13 Confira sobre sucumbência e causalidade em DIDIER JR., Fredie; CUNHA, Leonardo Carneiro da. Curso de Direito Processual Civil: meios de impugnação às decisões judiciais e processo nos tribunais. Vol. 3, 13 ed. reform. Salvador: Juspodivm, 2016, p. 155; em CÂMARA, Alexandre Freitas. O novo processo civil brasileiro. 2ª ed. rev e atualizada. São Paulo: Atlas, 2016, p. 68; em MEDINA, José Miguel Garcia. Direito Processual Civil Moderno. 2ª ed. rev., atualizada e ampliada. São Paulo: Revista dos Tribunais, 2016, p. 270-272; em NEVES, Daniel Amorim Assumpção. Manual de Direito Processual Civil – volume único. 8ª ed. Salvador: Jus Podivm, 2016, pp. 215-217, dentre tantos outros.

14 É o que dispõe o art. 85, §10, CPC, que trata da perda do interesse do autor e contempla a regra da causalidade: art. 85, § 10: "Nos casos de perda do objeto, os honorários serão devidos por quem deu causa ao processo."

15 Ainda sobre o cabimento dos honorários de sucumbência em sede de execução e de cumprimento de sentença, dispõe o §13 que ditas verbas serão consideradas no valor do débito principal, para todos os efeitos legais.

16 Súmula 517, STJ. "São devidos honorários advocatícios no cumprimento de sentença, haja ou não impugnação, depois de escoado o prazo para pagamento voluntário,

No que toca à quantificação, de plano, ressalta-se que, em boa hora, o legislador acrescentou que os percentuais previstos a título de honorários advocatícios podem (e devem) recair sobre o valor do proveito econômico obtido ou, não sendo possível mensurá-lo, sobre o valor atualizado da causa,[17] por força do art. 85, §2º, CPC, se se tratar de litígio entre particulares, e art. 85, §4º, inciso III, se a Fazenda Pública for parte,[18] nas hipóteses em que o julgador não puder ter como parâmetro o valor da condenação, a cuja previsão se limitava o §3º, do art. 20, do CPC/73.

Há outras alterações relevantes. O art. 20, §4º, do CPC revogado dispunha que os honorários fixados entre 10% e 20% sobre o valor da condenação, de acordo com as variáveis trazidas nas alíneas do §3º (o grau de zelo do profissional, o lugar de prestação do serviço e a natureza e importância da causa, o trabalho realizado pelo advogado e o tempo exigido para o seu serviço), não se aplicariam às causas de pequeno valor, às de valor inestimável, àquelas em que não houver condenação, às em que for vencida a Fazenda Pública ou nas execuções, independentemente da oposição de embargos, casos em que os honorários eram arbitrados "consoante apreciação equitativa do juiz",[19] devendo ser observados os mesmos fatores subjetivos acima transcritos, o que implicava injustificável incongruência. O art. 85, §6º, do atual diploma processual, ao revés, põe fim à dita diferenciação e

que se inicia após a intimação do advogado da parte executada". Na mesma ocasião, em março de 2015, também baseado, dentre outros precedentes, no REsp 1.134.186, julgado pelo rito do recurso repetitivo, foi editado outro enunciado segundo o qual, se oferecida e rejeitada a impugnação, não haveria de se falar em arbitramento de novos honorários. Vejamos: Súmula 519. "Na hipótese de rejeição da impugnação ao cumprimento de sentença, não são cabíveis honorários advocatícios". Assim, somente se acolhidos os argumentos trazidos no bojo da impugnação, defesa por excelência na fase em tela, ainda que parcialmente, seriam arbitrados honorários.

17 De acordo com o enunciado 17, da Escola Nacional de Formação e Aperfeiçoamento de Magistrados (ENFAM), "Para apuração do "valor atualizado da causa" a que se refere o art. 85, § 2º, do CPC/2015, deverão ser utilizados os índices previstos no programa de atualização financeira do CNJ a que faz referência o art. 509, § 3º".

18 De acordo com o enunciado 15, da Escola Nacional de Formação e Aperfeiçoamento de Magistrados (ENFAM), o dispositivo em comento também se aplica às execuções fiscais. Confira-se: "Nas execuções fiscais ou naquelas fundadas em título extrajudicial promovidas contra a Fazenda Pública, a fixação dos honorários deverá observar os parâmetros do art. 85, § 3º, do CPC/2015".

19 No CPC/15, a apreciação equitativa pelo julgador, para fins de quantificação dos honorários, é excepcional e independe do conteúdo decisório, limitando-se às hipóteses de inestimável ou irrisório proveito econômico ou valor da causa muito baixo. É o que dispõe o art. 85, §8º: "§ 8o Nas causas em que for inestimável ou irrisório o proveito econômico ou, ainda, quando o valor da causa for muito baixo, o juiz fixará o valor dos honorários por apreciação equitativa, observando o disposto nos incisos do § 2º".

consigna que os limites e critérios trazidos pelos §§2º e 3º aplicam-se sem qualquer influência do conteúdo decisório e arremata, para que o dispositivo não seja alvo de qualquer dúvida, que assim será "inclusive aos casos de improcedência ou de sentença sem resolução de mérito".

É dizer que foram mantidos os critérios subjetivos dantes estipulados, que sofreram apenas uma alteração redacional (a antes única alínea *c* do §3º, do antigo art. 20 agora foi desmembrada nos incisos III e IV, do §2º, do art. 85), tanto para as demandas em que figuram particulares como para aquelas em que é parte a Fazenda Pública, e foi alterada a quantificação para as hipóteses em que o ente público for vencido, agora esmiuçadas nos incisos do §3º (aplicáveis tanto para julgamentos favoráveis quanto desfavoráveis para a Fazenda Pública), e para os casos em que se estiver diante de uma sentença declaratória, constitutiva, executiva, que traga um provimento cautelar ou que julgue improcedente o pedido.

Antes, nos casos ventilados, o advogado credor dos honorários dependia da apreciação equitativa do juiz para ter seu trabalho remunerado; agora, está diante de critérios claros, objetivos e uníssonos, isto é, não haverá mais hipóteses em que os critérios subjetivos estipulados pelo legislador sejam igualmente verificados, mas, exclusivamente em razão da natureza da decisão, se apliquem honorários de forma diversa, seja para mais ou para menos.

São dignos de aplauso o referido §3º e os §§4º e 5º, do mesmo art. 85,[20]

---

20 Art. 85. A sentença condenará o vencido a pagar honorários ao advogado do vencedor.
(...)
§ 3o Nas causas em que a Fazenda Pública for parte, a fixação dos honorários observará os critérios estabelecidos nos incisos I a IV do § 2o e os seguintes percentuais:
I – mínimo de dez e máximo de vinte por cento sobre o valor da condenação ou do proveito econômico obtido até 200 (duzentos) salários-mínimos;
II – mínimo de oito e máximo de dez por cento sobre o valor da condenação ou do proveito econômico obtido acima de 200 (duzentos) salários-mínimos até 2.000 (dois mil) salários-mínimos;
III – mínimo de cinco e máximo de oito por cento sobre o valor da condenação ou do proveito econômico obtido acima de 2.000 (dois mil) salários-mínimos até 20.000 (vinte mil) salários-mínimos;
IV – mínimo de três e máximo de cinco por cento sobre o valor da condenação ou do proveito econômico obtido acima de 20.000 (vinte mil) salários-mínimos até 100.000 (cem mil) salários-mínimos;
V – mínimo de um e máximo de três por cento sobre o valor da condenação ou do proveito econômico obtido acima de 100.000 (cem mil) salários-mínimos.
§ 4o Em qualquer das hipóteses do § 3o:
I – os percentuais previstos nos incisos I a V devem ser aplicados desde logo, quando for líquida a sentença;
II – não sendo líquida a sentença, a definição do percentual, nos termos previstos nos incisos I a V, somente ocorrerá quando liquidado o julgado;
III – não havendo condenação principal ou não sendo possível mensurar o proveito econômico obtido, a condenação em honorários dar-se-á sobre o valor atualizado da causa;

que impedirão, em tese,[21] o aviltamento dos honorários sucumbenciais nas demandas em que figure a Fazenda Pública e reste vencida, o que era muito comum na prática forense, diante da abertura decorrente da "apreciação equitativa do juiz". Apesar de se deparar com os mesmos critérios observados para os demais casos (os tais descritos nas alíneas do §3º, do art. 20, do CPC/73), muitos defendiam que o julgador não estava adstrito àqueles percentuais de 10% e 20%, pelo que, de maneira equivocada, entendiam haver possibilidade de arbitrar em desfavor da Fazenda Pública valores irrisórios a título de honorários advocatícios, se comparados àqueles a que foi condenado o ente público.

Para arrematar a questão que circunda a quantificação dos honorários advocatícios, o legislador previu, no §9º, do artigo em análise, regra específica para ações por meio das quais se persegue a indenização por ato ilícito, qual seja: a incidência do percentual de honorários sobre a soma das prestações vencidas e de doze prestações vincendas.

Uma vez quantificados, isto é, fixados os honorários em quantia certa, incidirão os juros moratórios a partir da data do trânsito em julgado da decisão (art. 85, §16). A correção monetária deverá incidir a partir da data da fixação.[22]

IV – será considerado o salário-mínimo vigente quando prolatada sentença líquida ou o que estiver em vigor na data da decisão de liquidação.
§ 5o Quando, conforme o caso, a condenação contra a Fazenda Pública ou o benefício econômico obtido pelo vencedor ou o valor da causa for superior ao valor previsto no inciso I do § 3o, a fixação do percentual de honorários deve observar a faixa inicial e, naquilo que a exceder, a faixa subsequente, e assim sucessivamente.

---

21 Diz-se em tese porque, infelizmente, já se tem notícia de decisões judiciais por meio das quais arbitrados valores inferiores àqueles previstos no citado parágrafo. Assim, não obstante a clareza solar do dispositivo, insistem alguns julgadores em manter a postura que sequer o código revogado comportava e permitia, por meio da prolação de decisões *contra legem*, deixando transparecer inadequado subjetivismo. Para ilustrar, citamos a sentença proferida nos autos do processo n.º 2014.01.1.022729-8, em trâmite na vara de execução fiscal do Distrito Federal, por meio da qual arbitrados R$ 1.600,00 em favor do advogado da parte parcialmente vencedora, em caso em que o mínimo seria R$ 18.413,40 e o máximo, R$ 33.576,74, considerados o percentual atribuído como êxito, diante da parcial procedência do pedido, e o escalonamento descrito na norma. O fundamento utilizado foi no sentido de que o dispositivo supramencionado não seria aplicável, porquanto acarretaria a fixação de honorários desproporcionais ao trabalho realizado pelo patrono, onerando-se sem justificativa o erário.

22 No caso de fixação em percentual, há entendimento consolidado do Superior Tribunal de Justiça no sentido de que a incidência da correção monetária tem como termo inicial o ajuizamento da demanda. Súmula nº 14 do STJ: "Arbitrados os honorários advocatícios em percentual sobre o valor da causa, a correção monetária incide a partir do respectivo ajuizamento".

4. Inovações trazidas pelo novo CPC

Sem a intenção de esgotar o tema, serão tratadas a seguir as principais novidades advindas a partir da vigência do novo diploma processual.

4.1. Os honorários advocatícios sucumbenciais nas causas em que é parte a Fazenda Pública[23]

Conforme antecipado em capítulo anterior, os §§3º e 5º, do art. 85 previram a quantificação, de forma objetiva, dos honorários sucumbenciais nas demandas em que figure a Fazenda Pública, por meio da apuração *escalonada* baseada em uma tabela progressiva, que contempla percentuais inversamente proporcionais à base de cálculo (valor da condenação, do proveito econômico obtido ou do valor atualizado da causa); antes, o advogado da parte vencedora dependia da "apreciação equitativa do juiz",[24] muita vez um permissivo inadequado para a condenação do ente público a valores módicos diante dos altos valores de condenação comumente verificados nos litígios em comento.

O §4º do artigo em análise confere clara preferência ao arbitramento imediato da condenação, isto é, determina o legislador que os percentuais descritos no parágrafo antecedente sejam aplicados desde logo, quando líquida a sentença (art. 85, §4º, inciso I). As hipóteses incomuns são tratadas pelos incisos subsequentes: se ilíquida a sentença, a definição do percentual será postergada para após o término da fase de liquidação (inciso II) e, se não houver condenação principal ou não for possível mensurar o proveito econômico obtido, a base de cálculo da condenação em honorários será o valor atualizado da causa (inciso III). Como os limites trazidos em cada um dos incisos do §3º, para fins de aplicação de cada *faixa escalonada*, correspondem a determinada quantidade de salários-mínimos, o inciso IV do §4º define, para que não haja dúvidas, o marco temporal para a conversão em moeda corrente oficial: será considerado o salário-mínimo vigente quando prolatada a (i) sentença líquida ou (ii) a decisão de liquidação.

Finalmente, é importante destacar que não haverá condenação ao pagamento de honorários nos cumprimentos de sentença contra a Fazenda

---

23 Reitere-se o enunciado 15, da Escola Nacional de Formação e Aperfeiçoamento de Magistrados (ENFAM) sobre o cabimento de honorários advocatícios de acordo com a tabela progressiva trazida pelo §3º nas execuções fiscais: "Nas execuções fiscais ou naquelas fundadas em título extrajudicial promovidas contra a Fazenda Pública, a fixação dos honorários deverá observar os parâmetros do art. 85, § 3º, do CPC/2015".

24 Apesar de ter de observar os mesmos critérios aplicáveis aos demais casos (os tais descritos nas alíneas do §3º, do art. 20, do CPC/73), para muitos, o julgador não estava adstrito àqueles percentuais de 10% e 20%.

Pública que dependam da expedição de precatório, desde que não haja impugnação (art. 85, §7º, CPC).[25]

4.2. Os honorários advocatícios sucumbenciais na seara recursal

Como antecipado no capítulo anterior, o CPC recentemente em vigor passou a prever, no art. 85, §1º, o cabimento de honorários advocatícios na seara recursal por meio da majoração do valor anteriormente fixado,[26] considerando-se o trabalho *adicional* executado nessa fase e os termos expostos nos parágrafos 2º a 6º do mesmo artigo, conforme o caso. É o que estabelece o §11 da norma em análise, que finaliza com a vedação de o tribunal ultrapassar os limites estabelecidos nos §§2º e 3º na fase de conhecimento, no cômputo final do devido ao advogado do vencedor.

De plano, há uma hipótese que merece destaque. Conforme anteriormente aduzido, quando da prolação da sentença, o que comanda a condenação ao pagamento de honorários advocatícios é a regra da *causalidade*, que se distingue da sucumbência, sendo esta um indício daquela. Em sede recursal, seja ordinária ou extraordinária, o que deve ditar a condenação em comento é exclusivamente o julgamento do recurso, sendo irrelevante, para a verificação em debate, o resultado da causa. Há de ser feita, portanto, a distinção entre o vencedor da causa e o vencedor do recurso, não sendo empecilho que haja honorários em favor da parte vencida na demanda, porque vencedora na seara recursal. É o caso, por exemplo, de recurso interposto pela parte para quem foi favorável o julgamento dos pedidos formulados na demanda e, em busca de aplicação de termo inicial de incidência de juros diverso do considerado na sentença, termina vencida por decisão monocrá-

25 Nesse sentido, o art. 1º-D, da lei n.º 9.494/97: "Não serão devidos honorários advocatícios pela Fazenda Pública nas execuções não embargadas." Em 29.09.04, o plenário do Supremo Tribunal Federal declarou, "incidentemente, a constitucionalidade da Medida Provisória nº 2.180-35, de 24 de agosto de 2001, com interpretação conforme de modo a reduzir-lhe a aplicação à hipótese de execução, por quantia certa, contra a Fazenda Pública (Código de Processo Civil, art. 730), excluídos os casos de pagamentos de obrigações definidos em lei como de pequeno valor, objeto do § 3º do artigo 100 da Constituição". STF, Plenário, RE 420.816/PR, rel. min. Sepúlveda Pertence, j. 29.09.04. Isso porque a Fazenda Pública, por força do regime constitucional de precatórios (art. 100, CRFB), não teria a opção de efetuar *espontaneamente* o pagamento de crédito contra ela imposto por decisão judicial transitada em julgado. A impugnação, por sua vez, significaria a resistência da Fazenda Pública, do que exsurge a causalidade e, por conseguinte, a incidência dos honorários sucumbenciais.

26 O trecho da norma que determina a majoração dos honorários fixados anteriormente é muito relevante na medida em que traz a condição de ter havido condenação anterior, na decisão recorrida. Isso significa que não haverá a condenação ao pagamento de honorários advocatícios em todos os recursos, como, por exemplo, em alguns julgamentos de agravo de instrumento, de apelação contra sentença proferida em mandado de segurança (art. 25, lei n.º 12.016/09) etc.

tica do relator ou por acórdão do órgão colegiado.[27] A recorrente terá, sem dúvida, de pagar honorários ao advogado da parte recorrida e, na origem, seu pedido – de pagamento de indenização, por exemplo – foi acolhido e julgado procedente na sentença.[28]

Justamente porque os honorários decorrem da causalidade, parte da doutrina sustenta que são devidos mesmo que não sejam apresentadas contrarrazões, desde que o recurso seja inadmitido ou rejeitado e que o recorrido tenha advogado constituído e tenha sido intimado para apresentá-las,[29] limitando-se a inércia para fins de quantificação, de quanto será fixado pelo julgador. Parece-nos, no entanto, haver, em sede recursal, um obstáculo para a incidência do §11, do art. 85, CPC se não apresentada a resposta (as contrarrazões) e se inerte o advogado desde a interposição até o julgamento: não haveria qualquer "trabalho adicional realizado em grau recursal", de modo que, sem qualquer ato praticado e atuação, não haveria majoração.[30]-[31]

---

27 A sucumbência recursal ocorre se decisão unipessoal ou se proveniente do colegiado. Nesse sentido, o enunciado 242, do Fórum Permanente de Processualistas Civis: "(art. 85, § 11). Os honorários de sucumbência recursal são devidos em decisão unipessoal ou colegiada".

28 Note-se que a hipótese ventilada é diversa da que trata de interposição de recurso pela parte vencida na origem e que acaba como vencedora em sede recursal, em razão da reforma da sentença pelo tribunal. O tratamento seria distinto, com redistribuição dos honorários fixados anteriormente e arbitramento de honorários de sucumbência recursal. Nesse sentido, o enunciado 243, do Fórum Permanente de Processualistas Civis: "(art. 85, § 11). No caso de provimento do recurso de apelação, o tribunal redistribuirá os honorários fixados em primeiro grau e arbitrará os honorários de sucumbência recursal".

29 Nesse sentido, DIDIER JR., Fredie e CUNHA, Leonardo Carneiro da. Curso de Direito Processual Civil: meios de impugnação às decisões judiciais e processo nos tribunais. Vol. 3, 13 ed. reform. Salvador: Jus Podivm, 2016, p. 157, que fazem a ressalva para as hipóteses em que o recurso é rejeitado liminarmente pelo relator, sem que tenha sido intimado o advogado do recorrido, equiparando-as aos casos de improcedência liminar do pedido na primeira instância, em que o réu sequer foi citado.

30 A hipótese narrada, a nosso ver, não se assemelha à não apresentação de contrarrazões em sede de Juizados Especiais Cíveis, em razão de, nestes, se tratar de postergação do pagamento de despesas para a sede recursal. Ademais, o art. 55, da lei n.º 9.099/95, ao revés, não faz alusão ao trabalho *adicional* realizado em grau recursal, tal como o citado §11, do art. 85, CPC, limitando-se à regra da causalidade, se não vejamos: "Art. 55, lei n.º 9.099/95. A sentença de primeiro grau não condenará o vencido em custas e honorários de advogado, ressalvados os casos de litigância de má-fé. Em segundo grau, o recorrente, vencido, pagará as custas e honorários de advogado, que serão fixados entre dez por cento e vinte por cento do valor de condenação ou, não havendo condenação, do valor corrigido da causa" (grifamos). Não obstante, há decisões judiciais que deixam de condenar o recorrente vencido ao dito pagamento, sob o argumento de que não apresentadas contrarrazões pela parte contrária. Para ilustrar, confira TJRJ, 2ª Turma Recursal, Recurso Inominado n.º 0007570-96.2015.8.19.0037, rel. juíza Carla Faria Bouzo, j. 19.04.16.

31 Também em sentido contrário à sucumbência recursal quando não apresentadas contrarrazões CAMARGO, Luiz Henrique Volpe. Os honorários advocatícios pela sucumbência recursal no CPC/15. Doutrina selecionada – parte geral. Salvador: Jus Podivm, 2015, pp. 760-761.

No mais, deve o julgador atentar para a atribuição de honorários advocatícios na via recursal (a majoração de que trata a lei) de forma proporcional, ou seja, em apreço ao trabalho *adicional* realizado em grau recursal, que dificilmente será o mesmo dispensado na fase de conhecimento, dada a duração do processo e fase probatória, que, em regra, demanda atividade extensa e complexa por parte do advogado, e mesmo se consideradas as atividades típicas dessa etapa, como a elaboração de memoriais a cada membro do órgão colegiado e a sustentação oral. Assim, o percentual a ser estabelecido em sede recursal será (ou deveria ser, ao menos) comumente inferior àquele estabelecido pelo juízo singular, na origem, quando da prolação da sentença.

Ainda sobre os possíveis trabalhos adicionais que podem ser desempenhados pelo advogado na seara recursal, importante frisar que não há de se falar em arbitramento de honorários advocatícios quando opostos embargos de declaração, que ostentam, sem dúvida, natureza recursal, e independentemente do resultado do julgamento, isto é, sejam os embargos de declaração conhecidos ou não, acolhidos ou não, com efeitos infringentes ou não.[32] Isso porque, como sabido, os embargos de declaração, cabíveis contra qualquer decisão judicial,[33] se prestam a *esclarecer* a prestação jurisdicional que já deveria ter sido concedida antes, desde o início. O jurisdicionado deve receber decisões judiciais claras, completas, não contraditórias e sem erros materiais.[34]

---

32 Em DIDIER JR., Fredie e CUNHA, Leonardo Carneiro da. Curso de Direito Processual Civil: meios de impugnação às decisões judiciais e processo nos tribunais. Vol. 3, 13 ed. reform. Salvador: Jus Podivm, 2016, p. 158, os autores defendem que não há, em virtude da simetria, sucumbência recursal em embargos de declaração opostos contra decisão isolada do relator ou contra acórdão, haja vista que, no julgamento de embargos de declaração opostos na origem, contra decisão interlocutória ou contra sentença, não há majoração de honorários advocatícios anteriormente fixados, por força do §11 do art. 85, do CPC, que se refere a tribunal, afastando a sucumbência recursal no âmbito da primeira instância.

33 Se antes, quando em vigor o CPC/73, o art. 535, inciso I deixava margem para dúvida do que se afirma, o atual art. 1.022 impede qualquer entendimento contrário. Assim, fica sepultado, por força do § 3º do citado artigo, o entendimento da jurisprudência que se formou à luz do CPC/1973 no sentido de não são cabíveis embargos de declaração contra decisões monocráticas proferidas pelos Tribunais Superiores, pelo que, se opostos, deveriam ser convertidos como agravo regimental (e o mais grave: sem que fosse conferida à parte embargante a oportunidade de complementar ou ajustar os seus argumentos, diversamente, portanto, do que adotou o § 3º, do art. 1.024, CPC).

34 Em sentido contrário, o recente entendimento exposto pela maioria dos membros da primeira turma do Supremo Tribunal Federal, em 07.06.16, quando do julgamento do RE 929925 AgR-ED/RS, de relatoria do ministro Luiz Fux, que asseveraram que "Após 18 de março de 2016, data do início da vigência do Novo Código de Processo Civil, é possível condenar a parte sucumbente em honorários advocatícios na hipótese

Da mesma maneira, não haverá majoração dos honorários no julgamento de agravo interno.[35] Isso porque o relator age por delegação do ór-

de o recurso de embargos de declaração não atender os requisitos previstos no art. 1.022 do referido diploma e tampouco se enquadrar em situações excepcionais que autorizem a concessão de efeitos infringentes". Os julgadores afeitos a dito posicionamento revelaram que "a razão de ser da sucumbência recursal seria dissuadir manobras protelatórias", deixando transparecer, com clareza e de forma inadequada, o viés punitivo conferido, encampando e dando potencial início a indesejável jurisprudência defensiva, tão combatida no atual diploma processual por meio de inúmeros dispositivos. Tanto não há de se falar em punição por meio da majoração dos honorários em grau recursal que não há empecilho para o acúmulo deles com multas por litigância de má-fé ou outras sanções processuais (art. 85, §12, CPC). É verdade que a redação do §11, do artigo em análise, ao longo da tramitação do novo código, chegou a ser diversa ("Art. 87, §7º. Quando o acórdão proferido pelo tribunal não admitir ou negar, por unanimidade, provimento a recurso interposto contra sentença ou acórdão, a instância recursal, de ofício ou a requerimento da parte, fixará nova verba honorária advocatícia, observando-se o disposto nos §§ 2º e 3º e o limite total de vinte e cinco por cento para a fase de conhecimento" (grifamos)), o que permitia a conclusão de que os honorários advocatícios fixados em sede recursal gozariam de caráter pedagógico (ou até mesmo punitivo). Ocorre que a redação não vingou e a redação aprovada e definitiva não dá espaço para que o intérprete extraia outra natureza dos honorários senão a de remunerar o trabalho realizado pelo advogado nas instâncias recursais. A razão de ser da sucumbência recursal apontada por aquele órgão julgador – dissuadir manobras protelatórias – não subsistiu nas alterações posteriores do texto normativo durante a tramitação dos projetos de lei; a possível consequência de redução da interposição de recursos seria mero efeito colateral, os honorários passam a ser sobrepensados como qualquer outro custo financeiro, antes da tomada de decisão. Portanto, não se exige dolo ou culpa, é irrelevante se interposto o recurso com intuito protelatório para a majoração dos honorários, exigindo-se apenas a causalidade e um percentual anteriormente arbitrado abaixo do limite estipulado para a respectiva fase, de modo a haver margem para a majoração. O ministro Marco Aurélio restou vencido ao afastar a condenação sob um argumento atrelado ao direito intertemporal: a seu ver, porque o recurso que motivara os referidos embargos de declaração – que servem, alertou o ministro, para esclarecer ou integrar o julgamento realizado anteriormente – foi interposto à luz do código pretérito, não seria possível condenar a parte sucumbente de acordo com os ditames do atual código. Até a elaboração deste artigo, o inteiro teor do acórdão ainda não estava disponível no sítio do Supremo Tribunal Federal, pelo que não foi possível extrair e analisar com profundidade os fundamentos adotados.

Como supramencionado, na origem, parece que mesmo o referido posicionamento não vingaria, em razão de o §11, do art. 85, CPC, se referir tão somente a "tribunal". Em consonância, DELLORE, Luiz. Comentários ao art. 85 do CPC. Teoria geral do processo: comentários ao CPC de 2015 – Parte Geral. São Paulo: Método, 2015, p. 299.

35 Nesse sentido, Em DIDIER JR., Fredie e CUNHA, Leonardo Carneiro da. Curso de Direito Processual Civil: meios de impugnação às decisões judiciais e processo nos tribunais. Vol. 3, 13 ed. reform. Salvador: Jus Podivm, 2016, p. 158. Em harmonia, o citado enunciado 16, da Escola Nacional de Formação e Aperfeiçoamento de Magistrados (ENFAM): "Não é possível majorar os honorários na hipótese de interposição de recurso no mesmo grau de jurisdição (art. 85, § 11, do CPC/2015)". Em sentido

gão colegiado e, quando profere uma decisão monocrática, antecipa o provável entendimento dos demais membros, que confirmarão ou não posteriormente, caso interposto agravo interno. Naquela ocasião, o relator já aplicou a norma que versa sobre a majoração dos honorários arbitrados na origem.

Como último apontamento, é importante retomar a questão acerca da natureza dos honorários advocatícios. A verba – repita-se – ostenta caráter remuneratório e tem como destinatário o advogado, de acordo com a regra da causalidade. Após curto lapso de vigência do diploma processual em vigor, percebe-se que se avizinha controvérsia acerca da possibilidade de a verba em análise ser usada como meio de desestimular recursos protelatórios.[36] A condenação teria, portanto, não apenas o viés remuneratório, mas serviria de sanção, punição a ser aplicada em desfavor daquele que interpôs recurso para procrastinar o feito.

Além de a interpretação supracitada não encontrar amparo legal,[37]

---

contrário, NEVES, Daniel Amorim Assumpção. Manual de Direito Processual Civil – volume único. 8ª ed. Salvador: Jus Podivm, 2016, pp. 220. O autor defende que o agravo interno, ainda que julgado no mesmo grau de jurisdição, não é julgado pelo mesmo órgão jurisdicional, haja vista que não se confunde o órgão singular formado pelo relator e o órgão colegiado.

---

36 Em verdade, a divergência já foi instaurada, diante das seguintes decisões: STF, AgReg nos AgRE n.º 711027, n.º 964330 e n.º 964347, 1ª T., rel. Min. Marco Aurélio, redator para o acórdão Min. Luís Roberto Barroso, j. 30.08.16. Na ocasião, o Min. Luís Roberto Barroso, que iniciou a divergência, consignou que "Em última análise, como eu considero que essa medida é procrastinatória e que a majoração de honorários se destina a desestimular essa litigância procrastinatória, eu fixo honorários recursais neste caso". O Min. Marco Aurélio, vencido, pontuou que "Quando a parte recorrida sequer tem o trabalho de apresentar contrarrazões, (...) não é o caso de majorar honorários", contra o que argumentou o ministro Luís Roberto Barroso que "o fato de não ter apresentado contrarrazões não significa que não houve trabalho do advogado", pois a defesa pode ter pedido audiência ou apresentado memoriais. Desta feita, além de imprimir um desestímulo à litigância procrastinatória, o trabalho adicional do advogado ficou adstrito à seara hipotética, isto é, sem que houvesse verificação de que foi efetivamente desempenhado pelo advogado que foi favorecido com o julgamento. No mesmo sentido, o Superior Tribunal de Justiça destacou o caráter sancionador da verba em comento contra a atitude protelatória da parte, defendendo a dupla funcionalidade da verba. Confira em AgInt no AREsp 196.789/MS, 3ª T., Rel. Ministro João Otávio de Noronha, j. 09/08/2016, DJe 18/08/2016. Também pelo dúplice caráter do dispositivo (impedir recursos infundados e protelatórios e remunerar gradativamente o trabalho do advogado), confira WAMBIER, Teresa Arruda Alvim; CONCEIÇÃO, Maria Lúcia Lins; RIBEIRO, Leonardo Ferres da Silva e MELLO, Rogerio Licastro Torres de. Primeiros comentários ao Novo Código de Processo Civil. 1ª ed. São Paulo: RT, 2015, p. 168.

37 Ao revés, o texto normativo do §11, do art. 85 não contém espaço para dúvida sobre o seu suporte fático, se não vejamos: "O tribunal, ao julgar recurso, majorará os

há previsão da sanção buscada em outros dispositivos, seja de forma genérica (art. 80, inciso VII e art. 81) ou de forma específica, voltada para determinados recursos (art. 1.021, §4º e art. 1.026, §2º). Ademais, sem qualquer razão, não haveria coincidência entre o credor dos honorários fixados também com viés punitivo (o advogado) e aquele que realmente suportou o prejuízo decorrente da interposição do recurso que alongou o feito (a parte contrária). De forma diversa e, a nosso ver, correta, o art. 81, que prevê o pagamento de multa a ser paga por aquele que interpôs "recurso com intuito manifestamente protelatório", também dispõe que esse recorrente indenizará "a parte contrária pelos prejuízos que esta sofreu e [arcará] com os honorários advocatícios e com todas as despesas que efetuou".[38] Para arrematar a inviabilidade de se atribuir caráter sancionatório à verba a que se faz alusão e afastar eventual argumento de que aquele que interpôs recurso para protelar o processo ficaria impune,[39] deve ser reiterada a possibilidade de acumular os honorários a serem fixados em sede recursal com multas e outras sanções processuais, nos termos do §12, do mesmo art. 85.

Finalmente, feitas as ponderações acima, apontar-se-á adiante o que entendemos ser o grande cerne da questão: a transição entre os dois códigos, isto é, o confronto da aplicação das leis no tempo. Em outras palavras, deve o operador do direito refletir com cautela sobre qual regramento atinente aos honorários advocatícios deve incidir nos processos em curso quando do início da vigência do CPC, em 18.03.16. O tema será tratado de forma detida a seguir, em capítulo específico.

---

honorários fixados anteriormente levando em conta o trabalho adicional realizado em grau recursal, observando, conforme o caso, o disposto nos §§ 2º a 6º, sendo vedado ao tribunal, no cômputo geral da fixação de honorários devidos ao advogado do vencedor, ultrapassar os respectivos limites estabelecidos nos §§ 2º e 3º para a fase de conhecimento". (os grifos são nossos).

38 No mesmo sentido, o Art. 96: O valor das sanções impostas ao litigante de má-fé reverterá em benefício da parte contrária, e o valor das sanções impostas aos serventuários pertencerá ao Estado ou à União.

39 A hipótese causaria estranheza; tratar-se-ia de um dever legal sem previsão de sanção imputada pelo seu descumprimento. É o caso, aliás, das hipóteses previstas nos incisos I, II, III e V, do art. 77, CPC.

4.3. O levantamento dos honorários advocatícios pela sociedade de advogados

Deve ser vista com bons olhos a possibilidade trazida pelo §15, que já era reconhecida em diversas decisões judiciais,[40] de o advogado requerer que o pagamento dos honorários que lhe caibam seja efetuado em favor da sociedade de advogados que integra na qualidade de sócio, sem que fique desnaturada a verba, que, portanto, continua a ter natureza alimentar, com os mesmos privilégios dos créditos oriundos da legislação do trabalho, sendo vedada a compensação em caso de sucumbência parcial.

O recebimento de tal maneira pode ser a melhor opção em razão das vantagens fiscais daí decorrentes, conforme o regime de tributação a que se submete a sociedade.

4.4. O cabimento de ação autônoma para definição e cobrança de honorários omitidos em decisão proferida em processo pretérito[41]

Outra inovação do novo diploma processual,[42] em harmonia com o que defendia grande parte da doutrina, é o disposto no §18, acerca do cabimento de ação autônoma para a definição e cobrança dos honorários advocatícios, caso a decisão transitada em julgado seja omissa no ponto, ou seja, quanto aos honorários advocatícios.

O pedido de pagamento de honorários advocatícios *deve* ser apreciado pelo julgador independentemente de ter sido formulado expressamente, por força do alargamento do objeto litigioso previsto pelo legislador (art. 322, §1º, CPC) e da imposição trazida no *caput*, do art. 85, CPC ("A sentença *condenará* o vencido..." (grifamos)). É o que alguns chamam de pedido implícito, terminologia consagrada, mas criticada por aqueles que defendem não haver pedido[43], mas o dever do magistrado julgar independentemente

---

40 Nesse sentido, é exemplo STJ, 2ª T., REsp n.º 922.668-SC, rel. min. Eliana Calmon, j. 16.09.08.

41 Sobre o tema, uma análise crítica das possíveis soluções pensadas doutrinariamente à luz do código revogado e da solução adotada pelo código em vigor, bem como dos aspectos processuais que decorrem da opção do legislador (legitimidade, competência, prazo prescricional etc), confira PEIXOTO, Ravi. O trânsito em julgado da decisão omissa em relação aos honorários advocatícios: soluções possíveis, a adotada pelo CPC/2015 e as suas consequências. *In* COÊLHO, Marcus Vinícius Furtado e CAMARGO, Luiz Henrique Volpe (Coord). DIDIER JR., Fredie (coord geral). Coleção grandes temas do novo CPC – vol. 2 – Honorários advocatícios. Salvador: JusPodivm, 2015, pp. 909-922.

42 O referido parágrafo não constava na redação original do projeto, o PLS 166, mas foi inserido durante a tramitação, em uma das sucessivas alterações.

43 ASSIS, Araken de. Processo Civil Brasileiro, volume III: parte especial: procedimento comum (da demanda à coisa julgada). São Paulo: Revista dos Tribunais, 2015, p. 79.

da manifestação expressa da parte, como exceção às regras da inércia e da congruência.[44]

A jurisprudência resistia à possibilidade de ajuizamento da referida ação e a questão foi objeto da súmula 453, do Superior Tribunal de Justiça, em 2010,[45] no sentido de ser vedada a cobrança por meio de propositura de ação própria posterior, sob o argumento de preservar os limites objetivos da decisão definitiva e a coisa julgada. Isso porque haveria uma rejeição implícita do direito a honorários sucumbenciais, ainda que o direito material, por meio de capítulo da sentença dependente e condicionante, tenha sido reconhecido pelo juízo. Em tese, o único caminho possível seria a ação rescisória.

Ocorre que, se não pode ser considerada automaticamente a condenação dos honorários diante da procedência do pedido relativo ao direito material, ao bem da vida perseguido, com mais razão não é possível a improcedência implícita e, portanto, automática, sem qualquer cognição judicial sobre. Se não apreciado e julgado algum dos pedidos, estar-se-á diante de uma sentença *citra* ou *infra petita* e, portanto, inexistente quanto a esse ponto, que decerto não transita em julgado quanto ao capítulo por ela omitido. Não se pode falar em *re*discussão em um processo futuro do que não fora enfrentado e apreciado e, portanto, não está estabilizado pela autoridade da coisa julgada.[46]

4.5. O cabimento de honorários advocatícios em favor de advogados públicos

O §19 inova ao prever o percebimento de honorários de sucumbência pelos advogados públicos, mas precisa ser regulamentado por lei

---

44 MACHADO, Marcelo Pacheco. A correlação no processo civil: relações entre a demanda e a tutela jurisdicional. Salvador: Jus Podivm, 2015, pp. 141-142.

45 Súmula 453, do STJ. "Os honorários sucumbenciais, quando omitidos em decisão transitada em julgado, não podem ser cobrados em execução ou em ação própria". A Corte Especial do Superior Tribunal de Justiça confirmou, por unanimidade, o entendimento em 02.12.15, poucos meses antes de o novo CPC entrar em vigor, durante a vacatio legis do código, quando proferido acórdão no julgamento do AgRg nos EDv no REsp n.º 1.285.074/SP, de que foi relator o ministro Mauro Campbell Marques. Como ocorrido com diversas outras súmulas editadas pelos Tribunais Superiores, essa perdeu o substrato legal quando da vigência do novo CPC. Não obstante, ainda não foi cancelada. http://www.stj.jus.br/SCON/sumulas/enunciados.jsp?livre=cancelamento+adj+da+adj+sumula&vPortalArea=544. Acesso em 09.07.16.

46 A opção adotada pelo legislador no novo CPC, por coerência, deve ser refletida em todos os casos em que a decisão for omissa e não se possa pressupor a rejeição implícita. Nesse sentido, o enunciado 7, do Fórum Permanente de Processualistas Civis: "(art. 85, § 18; art. 1.026, § 3º, III) O pedido, quando omitido em decisão judicial transitada em julgado, pode ser objeto de ação autônoma".

a ser editada por cada ente. Passou a viger a partir de 1º.08.16, a lei n.º 13.327/16, que dispõe, dentre outras matérias, sobre honorários advocatícios de sucumbência nas causas em que for parte a União, suas autarquias ou fundações.

4.6. O cabimento de honorários advocatícios na fase de cumprimento de sentença e em execução provisória

Ainda que não seja propriamente uma novidade,[47] o art. 523, CPC trouxe expressamente o cabimento de honorários advocatícios na fase de cumprimento de sentença. Os limites estipulados pelos §§2º e 3º, do art. 85, CPC ganham, nessa fase, novo fôlego, haja vista que devem ser observados a cada fase do processo: na fase de conhecimento e na fase de cumprimento de sentença.

Por fim, ressaltamos que também deve ser superado o entendimento sedimentado pelo Superior Tribunal de Justiça sob a dinâmica dos recursos repetitivos por ocasião do julgamento do REsp 1.291.736, no sentido de que "Em execução provisória, descabe o arbitramento de honorários advocatícios em benefício do exequente", em clara confusão entre eficácia e imutabilidade da decisão. Isso porque o CPC/15, no § 2º do artigo 520, prevê o cabimento da multa e dos honorários a que se refere o § 1º do art. 523 também no cumprimento provisório de sentença condenatória ao pagamento de quantia certa, havendo resistência ou não.

Diversamente do consignado no acórdão supracitado, a obrigação objeto de cumprimento provisório é exigível e executável. Proferida uma decisão e interposto recurso pelo vencido que tenha consigo apenas o efeito devolutivo, a eficácia condenatória da decisão é imediata e está presente o inadimplemento, o que permite a instauração do cumprimento provisório. A exigibilidade não é afetada ou obstaculizada pela provisoriedade; se revertida em cognição exauriente, os ônus sucumbenciais seguirão a mesma sorte.

5. O direito intertemporal e os honorários advocatícios: como compatibilizar o novo dispositivo e os processos em curso quando da vigência do novo CPC?

A edição e vigência de leis novas carregam consigo, em regra, o debate do conflito no tempo, isto é, o questionamento de qual regramento deve prevalecer em uma situação em curso, iniciada, portanto, antes da eficá-

47 Isso porque o cabimento na fase de cumprimento de sentença, independentemente do oferecimento de impugnação, já era objeto da súmula 517, do Superior Tribunal de Justiça; o novo código limitou-se, nesse aspecto, a sedimentar dito posicionamento.

cia da lei nova.[48] É do que cuida o direito intertemporal, só lembrado, muita vez, quando trazido pelo poder legislativo importante texto normativo, como é o caso do diploma processual.

Como é ordinário acontecer com leis novas, o CPC não deixou (e nem poderia) de ser alvo de controvérsias atinentes ao direito intertemporal. Discutem-se inúmeras divergências doutrinárias relacionadas à aplicação da lei velha ou nova aos processos pendentes. Em relação aos processos encerrados, não haveria dúvidas, uma vez que devem ser protegidas as situações jurídicas consolidadas, pelo que regidos pela lei revogada. Cada ato jurídico que compõe o processo deve ser protegido e não pode ser atingido por lei nova, sob pena de afronta ao art. 5º, inciso XXXVI, da Constituição Federal (CRFB). É o que dispõe o art. 14, do novo código.[49] A imediatidade a que o texto faz alusão deve, por óbvio, dialogar com o obstáculo constitucional de irretroatividade da lei nova para atingir ato jurídico perfeito e direito adquirido. De igual maneira, os processos supervenientes, isto é, aqueles distribuídos a partir de 18.03.16, inclusive, devem ser regidos pela lei nova. Quanto a isso, também não há inquietações.

A condenação ao pagamento de honorários advocatícios sucumbenciais não foi objeto de nenhuma das regras transitórias específicas, a que fazem menção as disposições finais e transitórias, tal como o direito probatório (art. 1.047, CPC),[50] os procedimentos sumários e especiais, revogados pelo novo código, mas que gozam de ultratividade até a prolação da sentença (art. 1.046, §1º, CPC),[51] a qualidade de coisa julgada para a resolução

---

48 Em DIDIER JR., Fredie. Eficácia do novo CPC antes do término do período de vacância da lei. In Revista de Processo. São Paulo: Revista dos Tribunais, 2014, pp. 325-332, o autor aduz que, mesmo antes do final do período de vacância da lei, há alguns enunciados normativos que, embora novos, geram efeitos imediatamente, porque nada trazem de inédito ao direito processual civil brasileiro. É o que acontece com as chamadas pseudonovidades normativas pelo autor, que ratificam que o novo CPC está em consonância com o que já se havia consagrado, normativamente, no direito processual civil brasileiro, ainda que à míngua de texto normativo. É exemplo o art. 10, que veda a prolação de decisão-surpresa, é corolário do princípio do contraditório e, portanto, decorre do texto constitucional. Nesses casos, é estéril a discussão sobre o direito intertemporal, uma vez que o texto e a norma já eram aplicados antes da vigência do novo código. Ao revés, o debate pode até ser danoso, se afastada a eficácia daquela norma sob o argumento de que ainda em curso o período de vacância da lei.

49 Art. 14. "A norma processual não retroagirá e será aplicável imediatamente aos processos em curso, respeitados os atos processuais praticados e as situações jurídicas consolidadas sob a vigência da norma revogada."

50 Art. 1.047. "As disposições de direito probatório adotadas neste Código aplicam-se apenas às provas requeridas ou determinadas de ofício a partir da data de início de sua vigência."

51 Art. 1.046. "Ao entrar em vigor este Código, suas disposições se aplicarão desde logo aos processos pendentes, ficando revogada a Lei no 5.869, de 11 de janeiro de 1973.

da questão prejudicial incidentalmente formulada, quando observados os §§1º e 2º, do art. 503,[52] dentre outros, pelo que devemo-nos socorrer das normas gerais.

Das regras transitórias gerais, ao lado da que impõe a eficácia imediata das disposições do novo código, quando do início da sua vigência (art. 1.046, *caput*, CPC),[53] está a teoria do isolamento dos atos processuais, incorporada pelo diploma em razão do art. 14, aplicável às normas de natureza processual e cuja incidência é controvertida pela doutrina.[54]

Ao revés, quando se está diante de uma norma de natureza substancial, o tempo da consumação do ato jurídico é o ponto nodal.

Considerando se tratar de norma de direito material, os honorários devem ser regidos pela disposição legal vigente à época em que ajuizada a ação. A condenação aos honorários decorre da propositura da ação[55] e não

§ 1o As disposições da Lei nº 5.869, de 11 de janeiro de 1973, relativas ao procedimento sumário e aos procedimentos especiais que forem revogadas aplicar-se-ão às ações propostas e não sentenciadas até o início da vigência deste Código."

52 "Art. 1.054. O disposto no art. 503, § 1o, somente se aplica aos processos iniciados após a vigência deste Código, aplicando-se aos anteriores o disposto nos arts. 5º, 325 e 470 da Lei no 5.869, de 11 de janeiro de 1973."

53 "Art. 1.046. Ao entrar em vigor este Código, suas disposições se aplicarão desde logo aos processos pendentes, ficando revogada a Lei no 5.869, de 11 de janeiro de 1973."

54 A não incidência é defendida por Marcelo Barbi Gonçalves, em "Honorários advocatícios e direito intertemporal", disponível em http://jota.uol.com.br/honorarios-advocaticios-e-direito-intertemporal.

55 Nesse sentido, o acórdão relativo ao REsp 1.111.157/PB, julgado sob a sistemática dos recursos repetitivos, pela Primeira Seção do Superior Tribunal de Justiça, sob a relatoria do ministro Teori Zavascki, em 22.04.09 (DJe 04.05.09), em relação à aplicação do art. 29-C da lei n.º 8.036/90 aos processos em curso. Na ocasião, ao afastar os honorários de sucumbência nas ações relativas ao FGTS, o relatou asseverou o direito aos honorários a partir da propositura da ação, que não poderia ser afetado por lei superveniente, por se tratar de direito adquirido. Assim, ficou sedimentado que o citado dispositivo, introduzido pela Medida Provisória 2.164-40/2001, que dispensa a condenação em honorários em demandas que versem sobre o FGTS, é norma especial em relação aos artigos do CPC que dispõem sobre o tema e somente se aplica às ações ajuizadas após a sua vigência.
O professor Leonardo Carneiro da Cunha difere da hipótese descrita (de eliminação dos honorários) a trazida pelo §3º, do art. 85, CPC, em que houve, a seu ver, apenas mudança dos critérios de fixação e, portanto, do regime jurídico. Defende que "não há, segundo antigo e consolidado entendimento jurisprudencial, direito adquirido a regime jurídico, ou melhor, não há direito adquirido a manutenção de regime jurídico. Logo, ainda que a demanda haja sido proposta anteriormente, mas a sentença venha a ser proferida já sob a vigência do CPC-2015, os honorários devem ser fixados de acordo com o novo dispositivo" (grifo no original). A situação ventilada no julgamento analisado se equipararia aos honorários de sucumbência em sede recursal, que não

da prolação da sentença;[56] de igual modo, a condenação aos honorários sucumbenciais em sede recursal decorre da interposição do recurso[57] e não de seu julgamento,[58] sob pena de retroação indevida.

existiam no código revogado e foram previstos no novo código. Por tal razão, afirma que "os honorários recursais não podem ser impostos no julgamento de recursos interpostos anteriormente, pois não havia direito a eles. A fixação de honorários recursais a casos em que o direito ao recurso surgiu na vigência do Código revogado constitui retroação indevida".

56 Nesse sentido e, portanto, diversamente do defendido neste artigo, LOPES, Bruno Vasconcelos Carrilho. O direito intertemporal e as novidades do novo Código de Processo Civil em tema de honorários advocatícios. In Coleção grandes temas do novo CPC – vol. 7 – Direito intertemporal. PESSOA, Fabio Guidi Tabosa e YARSHELL, Flavio Luiz (coord). DIDIER JR., Fredie (coord. Geral). Salvador: Jus Podivm, 2016, pp. 106-108. No texto em comento, o autor aduz que o direito aos honorários nasce contemporaneamente à sentença e não preexiste à propositura da demanda. A seu ver, por se tratar de remuneração de um serviço (prestado pelo advogado no curso do processo), os fatos constitutivos do direito são a própria prestação do serviço e os que definem quem deu causa ao processo. Sobre a apuração da causalidade, o autor afasta o conhecimento desde a propositura da demanda, quando já definida a situação de direito material a ser julgada, em razão da possibilidade de desistência pelo autor, do que decorreria a extinção do processo sem resolução do mérito e a sua responsabilização pelo custo. O novo nexo causal superaria a relação de causalidade originária, de modo que somente quando da prolação da sentença seria possível afirmar quem deu causa ao processo e, então, surgiria o direito aos honorários. Arremata, em seguida, com a conclusão de que, enquanto a sentença não for proferida, não haverá uma situação jurídica consolidada quando ao direito aos honorários. Tratar-se-ia de situação pendente, mera expectativa de direito, não protegida pelo art. 5º, inciso XXXVI, da CRFB e pelo art. 14, do novo CPC, pelo que entende que a condenação ao pagamento de honorários deve observar a legislação vigente à época em que proferida a sentença.

57 Nesse sentido, DIDIER JR., Fredie e CUNHA, Leonardo Carneiro da. Curso de Direito Processual Civil: meios de impugnação às decisões judiciais e processo nos tribunais. Vol. 3, 13 ed. reform. Salvador: Jus Podivm, 2016, p. 159. Os autores chamam atenção para relevante e interessante ponto: em verdade, o marco que define a aplicação da lei não é a interposição do recurso, mas a recorribilidade. Isso porque o CPC/73 deve ser aplicado não apenas nos casos em que já interposto recurso quando do início da vigência do CPC/15, mas também naqueles em que tornada pública a decisão antes do início da vigência do atual diploma processual, mas somente interposto recurso após 18.03.16. Também nesse sentido, o enunciado administrativo 7, aprovado pelo Plenário do Superior Tribunal de Justiça em 09.03.16, para orientar os jurisdicionados e tutelar a segurança jurídica: "Somente nos recursos interpostos contra decisão publicada a partir de 18 de março de 2016, será possível o arbitramento de honorários sucumbenciais recursais, na forma do art. 85, §11, do novo CPC".
Em sentido contrário, CAMARGO, Luiz Henrique Volpe. Os honorários advocatícios pela sucumbência recursal no CPC/15. Doutrina selecionada – parte geral. Salvador: Jus Podivm, 2015, pp. 762-766.

58 Pelas razões transcritas na nota 41 deste artigo, defende Bruno Vasconcelos Carrilho Lopes que, sobre os honorários de sucumbência recursais, deve ser aplicada a lei vigente na data de julgamento do recurso, sendo irrelevante que o recurso tenha sido

O raciocínio exposto está em completa harmonia com a vedação de decisão surpresa (art. 10, CPC).[59] Dita decisão surpresa é incompatível com o processo comparticipativo, que exige cooperação processual de todos os sujeitos do processo, de modo a não surpreender as partes em relação a quaisquer aspectos fáticos ou jurídicos da demanda.[60] A legítima expectativa das partes e a calculabilidade das despesas processuais, dos honorários advocatícios e das multas processuais devem ser preservadas.

Intimamente associado ao que se aduz está também o princípio da proteção da confiança, que decorre do princípio da segurança jurídica.[61]

---

interposto à luz de lei pretérita, revogada pela lei nova. Confira em LOPES, Bruno Vasconcelos Carrilho. O direito intertemporal e as novidades do novo Código de Processo Civil em tema de honorários advocatícios. In Coleção grandes temas do novo CPC – vol. 7 – Direito intertemporal. Pp. 105 a 108. PESSOA, Fabio Guidi Tabosa e YARSHELL, Flavio Luiz (coord). DIDIER JR., Fredie (coord. geral). Salvador: Jus Podivm, 2016, p. 108.

---

59 Art. 10. "O juiz não pode decidir, em grau algum de jurisdição, com base em fundamento a respeito do qual não se tenha dado às partes oportunidade de se manifestar, ainda que se trate de matéria sobre a qual deva decidir de ofício."

60 Por isso, tão inadequados os enunciados administrativos 5 e 6, da Segunda Vice-Presidência, do TJMG. Confiram-se, respectivamente:
Enunciado 5 – (art. 10) Não viola o disposto no artigo 10 a decisão que dá definição jurídica diversa, embora previsível, aos fatos discutidos pelas partes.
Enunciado 6 – (arts. 10, 322, §1º e 491) Não depende de prévia manifestação das partes a decisão que fixa juros de mora, correção monetária e as verbas de sucumbência, inclusive honorários advocatícios.
No mesmo indesejável sentido, diversos enunciados aprovados em setembro de 2015 pela Escola Nacional de Formação e Aperfeiçoamento de Magistrados (ENFAM). Confiram-se:
1) Entende-se por "fundamento" referido no art. 10 do CPC/2015 o substrato fático que orienta o pedido, e não o enquadramento jurídico atribuído pelas partes.
2) Não ofende a regra do contraditório do art. 10 do CPC/2015, o pronunciamento jurisdicional que invoca princípio, quando a regra jurídica aplicada já debatida no curso do processo é emanação daquele princípio.
3) É desnecessário ouvir as partes quando a manifestação não puder influenciar na solução da causa.
4) Na declaração de incompetência absoluta não se aplica o disposto no art. 10, parte final, do CPC/2015.
5) Não viola o art. 10 do CPC/2015 a decisão com base em elementos de fato documentados nos autos sob o contraditório.
6) Não constitui julgamento surpresa o lastreado em fundamentos jurídicos, ainda que diversos dos apresentados pelas partes, desde que embasados em provas submetidas ao contraditório.

61 Pela sua relevância, o princípio da proteção da confiança passou a estar expresso no diploma processual; é a base do sistema de precedentes judiciais brasileiro, tal como se depreende do art. 927, §4º. O processo jurisdicional gera ato normativo e pode, como qualquer ato normativo, servir de base da confiança a ser protegida. O órgão jurisdicional produz a norma jurídica individualizada, para regular o caso

Ambos se sustentam no Estado democrático de direito. O sujeito, ao exercer a sua liberdade por confiar na aparente validade de um ato normativo, não pode ter as expectativas frustradas em razão da descontinuidade da vigência da norma em que se respaldou para a prática do ato, seja por mudança, revogação ou invalidação.[62]

Finalmente, cabe ressaltar que, para aqueles que defendem a incidência do art. 85, §11, CPC aos julgamentos havidos a partir de 18.03.16, marco da vigência do novo CPC, de recursos interpostos quando ainda em vigor o código revogado, é imprescindível que as partes sejam intimadas previamente sobre esse *alerta* (condenação do sucumbente na seara recursal a honorários em favor do advogado do vencedor), em apreço ao dever de cooperação (art. 6º, que também deve ser observado pelo julgador).

6. Conclusão

O objetivo deste trabalho não foi e nem poderia ser exaurir o tema e trazer a resposta para todos os debates ora travados na doutrina, mas tão somente apontar as primeiras impressões e conclusões sobre os honorários advocatícios.

É imprescindível que, de acordo com os ditames constitucionais e de acordo com as diretrizes traçadas no novo Código de Processo Civil, a doutrina e a jurisprudência firmem posicionamentos uníssonos sobre as diversas controvérsias já postas, de modo a orientar o jurisdicionado e a tutelar a segurança jurídica.

É ineludível que o novo código combate o que ficou conhecido no meio forense como jurisprudência defensiva e consagra a isonomia na prestação da tutela jurisdicional, que tem potencial para ser mais célere, mais previ-

concreto apreciado, e uma norma jurídica geral, construída a partir daquele caso e a ser observada em casos semelhantes não decididos. O tema foge ao escopo do presente artigo e, por isso, nos limitaremos a remeter o leitor para DIDIER JR., Fredie. Curso de Direito Processual Civil: introdução ao direito processual civil, parte geral e processo de conhecimento. 17ª ed. revista, ampliada e atualizada. Salvador: Jus Podivm, 2015, pp. 141-145. De forma minuciosa e com amplas referências, conferir CABRAL, Antonio do Passo. Coisa Julgada e preclusões dinâmicas. 2ª ed. Salvador: Jus Podivm, 2014, pp. 526 a 546.

62 ÁVILA, Humberto. Segurança jurídica. Entre permanência, mudança e realização no Direito Tributário. São Paulo: Malheiros, 2011, p. 360. Na obra, o autor expõe os elementos necessários para que caracterizado o dever de proteção da confiança, quais sejam: (i) base da confiança; (ii) confiança na base; (iii) exercício da confiança e (iv) frustação causada por ato posterior do Poder Público. O tema também é tratado por DIDIER JR., Fredie. Curso de Direito Processual Civil: introdução ao direito processual civil, parte geral e processo de conhecimento. 17ª ed. revista, ampliada e atualizada. Salvador: Jus Podivm, 2015, pp. 137-141.

sível e mais coesa.[63] Se a majoração dos honorários fixados no juízo *a quo* pode ter como reflexo a redução de recursos interpostos e, por conseguinte, pode diminuir o excessivo e preocupante número de julgamentos pendentes nos tribunais, uma vez que a parte ponderará o novo custo antes de optar por recorrer, é certo que decisões harmônicas e estáveis possuem potencial ainda maior de provocar o referido impacto como efeito colateral, além de resguardar a isonomia e a segurança jurídica.

7. Referências bibliográficas

ASSIS, Araken de. *Processo Civil Brasileiro, volume III: parte especial: procedimento comum (da demanda à coisa julgada)*. São Paulo: Revista dos Tribunais, 2015;

ÁVILA, Humberto. *Segurança jurídica. Entre permanência, mudança e realização no Direito Tributário.* São Paulo: Malheiros, 2011;

CABRAL, Antonio do Passo. *Coisa Julgada e preclusões dinâmicas.* 2ª ed. Salvador: Jus Podivm, 2014;

CÂMARA, Alexandre Freitas. *O novo processo civil brasileiro.* 2ª ed. rev e atualizada. São Paulo: Atlas, 2016;

CAMARGO, Luiz Henrique Volpe. *Pela ordem: a polêmica sobre o início da vigência do Novo CPC.* Disponível em http://jota.info/pela-ordem-a-polemica-sobre-o-inicio-da--vigencia-do-cpc2015. Acesso em 23.10.2015;

______. *Os honorários advocatícios pela sucumbência recursal no CPC/15. Doutrina selecionada – parte geral.* Salvador: Jus Podivm, 2015, pp. 760-761;

CARVALHO, Fabiano. *Divergência doutrinária sobre a entrada em vigor do Novo CPC e propostas de solução.* Revista Justificando. Disponível em http://justificando.com/2015/06/19/divergencia-doutrinaria-sobre-a-entrada-em-vigor-do-novo-cpc-e--propostas-de-solucao/. Acesso em 16.10.2015;

CRAMER, Ronaldo. *Comentários ao art. 1.045.* DIDIER JR., Fredie; TALAMINI, Eduardo; WAMBIER, Teresa Arruda Alvim; DANTAS, Bruno. *Breves comentários ao Novo Código de Processo Civil.* São Paulo: RT, 2015;

DELLORE, Luiz. Comentários ao art. 85 do CPC. *Teoria geral do processo: comentários ao CPC de 2015 – Parte Geral.* São Paulo: Método, 2015;

DIDIER JR., Fredie. *Curso de Direito Processual Civil: introdução ao direito processual civil, parte geral e processo de conhecimento.* 17ª ed. revista, ampliada e atualizada. Salvador: JusPodivm, 2015;

______; CUNHA, Leonardo Carneiro da. *Curso de Direito Processual Civil.* Vol. 3, Salvador: Juspodivm, 2016;

______. *Eficácia do novo CPC antes do término do período de vacância da lei. In* Revista de Processo. São Paulo: Revista dos Tribunais, 2014;

FARIA, Marcela Kohlbach de. *Honorários recursais no NCPC: quando são cabíveis?* Disponível em https://processualistas.jusbrasil.com.br/artigos/378208896/honorarios-recursais--no-ncpc. Acesso em 30.08.16.

---

63 Conforme expressamente previsto no artigo 926, uma das grandes ambições do Código é que os tribunais uniformizem sua jurisprudência e mantenham-na "estável, íntegra e coerente".

GONÇALVES, Marcelo Barbi. *Honorários advocatícios e direito intertemporal*. Disponível em http://jota.uol.com.br/honorarios-advocaticios-e-direito-intertemporal. Acesso em 23.06.2016;

LOPES, Bruno Vasconcelos Carrilho. *O direito intertemporal e as novidades do novo Código de Processo Civil em tema de honorários advocatícios. In Coleção grandes temas do novo CPC – vol. 7 – Direito intertemporal*. PESSOA, Fabio Guidi Tabosa e YARSHELL, Flavio Luiz (coord). DIDIER JR., Fredie (coord. Geral). Salvador: JusPodivm, 2016;

LUCON, Paulo Henrique dos Santos. *Honorários no novo Código de Processo Civil e as súmulas do Superior Tribunal de Justiça. In* COÊLHO, Marcus Vinícius Furtado e CAMARGO, Luiz Henrique Volpe (Coord). DIDIER JR., Fredie (coord geral). *Coleção grandes temas do novo CPC – vol.2 – Honorários advocatícios*. Salvador: JusPodivm, 2015;

MACHADO, Marcelo Pacheco. *A correlação no processo civil: relações entre a demanda e a tutela jurisdicional*. Salvador: Jus Podivm, 2015;

MARINONI, Luiz Guilherme, MITIDIERO, Daniel e ARENHART, Sérgio Cruz. *Novo código de processo civil comentado*. São Paulo: RT, 2015;

MEDINA, José Miguel Garcia. *Direito Processual Civil Moderno*. 2ª ed. rev., atualizada e ampliada. São Paulo: Revista dos Tribunais, 2016;

NEVES, Daniel Amorim Assumpção. *Manual de Direito Processual Civil – volume único*. 8ª ed. Salvador: Jus Podivm, 2016;

PEIXOTO, Ravi. *O trânsito em julgado da decisão omissa em relação aos honorários advocatícios: soluções possíveis, a adotada pelo CPC/2015 e as suas consequências. In* COÊLHO, Marcus Vinícius Furtado e CAMARGO, Luiz Henrique Volpe (Coord). DIDIER JR., Fredie (coord geral). *Coleção grandes temas do novo CPC – vol.2 – Honorários advocatícios*. Salvador: JusPodivm, 2015;

REDONDO, Bruno Garcia. *Comentários ao art. 85. In* CABRAL, Antonio do Passo e CRAMER, Ronaldo (coord.). *Comentários ao novo Código de Processo Civil*. Rio de Janeiro: Forense, 2015.

VIVEIROS, Estefânia. *Honorários advocatícios e sucumbência recursal. In* COÊLHO, Marcus Vinícius Furtado e CAMARGO, Luiz Henrique Volpe (Coord). DIDIER JR., Fredie (coord geral). *Coleção grandes temas do novo CPC - Vol. 2 – Honorários advocatícios*. 1ª ed. Salvador: Juspodivum, 2015;

WAMBIER, Teresa Arruda Alvim; CONCEIÇÃO, Maria Lúcia Lins; RIBEIRO, Leonardo Ferres da Silva e MELLO, Rogerio Licastro Torres de. Primeiros comentários ao Novo Código de Processo Civil. 1ª ed. São Paulo: RT, 2015.

AMICUS CURIAE NO ORDENAMENTO JURÍDICO BRASILEIRO

Uma perspectiva de direito intertemporal processual civil

Francesco Conte

> *Sed fugit interea fugit irreparabile tempus*
> ("Mas ele foge: irreversivelmente o tempo foge").
> - Virgílio,
> Geórgicas*, III*

Sumário: 1. Introdução. **2.** A figura do *Amicus Curiae*. **3.** Previsão esparsa no ordenamento jurídico brasileiro. **4.** *Amicus Curiae* no novo Código de Processo Civil brasileiro. **5.** Direito intertemporal: separação do passado, presente e futuro na vida do processo. **5.1.** Duas regras específicas de direito intertemporal processual. **6.** Agências Reguladoras. **7.** A participação das Agências Reguladoras como *Amicus Curiae* e direito intertemporal: aplicação de normas processuais no tempo. **8.** Conclusão. Referências

1. Introdução

Em nossa contemporaneidade, o princípio político da participação democrática das partes e de terceiros intervenientes no processo judicial, sob perspectiva pluralística, além de maximizar a adequação, a qualidade da prestação da tutela jurisdicional e a efetividade prática da respectiva tutela, traduz inestimável fator de legitimação do concreto exercício da jurisdição.

Semelhante direito à participação procedimental formal – além de ser inerente à ideia de Estado Constitucional Democrático de Direito – representa um dos elementos cardeais do núcleo essencial da garantia do contraditório (CF, art. 5º, LV), como seja, o direito de influir (*Recht auf Einfluss)*, concreta e eficazmente, na formação intelectual da convicção do juiz, especialmente sobre a relação fato-norma, e, portanto, no conteúdo de sua decisão. A não ser assim, a garantia fundamental do contraditório seria puramente ilusória, desprovida da mais tênue utilidade prática, menos que um sino sem badalo.

Não por acaso, no contexto da concepção publicista da jurisdição, de novas tendências de participação processual e no espaço físico do modelo constitucional de processo, marcado pela colaboração e cooperação das partes e dos terceiros intervenientes, desponta a figura do *amicus curiae*, a qual acresce à configuração tríplice clássica do processo (autor, juiz e réu),[1] num esforço de enriquecimento do debate, de aproximação da função jurisdicional com a sociedade civil, a cidadania, a soberania popular e de promoção de justiça social.[2]

De fato, como expressão do direito de defesa, tem-se uma nova concepção de ampliação e de qualificação do contraditório. Semelhante garantia constitucional abre-se para acolher, nas estruturas dialéticas do procedimento, a colaboração também do *amicus curiae*, portador de interesses altruístas, no fito, *v. g.*, da prospecção da verdade possível (não-absoluta) no espaço-tempo do processo. Ou seja: tenciona-se a máxima aproximação à realidade de certos fatos ocorridos no passado, reconstruídos postumamente em juízo, e, desse modo, aperfeiçoar a decisão judicial, gerando prestação de tutela jurisdicional mais qualificada. É intuitivo que uma decisão judicial qualitativamente adequada e justa tende a eliminar de antemão problemas incandescentes relativos ao seu efetivo cumprimento no mundo de carne e osso.

Noutros termos: a participação do *amicus curiae* no processo judicial, como porta-voz das mais elevadas aspirações da sociedade, além de contribuir para o alargamento do acesso à ordem jurídica adequada e justa, e de instrumentalizar sua eficiência, com homenagem à economia processual, tem aptidão para proporcionar, ao fim e ao cabo, maior efetividade do direito material, excitando sua previsibilidade, calculabilidade e, bem por isso, fomentando segurança jurídica. Assim vistas as coisas, aguilhoa maior grau de confiança na sociedade acerca do funcionamento do mecanismo da justiça civil.

Sob outro prisma, o assim denominado Direito intertemporal brasileiro[3] – autêntico sobredireito a regular a aplicação da lei no tempo –, visa, precipuamente, a dirimir questões exsurgentes da entrada em vigor de uma nova lei e o regramento de relações jurídicas pretéritas e futuras. De sorte

---

1 *Iudicium est actus trium personarum: iudicis, actoris et rei* (Búlgaro).

2 CAMBI, Eduardo et al. Amicus curiae e o processo coletivo: Uma proposta democrática. Revista de Processo, São Paulo, v. 192, p. 13-45, fev/2011. p. 27: "Mais que 'amigo da corte', o amicus, desde que possua representatividade adequada e intervenha na solução de questões socialmente relevantes, atua em prol da coletividade, promovendo a cidadania e a justiça social, o que permite concluir se tratar de verdadeiro amigo do povo.

3 PEREIRA, Caio Mario da Silva. Instituições de direito civil. 20. ed. Rio de Janeiro: Forense, 2004, v. 1. p. 139: "Sob qualquer denominação, o conflito temporal de leis pode resumir-se numa indagação: por qual das duas leis, a nova ou a velha, devem ser reguladas as consequências dos fatos ocorridos antes de entrar em vigor a lei revogadora? Noutros termos: a lei velha deve continuar regulando as situações originadas durante sua vigência, ou a lei nova as alcança ao entrar em vigor?"

que, no plano endoprocessual, quando atos processuais iniciados à luz do CPC revogado já serão regulados pelo NCPC e, inversamente, atos processuais permanecerão ainda regidos pelo CPC revogado?

Nessa moldura, são concebíveis multifárias situações, diferidas no tempo, envolvendo a figura do *amicus curiae* na dinâmica do *iter* procedimental, como complexo de atos, as quais hão de repousar ou transitar no ambiente do antigo e do novo ordenamento jurídico-processual brasileiro.

2. A figura do *amicus curiae*

O "amigo da Corte" é um terceiro que intervém em processo pendente, seja por iniciativa dele próprio, seja por força de requerimento das partes, seja *iussu iudicis*.

O escopo da intervenção de terceiro, na condição de *amicus curiae*, em sociedades complexas, descansa no interesse público de contribuir para o aprimoramento do julgamento da causa e da adequação e justeza da decisão judicial, ante o municiamento do órgão judicante de subsídios úteis, dados técnicos, informações fáticas relevantes,[4] ou assinalando-lhe a existência de alguma questão que haja escapado à sua consideração.[5]

Disso resulta que, com a finalidade de se pluralizar e oxigenar o debate, seja através do fornecimento de elementos para a interpretação valorativa do direito, a partir do texto normativo, seja animando a discussão exauriente dos argumentos fático-jurídicos e metajurídicos carreados para os autos do processo, essa modalidade interventiva, com aptidão de produzir prestação da tutela jurisdicional mais qualificada, deve ser admitida, amplamente, sem limites temporais, mas dentro das balizas do processo de conhecimento, em qualquer que seja a fase procedimental ou grau de jurisdição ("o juiz ou o relator"). Dever-se-á, por identidade de razões, admiti-lo em processo de qualquer natureza (cível, trabalhista, individual, coletivo), sem que se possa cogitar, com seriedade, de detrimento à celeridade da tutela jurisdicional.

Não seria despropositado dizer, sob a ótica política, que o *amicus curiae* densifica o princípio democrático e, por isso mesmo, verbaliza os va-

---

4 BUENO, Cássio Scarpinella. Amicus Curiae no Processo Civil Brasileiro – um terceiro enigmático. 2. ed. São Paulo: Saraiva, 2008, p. 126: "(...)pode cooperar, em alguma medida, para o proferimento da decisão jurisdicional, quando menos para fornecer ao magistrado elementos e informações úteis para a apreciação da questão litigiosa, contextualizando-a adequadamente, para seu melhor julgamento".

5 EKMEKDHAN, Miguel Angel. El amicus Curiae en el derecho constitucional argentino. Revista dos Tribunais, São Paulo, ano 4, n. 16, jul./set. 1996, on line. p. 1: "La intervención del amicus curiae permite una más amplia discusión jurídica respecto a la controversia que dió origen a la causa, lo que es valioso en temas de interés institucional."

lores preponderantes, estratificados em certa quadra histórica e na sociedade em que o "amigo da corte" opera.

A intervenção do *amicus curiae* pode se dar diretamente em juízo, sem necessidade de sua representação por advogado.[6] Tal se justifica pela ideia de que esta espécie de intervenção de terceiro, dotada de interesse fundamentalmente institucional, visa a proporcionar decisões judiciais qualitativamente mais rentes à realidade fática subjacente à causa e a otimizar o diálogo entre Estado-juiz e povo, em cujo nome a decisão judiciária vem pronunciada.[7]

O *amicus curiae* não tem (ou melhor: não deveria ter) interesse jurídico na sorte do litígio, a pena de transmudar-se em assistência camuflada,[8] mas exibir interesse de índole essencialmente institucional,[9] qualitativamente diverso daquele interesse jurídico reinante no plano material, típico das demais modalidades de intervenção de terceiro, em relação às quais não se confunde.[10]

Daí descende que, como colaborador do juízo, deve pautar seu comportamento processual pela imparcialidade no tocante à composição da lide,[11] como medida para valorar seu interesse institucional. Obviamente, a hipótese é de imparcialidade do *amicus curiae* e não de sua neutralidade. A rigor, nem o juiz é neutro e, como todo ser humano, tampouco poderia sê-lo em relação a todas as escolhas (*v. g.*, cognitivas, valorativas, interpretativas) adotadas em sua decisão. De fato, é de se repelir, em perspectiva crítica, o mito da neutralidade axiológica absoluta do juiz, pois todo ato humano se reporta sempre a valor. Ademais, a visão de administração da justiça como função neutra é refutada por sua própria concepção como uma instância de natureza política, orientada pelo texto constitucional e compromissada com a dignidade da pessoa humana, a concretização dos direitos fundamentais, a efetividade das normas constitucionais e a realidade social. Tais são os traços característicos do constitucionalismo contemporâneo. O poder do juiz,

---

6 TUPINAMBÁ, Carolina. Novas tendências de participação processual – O amicus curiae no anteprojeto do novo CPC. In: FUX, Luiz (Coord.). O novo processo civil brasileiro (direito em expectativa): reflexões acerca do projeto do novo Código de Processo Civil. Rio de Janeiro: Forense, 2011. p. 105-141, esp. p. 132-133.

7 Constituição italiana, de 1947, art. 101, § 1º: "*La giustizia è amministrata in nome del popolo.*"

8 Novo Código de Processo Civil brasileiro (doravante designado apenas NCPC), art. 119: "Pendendo causa entre 2 (duas) ou mais pessoas, o terceiro jurídicamente interessado em que a sentença seja favorável a uma delas poderá intervir no processo para assisti-la."

9 BUENO, Cassio Scarpinella. Novo código de processo civil anotado. São Paulo: Saraiva, 2015. p. 135.

10 PEREIRA, Milton Luiz. Amicus curiae – intervenção de terceiros. Revista de Processo, São Paulo, ano 28, v. 109, p. 39-44, jan./mar. 2003, esp. p. 44.

11 Anote-se a posição divergente de TUPINAMBÁ, Carolina, op. cit., p. 129.

reafirme-se, não é nulo nem neutro, ante as impregnações dos valores na atividade jurisdicional.

Decerto, a figura do *amicus curiae* será permeável às mesmas infiltrações de caráter axiológico.

O *amicus curiae* há de ser imparcial no sentido de que a solução formulada para a lide não deve afetar diretamente pretensão sua. Com efeito, o amigo do Estado-juiz não está autorizado, por exemplo, a nutrir simpatia ou antipatia por um ou outro litigante, nem, menos ainda, a esfalfar-se, inspirado tão somente na condição pessoal de cada qual, no sentido da vitória ou da derrota do autor ou do réu, sob pena de quebra de seu dever de imparcialidade.

Pense-se, exemplificativamente, que entidades públicas (Agências Reguladoras) hão de cultivar a imparcialidade, até porque intrínseco ao seu aceitável *modus operandi*. Os elementos desviantes, eivados de vícios, ofertados pelo *amicus curiae* – como, de resto, todos os dados fático-jurídicos objetivamente representados nos autos do processo – devem naturalmente passar pelo filtro purificador da análise do órgão judicante.

Excepcionalmente, pode ocorrer de a participação do *amicus curiae* se alicerçar em seu interesse no julgamento, como quando, nos chamados julgamentos por amostragem, intervém no Incidente de Resolução de Demandas Repetitivas e recursos extraordinários e especiais repetitivos (NCPC, arts. 983 e 1.038, I, respectivamente). De sorte que a tese jurídica assim formulada poderá favorecê-lo em outro processo, versando sobre *thema decidendum* idêntico, do qual seja parte ou terceiro interveniente portador de interesse jurídico.

No tocante à forma de intervenção, a quem tenha interesse jurídico e preencha os requisitos para intervir como assistente litisconsorcial ou simples não é franqueada a possibilidade de escolher o modo pelo qual intervirá no processo. Implica dizer que o sujeito deverá intervir não como *amicus curiae*, mas sim na condição de assistente litisconsorcial ou simples, ficando, no primeiro caso, atrelado à coisa julgada material, e no segundo, ao efeito da assistência simples (*v. g.*, legitimidade recursal).

A admissão do *amicus curiae* no processo (pessoa natural[12] ou jurídica, esta privada ou pública), cuja iniciativa de intervenção pode ser provocada ou espontânea, não prescinde da aferição de sua "representatividade"[13]

12 Veja-se, a título de ilustração, um professor que desfrute de evidente respeitabilidade acadêmica.

13 A expressão "representatividade adequada", além de constar do teor literal do enunciado do art. 138 do NCPC, é amplamente empregada em sede doutrinária e jurisprudencial. Sem embargo, veja-se a crítica que lhe é endereçada por TALAMINI, Eduardo. In: WAMBIER, Teresa Arruda Alvim et al (Coords.). Breves comentários ao Novo Código de processo civil. São Paulo: Editora Revista dos Tribunais, 2015. p. 442.

adequada (*adequacy of representation*), com base, por exemplo, na análise de seu histórico em participar de feitos que tais, de seus agentes e procuradores, de sua capacidade técnica, bem como a utilidade da intervenção tendente à formulação de adequada solução para o caso particular, à luz de suas especificações. O juiz há de avaliar se o terceiro reúne ou não conhecimento especializado e idoneidade para cooperar proficuamente com o juízo, vale dizer, se reúne as melhores condições, para além de representar determinado grupo, categoria ou interesse, quer para ingresso no feito, quer efetivamente no cotidiano do processo.[14] De qualquer forma, não se há que exigir a aquiescência unânime daqueles a quem o *amicus curiae* "representa".

Não é ocioso assinalar que, no curso do procedimento, na hipótese de o juiz verificar que o *amicus curiae* haja perdido aquela "representatividade", ou se despido da potencialidade de aportar elementos benfazejos para a formulação de solução para a causa, poderá, justificadamente, excluí-lo do processo. Nada impede, porém, que o relator do futuro recurso, interposto contra a decisão inerente ao próprio objeto da demanda, tenha entendimento diverso daquele expressado pelo juiz de primeira instância e, reconhecendo a representatividade adequada do terceiro, (re)admita sua colaboração-manifestação na condição de *amicus curiae*.

A intervenção do terceiro, caracterizado pela condição de *amicus curiae*, dá-se, exclusivamente, para fornecer subsídios para o juízo, e, ao contrário da assistência, não a qualquer das partes. Trata-se de amigo da corte e não de amigo da parte. Remarque-se o argumento: o *amicus curiae* não tem interesse jurídico, mas interesse institucional de que a decisão judicial favoreça um determinado ponto de vista fático-jurídico.

Equivale a dizer que é figura que não postula interesses ou, menos ainda, direitos subjetivos próprios, tampouco se identifica, nem subsidiariamente, com as partes formais do processo, embora, por exemplo, de seu parecer possa advir posição de vantagem para uma delas. Numa linha: possui interesse institucional nos processos em que se manifesta, porquanto não titulariza, total, limitada ou subsidiariamente, posições subjetivas con-

---

14 MACHADO JUNIOR, Dario Ribeiro et al. Novo código de processo civil anotado e comparado: lei n. 13.105, de 16 de março de 2.015. Rio de Janeiro: Forense, 2015, texto ainda inédito de atualização para a 2. edição desta obra, gentilmente cedido pelo Professor Paulo Cezar Pinheiro Carneiro: "É preciso entender que a expressão representatividade adequada não exige que o *amicus curiae* seja o porta-voz de um grupo ou de um determinado segmento social, mas sim que tenha conhecimento e idoneidade para colaborar para o esclarecimento das questões em debate." Vide, na mesma rota, TALAMINI, Eduardo, op. cit., p. 442: "A 'representatividade' não tem aqui o sentido de legitimação subjetiva, mas de qualificação objetiva. Permite-se um neologismo, à falta de expressão mais adequada para o exato paralelo: trata-se de uma contributividade adequada (adequada aptidão em colaborar)". (Reforços gráficos no original).

cernentes às partes e, por isso mesmo, tampouco suportará os efeitos do *decisum.*[15]

Não por outra razão, o *amicus curiae* é refratário à autoridade da coisa julgada, no que toca aos seus limites subjetivos (NCPC, art. 506). Evade-se até mesmo dos efeitos da assistência simples (NCPC, 123, *caput*). O efeito prático é que o *amicus curiae* poderá livremente discutir, em outro processo, a matéria objeto de sua intervenção.[16]

Problema simpático concerne ao dever de atuar como *amicus curiae*. Com efeito, mesmo na hipótese de haver sido provocada a intervenção, através de requerimento de uma das partes (ou de ambas), ou expressada de ofício pelo órgão julgador, ainda assim a sua participação, em linha de princípio, não se afigura obrigatória, pois o art. 138, *caput*, lança mão da expressão "solicitará" e não determinará essa participação.[17] Diz-se em linha de princípio, porque semelhante obrigatoriedade de participação do *amicus curiae* poderá decorrer de enunciados normativos específicos, tais como: Lei nº 6.385, de 7.12.1976, com a redação da Lei nº 10.411, de 31.10.2001 (CVM), Lei nº 9.279, de 14.05.1996 (INPI), Lei nº 12.529, de 30.11.2011 (CADE).

O parâmetro que deve presidir a admissão do *amicus curiae* e a fixação de seus poderes é o da finalidade mesma desta modalidade de intervenção: densificação do princípio político da participação democrática no processo, alicerçado na pluralidade do debate, adequação qualitativa, justeza e aperfeiçoamento da decisão judicial, com endereço finalístico em sua efetividade prática.

A ser diferente, estar-se-ia expulsando pela janela o regramento do *amicus curiae* que, sob boa luz, entrou pela porta democrática do novo Código de Processo Civil brasileiro.

O *amicus curiae* vocaliza, no procedimento, o eco de vozes sociais. O amigo da corte é um terceiro que intervém no processo, sem interesse jurídico, mas com capacidade agregadora, com a finalidade primacial de pluralizar o debate,[18] através do fornecimento de elementos e de informa-

---

15 WAMBIER, Teresa Arruda Alvim. Amicus curiae: afinal, quem é ele? Direito e Democracia, Canoas, v. 8, n. 1, jan./jun. 2007. p. 77-78.

16 CABRAL, Antonio do Passo. Pelas asas de Hermes: a intervenção do amicus Curiae, um terceiro especial. Revista de Processo, São Paulo, v. 117, p. 9-41, set./out. 2004, esp. p. 20.

17 TALAMINI, Eduardo. In: WAMBIER, Teresa Arruda Alvim et al (Coords.). Breves comentários ao Novo Código de processo civil, op. cit., p. 444: "O dever de o terceiro colaborar com a jurisdição concerne a intervenções pontuais para fins instrutórios (CPC/2015, arts. 378 e 380). Assim, o ordenamento processual não vai ao ponto de impor a alguém o dever de passar a participar de todo um processo como colaborador da corte."

18 BAHIA, Alexandre Gustavo Melo Franco. Admissibilidade de amicus curiae no julgamento de repercussão geral. Revista dos Tribunais, São Paulo, v. 922, p. 589-609, ago. 2012. p. 597.

ções úteis ao órgão julgador para alcançar a formulação da melhor decisão possível,[19] e, com jaez institucional e ressonância social, legitimar o julgado perante a sociedade. A figura do *amicus curiae* insere-se (i) em uma nova dimensão do contraditório; (ii) na concepção ampla dos sujeitos participantes do processo; e (iii) no contexto cooperativo da dinâmica processual.[20] A intervenção do *amicus curiae* permite maior participação no debate e na formação do consenso, máxime em causas de natureza constitucional, com forte cunho legitimador das decisões concernentes às normas constitucionais e aos direitos fundamentais.

O *amicus curiae*, por ser um colaborador do juízo, deve estar dispensado do pagamento de despesas processuais (*v. g.*, custas judiciais, honorários periciais), bem como não poderá suportar honorários advocatícios sucumbenciais.

Importa registrar que, no processo em que houver intervenção de *amicus curiae*, a motivação da decisão do *thema decidendum* deverá levar em conta, também, as alegações fático-jurídicas e metajurídicas por ele deduzidas, a pena de vulneração da norma contida no art. 489, § 1º, IV, do NCPC.[21]

3. Previsão esparsa no ordenamento jurídico brasileiro

O instituto do *amicus curiae*, justamente por exibir a função de proporcionar julgamento mais próximo à realidade dos fatos, tende a se constituir, principalmente no âmbito da jurisdição constitucional, em fator de legitimação do processo, da jurisdição e de legitimidade democrática da decisão.[22] Não por acaso, a entidade do *amicus curiae* guarda forte conexidade com a concepção democrática do concreto exercício do poder.

Prestigiosa doutrina sublinha que, no âmbito do ordenamento jurídico brasileiro, a pedra angular da intervenção do *amicus curiae* é suscetível de ser extraída de uma miríade de enunciados normativos. Esta figura interventiva, bem pesadas as coisas, já era uma realidade no cenário jurí-

---

19 SILVA, Eduardo Silva da et al. O requisito da representatividade no amicus curiae. A participação do particular no debate judicial. Revista de Processo, São Paulo, v. 207, p. 153-196, maio/2012. p. 170.

20 TUPINAMBÁ, Carolina, op. cit., p. 110.

21 CONTE, Francesco. Sobre a motivação da sentença no processo civil: Estado constitucional democrático de direito, discurso justificativo e legitimação do exercício da jurisdição. Livro no prelo. p. 175.

22 PEIXOTO, Ravi. Rumo à construção de um processo cooperativo. Revista de Processo, São Paulo, v. 219, p. 89-114, maio/2013, esp. p. 94: "É um instrumento que atua exatamente na legitimação democrática das decisões, pois permite a participação de entes que não possuem nenhum tipo de interesse jurídico direto na demanda, mas que possam trazer novos elementos ao conhecimento da corte."

dico-processual brasileiro, sobre qualificar o concreto exercício da administração da justiça.

Porque assim é, tanto o procedimento quanto a forma de admissão passam a ser os fixados no NCPC, o qual vem de regular, especificadamente, a figura do *amicus curiae*. A propósito, a interpretação da legislação extravagante deverá, de agora em diante, se afinar com a nova regulação deste instituto.

Contudo, o órgão judicante deverá lançar mão de regra antiga para decidir, quando terceiro postula sua intervenção no processo e, antes da decisão, o instituto do qual se aproveitaria é suprimido ou tem seu perfil modificado através de nova legislação.[23]

Merece menção à parte o problema dos poderes que, nesses casos, o *amicus curiae* irá exercitar no processo. Mesmo que o órgão judicante venha a demarcar os poderes gerais do terceiro interveniente enquadrável como *amicus curiae*, há uma gama de poderes específicos, estatuídos em legislação especial, os quais não poderão ser suprimidos. A consequência prática, por exemplo, é que, em certos casos, o terceiro interveniente poderá até mesmo interpor, ainda que supletivamente à atividade das partes, os recursos cabíveis contra decisões proferidas no processo, quando elas se quedarem inertes. Confira-se, no caso da intervenção da Comissão de Valores Mobiliários – CVM,[24] entidade autárquica em regime especial, a Lei nº 6.385, de 7.12.1976, com a redação da Lei nº 6.616, de 16.12.1978, que, em seu art. 31, § 3º, estabelece: "À comissão é atribuída legitimidade para interpor recursos, quando as partes não o fizeram."

A *ratio* de semelhante legitimidade recursal, supletiva, da CVM repousa, justamente, no conjunto de pressupostos de intervenção do *amicus curiae*: relevância da matéria (mercado de valores mobiliários), especificidade do tema objeto da causa (mercado de capitais) e repercussão social da controvérsia (por envolver, via de regra, milhares de investidores, nacionais e estrangeiros, e a poupança popular).

Nessa perspectiva, vale a pena passar em revista algumas amostras eloquentes de participação (ainda que anômala ou *sui generis*), as quais, em larga medida, podem ser etiquetadas como intervenção de *amicus curiae*,[25]

---

23 Assim, WAMBIER, Teresa Arruda Alvim. Anotações sobre o direito intertemporal e o processo. In: ______ et al (Coords.). Breves comentários ao Novo Código de processo civil, op. cit., p. 2419.

24 TUPINAMBÁ, Carolina, op. cit., p. 117.

25 DEL PRÁ, Carlos Gustavo Rodrigues. Breves considerações sobre o *amicus curiae* na Adin e sua legitimidade recursal. Aspectos polêmicos e atuais sobre os terceiros no processo civil e assuntos afins. In: DIDIER JUNIOR, Fredie; ARRUDA ALVIM WAMBIER, Teresa (Orgs.). Aspectos polêmicos e atuais sobre os terceiros no processo civil e assuntos afins. São Paulo: Revista dos Tribunais, 2004. p. 62: "(...) dentre todas as hipóteses de intervenção do *amicus curiae*, cabe distinguir três espécies: (a) aqueles

sendo, portanto, permeáveis aos influxos da regulação do art. 138 do NCPC, o qual generaliza sua alvissareira admissão em todos os planos de atuação do Poder Judiciário:

> i) no incidente de declaração de inconstitucionalidade (CPC/73, art. 482, § 3º);
> ii) na análise da repercussão geral da questão constitucional, no recurso extraordinário (CF, art. 102, § 3º), o ministro relator, no Supremo Tribunal Federal, poderá admitir a manifestação de terceiros (CPC/73, art. 543-A, § 6º, e RISTF, art. 21, XVIII), valendo notar que idênticas atribuições são conferidas ao Presidente do Supremo Tribunal Federal (RISTF, art. 13, XVIII);
> iii) no regime de recurso especial repetitivo, o ministro relator, no Superior Tribunal de Justiça, poderá admitir manifestação de pessoa, órgãos ou entidades com interesse na controvérsia (CPC/73, art. 543-C, § 4º);
> iv) no processo e julgamento da ação direta de inconstitucionalidade e da ação declaratória de constitucionalidade perante o Supremo Tribunal Federal (Lei nº 9.868, de 10.11.1999, art. 7º, § 2º: "O relator, considerando a relevância da matéria e a representatividade dos postulantes, poderá, por despacho irrecorrível, admitir, observado o prazo fixado no parágrafo anterior, a manifestação de outros órgãos ou entidades"), apesar de esse diploma legal vedar a intervenção de terceiros (art. 7º, *caput:* "Não se admitirá intervenção de terceiros no processo de ação direta de inconstitucionalidade"). No que toca ao requisito da representatividade do postulante, todos aqueles elencados no art. 103 da Constituição Federal estão, em regra, credenciados a se manifestar na condição de *amicus curiae*[26]. É razoável sustentar que a regra do art. 7º, § 2º, da Lei nº 9.868/99, para além de sua literalidade e forte em critério sistemático, teleológico e igualitário, possa aplicar-se também ao processo da ação declaratória de constitucionalidade – ADC, que representa uma espécie de irmã xifópaga da Adin.
> v) no processo e julgamento da arguição de descumprimento de preceito fundamental (Lei nº 9.882, de 03.12.1999, art. 6º, § 1º: "Se entender necessário, poderá o relator ouvir as partes nos processos que ensejaram a arguição, requisitar informações adicionais, designar perito ou comissão de peritos para que emita parecer sobre a questão, ou ainda, fixar data para declarações, em audiência pública, de pessoas com experiência e autoridade na matéria).
> vi) na proposta de edição, revisão ou cancelamento de enunciado da impropriamente chamada Súmula Vinculante (Lei nº 11.417, de 19.12.2006, art. 3º, § 2º: "No procedimento de edição, revisão ou cancelamento de enunciado da súmula vinculante, o relator poderá admitir, por decisão irrecorrível, a manifestação de terceiros na questão, nos termos do Regimento Interno do Supremo Tribunal Federal").
> vii) no incidente de uniformização de interpretação de lei federal no âmbito

que participam do processo por impulso do juiz (art. 9.º e art. 20 da LADIn, e art. 6.º, § 1.º, da LADPF); (b) aqueles cuja participação é decorrência de poder de polícia, e cuja intimação é requisito de regularidade do procedimento (intervenção do Cade ou da CVM); e (c) aqueles que intervêm voluntariamente, em exercício a direito próprio de manifestação (art. 7.º, § 2.º, da LADIn, art. 6.º, § 2.º, da LADPF, art. 14, § 7.º, da LJEF)".

26 MAMARI FILHO, Luís Sérgio Soares. A comunidade aberta dos intérpretes da Constituição: o *amicus curiae* como estratégia de democratização da busca do significado das normas. Rio de Janeiro: Lumen Juris, 2005. p. 92.

dos Juizados Especiais Federais (Lei nº 10.259, de 12.07.2001, art. 14, § 7º, parte final: "Se necessário, o relator pedirá informações ao Presidente da Turma Recursal ou Coordenador da Turma de Uniformização e ouvirá o Ministério Público, no prazo de cinco dias. Eventuais interessados, ainda que não sejam partes no processo, poderão se manifestar, no prazo de trinta dias").

viii) Decreto-lei nº 5.452, de 01.05.1943, que aprova a Consolidação das Leis do Trabalho, art. 896-C, § 8º, no tocante aos recursos de revista repetitivos: "O relator poderá admitir manifestação de pessoa, órgão ou entidade com interesse na controvérsia, inclusive como assistente simples, na forma da Lei nº 5.869, de 11 de janeiro de 1973 (Código de Processo Civil)." (incluído pela Lei nº 13.015, de 2014).

ix) Lei nº 6.385, de 7.12.1976, com a redação da Lei nº 10.411, de 31.10.2001, que dispõe sobre o mercado de valores mobiliários, institui a CVM (Comissão de Valores Mobiliários), entidade autárquica em regime especial, e estabelece a obrigatoriedade de sua intervenção ("será sempre intimada") em todas as causas que envolvam o mercado de capitais, franqueando-se-lhe a possibilidade de apresentar parecer ou de prestar esclarecimentos (art. 31, *caput*, incluído pela Lei nº 6.616, de 16.12.1978).[27] A atuação da CVM, inspirada no interesse público, não está subordinada à atividade das partes no processo, bem como ela não tem interesse jurídico próprio nem direito subjetivo a serem postulados na causa; antes, ao contrário, sua performance tem por alvo fornecer subsídios para o órgão jurisdicional, municiando-o de informações e dados técnicos úteis, colaborando, assim, para a adequada e justa composição da lide.[28] A participação do *amicus curiae,* em casos que tais, se justifica não apenas pela natureza do direito objeto da causa, senão também em razão de sua repercussão social.

x) Lei nº 8.934, de 18.11.1994, que dispõe sobre o registro público de empresas mercantis e atividades afins, em seu art. 28: "A procuradoria tem por atribuição fiscalizar e promover o fiel cumprimento das normas legais e executivas, oficiando, internamente, por sua iniciativa ou mediante solicitação da presidência, do plenário e das turmas; e, externamente, em atos ou feitos de natureza jurídica, inclusive os judiciais, que envolvam matéria do interesse da junta".

xi) Lei nº 9.279, de 14.05.1996, que regula a propriedade industrial e exige a intervenção do INPI (Instituto Nacional de Propriedade Industrial) nas ações de nulidade de patente (art. 57, *caput:* "A ação de nulidade de patente será ajuizada no foro da Justiça Federal e o INPI, quando não for autor, intervirá no feito"); de nulidade de registro de desenho industrial (por remissão do art. 118 ao art. 57); de nulidade de registro de marca (art. 175, *caput*: "A ação de nulidade do registro será ajuizada no foro da Justiça Federal e o INPI, quando não for autor, intervirá no feito").

xii) Lei nº 9.784, de 29.01.1999, que regula o processo administrativo no âmbito da Administração Pública Federal (art. 31: "Quando a matéria do processo en-

---

27 WAMBIER, Teresa Arruda Alvim. Primeiros comentários ao novo código de processo civil: artigo por artigo.1. ed. São Paulo: Editora Revista dos Tribunais, 2015. p. 259: "Evidentemente, a CVM, órgão integrado por técnicos em mercado de capitais, tem condições de esclarecer ao Poder Judiciário a respeito de certos fatos que têm de ser levados em conta na decisão. É frequente na doutrina opinião no sentido de que a CVM atua como *amicus curiae*. A ideia de interesse institucional aparece com clareza neste exemplo."

28 TALAMINI, Eduardo. In: WAMBIER, Teresa Arruda Alvim et al (Coords.). Breves comentários ao Novo Código de processo civil, op. cit., p. 440.

volver assunto de interesse geral, o órgão competente poderá, mediante despacho motivado, abrir período de consulta pública para manifestação de terceiros, antes da decisão do pedido, se não houver prejuízo para a parte interessada. § 1º A abertura da consulta pública será objeto de divulgação pelos meios oficiais, a fim de que pessoas físicas ou jurídicas possam examinar os autos, fixando-se prazo para oferecimento de alegações escritas.").

xiii) Lei nº 12.529, de 30.11.2011, que estrutura o sistema brasileiro de defesa da concorrência e dispõe sobre a obrigatoriedade de o CADE (Conselho Administrativo de Defesa Econômica), autarquia federal, ser intimado em todas as ações nela fundadas (art. 118: "Nos processos judiciais em que se discuta a aplicação desta Lei, o CADE deverá ser intimado para, querendo, intervir no feito na qualidade de assistente"). Vale registrar que expressiva parcela da doutrina, abandonando a literalidade do dispositivo, interpreta a expressão "qualidade de assistente" como hipótese de intervenção de *amicus curiae*, dado seu interesse de caráter institucional.[29] Assim vistas as coisas, o CADE não é assistente (simples ou litisconsorcial), seja do autor seja do réu, mas sua atuação no processo como *amicus curiae*, ao defender valores preponderantes da sociedade ou de seus segmentos, guarda traços característicos com a do Ministério Público, como quando opera na condição de *custos legis*, embora não fique, naturalmente, investido de suas prerrogativas processuais. A participação do *amicus curiae*, em situações tais, se abona pela natureza do direito objeto da controvérsia, e, também e sobretudo, por força de sua repercussão social.[30]

Nesse contexto, em temas técnicos ou moralmente complexos, despontam variadas formas de intervenção-participação do *amicus curiae* já admitidas em hipóteses específicas, elencadas, expressamente, aqui e ali, no ordenamento jurídico brasileiro.

Entrementes, autorizada doutrina já sustentava que a participação do *amicus curiae*, por expressar os valores preponderantes da sociedade em geral, ou de extratos sociais em especial, não deveria limitar-se às hipóteses previamente descritas nos preceitos normativos. É dizer: não se pode excluir a intervenção do *amicus curiae* de outros casos não antevistos pelo

---

29 WAMBIER, Teresa Arruda Alvim. Primeiros comentários ao novo código de processo civil, op. cit., p. 259.

30 O Superior Tribunal de Justiça, Segunda Turma, no REsp 1.275.859, sendo Relator o Ministro Mauro Campbell Marques, julgado em 27.11.2012, DJ de 05.12.2012, admitiu a participação do CADE na condição de *amicus curiae*, valendo destacar o seguinte excerto da ementa do acórdão: "6. As taxas de interconexão, desde que não discriminatórias ou nocivas ao ambiente de liberdade de iniciativa concorrencial instaurado entre as concessionárias de telefonia, podem variar de acordo com as características da rede envolvida. De acordo com o informado pelo Conselho Administrativo de Defesa Econômica, na qualidade de *amicus curiae* no presente feito, duas podem ser estas taxas cobradas, quais sejam: (a) Taxa de interconexão em chamadas de móvel para fixo (TU-RL), tarifa cobrada pelas concessionárias de telefonia fixa para a utilização de sua rede local para originação ou terminação por outras empresas; e, (b) Taxa de interconexão em chamadas de fixo para móvel (VU-M), que é devido pelas empresas de serviços de telecomunicações quando se conectam às redes de prestadoras móveis."

legislador, mas igualmente relevantes, como expressão de um "direito do pluralismo e da participação."[31]

Conjecture-se ação popular ajuizada por determinado cidadão que pretenda anular a licitação ou a contratação de certa obra pública com fortes indícios de superfaturamento no respectivo custo.

Ora, a Lei nº 4.717, de 29.06.1965, em seu art. 6º, § 5º, reza: "É facultado a qualquer cidadão habilitar-se como litisconsorte ou assistente do autor da ação popular."

Em regra, quem pode o mais pode o menos (a *maiori, ad minus*). Logo, é razoável se interpretar aquele dispositivo, para além das clássicas intervenções de terceiros experimentadas, no sentido de nele incluir, também, a figura do *amicus curiae*, oportunizando-se sua atuação no processo, quer tanto pela importância do bem jurídico tutelado, quer quanto pela transcendência social da decisão.

Por assim ser, no exemplo prefigurado, revela-se admissível a participação de pessoa natural especialista em licitação pública, na condição de *amicus curiae*, haja vista que a sociedade tem direito subjetivo a um governo honesto.

Suponha-se ação civil pública, ajuizada pelo Ministério Público, fundada na atividade poluidora de uma indústria ao meio ambiente.

Ora, a Lei nº 7.347, de 24.07.1985, em seu art. 5º, § 2º, preceitua: "Fica facultado ao Poder Público e a outras associações legitimadas nos termos deste artigo habilitar-se como litisconsorte de qualquer das partes."

Nesse caso, à luz dos critérios sistemático e teleológico de interpretação, máxime ante a regra geral insculpida no art. 138 do NCPC, mostra-se perfeitamente cabível a intervenção no processo, na qualidade de *amicus curiae*, viabilizando-se, por exemplo, a presença de órgão direcionado à proteção ambiental, ou mesmo de pessoa natural especialista nas peculiaridades do *thema decidendum*.

Pense-se em mandado de segurança coletivo impetrado por uma associação de defesa de pacientes portadores de insuficiência renal, tendo como causa de pedir a comercialização de determinado equipamento de hemodiálise com notórios defeitos de fabricação. Portanto, impróprio e nocivo à saúde de tais pacientes, por não filtrar adequadamente o sangue deles.

Ora, a Lei nº 12.016, de 7.08.2009, em seu art. 10, § 2º, admite o ingresso de litisconsorte ativo, até "o despacho da petição inicial".

Nesse caso, à luz dos critérios sistemático e teleológico de interpretação, e, sobretudo, por força da dicção abrangente do art. 138 do NCPC, tem-se por admissível, também, a intervenção no processo, na qualidade

31 MEDINA, José Miguel Garcia. Novo código de processo civil comentado: com remissões e notas comparativas ao CPC/1973. São Paulo: Editora Revista dos Tribunais, 2015. p. 231.

de *amicus curiae,* por exemplo, de um conceituado professor de nefrologia especialista na matéria versada na demanda judicial, considerada de relevante interesse social.

Cumpre notar-se que, a partir da vigência do NCPC, a admissão de terceiro no processo como *amicus curiae*, precedida de abertura de ocasião para manifestação das partes a respeito desse ingresso, em honra à garantia do contraditório, em razão da supramencionada legislação extravagante, somente poderá ocorrer se e quando forem observadas as notas essenciais fixadas no art. 138 daquele Diploma. A não ser assim, o terceiro interveniente poderá ser enquadrado como assistente, litisconsorte ou mesmo em outra classe de intervenção de terceiro (mas não como *amicus curiae*).[32]

4. Amicus curiae no novo código de processo civil brasileiro

Em boa hora, o NCPC, com formulação para a generalidade dos casos, em seu art. 138, regulou o *amicus curiae*, em especial no que toca aos pressupostos dessa espécie interventiva e aos respectivos direitos processuais.[33]

De fato, quanto aos pressupostos independentes, alternativos ("ou") de intervenção do *amicus curiae*, os quais imprimem sentido à sua atuação, como exímio colaborador do juízo, o art. 138, *caput*, aos ângulos qualitativo e quantitativo, estabelece: "O juiz ou o relator, considerando a relevância da matéria, a especificidade do tema objeto da demanda ou a repercussão social da controvérsia, poderá, por decisão irrecorrível, de ofício ou a requerimento das partes ou de quem pretenda manifestar-se, solicitar ou admitir a participação de pessoa natural ou jurídica, órgão ou entidade especializada, com representatividade adequada, no prazo de 15 (quinze) dias de sua intimação."

Tais pressupostos guardam pertinência com a ressonância e a abrangência da hipótese de julgamento a ser formulada pelo órgão judicante. É intuitivo que o *thema decidendum* deva transbordar os lindes estreitos e egoísticos de certo processo intersubjetivo para, na dimensão *ultra partes*, em perspectiva coletiva, açambarcar interesses, direitos ou situações de um número indeterminado de jurisdicionados. É de rigor que haja transcendência do objeto do processo lá ao longe das partes litigantes.[34] O diâmetro da causa haverá de ser levado em conta pelo juízo ao decidir pela admissibilidade ou não da intervenção do *amicus curiae* e da estatura desta participação.

---

32 Vide, em escólio ao art. 138 do NCPC, MACHADO JUNIOR, Dario Ribeiro e outros. Novo código de processo civil anotado e comparado, op. cit.

33 FUX, Luiz. Novo código de processo civil temático. São Paulo: Mackenzie, 2015. p. 93.

34 DEL PRÁ, Carlos Gustavo Rodrigues. *Amicus Curiae.* Instrumento de participação democrática e de aperfeiçoamento da prestação jurisdicional. Curitiba: Juruá, 2008. p. 30.

Releva notar que, na espécie, o legislador, ao redigir o enunciado normativo do art. 138, *caput*, adotou a técnica de norma de textura aberta, através do emprego de termos relativamente indeterminados ("a relevância da matéria, a especificidade do tema objeto da demanda ou a repercussão social da controvérsia"), embora prevendo suas consequências jurídicas. Têm-se, pois, os chamados conceitos jurídicos indeterminados (*rectius*, termos indeterminados de conceitos jurídicos), cujas normas transportam uma única indeterminação (no pressuposto de incidência da norma, mas não em sua consequência jurídica, que é definida – solicitação ou admissão da participação do *amicus curiae* no processo). Diversamente, nas normas albergadoras de cláusulas gerais, passeia uma dupla indeterminação (no pressuposto de incidência da norma e em sua consequência jurídica).[35]

Exige-se um juízo valorativo singularizado do órgão judicante referenciado às especificações do caso particular.[36] Cuida-se, pois, de um convite que lhe é endereçado para que, ao respirar as peculiaridades do caso

---

35 MITIDIERO, Daniel. Fundamentação e precedente: dois discursos a partir da decisão judicial. In: MITIDIERO, Daniel; AMARAL, Guilherme Rizzo (Coords.); FEIJÓ, Maria Angélica Echer (Org.). Processo Civil: estudos em homenagem ao professor doutor Carlos Alberto Alvaro de Oliveira. São Paulo: Atlas, 2012. p. 85-99, esp. p. 90: "As normas que contém conceitos juridicamente indeterminados se caracterizam pela circunstância de o seu pressuposto de incidência constituir um termo indeterminado. A sua consequência, contudo, é determinada. O problema que surge em juízo, portanto, diz respeito à caracterização do termo indeterminado. É necessário primeiro precisar o termo indeterminado para que depois a norma possa ser aplicada por subsunção. Diferentemente das normas que apresentam um conceito juridicamente indeterminado, as normas que contêm cláusulas gerais trazem uma dupla indeterminação: o pressuposto de incidência é indeterminado e a sua consequência também é indeterminada. Daí a existência de um duplo problema em juízo: precisar o que significa termo indeterminado empregado pelo legislador e delinear quais as consequências jurídicas da incidência da norma. É preciso dar concreção ao termo indeterminado utilizado pelo legislador para normatizar o problema levado ao processo e delinear as consequências jurídicas que devem ser imputadas aos destinatários da norma." (Reforços gráficos no original).

36 FERRAZ JUNIOR, Tércio Sampaio. **A ciência do direito**. 2. ed. São Paulo: Atlas, 1980. p. 96: "Conceitos indeterminados são aqueles utilizados pelo legislador para a configuração dos supostos fáticos e mesmo das consequências jurídicas, cujo sentido pede do aplicador uma explícita determinação. (...) É como se o legislador, cônscio da generalidade dos termos que tem de usar e da impossibilidade de particularizá-los ele próprio sob o risco de uma casuística sem fim, convocasse o aplicador para participar da configuração do sentido adequado. (...) Os conceitos normativos também pedem do decididor uma co-participação na determinação do seu sentido, porque são indeterminados como os anteriores e, além disso, constituem, de per si, valoração de comportamento cujos limites serão especificados na decisão. Assim o são, por exemplo, o conceito de "mulher honesta", "dignidade", "honra" etc. São normativos, portanto, conceitos que encerram uma valoração genérica que exige, na decisão do conflito, uma concretização." (Grifos no original).

particular, formule a concretização do conceito, particularizando-o, ante a intuitiva impossibilidade de o legislador disciplinar, minuciosamente, as incalculáveis situações práticas integrantes do mundo de carne e osso.

Nessa moldura, na individuação do significado pelo órgão judicante dos termos indeterminados dos conceitos jurídicos em tela, a exigência de motivação, ao contrário do que pareceria ao primeiro lance de vista, é tanto mais indispensável quanto maior forem as margens de discricionariedade do juiz, em suas pautas de valores ou opções valorativas.[37]

De fato, a contribuição criativa do juiz, para concretização dos supostos fáticos, particularizando-os, vê-se potencializada e seu esforço argumentativo será maior, como também, e simetricamente, a exigência de justificação.[38]

A noção de concretização do "conceito juridicamente indeterminado" não se contenta com a singela referência ao preceito legal que o hospeda (NCPC, art. 138, *caput*), senão que cumpre ao juiz levar em conta as especificações do caso particular.[39]

A decisão de admissão ou não do *amicus curiae*, embora irrecorrível (NCPC, art. 138, *caput*), não gravita na órbita da discricionariedade judicial e, por isso mesmo, incidirá a obrigatoriedade de motivação analítica e pública (CF, art. 93, IX e NCPC, arts. 11 e 489, § 1º), especialmente, reafirme-se, no tocante aos critérios de concretização, à luz das peculiaridades do caso particular, dos pressupostos legais para esta modalidade de intervenção de terceiros: "a relevância da matéria, a especificidade do tema ou a repercus-

---

37 Excelentemente, BARBOSA MOREIRA, José Carlos. A motivação das decisões judiciais como garantia inerente ao Estado de Direito. Temas de direito processual: segunda série. 1. ed. São Paulo: Saraiva, 1980. p. 83-95, esp. p. 87-88.

38 TOMÁS-RAMÓN, Fernández. Del arbitrio y de la arbitrariedad judicial. Madrid: Iustel, 2005. p. 91-100, esp. p. 92; IGARTUA SALAVERRIA, Juan. La motivación de las sentencias, imperativo constitucional. Madrid: Centro de Estudios Políticos y Constitucionales, 2003. p. 132: "al reclamar en estos casos una motivación reforzada. (...) El Derecho, el razonamiento jurídico, no acaba, pues, donde la discrecionalidad empieza. Más bien ocurre todo lo contrario."

39 BARBOSA MOREIRA, José Carlos. O que deve e o que não deve figurar na sentença. Temas de direito processual: oitava série. São Paulo: Saraiva, 2004. p. 117-124, esp. p. 119-120: "Isso nos leva a uma questão afim, a dos chamados "conceitos juridicamente indeterminados". (...) Como deve o juiz comportar-se diante de tais expressões? Evidentemente não basta que ele afirme ter o réu cometido o homicídio por motivo torpe: seria mera repetição do texto legal. Cumpre que o juiz concretize o conceito para a espécie que está sob seu exame. É preciso descer à realidade concreta, a fim de explicar por que é torpe o motivo que impeliu o agente à prática da infração. Isso naturalmente pressupõe que se esclareça a acepção do adjetivo "torpe"; não, todavia, em termos genéricos e abstratos, mas tendo em vista a hipótese em foco."

são social da controvérsia".[40] O dever de fundamentação se revela mais vivo no que concerne à hipótese de decisão (irrecorrível) de inadmissão do *amicus curiae*. O traço da irrecorribilidade reclama, aqui, justificação reforçada, ao ângulo argumentativo, pelo órgão judicante.

Portanto, as razões justificativas da decisão de admissão ou não do *amicus curiae* hão de consentir controlabilidade jurídica e racional, endo e extraprocessual, sobre a validade dos critérios de escolha ou de valoração empregados pelo juiz.

O *amicus curiae* poderá intervir-participar nos seguintes casos específicos:

> i) Na alteração de entendimento sumulado ou adotado em julgamento por amostragem, NCPC, art. 927, § 2º: "A alteração de tese jurídica adotada em enunciado de súmula ou em julgamento de casos repetitivos poderá ser precedida de audiências públicas e da participação de pessoas, órgãos ou entidades que possam contribuir para a rediscussão da tese."
> ii) No tocante ao Incidente de Arguição de Inconstitucionalidade, "considerando a relevância da matéria e a representatividade dos postulantes, relator poderá admitir, por despacho irrecorrível, a manifestação de outros órgãos ou entidades" (art. 950, § 3º, do NCPC). Desenganadamente, tem-se, aqui, a intervenção-participação no processo da figura do *amicus curiae*, à semelhança do que, no domínio do Supremo Tribunal Federal, se dá, em sede de controle concentrado de constitucionalidade, no julgamento da ADIn e da ADC.
> iii) No Incidente de Resolução de Demandas Repetitivas, "o relator ouvirá as partes e os demais interessados, inclusive pessoas, órgãos e entidades com interesse na controvérsia..." (NCPC, art. 983, § 1º). Delineia-se, nesse contexto, a figura do *amicus curiae*[41], cuja participação poderá ser efetivada (mas não apenas) em sede de audiência pública designada pelo relator (NCPC, art. 983, § 1º).

Vozes doutrinárias sustentam que a aludida intervenção no IRDR não se acomodaria aos pressupostos autorizativos, nem ao arcabouço normativo geral, da intervenção de terceiro na qualidade de *amicus curiae* (NCPC, art. 138, §§ 1º, 2º e 3º). Apoiam esse ponto de vista pelo menos três ordens de razão: a) o relator do IRDR não teria a faculdade de admitir ou não a manifestação do terceiro, valendo notar que poderá recorrer contra a decisão que não o autorize a ingressar no feito, com fulcro no art. 1.015, IX, do NCPC; b) o terceiro poderá juntar documentos, bem ainda requerer diligên-

40 TALAMINI, Eduardo. In: WAMBIER, Teresa Arruda Alvim et al (Coords.). Breves comentários ao Novo Código de processo civil, op. cit., p. 444.

41 WAMBIER, Teresa Arruda Alvim. Primeiros comentários ao novo código de processo civil. p. 1.408; DANTAS, Bruno. In: ______ et al (Coords.). Breves comentários ao Novo Código de processo civil, op. cit., p. 2.193; MEDINA, José Miguel Garcia. Novo código de processo civil comentado, op. cit., p. 1.328; BUENO, Cassio Scarpinella. Novo código de processo civil anotado, op. cit., p. 626.

cias para a elucidação da *quaestio iuris* controvertida; c) não caberia ao juízo definir os seus poderes.[42]

Não se pode placitar semelhante posição doutrinária.

Em primeiro lugar, a participação do *amicus curiae* estará embasada não apenas na expressa remissão contida no art. 138, § 3º, mas, também, no art. 983, *caput*, primeira parte ("O relator ouvirá as partes *e os demais interessados, inclusive* pessoas, órgãos e entidades com interesse na controvérsia,..."). Na expressão gizada descobrir-se-á, igualmente, o fundamento da intervenção do terceiro na qualidade de *amicus curiae*, dotado de interesse essencialmente institucional. O termo "inclusive" espanca qualquer dúvida, abrangendo "pessoas, órgãos e entidades com interesse na controvérsia" (mas não apenas!), ou seja, grávidos de interesse jurídico na definição da tese neste ou naqueloutro sentido. Por exemplo: pessoas que tiveram seus processos pendentes, individuais ou coletivos, que versem sobre a mesma tese, suspensos (NCPC, art. 982, I), ou órgãos e entidades que haverão de experimentar, direta ou reflexamente, os impactos das decisões a serem proferidas em tais feitos.

Não é ocioso assinalar que, em sede de IRDR, o terceiro deverá demonstrar, objetivamente, sua representatividade adequada, a pena de não ser admitido no Incidente. Mera alegação afigura-se insuficiente.

A legitimidade recursal do *amicus curiae*, no âmbito do IRDR, assenta-se na premissa de aperfeiçoamento da decisão judicial de fixação da tese jurídica, e de inestimável fator de legitimação da função jurisdicional.

Em segundo lugar, no espectro de colaboração com o juízo, tendente ao aprimoramento do pronunciamento jurisdicional e a proporcionar julgamento o mais rente possível com tese jurídica adequada, o *amicus curiae* poderá "requerer a juntada de documentos, bem como as diligências necessárias para a elucidação da questão de direito controvertida". Semelhante atividade não desnatura a atuação do *amicus curiae*, antes lhe é imanente.

Em terceiro lugar, a definição pelo relator do IRDR dos poderes do terceiro interveniente, na qualidade de *amicus curiae*, com base na cláusula geral do art. 138, § 2º, do NCPC ("Caberá ao juiz ou ao relator, na decisão que solicitar ou admitir a intervenção, definir os poderes do *amicus curiae*"), não é incompatível com a normatividade e a sistemática do Incidente em tela. A extensão dos poderes e faculdades, a ser ditada pelo relator do IRDR, no intuito de que colaborem com a formação intelectual de sua convicção, guardará necessária relação de causa e efeito com o grau de complexidade da tese jurídica a ser esculpida pelo órgão julgador.

---

42 MACHADO JUNIOR, Dario Ribeiro. Novo código de processo civil anotado e comparado, op. cit., 2015.

iv) Na análise da repercussão geral para o recurso extraordinário (NCPC, art. 1.035, § 4º).
v) No julgamento de recurso repetitivo, o relator poderá "solicitar ou admitir manifestação de pessoas, órgãos ou entidades com interesse na controvérsia, considerando a relevância da matéria e consoante dispuser o regimento interno;" (NCPC, art. 1.038, I).

Sob outro ângulo de mirada, caberá ao órgão judicante, com exclusividade, solicitar ou admitir o ingresso do *amicus curiae* no processo (NCPC, art. 138, § 2º, primeira parte). Vale notar que essa decisão (positiva ou negativa) é irrecorrível (NCPC, art. 138, *caput*).

É útil reafirmar que, ante a complexidade da vida moderna, a intervenção do terceiro, na qualidade de *amicus curiae*, visa, exclusivamente, a ministrar subsídios (*e. g.*, probatórios, jurídicos, axiológicos) para o juízo, mediante atuação de cooperação e de colaboração, mas, reafirme-se, ao contrário da assistência, não a escoltar qualquer uma das partes. De sorte que o seu interesse não tem colorido jurídico, mas cariz institucional. Portanto, é figura que não demanda interesses ou direitos subjetivos próprios, nem se afeiçoa com as partes formais do processo, mesmo que, de sua manifestação, possa gerar proveito para uma delas.

Disso resulta que o *amicus curiae* não tem legitimidade recursal no que concerne às decisões proferidas no processo em que interveio (NCPC, art. 138, § 1º), salvo interposição de embargos de declaração e, justificado pela repercussão no seio da sociedade, por envolver solução de demandas judiciais de massa, com ressalva da decisão que julgar o Incidente de Resolução de Demandas Repetitivas (NCPC, art. 138, §§ 1º, segunda parte, e 3º, c/c art. 983, *caput*). Estes preceitos evidenciam a importância da participação do *amicus curiae* na formulação de teses jurídicas no âmbito do Incidente em apreço.

Daí descende que a intervenção do *amicus curiae* no processo não tem a virtude de operar modificação da competência (NCPC, art. 138, § 1º, primeira parte). Medite-se no seguinte e elucidativo exemplo: a intervenção da União, de entidade autárquica ou empresa pública federal como *amicus curiae*, em processo que tramite perante a justiça comum estadual, não tem o condão de deslocar a competência para a Justiça Federal, uma vez que não atuam como parte e tampouco como terceiro interessado no desfecho do processo nesta ou naqueloutra direção. A Constituição Federal, em seu art. 109, I, é inaplicável, haja vista a peculiaridade do papel estritamente cooperativo exercido pelo *amicus curiae* no processo.

A intervenção do *amicus curiae* no processo tem o propósito de carrear para os autos elementos úteis que possam secundar o órgão judicante na formulação da melhor solução para o conflito intersubjetivo. Daí por que, no atinente à extensão dos poderes do *amicus curiae*, caberá ao órgão judicante (juiz ou relator), diante do qual se almeja a intervenção, definir, concretamente, a ossatura de suas atribuições no processo, das possibilidades e dos limites dessa participação (NCPC, art. 138, § 2º, segunda parte).

Bem vistas as coisas, o legislador já estabeleceu um conteúdo mínimo de poderes do *amicus curiae*, comportando: manifestação escrita, sustentação oral e legitimidade para interpor embargos declaratórios e recursos no Incidente de Resolução de Demandas Repetitivas. Por outro lado, há um teto em relação à gama de poderes do *amicus curiae*, como a impossibilidade, *de lege lata*, de lhe conferir legitimidade recursal difusa, pois que a intervenção do *amicus* tem por objetivo específico colaborar com o juiz, e não interpor, generalizadamente, recursos para sustentar sua opinião, ou o exercício de poderes e faculdades típicas de partes no processo.

Pode-se justificar a legitimidade do *amicus curiae* para apresentar embargos de declaração com o argumento de que poderá, por exemplo, haver omissões ou contradições sobre sua manifestação formal no pronunciamento do órgão judicante, ou mesmo alguma dissonância exegética entre o raciocínio judicial e os dados técnico-jurídicos ofertados. Em casos que tais, o *amicus curiae* mantém o seu perfil de verdadeiro colaborador do juízo, a despeito de a decisão experimentar efeitos modificativos, que visem ao seu aperfeiçoamento, por força dos embargos declaratórios interpostos.[43]

Naturalmente, às partes é franqueada, também, a possibilidade de interpor o recurso de embargos de declaração para corrigir vício do decisório relacionado à linha de argumentação e aos elementos ministrados pelo *amicus curiae*. A ser diferente, restariam comprometidas não apenas a finalidade específica de colaboração, senão também o esforço de aperfeiçoamento da decisão judicial, que pode chegar a ter transcendência institucional, pois não se limita aos interesses particulares das partes.[44]

Soa trivial que o calibre desses poderes é diretamente proporcional à complexidade e às especificidades do *thema decidendum*, à repercussão social da controvérsia, à necessidade de subsídios do órgão julgador, à possibilidade de elementos e informações relevantes e inéditas a serem ministradas pelo terceiro interveniente. É dizer: o figurino dos poderes que o *amicus curiae* irá exercitar no processo é recortado à luz das especificidades do caso concreto e, naturalmente, da extensão e profundidade do auxílio que o juízo considerar necessário.

A modulação das faculdades e prerrogativas do *amicus curiae* e dos seus atos processuais poderá partir da apresentação de memoriais, infor-

43 MACHADO JUNIOR, Dario Ribeiro. Novo código de processo civil anotado e comparado, op. cit., 2015.

44 EKMEKDHAN, Miguel Angel, op. cit., p. 1.

mações úteis, subsídios confiáveis, elementos com embasamento técnico, dados científicos e, mais amplamente, passar pela indicação de meios de prova, juntada de documentos, requerimento de prova pericial e respectiva participação em sua produção, requerimento de diligências tendentes a elucidar as questões sob julgamento, requerimento de convocação de audiências públicas, até a realização de sustentação oral, interposição de recurso contra decisão que haja rejeitado seu pedido de admissão no processo,[45] bem como oposição de embargos de declaração e, especificamente, a interposição de recurso (*v. g.*, embargos de declaração, recurso extraordinário, recurso especial, recurso de revista) em face de decisão que julgar o Incidente de Resolução de Demandas Repetitivas.

A legitimidade recursal do *amicus curiae*, em sede de Incidente de Resolução de Demandas Repetitivas, decorre, a uma, da possibilidade de formação assaz expedita da tese jurídica (ou do "precedente"), sem a valoração do *thema decidendum* em múltiplos processos e diversas instâncias judiciais. De mais a mais, a admissão de vários legitimados para interposição de recurso extraordinário e recurso especial, endereçados, conforme o caso, ao Supremo Tribunal Federal (questão de direito federal constitucional) e Superior Tribunal de Justiça (questão de direito federal infraconstitucional), visa a padronizar, em todo o território nacional, a tese jurídica assentada no Incidente pelo Tribunal local, que será, então, aplicada "a todos os processos individuais ou coletivos que versem sobre idêntica questão de direito" (NCPC, art. 987, § 2º).

Uma última observação ainda é pertinente para rematar este tópico e diz respeito ao prazo de 15 dias para o *amicus curiae* se manifestar (NCPC,

---

45 Supremo Tribunal Federal, Tribunal Pleno, ADPF 187/DF, Relator Min. Celso de Mello, j. 15.06.2011, publicação 29.05.2014, encimado da seguinte ementa: "AMICUS CURIAE – INTERVENÇÃO PROCESSUAL EM SEDE DE ADPF – ADMISSIBILIDADE – PLURALIZAÇÃO DO DEBATE CONSTITUCIONAL E A QUESTÃO DA LEGITIMIDADE DEMOCRÁTICA DAS DECISÕES DO SUPREMO TRIBUNAL FEDERAL NO EXERCÍCIO DA JURISDIÇÃO CONSTITUCIONAL – DOUTRINA – PRECEDENTES – PRETENDIDA AMPLIAÇÃO, POR INICIATIVA DESSE COLABORADOR PROCESSUAL, DO OBJETO DA DEMANDA PARA, NESTA, MEDIANTE ADITAMENTO, INTRODUZIR O TEMA DO USO RITUAL DE PLANTAS ALUCINÓGENAS E DE DROGAS ILÍCITAS EM CELEBRAÇÕES LITÚRGICAS, A SER ANALISADO SOB A ÉGIDE DO PRINCÍPIO CONSTITUCIONAL DA LIBERDADE RELIGIOSA – MATÉRIA JÀ VEICULADA NA CONVENÇÃO DE VIENA SOBRE SUBSTÂNCIAS PSICOTRÓPICAS, DE 1971 (Artigo 32, n. 4), DISCIPLINADA NA RESOLUÇÃO CONAD Nº 1/2010 E PREVISTA NA VIGENTE LEI DE DROGAS (Lei nº 11.343/2006, art. 2º, "caput", "in fine") – IMPOSSIBILIDADE, NO ENTANTO, DESSE ADITAMENTO OBJETIVO PROPOSTO PELO "AMICUS CURIAE" – DISCUSSÃO SOBRE A (DESEJÁVEL) AMPLIAÇÃO DOS PODERES PROCESSUAIS DO "AMICUS CURIAE" – NECESSIDADE DE VALORIZAR-SE, SOB PERSPECTIVA EMINENTEMENTE PLURALÍSTICA, O SENTIDO DEMOCRÁTICO E LEGITIMADOR DA PARTICIPAÇÃO FORMAL DO "AMICUS CURIAE" NOS PROCESSOS DE FISCALIZAÇÃO NORMATIVA ABSTRATA."

art. 138, parte final). O órgão judicante poderá, naturalmente, aceitar ou não a manifestação fora daquele prazo, posto não ser peremptório.[46] O princípio da duração razoável do processo não se erige em óbice àquela prorrogação. O bem maior que se almeja extrair da colaboração é o aprimoramento qualitativo da decisão judicial, que poderá derivar dos subsídios fornecidos pelo *amicus curiae*.

5. Direito intertemporal: separação do passado, presente e futuro na vida do processo

O tempo abraça todas as coisas, mas impede que tudo ocorra de uma vez.[47] Ele nos ensina, atento e incansável, o sentido da transitoriedade: o efêmero e o definitivo, como duas faces de uma mesma medalha. À semelhança de todo ser vivo, a vida do processo experimenta, também, os influxos do passado, presente e futuro. A marcha do procedimento judicial escoa irrefreavelmente do passado, imobilizando-o, açambarca imediatamente o presente, a espreitar o futuro, hesitante, que almeja descansar à sombra da eternidade de um caso soberanamente julgado.

No mundo empírico do processo, o passado é representado pelos "atos processuais praticados e as situações jurídicas consolidadas"; o presente pelas situações "pendentes" ou "em curso"; o futuro pelas "que ainda não iniciaram sua formação".[48]

O ordenamento jurídico brasileiro, em sistema híbrido, protege tanto as situações jurídicas consolidadas (teoria objetiva de Roubier), ainda as expressadas como direitos adquiridos (teoria subjetiva de Gabba), quanto tutela os atos jurídicos perfeitos e a coisa julgada, razão pela qual hão de ser reverenciados pela legislação nova, como decorrência do art. 5º, XXXVI, da Constituição Federal e do art. 14, do NCPC, bem como em obséquio à segurança jurídica, à boa-fé objetiva, à natural previsibilidade e calculabilidade das coisas, à confiança legítima e à vedação de comportamentos contraditórios.

No contexto da migração entre sistemas processuais e diálogo entre suas normas, principalmente em relação aos processos em curso, é digno de nota que, em sede doutrinária, na regulação da eficácia da legislação

---

46 WAMBIER, Teresa Arruda Alvim. Primeiros comentários ao novo código de processo civil, op. cit., p. 1.408.

47 "Todas as coisas têm seu tempo, e todas elas passam debaixo do céu, segundo o termo que a cada uma foi prescrito. Há tempo de nascer, e tempo de morrer. Há tempo de plantar, e tempo de arrancar o que se plantou." Eclesiastes, 3.1-2

48 WAMBIER, Teresa Arruda Alvim. Anotações sobre o direito intertemporal e o processo, op. cit., p. 2.417.

processual civil no tempo, três modelos são concebíveis:[49] o primeiro, cognominado da unidade processual, preconiza que o processo em curso, retratando um complexo de atos umbilicalmente ligados uns aos outros, haverá de continuar, *ex vi* de semelhante imbricação, a ser regulado, de seu início até o fim, como um bloco monolítico, pela lei vigente à data de sua instauração, abstraindo-se de alterações legislativas ocorridas nesse ínterim: "*Ubi acceptum est semmel judicium, ibi et finem accpere debet*" (todo processo deve terminar onde começou). É dizer: a lei processual nova aplicar-se-á apenas aos processos ajuizados após a sua vigência; o segundo sistema, consubstanciado na teoria que secciona o processo em fases distintas e autônomas (*e. g.*, postulatória, instrutória, decisória, recursal), cada qual compreendendo um conjunto de atos inseparáveis uns dos outros, sustenta que se a alteração na legislação processual ocorrer na pendência de determinada etapa, haver-se-á de justapor a lei anterior até a ultimação do respectivo módulo processual, qual fenômeno da ultra-atividade da legislação revogada, sendo certo que, uma vez suplantada essa fase, aplicar-se-á, subsequentemente, a nova regulação legal; e o terceiro sistema, do isolamento dos atos processuais, sugere a imediatidade da aplicação da lei processual, a partir de sua vigência, inclusive em relação aos processos em curso (NCPC, arts. 14 e 1.046). Porém, este último sistema guarda, preponderantemente, reverência aos "atos processuais praticados e às situações jurídicas consolidadas", sob o regime da legislação anterior (revogada).[50] Ou seja: a legislação processual civil nova incidirá, em linha de princípio, apenas sobre os atos processuais vindouros, cuja prática dar-se-á sob a égide daquela.[51]

Os três sistemas assim simplificados, em regra, são infensos à retroatividade da lei processual civil nova, a qual não se presume; antes decorre de disposição legal expressa, exceto, *v. g.*, se a lei tiver natureza interpretativa.[52]

---

49 SANTOS, Moacyr Amaral. Primeiras linhas de direito processual civil. 25. ed. rev. e atual. São Paulo: Saraiva, 2007, v. 1. p. 31-32.

50 CARNEIRO, Paulo Cezar Pinheiro. In: WAMBIER, Teresa Arruda Alvim et al (Coords.). Breves comentários ao Novo Código de processo civil, op. cit., p. 92.

51 PIMENTEL, Wellington Moreira. Questões de direito intertemporal diante do Código de Processo Civil. Revista Forense, Rio de Janeiro, v. 251, p. 125-135, jul./set. 1975. p. 130: "Um outro sistema pode ser identificado como o do isolamento dos atos processuais, cuja característica está em que cada ato será tido como uma fase autônoma e isolada, de sorte que a lei rege cada ato praticado sob sua égide, enquanto os atos posteriores são exclusivamente regidos pela nova lei: o ato se rege pela lei em vigor ao tempo em que foi praticado. Cada lei rege os atos praticados sob seu império – Tempus regit ceiam."

52 PEREIRA, Caio Mário da Silva. op. cit. p. 162: "Mas as situações jurídicas, ou os direitos subjetivos constituídos em função da interpretação dada à lei, antes do dispositivo interpretativo, não podem mais ser alterados ou atingidos, ainda que a hermenêutica autêntica venha infirmar o entendimento dado à lei interpretada."

O traço característico de cada um dos aludidos sistemas, no entanto, está na extensão da ultra-atividade da lei antiga, em hipóteses determinadas, em homenagem à irretroatividade[53] da norma processual ulterior.

É da tradição do direito processual brasileiro prestigiar o sistema do isolamento dos atos processuais.[54]

Resguardam-se, assim, atos processuais que, inobstante praticados sob o pálio da nova legislação processual civil, constituem *longa manus* ou consequência de atos abrolhados sob a vigência da legislação antiga.

Nessa perspectiva, diz-se que a atividade do juiz, excepcionalmente, não se reveste de natureza declaratória, senão que constitutiva,[55] esculpindo direitos provenientes da relação jurídico-processual.

De outra parte, escusado dizer que os processos findos estão fora do espectro de incidência da legislação processual civil nova. Processos pendentes e aqueles instaurados sob o império da novel legislação serão por esta regulados.

Agora bem, a Constituição Federal, em seu art. 5º, inciso XXXVI, estabelece: "a lei não prejudicará o direito adquirido, o ato jurídico perfeito e a coisa julgada."

Significa gritar a fundamentalidade, também na dimensão do processo, de se reverenciar incondicionalmente o direito processual adquirido, o ato processual perfeito e a coisa julgada.

Por seu turno, no que concerne à regulamentação do direito intertemporal processual, o NCPC, em seu art. 14, disciplina a sucessão de leis processuais no tempo e sua aplicação aos processos pendentes. Fê-lo com a seguinte dicção: "A norma processual não retroagirá e será aplicável imediatamente aos processos em curso, respeitados os atos processuais praticados e as situações jurídicas consolidadas sob a vigência da norma revogada."[56]

53 MONTEIRO, Washington de Barros. Curso de Direito Civil: parte geral. 42. ed. São Paulo: Saraiva, 2009, v. 1. p. 32: "Em regra, deve prevalecer o princípio da irretroatividade: as leis não têm efeitos pretéritos; elas só valem para o futuro (lex prospicit, non respicit). O princípio da não-retrospeção constitui um dos postulados que dominam toda a legislação contemporânea. Na frase de GRENIER, esse princípio é a própria moral da legislação."

54 Confira-se, a propósito, o Código de Processo Civil de 1939, notadamente suas regras de direito transitório insculpidas nos arts. 1.047 e 1.048. Na mesma rota, o Código de Processo Civil de 1973, art. 1.211.

55 ROUBIER, Paul. Le droit transitoire (conflits des lois dans le temps). 2 edition. Paris: Éditions Dalloz et Sirey, 1960. p. 545.

56 Correspondência no Código de 1973, art. 1.211, segunda parte: "Este Código regerá o processo civil em todo o território brasileiro. Ao entrar em vigor, suas disposições aplicar-se-ão desde logo aos processos pendentes." Sobre a correta crítica ao laconismo deste dispositivo, que poderia levar, à primeira vista, à impressão de que teria adotado o sistema da unidade processual, vide CASTRO FILHO, José Olympio. Comentários ao código de processo civil, vol. X, arts. 1.103 a 1.220. Rio de Janeiro: Forense, 2007. p. 340-341.

Nesse quadrante temporal, o desígnio da norma processual civil é o de disciplinar, em regra, o presente, não o passado, afastando-se, por conseguinte, da teoria da unidade das fases processuais.

Semelhante dispositivo, sobre ter incensado, preponderantemente, o princípio do isolamento dos atos processuais,[57] anaboliza os valores segurança jurídica processual, calculabilidade, previsibilidade de partes ou terceiros intervenientes, além de evitar que as novas regras processuais lhes surpreendam: o NCPC somente será aplicado aos atos processuais praticados sob sua vigência. Nessa toada, acresça-se o princípio geral da irretroatividade da lei, consagrado, através de posição político-legislativa e por lógica primária, no art. 6º, *caput*, da Lei de Introdução às Normas do Direito Brasileiro: "A lei em vigor terá efeito imediato e geral, respeitados o ato jurídico perfeito, o direito adquirido e a coisa julgada." Significa dizer que, no sistema brasileiro, não se proíbe diretamente a existência de leis retroativas, mas apenas excluem-se da incidência da normatividade inovadora o ato jurídico perfeito, o direito adquirido e a coisa julgada.[58]

Nesse contexto, a nova legislação processual civil no tempo alcança, prontamente, os processos pendentes, com a ressalva de se acatarem direitos processuais adquiridos e atos processuais perfeitos. É dizer: a lei processual superveniente exclui de seu alcance de incidência as situações jurídico-processuais já materializadas, dentro do processo, sob o império da legislação antiga, expressa ou tacitamente revogada. Excluem-se, em situações que tais, efeitos retroativos da novel legislação processual civil, mas, em regra, ela é de aplicação imediata, após a *vacatio legis*, alcançando os atos que ainda se realizarão.

Importa registrar, no âmbito do direito intertemporal, que a regra geral da aplicação imediata da nova legislação processual civil aos processos em curso é corroborada pelo dispositivo do art. 1.046, *caput*, do NCPC: "Ao entrar em vigor este Código, suas disposições se aplicarão desde logo aos processos pendentes, ficando revogada a Lei 5.869, de 11 de janeiro de 1973."

O efeito imediato[59] em relação aos processos em curso implica aplicação da legislação nova a partir do momento de sua entrada em

57 CRAMER, Ronaldo. In: WAMBIER, Teresa Arruda Alvim et al (Coords.). Breves comentários ao Novo Código de processo civil, op. cit., p. 2.360.

58 RODRIGUES, Silvio. Direito civil. São Paulo: Saraiva, 2002, v. 1. p. 26.

59 LACERDA, Galeno. O novo direito processual civil e os feitos pendentes. Rio de Janeiro: Forense, 2. ed., 2006. p. 1 e 2: "Ensina o clássico Roubier, em sua magnífica obra *Les Conflits de Lois dans le Temps* (I/371), que a base fundamental do direito transitório reside na distinção entre efeito retroativo e efeito imediato da lei. Se ela atinge *facta praeterita* é retroativa; se *facta pendentia*, será necessário distinguir entre situações anteriores à mudança da legislação, que não podem ser atingidas sem retroatividade, e situações posteriores, para as quais a lei nova, se aplicável, terá efeito imediato."

vigor (incidir no presente),[60] disciplinando, assim, as situações jurídico-processuais pendentes (até o trânsito em julgado!) posteriores àquele marco temporal.

Contudo, haja vista que, em sua dinâmica, o processo abrange um complexo de atos que se projetam no tempo, preordenados em lei, os atos processuais praticados (aperfeiçoados) e as situações jurídico-processuais já consolidadas ou extintas sob o império da legislação revogada, das quais resultem direitos para qualquer dos participantes do processo, são, em linha de princípio, refratários à regulação da nova legislação processual civil, a pena de vulneração do direito processual adquirido.[61]

Um exemplo é oportuno para ilustrar a asserção: a lei do recurso e da regulação do respectivo procedimento é aquela vigente ao tempo em que a decisão foi publicada, dada a público (*tempus regit actum*),[62] e não à data de sua publicação (veiculação) na imprensa oficial,[63] ainda que o prazo de

---

60 COELHO, Fábio Ulhoa. Curso de direito civil: parte geral. 3. ed. rev. São Paulo: Saraiva, 2009, v. 1. p. 113: "Um dos preceitos fundamentais do direito intertemporal é o de que a lei se aplica aos fatos posteriores à sua entrada em vigor. Em disposições transitórias, porém, a lei pode estabelecer que alguns desses fatos continuarão regidos pela norma revogada durante certo tempo. Outro dos preceitos fundamentais é o de que a lei não se aplica aos fatos anteriores à sua vigência. Por meio de dispositivos retroativos, porém, ela pode estabelecer que alguns desses fatos serão regidos pela nova norma. São exceções aos preceitos fundamentais do direito intertemporal."

61 LACERDA, Galeno, op. cit., p. 3.

62 Vide, em sentido contrário, de que o procedimento cabível, inclusive para o julgamento do recurso, se subordina, desde a respectiva entrada em vigor, às prescrições da lei nova, BARBOSA MOREIRA, José Carlos. Comentários ao código de processo civil. Lei nº 5.869, de 11 de janeiro de 1973: arts. 476 a 565. 15. ed. Rio de Janeiro: Forense, 2009, v. 5. p. 270.

63 Ponha-se em alto relevo que o direito subjetivo à impugnação já existia anteriormente, nascido no dia em que o decisório foi publicado (no sentido de dado a público), ao singelo ato de divulgação na imprensa oficial. Vide, no ponto, LACERDA, Galeno, op. cit., p. 50: "Também não serve como solução do problema o condicionar-se a admissibilidade do recurso extinto à publicação da decisão ainda na vigência da antiga lei. A publicação na imprensa oficial representa, apenas, a condição ou termo inicial de exercício de um direito – o de impugnar – que preexiste, nascido no dia em que se proferiu o julgado." Na mesma rota, WAMBIER, Teresa Arruda Alvim. Primeiros comentários ao novo código de processo civil, op. cit., p. 73 e 74: "Assim como a prolação da sentença ou da decisão ou do acórdão faz nascer para as partes o direito ao uso do recurso então existente, com seu prazo e seu procedimento. Modificações decorrentes da lei que entrou em vigor depois de a decisão ter sido prolatada não beneficiam nem prejudicam o recorrente e o recorrido: não incidem." (Grifos no original). Vide, em sentido contrário, entendendo que o direito à interposição do recurso nasce no momento em que a decisão recorrida é publicada, GRECO, Leonardo. Instituições de processo civil. 3. ed. Rio de Janeiro: Forense, 2011, v. 1. p. 54; MEDINA, José Miguel Garcia. Direito intertemporal. Comentários ao texto de Francisco Morato sobre a retroatividade das leis para fins de impugnabilidade

interposição haja sido dilatado, como no NCPC (art. 219), em que os prazos são computados em dias úteis.[64] Insista-se no ponto: os recursos são definidos pela lei em vigor no dia da publicização do julgamento,[65] isto é, na data em que, por qualquer modo, a decisão resultar publicizada, firme no direito de defesa, no contraditório e no devido processo legal. Vale dizer: recurso novo algum pode derivar de lei posterior e, inversamente, nenhum recurso existente contra uma decisão é suscetível de ser abolido, sem retroatividade, por lei ulterior.

Tendo-se como parâmetro do direito subjetivo público à impugnação a data na qual a decisão foi publicada, esse átimo haverá de ser entendido como o momento em que o documento materializador da decisão, assinado pelo juiz, foi dado a público. É dizer: entregue em cartório, secretaria da vara, inserido nos autos eletrônicos ou a ocasião em que é proclamado, tornado público, pelo presidente do órgão colegiado, o resultado do julgamento nos tribunais. A partir de então, na visão de doutrina de boa linhagem,[66] o direito ao recurso nasce e, *v. g.*, a parte vencida ou o terceiro prejudicado têm direito processual adquirido à impugnação.

Trata-se, como é óbvio, de direito processual adquirido da parte sucumbente ou do terceiro juridicamente interessado à interposição do recur-

---

e satisfação da sentença. Revista dos Tribunais, São Paulo, v. 920, p. 31-39, jun./2012. p. 32. Demais disso, ainda em sentido diametralmente oposto àquele expressado no texto, não se ignora que a (juridicamente equivocada) posição da publicação da decisão como fonte primária do direito à interposição do recurso é abonada pela autoridade dos Enunciados administrativos números 2 e 3 do Superior Tribunal de Justiça.

---

64 CARNEIRO, Paulo Cezar Pinheiro. In: WAMBIER, Teresa Arruda Alvim et al (Coords.). Breves comentários ao Novo Código de processo civil, op. cit., p. 93.

65 LACERDA, Galeno, op. cit., p. 47 e 48: "Em direito intertemporal, a regra básica no assunto é que a lei do recurso é a lei do dia da sentença. (...) Isto porque, proferida a decisão, a partir desse momento nasce o direito subjetivo à impugnação, ou seja, o direito ao recurso autorizado pela lei vigente nesse momento. Estamos, assim, em presença de verdadeiro direito adquirido processual, que não pode ser ferido por lei nova, sob pena de ofensa à proteção que a Constituição assegura a todo e qualquer direito adquirido. (...) Explicando o conceito de "dia da sentença", resulta, desde logo, que os recursos interpostos pela lei antiga, e ainda não julgados, deverão sê-lo, consoante as regras desta, embora abolidos ou modificados pelo novo Código. (...) Se os recursos interpostos sob a lei antiga, mas ainda não julgados, deverão sê-lo, embora sob a vigência da nova, o mesmo sucede com os ainda não interpostos, desde que a decisão haja sido proferida sob o império do velho Código. "

66 BARBOSA MOREIRA, José Carlos. Comentários ao código de processo civil, op. cit., p. 269: "O princípio fundamental, na matéria, é o de que a recorribilidade se rege pela lei em vigor na data em foi publicada (isto é, dada a público) a decisão: a norma processual superveniente respeita os atos já praticados e os respectivos efeitos já produzidos antes de sua vigência."

so cabível.[67] Portanto, revela-se despiciendo que a nova lei tenha suprimido recurso existente, alterado os requisitos de admissibilidade ou os efeitos, reduzido seu prazo de interposição ou mesmo alterado o correspondente procedimento recursal. Ou seja: o recorrente tem direito processual adquirido à observância do direito positivo vigente no momento em que a decisão foi dada a público, como quando o presidente do órgão julgador colegiado proclama, publicamente, o resultado do julgamento (a lavratura do acórdão é mera atividade de documentação do *decisum*),[68] sendo desinfluente que sua publicação na imprensa oficial ocorra apenas já na vigência do NCPC.

Merece exame específico o problema da remessa necessária, haja vista que o NCPC, em seu art. 496, desidratou o tema, catalogando hipóteses mais restritas do que aquelas existentes no CPC/73.

Se a lei em vigor à data da prolação da sentença regula os recursos cabíveis em face desse ato processual decisório, por razão análoga também regulará a sua submissão ao chamado reexame necessário (duplo grau obrigatório de jurisdição),[69] embora, no rigor da técnica processual,

---

67 MEDINA, José Miguel Garcia. Novo código de processo civil comentado, op. cit., p. 72.

68 WAMBIER, Teresa Arruda Alvim. Anotações sobre o direito intertemporal e o processo, op. cit., p. 2.420.

69 Superior Tribunal de Justiça, REsp (repetitivo) 1.144.079/SP, Rel. Min. Luiz Fux, Corte Especial, j. 02.03.2011, encimado da seguinte ementa: "PROCESSUAL CIVIL. RECURSO ESPECIAL REPRESENTATIVO DE CONTROVÉRSIA. ART. 543-C, DO CPC. SENTENÇA DESFAVORÁVEL À FAZENDA PÚBLICA. REMESSA NECESSÁRIA. CABIMENTO. LEI 10.352/01 POSTERIOR À DECISÃO DO JUÍZO MONOCRÁTICO. 1. A incidência do duplo grau de jurisdição obrigatório é imperiosa quando a resolução do processo cognitivo for anterior à reforma engendrada pela Lei 10.352/2001, porquanto, à época, não havia a imposição do mencionado valor de alçada a limitar o cabimento da remessa oficial. (Precedentes: EREsp 600.874/SP, Rel. Ministro JOSÉ DELGADO, CORTE ESPECIAL, julgado em 01/08/2006, DJ 04/09/2006; REsp 714.665/CE, Rel. Ministro HUMBERTO MARTINS, SEGUNDA TURMA, julgado em 28/04/2009, DJe 11/05/2009; REsp 1092058/SP, Rel. Ministra ELIANA CALMON, SEGUNDA TURMA, julgado em 12/05/2009, DJe 01/06/2009; REsp 756.417/SP, Rel. Ministro ARNALDO ESTEVES LIMA, QUINTA TURMA, julgado em 27/09/2007, DJ 22/10/2007; AgRg no REsp 930.248/PR, Rel. Ministro HAMILTON CARVALHIDO, SEXTA TURMA, julgado em 21/06/2007, DJ 10/09/2007; REsp 625.224/SP, Rel. Ministra LAURITA VAZ, QUINTA TURMA, julgado em 29/11/2007, DJ 17/12/2007; REsp 703.726/MG, Rel. Ministra DENISE ARRUDA, PRIMEIRA TURMA, julgado em 21/08/2007, DJ 17/09/2007) 2. A adoção do princípio *tempus regit actum*, pelo art. 1.211 do CPC, impõe o respeito aos atos praticados sob o pálio da lei revogada, bem como aos efeitos desses atos, impossibilitando a retroação da lei nova. Sob esse enfoque, a lei em vigor à data da sentença regula os recursos cabíveis contra o ato decisório e, *a fortiori*, a sua submissão ao duplo grau obrigatório de jurisdição. 3. In casu, a sentença foi proferida em 19/11/1990, anteriormente, portanto, à edição da Lei 10.352/2001. 4. Recurso especial provido, determinando-se o retorno dos autos ao Tribunal a quo, para apreciação da remessa oficial. Acórdão submetido ao regime do art. 543-C do CPC e da Resolução STJ 08/2008."

semelhante instituto não tenha natureza jurídica recursal. A partir do momento em que a sentença é publicada, vale dizer, o documento da decisão é assinado pelo juiz, é entregue em cartório, à secretaria da vara, inserido nos autos eletrônicos, por força de situação jurídica consolidada, a Fazenda Pública adquire o direito subjetivo ao respectivo reexame necessário pelo tribunal.

Contudo, reafirme-se, não se desconhece a orientação pretoriana (d. v., juridicamente equivocada) no sentido de colocar água no moinho não da data da prolação da decisão, mas sim na de sua publicação na imprensa oficial, para efeito de se regular o direito à interposição de recurso.[70]

Diz-se juridicamente equivocada a posição jurisprudencial segundo a qual o direito à interposição do recurso surge de sua publicação na imprensa oficial, com aptidão para gerar ignominiosas injustiças, por não considerar a possibilidade de a publicação do julgado se protrair no tempo. Pode delongar a ser efetivada (*v. g.*, o relator restou vencido e é designado outro magistrado para a redação do acórdão; o relator adoeceu e tirou licença médica antes de redigir o acórdão; há demora no registro do acórdão; publicação defeituosa, por ausência dos nomes dos advogados das partes). Todas essas hipóteses empíricas, e outras mais, corrompem a célere publicação do acórdão na imprensa oficial. Pode ocorrer que, no interregno entre a data do julgamento pelo colegiado e a data da publicação do acórdão, advenha a entrada em vigor de nova legislação processual civil que elimine recurso outrora admissível.

Um exemplo, frisante, é suficiente: em 15.02.2016, à luz do CPC/1973, ocorreu a sessão de julgamento, por maioria de votos, de determinado recurso de apelação. Ocorre que o acórdão (com o voto vencido) foi publicado apenas em 22.03.2016, quando já em vigor, e com eficácia imediata, o NCPC, que, em seu art. 994, aboliu o recurso de embargos infringentes, o qual, na data em foi dado a público o acórdão, seria cabível, sob o pálio da legislação processual então vigente, mas que, no entanto, deixou de sê-lo, já que suprimido pelo NCPC. Não se há que exigir que os embargos infrin-

70 Superior Tribunal de Justiça, EMBARGOS DE DIVERGÊNCIA EM RESP Nº 740.530 – RJ (2008/0281912-9). REL. Min. NANCY EMENTA, sintetizado na seguinte ementa: "PROCESSO CIVIL. EMBARGOS INFRINGENTES. RECURSO ESPECIAL. ENTRADA EM VIGOR DA LEI 11.352/01. JUNTADA DOS VOTOS AOS AUTOS EM MOMENTO POSTERIOR. DIREITO INTERTEMPORAL. LEI APLICÁVEL. VIGENTE À ÉPOCA DA PUBLICAÇÃO. INCIDÊNCIA DA NOVA REDAÇÃO DO ART. 530 DO CPC. SUPRESSÃO DE INSTÂNCIA. INOCORRÊNCIA. 1. Na ocorrência de sessão de julgamento em data anterior à entrada em vigor da Lei 11.352/01, mas tendo o teor dos votos sido juntado aos autos em data posterior, não caracteriza supressão de instância a não interposição de embargos infringentes, porquanto, na hipótese, a lei vigente à época da publicação rege a interposição do recurso. 2. Embargos de divergência providos."

gentes já houvessem sido interpostos; basta que, à luz da legislação antiga, fossem interponíveis.

Como se vê, a hipótese não é meramente acadêmica; antes, exibe profunda repercussão de ordem prática no dia a dia forense. A melhor solução, aqui, é a de se impedir que o NCPC alcance os casos nos quais já houve julgamento de apelação ou de ação rescisória, por maioria de votos, com o anúncio do resultado pelo presidente do órgão judicante, configurando-se situação jurídica consolidada, nada obstante o acórdão não tenha sido objeto de publicação na imprensa oficial.[71]

Não se aplica, aqui, a técnica de ampliação do julgamento ou de julgamento por maioria (NCPC, art. 942, *caput*). Deve-se prestigiar, na matéria, a ultra-atividade da lei revogada.

Mas (dir-se-á), transparecem posições doutrinária[72] e jurisprudencial[73] no sentido de que a lei vigente à data da publicação da decisão rege o cabimento do recurso, ao passo que o procedimento recursal é regulado pela lei em vigor na data da interposição do recurso. Todavia, ressoa mais simples, do ponto de vista prático, o entendimento segundo o qual a lei em vigor à época da prolação da decisão disciplina tanto o cabimento do recurso quanto o respectivo procedimento. Há alterações tão profundas operadas no procedimento que comprometem mesmo a identidade do recurso.[74]

Seja como for, especificamente em relação ao prazo recursal, se encetado, estará forrado contra alteração patrocinada pela legislação processual civil nova e, portanto, será governado integralmente pela legislação antiga.

A outro giro, pode ocorrer, e geralmente ocorre, que haja uma umbilical dependência entre ato processual praticado (como quando confira di-

71 WAMBIER, Teresa Arruda Alvim. Anotações sobre o direito intertemporal e o processo, op. cit.,. p. 2.420-2.421.

72 NERY JUNIOR, Nelson. Teoria geral dos recursos: princípios fundamentais. 5. ed. São Paulo: Revista dos Tribunais, 2001. p. 426-427.

73 Superior Tribunal de Justiça, EREsp 197.847/PR, rel. min. Cesar Asfor Rocha, rel. para acórdão Min. Ari Pargendler, j. 13.06.2001, DJ 12.08.2002.

74 Vide, no ponto, a correta crítica formulada por WAMBIER, Teresa Arruda Alvim. Primeiros comentários ao novo código de processo civil, op. cit., p. 73 e 74, em especial nota número 23: "Dizer que é o mesmo recurso, com procedimento absolutamente diverso, é afirmação que, rigorosamente, nem se poderia fazer. Um recurso se delineia em virtude de sua hipótese de cabimento, do seu prazo, do órgão perante o qual é interposto, da circunstância de ser imediatamente apreciado ou de ficar retido etc. Nossa opinião é a de que a quantidade de complicações que podem ser geradas por essa distinção, ainda que seja dogmaticamente perfeitamente sustentável, não justifica, sob a ótica pragmática, que seja adotada."

reito a participante do processo) e ato sucessivo. Neste caso, a nova lei não pode vincular desde logo, em homenagem ao direito processual adquirido e à vedação de efeito retroativo da legislação processual civil.[75]

Parece bem repetir que o NCPC, em seu art. 14, a par de estabelecer a incidência imediata da norma processual, placitou o princípio do insulamento dos atos processuais, ao vedar, expressamente, de um lado, sua retroação e, de outro, venerar os "atos processuais praticados e as situações jurídicas consolidadas sob a vigência da norma revogada.[76]"

Contudo, por opção política do legislador, o princípio de que a nova legislação processual civil, consagrado no art. 14 do NCPC, é, em regra, aplicável desde logo aos processos em curso, de um lado é reafirmado (*v. g.*, art. 1.046, *caput*) e, de outro, é deprimido (art. 1.046, §§ 1º e 2º, 1.047, 1.052, 1.054 e 1.057) no Livro Complementar do NCPC. A depressão está em que tais dispositivos preservam certas situações pela manutenção da respectiva regência através da legislação processual civil antiga. Semelhante dicotomia tem importância prática, porquanto, no novo ordenamento jurídico-processual, as decisões interlocutórias (como aquelas que resolvam questões de direito intertemporal) somente poderão ser impugnadas através de agravo de instrumento nas hipóteses catalogadas no art. 1.015.[77] Tal mitigação não ocor-

---

75 MARINONI, Luiz Guilherme et al. Novo código de processo civil comentado. São Paulo: Editora Revista dos Tribunais, 2015. p. 113.

76 MARINONI, Luiz Guilherme, op. cit., p. 992: "A exata compreensão da distinção entre efeito imediato e efeito retroativo da legislação leva à necessidade de isolamento dos atos processuais a fim de que se saiba se a aplicação da legislação nova importa efeito imediato ou efeito retroativo. A observação ganha em importância a propósito da aplicação da lei nova a situações pendentes. O que interessa é saber se do ato processual advém ou não direito para qualquer dos participantes do processo. Vale dizer: releva saber se há ou não direito adquirido processual. Nesse caso, a lei nova tem de respeitar a eficácia do ato processual já praticado. O exemplo clássico encontra-se no direito recursal. A lei do recurso é a lei do dia em que se tornou recorrível a decisão. A abertura de prazo recursal dá lugar a uma situação jurídica pendente: aguarda-se a interposição ou não do recurso. O recorrente tem direito à observação do direito vigente à época da abertura do prazo recursal. Fora daí há ofensa a direito processual adquirido e efeito retroativo da legislação."

77 CARNEIRO, Paulo Cezar Pinheiro. In: WAMBIER, Teresa Arruda Alvim et al (Coords.). Breves comentários ao Novo Código de processo civil, op. cit., p. 93: "Igual raciocínio pode ser aplicado à supressão ou à criação de novos recursos; se a decisão foi proferida na vigência da lei anterior, são cabíveis os recursos da legislação antiga, do contrário, aplicam-se as disposições da lei nova. Neste sentido, por exemplo, se a apelação só foi julgada pelo tribunal na vigência da nova lei, não é possível a interposição de embargos infringentes, pois eles não estão contemplados no novo Código de Processo Civil. A mesma metodologia de ser observada com relação à redução das hipóteses de cabimento de agravo de instrumento estabelecidas pelo novo Código. Se a decisão passível de recurso por meio do agravo foi prolatada sob a vigência do novo Código, o recurso só será cabível nas hipóteses estabelecidas pela nova lei (art. 1.015)."

re, naturalmente, quando – como nos casos elencados, em que se impede a eficácia desde logo do NCPC –, subsista a aplicabilidade do Código de 1973.[78]

Porque assim é, os prazos processuais já iniciados sob a vigência da legislação processual civil antiga serão por ela regulados, estando, pois, infensos à incidência do NCPC. Daí se segue que a regra da contagem de prazos em dias úteis somente se aplica em relação aos prazos iniciados sob a vigência do NCPC.

Nesse teor de ideias, o prazo para a propositura de ação rescisória, bem como as respectivas hipóteses de cabimento e seu procedimento regulam-se pela legislação vigente à época da formação do trânsito em julgado da decisão rescindenda. Equivale a dizer que se a coisa julgada material se constituiu antes de 18.03.2016 (data de eficácia do NCPC), dever-se-á aplicar, para as finalidades enunciadas, o Código de 1973, e não o NCPC. É de rigor aplicar-se, em sede de direito intertemporal, o princípio *tempus regit actum.*[79]

Merece menção à parte o denominado ato processual de formação complexa, em mais de uma etapa. Iniciada a prática de semelhante ato sob o império do Código de 1973, seus preceitos regularão todo o conjunto de atos que compõem a ossatura do ato complexo, ainda que, na sequência, advenha a vigência-eficácia do NCPC.[80] Tome-se, como exemplo, o julgamento nos órgãos colegiados (*sentenza collegiale*), o qual principia com a leitura do relatório, passa pelos votos dos julgadores e se finda com a proclamação pública do resultado pelo presidente do colegiado. Só então o julgamento poderá ser havido como ato processual perfeito e acabado.

No que toca às relações jurídicas em curso, não consolidadas, poder-se-á pensar, em regra, na incidência da legislação processual civil nova. Todavia, efeitos inerentes e incindíveis de um ato jurídico perfeito ou de um direito adquirido[81] são impermeáveis à incidência da lei nova e, portanto,

---

78 BUENO, Cassio Scarpinella. Novo código de processo civil anotado, op. cit., p. 51.

79 THEODORO JÚNIOR, Humberto. Curso de direito processual civil – Teoria geral do direito processual civil e processo de conhecimento. 51. ed. Rio de Janeiro: Forense, 2010, v. 1. p. 20: "Em suma: as leis processuais são de efeito imediato frente aos feitos pendentes, mas não são retroativas, pois só os atos posteriores à sua entrada em vigor é que se regularão por seus preceitos. Tempus regit actum. Deve-se, pois, distinguir, para aplicação da lei processual nova, quanto aos processos: 1) exauridos: nenhuma influência sofrem; 2) pendentes: são abrangidos, mas ficando respeitado o efeito dos atos já praticados; 3) futuros: seguem totalmente a lei nova." (Reforços gráficos no original)

80 PINHO, Humberto Dalla Bernardina de. Direito processual civil contemporâneo: teoria geral do processo. 4. ed. São Paulo: Saraiva, 2012, v. 1. p. 134.

81 Na celebérrima obra de GABBA, Carlo Francesco. Teoria della retroattività delle leggi. Torino, 1891, v. 1, descansa, vencendo a poeira dos séculos, a seguinte concepção de direito adquirido: "*1) è una conseguenza del fatto idoneo a produrlo, in base alla legge del tempo in cui era detenuto, anche se la possibilità di far valere non è stata data prima della performance della nuova legge per quanto riguarda il fatto stesso; 2) ai sensi della legge secondo cui non vi è stato il fatto che, quando è nato, è venuto fin dall'inizio di integrare il patrimonio di coloro che hanno acquisito.*"

não podem ser alvejados. Não por acaso, reafirme-se, o prazo recursal iniciado sob a vigência do CPC/73 não pode ser molestado pelo NCPC.

Pode ocorrer, e geralmente ocorre, uma aguda relação de conexidade entre dois ou mais atos processuais, circunstância que rechaça a regra geral da técnica de isolamento dos atos processuais prevista nos arts. 14 e 1.046, *caput*, do NCPC. Significa dizer que dois atos processuais somente se afeiçoam à dupla regência de leis distintas no tempo na hipótese de compatibilização. Inversamente, a lei antiga haverá de continuar a incidir para atos ulteriores, ante o fenômeno da ultra-atividade da lei revogada, à medida indispensável para assegurar a harmonização do procedimento processual (vide, por exemplo, o comando do art. 1.046, § 1º, do NCPC).[82]

A ultra-atividade opera como rede de proteção ao ato processual perfeito e ao direito processual adquirido, de sorte que, *v. g.*, na hipótese de ato processual praticado como corolário lógico de ato anterior, se, nesse meio tempo, advier a vigência do NCPC, a prática do ato será gerida pela lei vigente à época do ato processual matriz. Um exemplo é oportuno para ilustrar o raciocínio: tendo sido o réu regularmente citado, com a juntada do mandado aos autos judiciais ocorrida sob o pálio do CPC/73, a sua resposta, mesmo que o respectivo prazo transborde para a vigência do NCPC, continuará, além da contestação, a abranger, também, exceções e reconvenção em apartado consoante a disciplina da lei antiga.[83]

Implica dizer que, na hipótese de efeitos pendentes de ato processual perpetrado em consonância com o CPC/73, a sua eficácia protrair-se-á no tempo até o esgotamento completo de semelhantes decorrências. Os prazos processuais e recursais encetados à luz do CPC/73 continuarão a ser computados em dias corridos, e, por raciocínio análogo, revelam-se supérfluas tanto sua dilatação quanto diminuição pela lei nova.[84]

Demais disso, a ampliação pelo NCPC de peças obrigatórias que devem instruir a petição de recurso de agravo de instrumento (art.1.017: "A petição de agravo de instrumento será instruída: I – obrigatoriamente, com

82 ROQUE, Andre Vasconcelos. Novo CPC e direito intertemporal: nem foi tempo perdido – parte II. Jota, out. 2015. Disponível em: <http://jota.uol.com.br/novo-cpc-e-direito-intertemporal-nem-foi-tempo-perdido-parte-ii>. Acesso em: 31 maio 2016.

83 É o que se extrai, a contrario sensu, do seguinte excerto de WAMBIER, Teresa Arruda Alvim. Anotações sobre o direito intertemporal e o processo, op. cit., p. 2.422: "Em outras circunstâncias, porém, a contagem do prazo se dá a partir de uma formalidade que lhe dá início e, enquanto não atendida, restará indefinida a lei aplicável à situação. É o caso da citação do réu, cujo prazo para resposta só começa a transcorrer após a juntada aos autos do mandado cumprido. Ainda que citado na vigência do Código de Processo Civil de 1973, aplicar-se-á o novo CPC, se a juntada se der após o início de sua vigência."

84 CARNEIRO, Paulo Cezar Pinheiro. In: WAMBIER, Teresa Arruda Alvim et al (Coords.). Breves comentários ao Novo Código de processo civil, op. cit., p. 93.

cópias da petição inicial, da contestação, da petição que ensejou a decisão agravada, da própria decisão agravada, da certidão da respectiva intimação ou outro documento oficial que comprove a tempestividade e das procurações outorgadas aos advogados do agravante e do agravado") não se aplica ao recurso interposto contra decisão interlocutória proferida sob a vigência do CPC/73, cujas peças necessárias, em quantidade menor, serão aquelas elencadas em seu art. 525: "A petição de agravo de instrumento será instruída: I – obrigatoriamente, com as cópias da decisão agravada, da certidão da respectiva intimação e das procurações outorgadas aos advogados do agravante e do agravado".

Importa notar que, se o ato processual praticado sob o pálio do CPC de 1973 restar invalidado, a sua repetição dar-se-á, em linha de princípio, sob o regramento do NCPC.[85] Porém, tal regra, por exemplo, é perfurada pela exceção consistente na incidência do art. 1.047 do NCPC, no tocante às disposições de direito probatório, cuja aplicação circunscreve-se às provas requeridas ou determinadas *ex officio* a partir da data de início de sua vigência (18.03.2016).

Nesse passo, a título de ilustração, é útil inventariar cinco problemas expressivos, não meramente acadêmicos, de direito intertemporal que poderão advir da entrada em vigor do NCPC.[86] Ei-los:

> i) A produção de prova pericial é repelida por decisão proferida em 16.03.2016, ainda na vigência do CPC de 1973, findando-se o prazo de 10 dias para interposição do recurso de agravo de instrumento já na vigência do NCPC, o qual, em seu art. 1.015, não contempla semelhante matéria entre as hipóteses (supostamente taxativas) para o agravo de instrumento. A parte valer-se-á do regime do CPC/73, seja em relação ao prazo (10 dias corridos), seja no tocante ao procedimento recursal. Esta solução sobre a aquisição do direito ao recurso não se altera, mesmo que a parte interponha embargos de declaração, os quais são improvidos já na vigência do NCPC, pois que a decisão nos aclaratórios é meramente integrativa e a parte já adquiriu o direito ao recurso seguinte. Todavia, incidirá de imediato a lei nova na parte em que os embargos declaratórios vierem a ser acolhidos com efeitos infringentes (modificativos). Ora, se o *decisum* sequer existia à época da lei antiga e revogada, direito adquirido a recurso não pode haver.
>
> ii) Foi ordenada a citação do réu sob a égide do CPC/73, o mandado está com o Oficial de Justiça, sem que se tenha concretizado o ato citatório, quando advém o NCPC, o qual, em seu art. 334, prevê, em regra, a designação de audiência de

85 WAMBIER, Teresa Arruda Alvim. Anotações sobre o direito intertemporal e o processo, op. cit., p. 2.421: "Quando, por exemplo, um ato tiver de ser refeito por nulidade ou vício, a lei regente será aquela vigente quando de sua nova realização. (...) Isso porque, se o ato anteriormente praticado foi nulo, somente a partir da sua prática regular pode-se ter o marco da aplicação da lei, ainda que ela modifique a forma ou o tempo em que os futuros atos processuais devam ser praticados."

86 Para uma visão panorâmica dessa árdua problemática, vide, na obra citada, ROQUE, Andre Vasconcelos.

conciliação ou mediação. Neste caso, o mandado deverá ser devolvido a fim de que seja designada aquela audiência e aditado para a realização do ato de comunicação. Diversamente, se o ato citatório já houver sido praticado pelo Oficial de Justiça e o respectivo mandado positivo juntado aos autos ainda sob a vigência do CPC/73, a partir daí, no procedimento ordinário, é que se iniciará o prazo para a resposta do réu. Nada impede, soa acaciano, que a) as partes, por iniciativa própria, em qualquer fase do processo, se conciliem; ou b) o juiz, no curso do processo, venha a designar audiência de conciliação ou mediação (NCPC, art. 139, V).

iii) As novas regras de contagem de prazos no NCPC (*v. g.*, art. 219, *caput*, somente em dias úteis; art. 1003, § 5º, quinze dias para a generalidade dos recursos, à exceção dos embargos declaratórios) aplicar-se-ão somente aos prazos iniciados a partir da vigência do NCPC. A não ser assim, haveria irretroatividade desse Diploma sem expressa previsão a propósito. Portanto, ter-se-á como melhor solução a adoção do parâmetro da lei vigente ao tempo do início do prazo. Implica dizer, resumidamente: a) os prazos iniciados sob a vigência do CPC/73 serão inteiramente regulados pelo regime revogado; b) o preceito de contagem de prazo em dias úteis somente tem lugar em relação aos prazos iniciados após a vigência do NCPC.

iv) Nos casos de interrupção do prazo (*v. g.*, por força de interposição de embargos de declaração sob o regime do CPC/73, mas julgado tão somente na vigência do NCPC, art. 1.026, *caput*), o mesmo recomeçará a fluir integralmente para o recurso subsequente. Neste caso, é mais coerente entender que o prazo haverá de observar o regime jurídico estatuído pela lei anterior (*v. g.*, contagem do prazo em dias corridos).

v) Os novos preceitos sobre honorários sucumbenciais recursais, *e. g.*, nas causas ajuizadas em face da Fazenda Pública (NCPC, art. 85, §§ 3º e 11º) se aplicam apenas aos recursos por ela interpostos sob a vigência deste novel Diploma, dês que se haverá de observar a lei vigente ao tempo da interposição do recurso pelo ente público. Com efeito, as novas regras sobre honorários sucumbenciais recursais não podem acarretar para a Fazenda Pública (*rectius*, para qualquer parte, pública ou privada, pouco importa) surpresa, por haver definido suas estratégias de defesa de acordo com as antigas regras do CPC/73. A não-surpresa representa a regra de ouro do direito intertemporal, em prestígio à boa-fé e ao devido processo legal, que permeiam imanente e indeclinavelmente todo o sistema processual. O procedimento recursal e as consequências oriundas de determinado recurso jurídico devem se reger pela lei vigente ao tempo de sua interposição, ante o fenômeno da ultra-atividade da lei revogada. Desse modo, por exemplo, recurso interposto pela Fazenda Pública sob a égide do CPC/73, mas julgado (e improvido) sob a vigência do NCPC, não poderá atrair a condenação em honorários advocatícios recursais.

Merece consideração à parte o instigante problema do reexame necessário (NCPC, art. 496) e dos honorários advocatícios recursais (NCPC, art. 85, §§ 3º e 11º). Se o chamado duplo grau obrigatório de jurisdição não tem natureza recursal, mas se reveste de condição de eficácia da sentença contrária às pessoas jurídicas de direito público,[87] contra a Fazenda Pública, nessa sede, não poderão, evidentemente, ser infligidos honorários advocatícios recursais.

87 RODRIGUES, Marco Antonio. A Fazenda Pública no processo civil. São Paulo: Atlas, 2016. p. 79.

Se a "remessa necessária", por si só, como a própria expressão sugere, já submete, forçosamente, a sentença ao crivo do tribunal, sem que apenas daí possa resultar a chamada *reformatio in peius*,[88] com maior densidade de razão à Fazenda Pública que manifeste irresignação fundamentada, por meio de apelação, em colaboração para o aprimoramento da prestação da tutela jurisdicional, não poderá ser atribuído o ônus consistente nos honorários advocatícios recursais. O NCPC, em seu art. 496, por dicção cogente, preceitua: "Está sujeita ao duplo grau de jurisdição, não produzindo efeito senão depois de confirmada pelo tribunal, a sentença: I – proferida contra a União, os Estados, o Distrito Federal, os Municípios e suas respectivas autarquias e fundações de direito público; II – que julgar procedentes, no todo ou em parte, os embargos à execução fiscal."

Remarque-se o argumento: na espécie, se o juiz deve ordenar "a remessa dos autos ao tribunal e, se não o fizer, o presidente do respectivo tribunal avocá-los-á" (NCPC, art. 496, § 1º), se, de qualquer forma, por conta da remessa necessária, a sentença já será guindada ao julgamento do tribunal, sem o qual o decisório não terá eficácia, com a indispensável devolução de todas as matérias decididas contrariamente à Fazenda Pública, para apreciação do órgão *ad quem*, não há como se possam impor ao ente público honorários advocatícios sucumbenciais, por haver, eventualmente, manifestado inconformismo através de apelação.

Note-se – e o ponto é de superlativa importância – que, na espécie, não se pode cogitar de aplicação do princípio da causalidade em desfavor da Fazenda Pública, uma vez que a ampliação do procedimento será, original e forçosamente, *ex vi legis*, ditada pela remessa necessária, como requisito de eficácia da sentença, e não por sua contingente apelação. Bem pesadas as coisas, no rigor da técnica processual, nesse caso, não há justa causa para injunção à Fazenda Pública do ônus representado por honorários advocatícios recursais. Negado o antecedente, estará automaticamente negado o consequente.

A não ser assim, ao ângulo da Fazenda Pública, a remessa não seria necessária, mas temerária.

5.1. Duas regras específicas de Direito Intertemporal Processual

Merece efusivos aplausos a opção do legislador em resolver, com antecipação, problemas de direito transitório que, em razão da entrada em vigor do NCPC, com certeza surgirão no cotidiano forense. Joga-se, por dizê-lo assim, uma boia de orientação para socorrer intérpretes e operadores do

---

88 Enunciado nº 45 da Súmula da Jurisprudência Predominante do Superior Tribunal de Justiça: "No reexame necessário, é defeso ao Tribunal agravar a condenação imposta à Fazenda Pública."

direito no desígnio de se eliminarem, tanto quanto seja possível, graves dificuldades que a prática judiciária suscita em matéria de direito transitório. Nessa conjuntura, o objetivo é o de se evitarem surpresas para os participantes do processo. Não se pode tolerar cavalo de Troia processual.

Com efeito, o legislador foi pródigo em resolver, previamente, certos casos, estabelecendo critérios para separar o passado do presente no plano processual, no que concerne ao momento de incidência da legislação processual civil nova (*v. g.*, art. 1.046, §§ 1º a 5º). O NCPC, por exemplo, adotou a aplicação da teoria da unidade das fases processuais, em seu art. 1.046, § 1º, em relação ao procedimento sumário e a procedimentos especiais regulados pelo CPC/1973 que tiverem sido revogados.

A primeira regra específica de direito intertemporal processual descobre-se, no Livro Complementar – Disposições Finais e Transitórias, no art. 1.047 do NCPC: "As disposições de direito probatório adotadas neste Código aplicam-se apenas às provas requeridas ou determinadas de ofício a partir da data de início de sua vigência."

Como é cediço, as disposições transitórias dizem respeito à aplicação da lei no tempo. O legislador identifica fatos e situações e consente, em determinado lapso temporal, que eles continuem submetidos ao direito anterior ou, quando menos, regidos por regras específicas diferentes dos preceitos da mesma lei para regular os fatos ulteriores à sua vigência[89]. Tem-se em mira afeiçoar o novo regramento com as relações já definidas pela lei velha, e, assim, resolver e atalhar conflitos ou lesões que emergem da nova lei em confronto com a antiga.[90]

Semelhante dispositivo disciplina a produção no processo de provas, no sentido de que, endoprocessualmente, aplicar-se-á o NCPC tão somente se o requerimento específico (não genérico na petição inicial ou na contestação!), devidamente justificado, das partes ou de eventuais intervenientes, bem ainda a determinação de produção *ex officio* de determinado meio de prova ocorrerem já em sua vigência-eficácia (18.03.2016)[91]. Deve-se considerar, para a finalidade da regra especial do art. 1.047 do NCPC, a data da prolação da decisão determinativa de ofício da prova e não a de sua publicação no Diário de Justiça. Diversamente, se o requerimento ou a determinação de ofício de prova ocorrer ainda na vigência do Código de 1973 (até 17.03.2016)

89 COELHO, Fábio Ulhoa, op. cit., p. 113.

90 DINIZ, Maria Helena. Curso de direito civil brasileiro: teoria geral do direito civil. 26. ed. reformulada. São Paulo: Saraiva, 2009, v. 1. p. 101.

91 Releva notar que o art. 1.045 do NCPC estabeleceu a *vacatio legis* de um ano, a partir da data de sua publicação oficial, a qual ocorreu no Diário Oficial de União de 17.03.2015. Por assim ser, apenas no dia 18.03.2013 a regulação do NCPC passou a ter eficácia. Vide, a respeito, o Enunciado administrativo nº 1 do Superior Tribunal de Justiça.

dever-se-á aplicar esse Diploma legal à atividade probatória e não o NCPC, isolando-se, assim, os atos processuais concernentes ao direito probatório.

O requerimento de prova faz abrolhar para parte ou terceiro interveniente o direito subjetivo à sua produção. A data do requerimento evidencia critério objetivo de aplicação da nova ou da antiga legislação processual em matéria probatória.

Dispensam-se poderes mediúnicos para se antever a efervescência de problemas na aplicação da regra do art. 1.047 do NCPC, pois é previsível que as partes possam formular seus requerimentos de provas em momentos diferentes: o autor requer a produção de prova testemunhal ainda sob a vigência do CPC/73, ao passo que o réu requer a oitiva de testemunhas já sob a vigência do NCPC. Não se afigura razoável, nesta hipótese, que em audiência de instrução e julgamento as testemunhas designadas pelo autor sejam ouvidas de acordo com as regras de direito probatório do CPC/73 (perguntas às testemunhas formuladas através do juiz), enquanto as testemunhas arroladas pelo réu sejam inquiridas em consonância com o NCPC, o qual, em seu art. 459, permite que as perguntas sejam feitas diretamente pelas partes (*rectius*, pelos advogados das partes).

Algumas arestas poderiam ter sido aparadas caso o legislador estatuísse que a admissibilidade da prova reger-se-ia pela lei vigente à época do requerimento ou de sua determinação *ex officio* (direito processual adquirido a certa prova admitida na legislação antiga e revogada), ao passo que o procedimento probatório regular-se-ia, de logo, pela nova legislação processual civil em vigor no momento em que a prova viesse a ser efetivamente produzida.

De qualquer forma, o dispositivo do art. 1.047 do NCPC não se erige em obstáculo à celebração de convenções processuais em tema probatório (art.190, *caput*), mesmo que as provas hajam sido requeridas ou determinadas de ofício ainda sob a égide do CPC de 1973.

A segunda regra específica de direito intertemporal processual salta do art. 1.054 do NCPC: "O disposto no art. 503, § 1º, somente se aplica aos processos iniciados após a vigência deste Código, aplicando-se aos anteriores o disposto nos arts. 5º, 325 e 470 da Lei 5.869, de 11 de janeiro de 1973."

À sua vez, o art. 503 e seu § 1º, *caput*, do NCPC preceituam: "Art. 503 – "A decisão que julgar total ou parcialmente o mérito tem força de lei nos limites da questão principal expressamente decidida."; § 1º: "O disposto no *caput* aplica-se à resolução de questão prejudicial, decidida expressa e incidentalmente no processo, se: (...)."

Trata-se de importante demarcação dos limites objetivos da coisa julgada material, a acolher ou não em seu domínio a chamada questão prejudicial, com a adoção, de certa maneira, da teoria das fases processuais.[92]

---

92 MEDINA, José Miguel Garcia. Novo código de processo civil comentado, op. cit., p. 21 e 22.

O Código de 1973 emprestou sua adesão ao sistema restritivo puro, excluindo, expressamente, da abrangência da coisa julgada as questões resolvidas na motivação, até mesmo as de natureza prejudicial (art. 469: "Não fazem coisa julgada: I: os motivos, ainda que importantes para determinar o alcance da parte dispositiva da sentença; III: a apreciação da questão prejudicial, decidida incidentemente no processo"). Neste diploma legal, o que, em linha de princípio, está imantada pela coisa julgada material é apenas a resposta jurisdicional, enunciada no dispositivo, não sua justificação (motivação).[93]

As portas da coisa julgada poderão excepcionalmente se abrir à solução abonada à questão prejudicial, se e quando objeto de ação declaratória incidental ou de requerimento específico das partes perante juiz competente, e se constituir pressuposto imprescindível para o julgamento da lide (CPC/73, arts. 5º, 325 e 470).

Todavia, o NCPC, em posição diametralmente oposta, consagra radical inovação, ao estabelecer, em seu art. 503, § 1º, a extensão da coisa julgada às questões prejudiciais expressamente decididas nos autos do processo, independentemente de qualquer pedido das partes, abrandando o princípio dispositivo, desde que, cumulativamente, tiver havido efetivo e prévio contraditório e o juízo ostentar competência *ratione materiae* e *personae*.

A questão prejudicial consiste em um antecedente lógico e jurídico (concatenação entre relações jurídicas) de cunho subordinante de outra cognominada de principal (*e. g.*, a existência da relação locatícia é antecedente lógico-jurídico e subordinante da decisão sobre o pedido de despejo).

A questão propriamente prejudicial traduz-se em um antecedente a influir na relação jurídica de direito material controvertida, sendo potencialmente autônoma, enquanto a questão preliminar somente existe em relação à questão principal.

Nessa moldura, podem-se extrair os elementos da prejudicialidade: (i) anterioridade lógica e jurídica: a decisão do mérito da causa principal (questão prejudicada) subordina-se à solução dada previamente à prejudicial; (ii) necessidade/essencialidade/interdependência: a controvérsia há de ser essencial à solução da lide, *i. e.*, o mérito não pode ser resolvido sem antes deliberar-se a questão prejudicial; e (iii) autonomia: a verdadeira questão prejudicial pode ser objeto de processo autônomo. O fenômeno da prejudicialidade representa um vínculo primordial entre as figuras prejudicial e prejudicada.

Agora bem, as alterações no ordenamento processual brasileiro, patrocinadas pelo art. 503, § 1º, do NCPC, afiguram-se tão profundas e radicais que, ao disciplinar tema de direito intertemporal consistente na novel sistemática de formação de coisa material sobre as questões prejudiciais, o

93 CONTE, Francesco, op. cit. p. 859-872.

Código, em seu art. 1.054, preceitua, como regra de Direito Transitório, que a nova sistemática aplicar-se-á apenas aos processos iniciados após a sua vigência, cuja aferição objetiva consiste na data do protocolo da petição inicial da demanda judicial, conforme o art. 312, em prestígio da segurança jurídica. Preservam-se, assim, as estratégias e condutas processuais das partes no curso do procedimento, para não surpreender os litigantes.

6. Agências reguladoras

A Constituição Federal de 1988 patrocinou uma mudança de paradigma no que toca ao papel do Estado brasileiro na paisagem econômica. De fato, a partir desse grande marco legiferante, a intervenção estatal direta nas atividades econômicas cedeu o passo ao viés – quase exclusivo – da regulação, normatização, controle e fiscalização da iniciativa privada.

Na década de 90, ventos neoliberais impulsionaram programas de privatização de vários segmentos da economia nacional: a administração pública transferiu para a inciativa privada um feixe de atividades econômicas e a prestação de diversos serviços públicos.

Pois bem, nesse panorama de descentralização, na esteira da evolução do Direito Administrativo Econômico e no contexto de significativos avanços tecnológicos, o Estado criou as Agências Reguladoras, dotadas de expertise, para o exercício de atividades normativas, fiscalizadoras e sancionatórias. Tais entidades especializadas de regulação e controle, na roupagem de autarquias sob regime especial, são dotadas de regime diferenciado, de personalidade jurídica de direito público, com autonomia administrativa, financeira e técnica a proporcionar maior flexibilidade de atuação em relação às atividades reguladas: econômicas, exploração privada de bens e serviços públicos concedidos à iniciativa privada.

Confira-se, no ordenamento jurídico brasileiro, o conjunto normativo de criação das principais Agências Reguladoras, em vários ambientes regulados:

> (i) Lei nº 9.427, de 26.12.1996 – Agência Nacional de Energia Elétrica – ANEEL;
>
> (ii) Lei nº 9.472, de 16.07.1997- Agência Nacional de Telecomunicações – ANTT;
>
> (iii) Lei nº 9.478, de 06.08.1997 – Agência Nacional do Petróleo, Gás Natural e Biocombustíveis – ANP;
>
> (iv) Lei nº 9.782, de 26.01.1999 – Agência Nacional de Vigilância Sanitária – ANVISA;
>
> (v) Lei nº 9.961, de 28.01.2000 – Agência Nacional de Saúde Suplementar – ANS;
>
> (vi) Lei nº 9.984, de 17.07.2000 – Agência Nacional de Águas – ANA;
>
> (vii) Lei nº 10.233, de 05.06.2001 – Agência Nacional de Transportes Terrestres – ANTT e Agência Nacional de Transportes Aquaviários – ANTAQ;
>
> (viii) Lei nº 11.182, de 27.09.2005 – Agência Nacional de Aviação Civil – ANAC.

7. A participação das agências reguladoras como *amicus curiae* e Direito Intertemporal: aplicação de normas processuais no tempo

As Agências Reguladoras podem, naturalmente, participar em processos judiciais como autoras, rés ou sob qualquer modalidade de intervenção de terceiro (*v. g.*, assistência simples ou litisconsorcial, denunciação da lide, chamamento ao processo).

Vale acentuar que as Agências Reguladoras podem, também, participar – através de requerimento próprio, postulação das partes ou mediante convocação de ofício do órgão judicante – de processos judiciais em que não sejam partes formais, mas que, por exemplo, envolvam, de um lado, agente econômico regulado e, de outro, usuários ou consumidores finais de serviços públicos objetos de concessão.

Em visão para além da eventual tensão entre os direitos dos usuários de serviços públicos e a independência técnica das Agências Reguladoras, suas especialidades e tecnicidades não apenas as credenciam senão também robustecem a importância de suas manifestações institucionais nos processos judiciais que compreendam os ambientes regulados.

Há demandas judiciais cujo objeto é o modo de prestação de determinado serviço público pelo ente regulado, quer seja operado em consonância com o regramento estabelecido pela Agência Reguladora, quer não.

Em semelhante contexto, sendo objeto da controvérsia o serviço regulado, a Agência Reguladora, *ipso facto*, poderá participar do processo judicial, mesmo sem o mais tênue interesse jurídico, na condição de *amicus curiae*, para municiar o juízo de subsídios técnicos no que toca à atuação do ente regulado neste ou naqueloutro sentido, proporcionar ao órgão judicante melhor base para questões relevantes e de grande impacto em certo segmento regulado e esclarecer, por exemplo, se a atividade está sendo ou não desenvolvida em consonância com as determinações e recomendações da entidade reguladora, além de indicar ao juízo, se for o caso, os vícios na prestação do próprio serviço regulado.

Em outras palavras, se a controvérsia judicial gravita em torno do *modus operandi* da prestação do serviço objeto de regulação, não seria despropositado sustentar a possibilidade de intervenção-participação da Agência Reguladora setorial no processo, como terceiro institucionalmente interessado, sob o traje do *amicus curiae*. É evidentíssimo que a manifestação do *amicus curiae* exibe aptidão de ofertar ao órgão judicante melhores condições para proferir decisão mais rente à realidade fática subjacente à causa e, por isso mesmo, mais consentânea com as necessidades de tutela do direito material em crise.

De fato, em casos tais, o amigo do juízo poderá aportar subsídios técnicos sobre o ambiente regulado, os quais, à luz das peculiaridades do caso concreto, poderão esclarecer questões, como se o ente regulado operou ou não em conformidade com os assentamentos do ente regulador.[94]

É de superlativa importância a participação das Agências Reguladoras como *amicus curiae* nos processos judiciais que, ao ângulo técnico, envolvam o satisfatório funcionamento dos ambientes regulados. A modificação poderá prejudicar a eficiência da própria prestação do serviço, afetando o interesse público ou coletivo, em detrimento dos usuários de serviços públicos.

Há conflitos intersubjetivos em que estão em jogo os direitos dos consumidores finais e a independência executiva, legislativa e judicial das Agências Reguladoras. A esse ângulo, a manifestação das Agências Reguladoras, com voz institucional de *amicus curiae*, no plano da cooperação com o órgão judicante, tem o objetivo de resguardar as normas da atividade regulatória.

Noutro giro, a Lei nº 9.469, de 10.07.1997, disciplina a intervenção da União Federal nas causas em que entes de sua administração indireta figurem no polo passivo ou ativo, assim como a intervenção das pessoas jurídicas de direito público em causas que possam produzir efeitos, mesmo que indiretos, de natureza econômica. Vale destacar o dispositivo de seu art. 5º e Parágrafo único: "A União poderá intervir nas causas em que figurarem, como autores ou rés, autarquias, fundações públicas, sociedades de economia mista e empresas públicas federais. Parágrafo único. As pessoas jurídicas de direito público poderão, nas causas cuja decisão possa ter reflexos, ainda que indiretos, de natureza econômica, intervir, independentemente da demonstração de interesse jurídico, para esclarecer questões de fato e de direito, podendo juntar documentos e memoriais reputados úteis ao exame da matéria e, se for o caso, recorrer, hipótese em que, para fins de deslocamento de competência, serão consideradas partes."

É razoável extrair daí o passaporte para que as Agências Reguladoras (entes autárquicos federais especiais) possam intervir, na qualidade de *ami-*

---

94 Vide, no ponto: (i) REsp 976.836/RS, Primeira Seção, julgado em 25/08/2010, DJ de 05/10/2010, versando sobre a legalidade do repasse econômico do PIS e da COFINS nas tarifas telefônicas, em relação ao regime jurídico do ICMS, havendo o Ministro Relator Luiz Fux determinado que a Agência Nacional de Telecomunicações – ANATEL figurasse como *amicus curiae*; e (ii) AgRg no REsp 1.108.685/RS, Primeira Turma, julgado em 03.10.2013, DJ 11.10.2013, versando sobre relação contratual entre particular e a concessionária de serviços de telefonia, em que se afastou a legitimidade da ANATEL para figurar como litisconsorte passiva necessária, pois a irregularidade do serviço é imputada somente à concessionária de telefonia, em face da ausência de disponibilização de telefonia fixa em determinada localidade. O Ministro Relator Sérgio Kukina, apesar de reconhecer que a ação civil pública não atinge a órbita jurídica da agência reguladora setorial, franqueou-lhe a possibilidade de participar da demanda judicial como *amicus curiae*, para verificar a legalidade da prática.

cus curiae, em processos judiciais que envolvam o espaço regulado, quando menos por duas ordens de razão: (i) sua intervenção prescinde da demonstração de interesse jurídico; e (ii) a singela intervenção da autarquia federal, na veste de *amicus curiae*, não tem a virtude de deslocar a competência para a Justiça Federal, nos casos em que a competência originária resida na justiça comum estadual.[95] Tal não ocorreria, naturalmente, se a intervenção da Agência Reguladora (autarquia sob regime especial) fosse contabilizada na modalidade de assistência (simples ou litisconsorcial, pouco importa). A mutação de competência, assim pesadas as coisas, não ocorrerá sequer em sede de impugnação através de recurso jurídico. Ou seja: o ingresso do ente federal para os fins do art. 5º da Lei nº 9.469/97 não tem a vocação de deslocar a competência, mesmo nos casos em que há interposição de recurso[96].

Como quer que seja, à luz do novo regramento específico do instituto do *amicus curiae*, contido no art. 138, § 1º, do NCPC, na linha de que sua intervenção "não implica alteração de competência", esvai-se sem substância a tese de modificação de competência na hipótese sob escrutínio.

Em termos práticos, nos casos em que a competência originária seja da justiça estadual, decisão jurisdicional de admissão da participação no processo como *amicus curiae*, que seja proferida a partir de 18.03.2016 (data da entrada em vigor do NCPC), não implicará modificação ou deslocamento da competência para a Justiça Federal, apesar de a Agência Reguladora apresentar a natureza jurídica de autarquia federal sob regime especial. O problema da figura do *amicus curiae* (que se contenta com a comprovação de interesse institucional), inconfundível com a da assistência (que reclama a demonstração de interesse jurídico), é refratário à incidência do preceito do art. 109, I, da Constituição Federal,[97] cujo rol é taxativo.

Noutros termos: se o dispositivo do art. 109, I, da Constituição Federal, em seu teor literal, estabelece, às claras, a competência da Justiça Federal nas "causas em que a União, entidade autárquica ou empresa pública federal forem interessadas na condição de autoras, rés, assistentes ou oponentes", em arrolamento taxativo, não será lícito ao intérprete incluir o instituto do *amicus curiae* a fim de elastecer a competência daquela Justiça especiali-

95 Vide, a propósito do tema, REsp nº 700.206, Primeira Turma do Superior Tribunal de Justiça, Relator Ministro Luiz Fux, julgado de 18.05.2006, DJ de 19.03.2010, valendo assinalar o seguinte fragmento: "13. A ANATEL, posto não seja parte no contrato entre o usuário e a concessionária, pode intervir, sem alteração da competência, como amicus curiae, no afã de verificar sobre a legalidade da prática contratual."

96 MACHADO, Hugo de Brito. A intervenção da União em causas de outras entidades públicas e a questão da competência. Repertório IOB de jurisprudência: civil, processual, penal e comercial, São Paulo, n. 17, p. 346-347, set./1997, esp. p. 346.

97 Consigne-se a posição contrária de BUENO, Cássio Scarpinella. *Amicus Curiae* no Processo Civil Brasileiro – um terceiro enigmático, op. cit., p. 231.

zada. Porque assim é, na espécie vertente, não há que se cogitar de mudança ou deslocamento de competência.[98]

A nova legislação processual civil tem aptidão para suscitar extensa problemática em matéria de direito intertemporal, como: criação de competências novas; alterações no procedimento em si e também por acréscimo ou eliminação de atos processuais; modificação de institutos processuais; modificação no sistema de recursos; prazos dilatados; prazo diminuídos.

Nesse passo, parece bem aventurar alguns exemplos de direito intertemporal, envolvendo Agências Reguladoras, no dia a dia forense:

> (i) Concessionária de energia elétrica, em demanda ajuizada para dirimir divergências em face de produtor independente, requereu, sob a égide do CPC/73, a admissão da Agência Nacional de Energia Elétrica – ANEEL, como *amicus curiae*. A decisão proferida sob a vigência do NCPC deverá observar os parâmetros fixados em seu art. 138, por força do princípio da aplicação imediata da legislação processual civil aos processos em curso (arts. 14 e 1.046, *caput*).
> Noutros termos: o *amicus curiae* passa a ter maiores poderes no processo em que já tivesse sido admitido. Ademais, se o requerimento de ingresso do *amicus curiae* for anterior ao NCPC, mas julgado após sua vigência, a ampliação da admissibilidade dessa figura deve ser o padrão da decisão que examina o requerimento de ingresso.
> (ii) Em demanda versando sobre interpretação da legislação de telecomunicações, ajuizada por usuário em face de concessionária de telefonia, o juiz, de ofício, em razão da especificidade do tema, solicitou, ainda sob a égide do CPC/73, a participação no processo da Agência Nacional de Telecomunicações – ANTT, na condição de amicus curiae, assinando-lhe prazo de 10 dias (corridos) para sua manifestação. Na fluência do nono dia entrou em vigor o NCPC, que, em seu art. 138, caput, dilatou esse prazo para 15 dias (úteis). Contudo, o prazo será aquele de 10 dias (corridos) já em curso, por conta do princípio da irretroatividade da lei nova.
> (iii) Em ação proposta em face da Petrobrás – Petróleo Brasileiro S/A visando a delimitação de blocos (parte de uma bacia sedimentar onde são desenvolvidas atividades de exploração ou produção de petróleo e gás natural), a ré requereu, com esteio na relevância da matéria, a admissão da Agência Nacional do Petróleo, Gás Natural e Biocombustíveis – ANP, na condição de *amicus curiae*. Ainda sob a égide do CPC/73, a Agência Reguladora interpôs recurso de embargos de declaração, os quais foram julgados já sob a vigência do NCPC e considerados protelatórios. Não se afigura juridicamente possível a elevação do limite mínimo da multa que lhe foi imposta de 1% (CPC/73, art. 538, Parágrafo único) para 2% do valor da causa (NCPC, art. 1.026, § 2º). Os embargos de declaração apresentados antes da entrada em vigor do NCPC não são por ele alcançados. Sobressai, nessa perspectiva, o fenômeno da ultra-atividade da lei antiga, que serve de dique de contenção à possibilidade de a lei nova retroagir para agravar

98 ALMEIDA FILHO, Eduardo Baptista Vieira de. A importância da participação das agências reguladoras como amicus curiae nos processos que envolvem ambientes regulados. 2010. 54 f. Trabalho de Conclusão de Curso (Graduação em Direito) – Faculdade de Direito, Fundação Getúlio Vargas, Rio de Janeiro, 2010. p. 7-54, esp. p. 30-32.

a pena pecuniária imposta por ato procrastinatório praticado sob a vigência da lei anterior.

(iv) Em ação civil pública ajuizada pelo Ministério Público, versando sobre propaganda de determinado medicamento (produto submetido ao regime de vigilância sanitária), a ré, indústria farmacêutica, pela repercussão social da controvérsia, requereu, sob a égide do CPC/73, a admissão da Agência Nacional de Vigilância Sanitária – ANVISA, como *amicus curiae*. Relativamente à decisão que indefere tal ingresso, proferida após a vigência do NCPC, o juiz tem o dever de fundamentação analítica, nos termos do art. 489, por força da aplicabilidade imediata da nova lei aos processos pendentes de decisão ao tempo de sua entrada em vigor.

(v) Em demanda proposta por usuário de plano privado de assistência à saúde em face da respectiva operadora, versando sobre abrangência de coberturas de patologias e procedimentos, o autor, sob a vigência do CPC/73, requereu a admissão da Agência Nacional de Saúde Suplementar – ANS, na condição de *amicus curiae*. O juiz, em sua decisão de admissão, preclusa, dentre os poderes do amigo da corte, deferiu-lhe a possibilidade de interposição de todo e qualquer recurso no processo. O NCPC não será aplicável à espécie, embora adstrinja a legitimação recursal do *amicus curiae* aos embargos declaratórios e recursos em geral no âmbito do Incidente de Resolução de Demandas Repetitivas (art. 1.038, §§ 1º e 3º). A não ser assim, haveria retroatividade da legislação processual civil nova.

(vi) O Estado do Rio de Janeiro ajuizou, perante a justiça comum estadual, ação em face de concessionária de recursos hídricos, objetivando a fiscalização de suas barragens. A ré requereu, na vigência do CPC/73, a admissão da Agência Nacional de Águas – ANA, na condição de *amicus curiae*, bem como, em decorrência da intervenção postulada, o deslocamento da competência para a Justiça Federal. Na decisão, proferida sob a égide do NCPC, o juiz admitiu a participação à Agência Reguladora, mas não acolheu o pleito de alteração da competência, a teor do disposto no art. 138, § 1º ("A intervenção ... não implica alteração de competência"). Configura-se aplicação imediata da nova legislação processual civil ao processo pendente (arts. 14 e 1.046, *caput*).

(vii) Empregado ajuizou ação trabalhista em face de empresa de transporte rodoviário interestadual de passageiros, versando sobre condições de segurança no trabalho e jornada extenuante. O autor requereu, sob a égide do CPC/73, a admissão da Agência Nacional de Transportes Terrestres – ANTT, como *amicus curiae*. O juiz, ao argumento de que não se admitiria a intervenção de *amicus curiae* em causa trabalhistas, desacolheu o pedido de participação da Agência Reguladora no processo trabalhista. Em sede de julgamento de recurso ordinário, já sob a vigência do NCPC, o relator, haja vista a especificidade do tema e no escopo de prestigiar a pluralidade democrática do debate, a admitiu como *amicus curiae* e, antes da apreciação do mérito recursal, franqueou-lhe a oportunidade de manifestação sobre as condições em que o trabalho é prestado. Tem-se, aqui, o princípio da aplicação imediata da nova legislação processual civil ao processo em curso (arts. 14 e 1.046, *caput*), dispositivos que aproveitam, supletiva e subsidiariamente, aos feitos de natureza trabalhista (art. 15).

(viii) Empresa impetrou mandado de segurança contra ato de autoridade federal consistente no edital de abertura de procedimento licitatório para outorga de concessão de exploração da infraestrutura aquaviária. A autoridade apontada como coatora requereu, sob o pálio do CPC/73, a admissão da Agência Nacional de Transportes Aquaviários – ANTAQ, como *amicus curiae*. O impetrante refutou a pretendida intervenção da Agência Reguladora, sob o argumento de que não se coadunaria com a via estreita do *writ*. O juiz, sob a vigência do NCPC, formulou decisão pela admissão, justificando-se na dicção abrangente do art. 138, a contemplar processos de qualquer natureza. Cuida-se da regra geral da imediatidade da aplicação da legislação processual civil nova ao processo pendente (arts. 14 e 1.046, *caput*).

(ix) Ação proposta por empresa prestadora de serviço de transporte aéreo de passageiros, em face de empresa concessionária de infraestrutura aeronáutica, versa sobre padrões mínimos de segurança de voo, desempenho e eficiência. Autora e ré, à época do CPC/73, celebraram convenção processual para, em meio a outros aspectos, excluir a possibilidade de participação de *amicus curiae* no procedimento. As partes, naquele então, submeteram a convenção à homologação judicial. O juiz, ao examinar a questão, sob a vigência do NCPC, ante a peculiaridade do tema objeto da demanda, solicitou, de ofício, a manifestação da Agência Nacional de Aviação Civil – ANAC, na condição de *amicus curiae*. O princípio da aplicação imediata da legislação processual civil aos processos em curso (arts. 14 e 1.046, *caput*) avaliza a decisão do juiz na adoção dos parâmetros fixados no art. 138 do NCPC, para, a partir daí, ilidir a cláusula da convenção processual impeditiva do ingresso de *amicus curiae* no processo.

8. Conclusão

Cumpre, ao fim e ao cabo da exposição, explicitar, em forma de enunciados objetivos, as conclusões revestidas de maior essencialidade:

1) O princípio político da participação democrática somado à moderna concepção da garantia constitucional do contraditório, no viés do direito de influir concreta e eficazmente na formação intelectual da convicção do juiz, abonam a intervenção-participação do *amicus curiae* no processo, como meio e modo de se pluralizar e oxigenar o debate, aperfeiçoar qualitativamente a prestação da tutela jurisdicional e legitimar o exercício da jurisdição.

2) No quadro do Estado Constitucional Democrático de Direito, a participação do *amicus curiae* no processo judicial, como porta-voz dos anseios da sociedade, a par de contribuir para a expansão do acesso à ordem jurídica adequada e justa, atenta à economia processual, tem o condão de proporcionar maior efetividade do direito material, animando sua previsibilidade, calculabilidade e, por isso, semeando segurança jurídica. Implica tonificar a confiança da sociedade no funcionamento do mecanismo da justiça civil.

3) O NCPC, sob boa luz, positivou o instituto do *amicus curiae*, apesar de já transportado no ordenamento jurídico brasileiro por leis esparsas, como modalidade de intervenção de terceiro (art. 138, §§ 1º, 2º e 3º).

4) A admissão do *amicus curiae* no processo (pessoa natural ou jurídica, esta privada ou pública), cuja iniciativa de intervenção pode ser provocada ou espontânea, não prescinde da aferição de sua representatividade adequada.

5) A colaboração do *amicus curiae* há de se pautar pela imparcialidade, no exato sentido de que a solução formulada para o conflito intersubjetivo de interesses não deve traduzir diretamente pretensão sua.

6) A função do *amicus curiae* é a de fornecer ao juízo informações úteis, subsídios confiáveis, elementos com embasamento técnico, dados científicos,

proporcionando-lhe melhores condições para proferir decisão mais rente à realidade fática subjacente à causa.

7) No âmbito do direito intertemporal processual, o princípio fundamental, de índole genérica, da aplicação imediata da nova legislação processual civil aos processos pendentes é corroborado pelos dispositivos dos arts. 14 e 1.046, *caput*, do NCPC, os quais adotaram, preponderantemente, o sistema do isolamento dos atos processuais.

8) O efeito imediato em relação aos processos em curso implica aplicação da legislação nova a partir do momento de sua entrada em vigor (incidir no presente), disciplinando, assim, as situações jurídico-processuais pendentes posteriores àquele marco temporal.

9) Contudo, haja vista que, em sua dinâmica, o processo abrange encadeamento de atos que se projetam no tempo, preordenados em lei, os atos processuais praticados (aperfeiçoados) e as situações jurídico-processuais já consolidadas ou extintas sob o império da legislação revogada, das quais resultem direitos para qualquer dos participantes do processo, são, em linha de princípio, refratários à regulação da nova legislação processual civil, a pena de vulneração do direito processual adquirido. Ou seja: as leis processuais são de observância imediata e atingem os feitos em curso, mas não são retroativas.

10) A lei do recurso é aquela vigente no dia em que a decisão foi publicada (dada a público, ou seja, entregue em cartório, à secretaria da vara, inserida nos autos eletrônicos ou na data em que foi proclamado, pelo presidente, o resultado do julgamento nos tribunais) e não na data de sua publicação (veiculação) na imprensa oficial. Cuida-se da irretroatividade de leis processuais novas que regulem a recorribilidade de decisões proferidas sob a vigência de legislação anterior. O direito subjetivo à impugnação, surgido no dia em que o julgado foi tornado público, já preexistia ao mero ato de sua divulgação na imprensa oficial, cuja feição é a de simples termo inicial de exercício de um preexistente direito de impugnar, inerente ao direito de defesa, ao contraditório e ao devido processo legal.

11) As Agências Reguladoras são autarquias sob regime especial, dotadas de personalidade jurídica de direito público, com autonomia administrativa, financeira e técnica, a proporcionar maior flexibilidade de atuação em relação às atividades reguladas: econômicas, exploração privada de bens e serviços públicos concedidos à iniciativa privada.

12) É de todo recomendável que as Agências Reguladoras participem de processos que envolvam os ambientes regulados, podendo ministrar ao juízo subsídios técnicos úteis, os quais, à luz das peculiaridades do caso particular, possam esclarecer questões relevantes, como se o ente regulado operou ou não em conformidade com a normatização do ente regulador.

13) O direito intertemporal – verdadeiro sobredireito a regular a aplicação da lei no tempo – visa aqui, precipuamente, a dirimir questões oriundas da entrada em vigor do NCPC e, pois, ao regramento de relações jurídicas pretéritas e futuras, em curso de formação ou com efeitos pendentes.

14) Parece bem relembrar, a título de ilustração, três situações de aplicação da legislação processual civil nova no tempo: 1) irretroatividade da lei nova: por exemplo, o prazo para contestação é encurtado pela lei nova, mas ela já fora oferecida dentro do prazo maior da lei antiga e, portanto, será tempestiva, sem retroação alguma; 2) efeito imediato da lei nova: por exemplo, houve revelia sob a lei antiga, que lhe atribuía o efeito da presunção relativa de veracidade

das alegações fáticas, mas não previa a possibilidade de julgamento antecipado (ou imediato) da lide, que, no entanto, será admissível se vier prevista pela lei nova; 3) ultra-atividade da lei primitiva: um pronunciamento judicial proferido sob a égide da lei antiga, que o considerava recorrível, continuará a sê-lo após o início da vigência da lei nova, ainda que essa última não mais admita tal recurso ou tenha o mesmo pronunciamento como irrecorrível.

15) O advento do NCPC suscitará problemas de direito intertemporal em temas variados, inclusive no tocante à intervenção-participação de Agências Reguladoras em processos judiciais, na condição de *amicus curiae*.

16) O parâmetro que deve presidir a admissão do *amicus curiae*, a fixação de seus poderes e sua concreta atividade em juízo é o da finalidade mesma desta modalidade de intervenção: densificação do princípio político da participação democrática no processo, alicerçado na pluralidade e oxigenação do debate, adequação qualitativa, justeza e aperfeiçoamento da decisão judicial, com endereço final ditado por sua efetividade prática.

Referências bibliográficas

ALMEIDA FILHO, Eduardo Baptista Vieira de. **A importância da participação das agências reguladoras como amicus curiae nos processos que envolvem ambientes regulados**. 2010. 54 f. Trabalho de Conclusão de Curso (Graduação em Direito) – Faculdade de Direito, Fundação Getúlio Vargas, Rio de Janeiro, 2010. p. 7-54, esp. p. 30-32.

BAHIA, Alexandre Gustavo Melo Franco. Admissibilidade de amicus curiae no julgamento de repercussão geral. **Revista dos Tribunais**, São Paulo, v. 922, p. 589-609, ago. 2012.

BARBOSA MOREIRA, José Carlos. A motivação das decisões judiciais como garantia inerente ao Estado de Direito. **Temas de direito processual**: segunda série. 1. ed. São Paulo: Saraiva, 1980. p. 83-95.

______. **Comentários ao código de processo civil**. Lei nº 5.869, de 11 de janeiro de 1973: arts. 476 a 565. 15. ed. Rio de Janeiro: Forense, 2009, v. 5.

______. O que deve e o que não deve figurar na sentença. **Temas de direito processual**: oitava série. São Paulo: Saraiva, 2004. p. 117-124.

BUENO, Cassio Scarpinella. **Amicus curiae no processo civil brasileiro**: um terceiro enigmático. 2. ed. rev. atual. e ampl. São Paulo: Saraiva, 2008.

______. **Novo código de processo civil anotado.** São Paulo: Saraiva, 2015.

CABRAL, Antonio do Passo. Pelas asas de Hermes: a intervenção do amicus curiae, um terceiro especial. In: **Revista de Processo**, São Paulo, v. 117, p. 9-41, set./out. 2004.

CAMBI, Eduardo [et al.]. Amicus curiae e o processo coletivo: Uma proposta democrática. **Revista de Processo**, São Paulo, v. 192, p. 13-45, fev. 2011.

CARNEIRO, Paulo Cezar Pinheiro. In: WAMBIER, Teresa Arruda Alvim et al (Coords.). **Breves comentários ao Novo Código de processo civil**. São Paulo: Revista dos Tribunais, 2015.

CASTRO FILHO, José Olympio. **Comentários ao código de processo civil**, vol. X, arts. 1.103 a 1.220. Rio de Janeiro: Forense, 2007.

COELHO, Fábio Ulhoa. **Curso de direito civil**: parte geral. 3. ed. rev. São Paulo: Saraiva, 2009, v. 1.

CONTE, Francesco. **Sobre a motivação da sentença no processo civil**: Estado constitucional democrático de direito, discurso justificativo e legitimação do exercício da jurisdição. Livro no prelo.

CRAMER, Ronaldo. In: WAMBIER, Teresa Arruda Alvim et al (Coords.). **Breves comentários ao Novo Código de processo civil**. São Paulo: Revista dos Tribunais, 2015.

DANTAS, Bruno. In: WAMBIER, Teresa Arruda Alvim et ai (Coords.). **Breves comentários ao Novo Código de processo civil**. São Paulo: Revista dos Tribunais, 2015.

DEL PRÁ, Carlos Gustavo Rodrigues. **Amicus Curiae**. Instrumento de participação democrática e de aperfeiçoamento da prestação jurisdicional. Curitiba: Juruá, 2008.

______. Breves considerações sobre o amicus curiae na Adin e sua legitimidade recursal. Aspectos polêmicos e atuais sobre os terceiros no processo civil e assuntos afins. In: DIDIER JUNIOR, Fredie; WAMBIER, Teresa Arruda Alvim (Orgs.). **Aspectos polêmicos e atuais sobre os terceiros no processo civil e assuntos afins**. São Paulo: Revista dos Tribunais, 2004.

DINIZ, Maria Helena. **Curso de direito civil brasileiro**: teoria geral do direito civil. 26. ed. reformulada. São Paulo: Saraiva, 2009, v. 1.

EKMEKDHAN, Miguel Angel. El amicus Curiae en el derecho constitucional argentino. **Revista dos Tribunais**, São Paulo, ano 4, n. 16, jul./set. 1996.

FERRAZ JUNIOR, Tércio Sampaio. **A ciência do direito**. 2. ed. São Paulo: Atlas, 1980.

FUX, Luiz. **Novo código de processo civil temático.** São Paulo: Mackenzie, 2015.

GABBA, Carlo Francesco. **Teoria della retroattività delle leggi**. Torino, 1891, v. 1.

IGARTUA SALAVERRIA, Juan. **La motivación de las sentencias, imperativo constitucional**. Madrid: Centro de Estudios Políticos y Constitucionales, 2003.

LACERDA, Galeno. **O novo direito processual civil e os feitos pendentes**. 2. ed. Rio de Janeiro: Forense, 2006.

MACHADO, Hugo de Brito. A intervenção da União em causas de outras entidades públicas e a questão da competência. **Repertório IOB de jurisprudência**: civil, processual, penal e comercial, São Paulo, n. 17, p. 346-347, set. 1997.

MACHADO JUNIOR, Dario Ribeiro. **Novo código de processo civil anotado e comparado**: lei n. 13.105, de 16 de março de 2.015. Coordenação Paulo Cezar Pinheiro Carneiro, Humberto Dalla Bernardina de Pinho. Rio de Janeiro: Forense, 2015.

MAMARI FILHO, Luís Sérgio Soares. **A comunidade aberta dos intérpretes da Constituição**: o amicus curiae como estratégia de democratização da busca do significado das normas. Rio de Janeiro: Lumen Juris, 2005.

MARINONI, Luiz Guilherme et al. **Novo código de processo civil comentado**. São Paulo: Editora Revista dos Tribunais, 2015.

MEDINA, José Miguel Garcia. Direito intertemporal. Comentários ao texto de Francisco Morato sobre a retroatividade das leis para fins de impugnabilidade e satisfação da sentença. **Revista dos Tribunais**, São Paulo, v. 920, p. 31-39, jun. 2012.

______. **Novo código de processo civil comentado**: com remissões e notas comparativas ao CPC/1973. São Paulo: Editora Revista dos Tribunais, 2015.

MITIDIERO, Daniel. Fundamentação e precedente: dois discursos a partir da decisão judicial. In: MITIDIERO, Daniel; AMARAL, Guilherme Rizzo (Coords.); FEIJÓ, Maria Angélica Echer (Org.). **Processo Civil**: estudos em homenagem ao professor doutor Carlos Alberto Alvaro de Oliveira. São Paulo: Atlas, 2012.

MONTEIRO, Washington de Barros. **Curso de direito Civil**; parte geral. 42. ed. São Paulo: Saraiva, 2009, v. 1.

NERY JUNIOR, Nelson. **Teoria geral dos recursos**: princípios fundamentais. 5. ed. São Paulo: Revista dos Tribunais, 2001.

PEIXOTO, Ravi. Rumo à construção de um processo cooperativo. **Revista de Processo,** São Paulo, v. 219, p. 89-114, maio/2013.

PEREIRA, Caio Mario da Silva. **Instituições de direito civil**. 20. ed. Rio de Janeiro: Forense, 2004, v. 1.

PEREIRA, Milton Luiz. Amicus curiae – intervenção de terceiros. **Revista de Processo**, São Paulo, ano 28, v. 109, p. 39-44, jan./mar. 2003.

PIMENTEL, Wellington Moreira. Questões de direito intertemporal diante do Código de Processo Civil. **Revista Forense**, Rio de Janeiro, v. 251, p. 125-135, jul./set. 1975.

PINHO, Humberto Dalla Bernardina de. **Direito processual civil contemporâneo:** teoria geral do processo. 4. ed. São Paulo: Saraiva, 2012, v. 1.

WAMBIER, Teresa Arruda Alvim. Amicus curiae: afinal, quem é ele? **Direito e Democracia**, Canoas, v. 8, n. 1, jan./jun. 2007.

______. Anotações sobre o direito intertemporal e o processo. In: WAMBIER, Teresa Arruda Alvim et al (Coords). **Breves comentários ao Novo Código de processo civil.** São Paulo: Editora Revista dos Tribunais, 2015.

______. **Primeiros comentários ao novo código de processo civil**: artigo por artigo. 1. ed. São Paulo: Editora Revista dos Tribunais, 2015.

RODRIGUES, Marco Antonio. **A Fazenda Pública no processo civil**. São Paulo: Atlas, 2016.

RODRIGUES, Silvio. **Direito civil**. São Paulo: Saraiva, 2002, v. 1.

ROQUE, Andre Vasconcelos. Novo CPC e direito intertemporal: nem foi tempo perdido – parte II. **Jota**, out. 2015. Disponível em: <http://jota.uol.com.br/novo-cpc-e-direito--intertemporal-nem-foi-tempo-perdido-parte-ii>. Acesso em: 31 maio 2016.

ROUBIER, Paul. **Le droit transitoire** (conflits des lois dans le temps). 2 edition. Paris: Éditions Dalloz et Sirey, 1960.

SANTOS, Moacyr Amaral. **Primeiras linhas de direito processual civil**. 25. ed. rev. e atual. São Paulo: Saraiva, 2007, v. 1.

SILVA, Eduardo Silva da et al. O requisito da representatividade no amicus curiae. A participação do particular no debate judicial. **Revista de Processo,** São Paulo, v. 207, p. 153-196, maio/2012.

TALAMINI, Eduardo. In: Wambier, Teresa Arruda Alvim et al (Coords.). **Breves comentários ao Novo Código de processo civil**. São Paulo: Revista dos Tribunais, 2015.

THEODORO JÚNIOR, Humberto. **Curso de direito processual civil –** Teoria geral do direito processual civil e processo de conhecimento. 51. ed. Rio de Janeiro: Forense, 2010, v. 1.

TOMÁS-RAMÓN, Fernández. **Del arbitrio y de la arbitrariedad judicial**. Madrid: Iustel, 2005.

TUPINAMBÁ, Carolina. Novas tendências de participação processual – O amicus curiae no anteprojeto do novo CPC. In: FUX, Luiz (Coord.). **O novo processo civil brasileiro** (direito em expectativa): reflexões acerca do projeto do novo Código de Processo Civil. Rio de Janeiro: Forense, 2011. p. 105-141.

A TUTELA PROVISÓRIA E O DIREITO INTERTEMPORAL

Aspectos relacionados à transição entre o CPC/1973 e o CPC/2015

Érika Ribeiro de Oliveira Napoleão do Rêgo

1. Considerações iniciais

Vivemos hoje momento de cautela, reflexão e incerteza no processo civil contemporâneo, ínsito a períodos de mudanças. O paradoxo do contentamento de ver surgir uma nova ordem processual precursora de garantias constitucionais fundamentais convive com as preocupações que uma análise mais aprofundada faz surgir com relação aos efetivos propósitos das alterações, bem como os reflexos a serem produzidos na prática e, em última análise, na vida do cidadão.

É neste cenário que se insere o presente estudo, que, ao fazer um corte necessário entre os diversos temas e discussões suscitados com a entrada em vigor do novo Código de Processo Civil, no último dia 18 de março, se propõe a analisar os aspectos de direito intertemporal relacionados à tutela provisória capazes de suscitar discussão, empreendendo tentativa de delinear os contornos de sua aplicação neste período inicial de transição entre este diploma legal e o anterior.

Para tanto, serão examinadas as mudanças empreendidas pela nova sistemática processual civil no âmbito da disciplina inserida na categoria denominada tutela provisória – serão abordados apenas os aspectos antecedentes necessários e suficientes para que este estudo possa cumprir seu objetivo -, através de análise comparativa com as disposições legais anteriores a respeito do tema, de modo a identificar as zonas de potencial problematização em que envolvida a dimensão temporal aplicável (questões de eficácia da lei no tempo) nesta nova roupagem conferida ao tema pelo CPC/2015. Dessa forma, a partir da identificação e delimitação dos pontos controversos, serão propostas conformações a tais conflitos através da incidência de regras e parâmetros de caráter intertemporal adotados.

Cumpre destacar que, de modo a possibilitar o bem sucedido desenvolvimento do escopo deste trabalho, furta-se à análise mais aprofundada do tema da tutela provisória em suas inúmeras e polêmicas peculiaridades, que, por si só, poderia ser objeto de diversos trabalhos isolados.

A natureza dinâmica da relação processual, bem como os caminhos percorridos e o considerável lapso temporal que demandam suscitam muitas dúvidas e controvérsias sobre a aplicação da lei no tempo.

Com efeito, o tema das tutelas diferenciadas, em especial as tutelas de urgência e evidência, leva consigo a análise dos próprios pilares da prestação jurisdicional, ao tempo em que resgata a aproximação do sistema de seus destinatários e de sua finalidade precípua, na tentativa de conferir maior celeridade e racionalidade ao serviço de prestação jurisdicional, de forma a ofertar uma tutela realmente eficaz e plenamente realizável no "mundo real".

A análise deverá ser necessariamente permeada pelos princípios que norteiam a aplicação do tema, em especial aqueles que incidem em permanente relação conflituosa, demandando constante exercício de ponderação e proporcionalidade no caso concreto. Notadamente, dentre eles, a segurança jurídica, a efetividade, a razoável duração do processo e o contraditório.

Uma nova lei demanda muita reflexão, não apenas para elaborá-la, mas também para sua operação.

Passemos à análise específica do tema proposto.

2. A Tutela Provisória do CPC/1973 ao novo Código de Processo Civil

2.1. Panorama geral

A inevitável constatação acerca da impossibilidade de previsão universal capaz de disciplinar todas as espécies de conflitos possíveis, cada vez mais perceptível na medida em que o procedimento ordinário padrão concebido pelo CPC/1973 deixava cada vez mais transparecer suas falhas e inadequação diante de um sem número de pretensões manifestadas, fez crescer o descontentamento geral da população e descrédito com relação ao Poder Judiciário. Ganha corpo, nesse cenário, a crescente demanda por efetividade, celeridade e duração razoável do processo como garantias do processo justo.

Foram então empreendidas algumas modificações e adaptações no procedimento em geral. Inseriu-se a ideia de flexibilização e simplificação procedimental, bem como a concepção de novos tipos de técnicas diferenciadas de tutela, diante da crescente preocupação com a efetividade da tutela jurisdicional e da ideia cada vez mais difundida e aclamada de um processo de resultados. Percebe-se, inclusive, no seio das tutelas diferenciadas, nas quais se insere a tutela provisória, que sua concepção inicial mais tímida e específica evoluiu para previsões dotadas de caráter cada vez mais genérico, de forma a abarcar um infindável número de situações e possibilitar o alcance de seus fins.

Cumpre observar, contudo, que os mencionados propósitos de efetividade e razoável duração do processo não podem isoladamente comandar o curso da prestação jurisdicional, eis que a eles devem se somar outras garantias processuais de igual ou maior importância, como a segurança jurídica, a isonomia e a qualidade da prestação jurisdicional. Seja como for, devem elas, em regra, conviver harmonicamente, sob pena de promoção de inadmissíveis e indesejadas injustiças, não só ao direito considerado em cada caso, mas à prestação jurisdicional como um todo.

O CPC/2015, em seu Livro V da Parte Geral (artigos 294 e seguintes), reúne sob o título de "Tutela Provisória", as tutelas de urgência (conservativas e satisfativas) e a tutela fundada na evidência. Essa previsão geral coaduna com o objetivo comum de efetivar a tutela do direito adequada e tempestivamente, distribuindo de forma isonômica o ônus do tempo no processo através de provimentos imediatos ou pelo menos antecipados no tempo com relação à tutela final ou definitiva, com o intuito de impedir ou minimizar o perigo impingido pela demora na prestação jurisdicional ao direito daquele a quem provavelmente assiste razão.

Com efeito, a tutela provisória poderá viabilizar desde logo a realização ou fruição do direito pela parte ou apenas assegurar a sua concretização futura, buscando manter a utilidade e a própria razão de ser da atividade jurisdicional.[1] Não pode o direito processual ser indiferente ao direito material e aos reclames da realidade social. Há nítida e inescapável interdependência entre eles.

1 Diversos ordenamentos jurídicos estrangeiros, como os da Alemanha e da Itália, possuem a previsão de um gênero de urgência, em que estariam incluídas essas medidas assecuratórias e satisfativas, também objetivando neutralizar eventual risco de ineficácia do provimento final. Luiz Fux assevera: "À luz do princípio do 'acesso à justiça', consagrado no art. 5º, XXXV, da Constituição Federal, que tem como corolário o direito impostergável à adequada tutela jurisdicional, não podia o legislador escusar-se de prever a 'tutela urgente', sob pena de consagrar a tutela 'tardia e ineficiente', infirmando a garantia constitucional por via oblíqua na medida em que a 'justiça retardada é justiça renegada'" (Tutela de segurança e tutela de evidência: fundamentos da tutela antecipada. São Paulo: Saraiva, 1996, p. 51).

2.2. Características e sistematização

As características, assim como a maior parte do regramento geral da tutela provisória, não apresenta tantas novidades, com a ressalva, em especial, da adoção dessa nova nomenclatura e da previsão da estabilização de seus efeitos em alguns casos, ficando mantida em grande parte a disciplina anterior pertinente à tutela cautelar e antecipada – algumas previsões inclusive resultam de práticas e críticas doutrinárias já amplamente aceitas e incorporadas.

A tutela provisória,[2] como o próprio nome transparece, não é vocacionada à definitividade, de modo que será, em regra, substituída por outra, mesmo que seja a ela correspondente em conteúdo em alguns casos, podendo ser revogada ou modificada a qualquer tempo – o que se admite apenas diante de alguma alteração nos elementos da demanda capaz de justificar sua revogação ou modificação.

Como já comencionado, estão incluídas nessa categoria de tutela tanto aquelas de cunho satisfativo quanto as cautelares, todas com a característica de resultarem de cognição sumária – limitada quanto à profundidade e realizada através de juízo superficial e incompleto –, da qual se possa extrair rapidamente uma conclusão. Cumpre observar, ainda, que o pedido provisório poderá ser feito tanto em caráter antecedente quanto incidental.

A tutela provisória possui, portanto, algumas particularidades como a cognição sumária, a precariedade e instrumentalidade, sendo baseada em juízo de probabilidade, que se apresentará em diferentes graus, de acordo com o caso. Sua provisoriedade está, inclusive, vinculada ao seu caráter instrumental, figurando a tutela provisória como função acessória em relação a outra modalidade de tutela – sua eficácia está sempre vinculada a uma tutela definitiva ou pedido principal.

Além disso, poderá a tutela provisória ser concedida a qualquer tempo, até mesmo no momento da sentença ou em âmbito recursal.

Ela tem ínsita à sua finalidade a produção de efeitos imediatos. Esta eficácia não é mantida, contudo, quando proferida no processo pendente sentença em sentido contrário ao provimento de caráter provisório anteriormente concedido[3], a não ser que feita expressa ressalva nesse sentido.

---

2 GRECO, Leonardo. A tutela da urgência e a tutela da Evidência do Novo Código de Processo Civil de 2015. In: DIDIER JR, Fredie (Coord.). Coleção Novo CPC Doutrina Selecionada, v. 4: Procedimentos Especiais, Tutela Provisória e Direito Transitório. Salvador: Juspodivm, 2016, p. 186: "Tutela provisória é aquela que, em razão da sua natural limitação cognitiva, não é apta a prover definitivamente sobre o interesse no qual incide e que, portanto, sem prejuízo da sua imediata eficácia, a qualquer momento, poderá ser modificada ou vir a ser objeto de um provimento definitivo em um procedimento de cognição exaustiva".

3 Enunciado n. 140 FPPC: "A decisão que julga improcedente o pedido final gera a perda da eficácia da tutela antecipada".

Com relação à fungibilidade entre as modalidades de tutela inseridas sob a designação da tutela provisória, apesar de não ter o CPC/2015 repetido os exatos termos da disciplina vigente no código anterior, não haveria sentido em deixar de adotar entendimento predominante doutrinaria e jurisprudencialmente há muito no sentido de admitir, através de uma interpretação sistemática e teleológica, a possibilidade de fungibilidade ampla também no código atual.

Ressalva-se, entretanto, a necessidade de que seja seguida integralmente a disciplina pertinente à espécie de tutela provisória adequada ao caso, especialmente no que tange a seus requisitos. Essa ampla fungibilidade coaduna com o princípio da efetividade, razoável duração do processo e economia processual, manifestados na necessidade de aproveitamento dos atos processuais, sempre que possível, especialmente quando se trata de espécies de tutela com características e propósitos comuns capazes de criar frequentes zonas de penumbra em que não é possível diferenciá-las com segurança[4] – isso ocorre, em maior medida, com as tutelas de urgência cautelar e antecipada[5]. Há de se ter em mente, neste âmbito, a impossibilidade de impingir à parte, diante dúvida razoável, ilegítima restrição ao seu direito diante de escolha dita equivocada. Não parece de fato razoável que eventual denominação ou classificação utilizada possa se sobrepor à realidade a que se refere,[6] especialmente em casos delicados como esses, que se impõe em grande parte das vezes sérios riscos ao direito advindos do transcurso do tempo.

2.3. *Aspectos procedimentais relevantes*

Antecedente lógico da análise de aspectos outros, notadamente de cunho procedimental, de grande relevância para delinear o instituto estu-

4 BARBOSA MOREIRA, José Carlos. Tutela de Urgência e Efetividade do Direito. In: Temas de Direito Processual, 8ª série. São Paulo: Saraiva, 2004, p. 106: "(...) a ciência jurídica precisa aceitar o fato de que, em alguns assuntos, não lhe é dado fixar marcos de perfeita nitidez entre áreas limítrofes. E, às vezes, não é útil sequer tentar fazê-lo".

5 Humberto Theodoro Jr. lembra que "ao aplicador da lei processual incumbe, então, esforçar-se para fugir de tecnicismos estéreis na separação dos terrenos da tutela cautelar genérica e da antecipação de tutela, que, se podem satisfazer vaidades acadêmicas, em nada contribuem para a implementação das metas instrumentais do moderno direito processual, cada vez menos voltado para o dogmatismo e cada vez mais preocupado com os resultados práticos capazes de criar nesse limiar de um novo século um processo que mereça, realmente, o epíteto do devido processo legal, ou, mais precisamente, de um processo justo" (Curso de Direito Processual Civil, vol. II. 39ª. ed. Rio de Janeiro: Forense, 2006, p. 724).

6 Não se pode olvidar da tendência de atenuar os rigores das consequências de escolhas inadequadas. Sempre que possível, deverá ser adaptado o procedimento inicialmente equivocado, preservando-o. Deve, ainda, se verificar eventual ocorrência de prejuízo.

dado, se refere ao modo como é instaurada a prestação jurisdicional dessa tutela provisória. Seria possível sua concessão de ofício pelo juiz ou haveria necessidade de requerimento expresso?

A despeito de relevantes opiniões doutrinárias divergentes quanto ao particular, não só envolvendo a possibilidade da concessão da tutela provisória de ofício, mas, em se admitindo, se isso seria possível com relação a todas as suas modalidades, prevalece entendimento no sentido de sua impossibilidade, como regra.

É necessário o requerimento da parte para a concessão da tutela provisória em geral.[7] Isso porque, em última análise, as tutelas de cunho cautelar e satisfativo se referem à tutela do direito, mesmo que fundadas em juízo sumário, do qual resultará provimento provisório, de modo que sua eventual concessão estaria condicionada ao princípio da demanda (art. 2º e 141 do CPC/2015), que rege a atividade de prestação da tutela jurisdicional – principio da inércia e consequente necessidade de provocação da parte interessada para a concessão da tutela de direitos, limitando, ainda, seus termos.[8]

Observa-se, inclusive, que o art. 295 do CPC/2015 menciona expressamente que a tutela provisória "será requerida". Dessa forma, em regra, não poderia o juiz conceder tais tutelas de ofício, sem prévio requerimento, especialmente ao se levar em consideração a responsabilização objetiva a que estará sujeita a parte beneficiária do provimento provisório (art. 302 CPC/2015) – a parte assume voluntária e conscientemente o risco de eventualmente ter que reparar a outra parte.

Concebe-se, contudo que, em alguns casos, percebendo o juiz ser adequado e até mesmo indicada a concessão de providência provisória concre-

7 Nesse sentido: DINAMARCO, Cândido Rangel. O Regime Jurídico das Medidas Urgentes. Revista da Ajuris. Rio de Janeiro, n. 82, jun. 2001, p. 6; GRECO, Leonardo. GRECO, Leonardo. A tutela da urgência e a tutela da Evidência do Novo Código de Processo Civil de 2015. In: DIDIER JR, Fredie (Coord.). Coleção Novo CPC Doutrina Selecionada, v. 4: Procedimentos Especiais, Tutela Provisória e Direito Transitório. Salvador: Juspodivm, 2016, p.189; THEODORO JÚNIOR, Humberto. Curso de Direito Processual Civil: Teoria geral do direito processual civil, processo de conhecimento e procedimento comum, vol. I. 57ª ed. rev., atual. e ampl. Rio de Janeiro: Forense, 2016, p.638. Destaca-se que o CPC/1973 previa, em seu art. 797, a possibilidade excepcional de se determinar medidas cautelares sem a audiência das partes em casos expressamente autorizados por lei, mas isso não foi reproduzido no CPC/2015, o que nos leva a crer que eventual excepcionalidade à exigência de provocação para a concessão da tutela provisória deverá ser interpretada de forma ainda mais restrita, ao que corrobora o elevado grau de importância dado atualmente à visão do processo como instrumento participativo.

8 O Anteprojeto, apresentado ao Senado, previa a possibilidade de concessão de ofício da medida de urgência, mas o dispositivo não foi aprovado, configurando essa omissão em mais um argumento acerca da impossibilidade da concessão de ofício da tutela provisória.

tamente, poderá ele consultar a parte acerca de eventual interesse em sua concessão. De fato, tal entendimento vai ao encontro do modelo participativo de processo e não incide em desrespeito à liberdade e interesse da parte em pleitear eventual medida no âmbito do processo, mesmo porque será ela que fruirá de seus efeitos.[9]

Com relação ao juízo competente para a apreciação do pedido de tutela provisória (art. 299 do CPC/2105), é preservada a regulamentação anterior. Vale dizer, no caso de tutela provisória antecedente, será o pedido feito perante o juízo competente para a análise do pedido principal, de acordo com as regras comuns de competência. E, tratando-se de requerimento incidental, será competente o mesmo juízo em que tramita o processo pendente, sendo este juízo prevento. Já nas ações de competência originária de tribunal e recursos, a tutela provisória será requerida ao órgão jurisdicional competente para a apreciação do mérito (parágrafo único), ficando a cargo do relator neste âmbito apreciar o pedido, conforme disposto no art. 932, II do CPC/2015 – decisão esta posteriormente recorrível mediante agravo interno (art. 1021 CPC/2015).

Há disposição especial com relação à competência para a obtenção da tutela provisória no âmbito dos Recursos Extraordinário e Especial no art. 1.029, §5º do CPC/2015.

O art. 297 do CPC/2015 acolhe expressamente o poder geral de cautela[10] admitido pelo art. 798 do CPC/1973 e complementado pelo disposto no art. 273, §3º, contemplando a possibilidade de determinação, pelo juiz, das medidas que considerar mais adequadas para a efetivação da tutela provisória concedida. Cabe ressaltar que cuida a previsão de possibilidade de atuação do juiz vinculada aos propósitos específicos elencados – possibilidade de escolha dentro dos limites da lei -, não configurando de forma alguma espécie de carta branca nas mãos do juiz, da qual pudesse este fazer uso como melhor lhe aprouvesse[11]. Essas medidas referidas neste artigo

9 Nesse sentido: MARINONI, Luiz Guilherme; ARENHART, Sergio Cruz; MITIDIERO, Daniel. *Novo Curso de Processo Civil*, vol. 2. 2ª ed. rev. atual.e ampl. São Paulo: Editora Revista dos Tribunais, 2016, p. 215. Também Fredie Didier, que afirma a vedação de sua concessão de ofício inclusive como decorrência da regra da congruência (arts. 2º, 141 e 492 do CPC). DIDIER JR, Fredie; BRAGA, Paula Sarno; OLIVEIRA, Rafael Alexandria. *Curso de Direito Processual Civil*, v.2. 11ª ed. Salvador: Juspodium, 2016, 606.

10 Enunciado n. 31 FPPC: "O poder geral de cautela está mantido no CPC".

11 Leonardo Greco afirma preocupar-se com tal poder apenas no que tange à tutela cautelar, tendo em vista que essa liberdade poderia acabar por configurar instrumento na mão do juiz precursor de arbitrariedades, apontando como limites a dignidade da pessoa humana e a impossibilidade de se conferir cautelarmente algo que não seria passível de concessão através de provimento definitivo. Já no caso das demais tutelas provisórias, de urgência e evidência, o fato de tratar-se de verdadeira antecipação do pedido final, que terá necessariamente suporte no ordenamento jurídico, impediria

devem ser entendidas de forma ampla, de modo a possibilitar a escolha da providência mais adequada e proporcional para efetivamente assegurar os direitos ou satisfazê-los de imediato.

De forma diversa do disposto com relação à necessária provocação da jurisdição, manifestando a parte seu pedido de tutela provisória, prevê a lei expressamente que o juiz, em nome de sua eficácia, determine as medidas práticas que considerar necessárias e adequadas a este propósito, caminho que deve ser traçado através de um exercício de ponderação com relação aos meios executivos disponíveis, o direito subjetivo das partes e os danos possivelmente ocasionados a cada uma delas com a execução da medida.

Não se olvida, contudo, do respeito ao pedido feito pela parte – interesse e adequação à sua vontade -, bem como da previsão do parágrafo único do art. 297 do CPC/2015, que determina a observância na efetivação da tutela provisória das normas referentes ao cumprimento provisório de sentença (artigos 520 a 522 do CPC/2015), "no que couber". Ocorre, simplesmente, que não está o juiz adstrito a tal previsões, apesar de não poder ignorá-las, configurando elementos integrantes mas não únicos a serem considerados para a escolha, dentre as alternativas existentes e viáveis, daquela providência mais idônea, necessária e de menor potencialidade danosa – menor restrição possível à esfera jurídica do réu – para a satisfação ou acautelamento do direito provisoriamente.

Fica evidente a maleabilidade do sistema, com sua adaptação e adequação às necessidades do caso e preocupação com a efetividade do processo – idoneidade do meio para atingimento do fim almejado de tutela do direito, o que permite não só a concepção de técnicas diferenciadas de tutela jurisdicional (objeto do presente estudo), como o emprego de técnicas executivas atípicas, como visto.

Estabelece o art. 298 do CPC/2015 a obrigatoriedade de motivação da decisão acerca do pedido de tutela provisória de modo claro e preciso, dando o devido cumprimento aos parâmetros presentes no art. 489, §1º do mesmo diploma legal. Trata-se, contudo, de obrigação pré-existente, conforme previsão do art. 93, IX da Constituição da Federal, que a legislação processual veio apenas reforçar. A importância da fundamentação no âmbito da tutela provisória assume ainda maior importância ao se levar em consideração os interesses contrapostos envolvidos e a urgência decorrente do perigo ou ameaça de dano geralmente existente, que impõe providências concretas provenientes de mero juízo sumário de probabilidade.

a ocorrência de abuso. (A tutela da urgência e a tutela da Evidência do Novo Código de Processo Civil de 2015. *In:* DIDIER JR, Fredie (Coord.). Coleção Novo CPC Doutrina Selecionada, v. 4: Procedimentos Especiais, Tutela Provisória e Direito Transitório. Salvador: Juspodivm, 2016, p. 201).

Contra a decisão que concede, denega ou indevidamente posterga a apreciação do pedido de tutela provisória realizado – nesse último caso, postergar a decisão equivaleria, em última análise, à sua própria negativa –, como decisão interlocutória que é, caberá agravo de instrumento, conforme previsto no rol do art. 1.015, inciso I, do CPC/2015. Também impugnável mediante a mesma modalidade recursal os casos de decisão posterior à concessão da medida no que tange à técnica executiva adequada à sua efetivação. Cabe aqui colocar que, quando concedida na sentença, deverá o provimento provisório ser objeto de recurso de apelação (art. 1.013, §5º do CPC/2015). No âmbito dos tribunais, as decisões monocráticas sobre o tema serão recorríveis mediante agravo interno para o colegiado competente (art. 1.021 do CPC/2015).

2.4. A tutela de urgência: unificação de requisitos e fim comum

A nova disciplina legal trata a tutela de urgência como gênero em que se insere a tutela antecipada e a tutela cautelar. Aparentemente acatando críticas feitas à separação algumas vezes artificial a que submetidas as tutelas conservativas e satisfativas, designadas respectivamente cautelar e antecipada, quando presente o perigo na demora, tenta o novo Código inserir um regime único para essas medidas, generalizando-as. Contudo, a despeito dessa tentativa de unificação com relação a alguns aspectos, o legislador também deixa clara sua intenção de diferenciá-las.

O escopo da tutela de urgência é neutralizar ou ao menos aplacar os males do tempo no processo, através do exercício de uma cognição sumária, que resulte em juízo de probabilidade razoável, e não de "certeza". Decorre de tal exercício precário de tutela – proveniente de cognição superficial e não exauriente – a incapacidade de formação de coisa julgada com relação à decisão proferida.

Relaciona o art. 300 do CPC/2015 os requisitos que deverão ser observados para a concessão da tutela de urgência: a "probabilidade do direito" e o "perigo de dano ou o risco ao resultado útil do processo".[12]

A unificação desses requisitos[13] abrevia muitas discussões inúteis para diferenciar as tutelas de urgência, especialmente no que dizia respeito aos

---

12 Enunciado n. 143 FPPC: "A redação do art. 300, caput, superou a distinção entre os requisitos da concessão para a tutela cautelar e para a tutela satisfativa de urgência, erigindo a probabilidade e o perigo na demora a requisitos comuns para a prestação de ambas as tutelas de forma antecipada".

13 THEODORO JÚNIOR, Humberto. Curso de Direito Processual Civil: Teoria geral do direito processual civil, processo de conhecimento e procedimento comum, vol. I. 57ª ed. rev., atual. e ampl. Rio de Janeiro: Forense, 2016, pp. 613-614: "A análise para a concessão da providência provisória dependerá da conjugação dos requisitos do peri

seus requisitos e eventual gradação ou força com que deveriam incidir, avaliação esta feita casuisticamente. A diferenciação da tutela cautelar e antecipada fica a cargo hoje de outros aspectos.[14]

Permanece relevante, contudo, a distinção entre tutela cautelar, de cunho eminentemente conservativo, e tutela antecipada, de natureza satisfativa. A medida cautelar subsiste, em linhas gerais, como acessória ou dependente do pedido principal (referibilidade); enquanto a tutela antecipada pode vir a estabilizar-se em alguns casos, com a dispensa do pedido principal ou procedimento definitivo, guiado por cognição plena e exauriente – hipótese em que será esta dotada de certo grau de autonomia na medida em que admitida legalmente a possibilidade de suficiência, mesmo que temporária, da composição sumária da lide.

O prestação da tutela jurisdicional definitiva exige tempo, elemento hoje cada vez mais caro e de grande valor em nossa sociedade. A própria ideia que levou à concepção das tutelas diferenciadas, resultantes de cognição sumária, é a impossibilidade de se aguardar o curso regular do processo e o tempo que este demanda para a entrega definitiva da tutela jurisdicional ao final.

No que tange aos requisitos para sua concessão, a referência a direito provável[15] corresponderia àquele mais viável ou passível de configuração, ou à hipótese tida como mais "próxima" da realidade, de acordo com os elementos presentes na demanda.

O perigo ou risco imposto pela demora à efetividade da jurisdição e eficaz realização do direito – comprometimento da realização imediata ou

culum in mora e do fumus boni iuris, e a densidade por eles apresentada no caso. Vale dizer, parece haver uma gradação e/ou compensação entre eles, de forma a manter-se uma espécie de equilíbrio. Utilizando-se da nova denominação adotada pelo código, quanto mais provável o direito, menos rigorosa se apresentará o requisito do risco de dano". Este autor fala, inclusive, em unidade ontológica entre essas tutelas sumárias, e não somente de cunho procedimental.

14 Para Cassio Scarpinela a distinção feita pela CPC/2015 entre tutela cautelar e antecipada, a despeito de inúmeras críticas e da tentativa de uniformização de suas disciplinas em vários aspectos, apresenta-se de considerável relevância na medida em que há previsão de regimes jurídicos diversos para cada uma dessas espécies – sua distinção tem importantes reflexos procedimentais. (Manual de Direito Processual Civil: inteiramente estruturado à luz do novo CPC, de acordo com a Lei n. 13.256, de 4-2-2016. 2ª ed. rev., atual. e ampl. São Paulo: Saraiva, 2016, p. 250)

15 Muitas críticas eram feitas à expressão "verossimilhança", especialmente à sua conjugação com a exigência de "prova inequívoca", presentes na legislação anterior. Barbosa Moreira já apontava desde a alteração que trouxe previsão expressa da antecipação de tutela no CPC/1973, que a "palavra ideal seria probabilidade, e não verossimilhança" (A antecipação da tutela jurisdicional na reforma do Código de Processo Civil. *Revista de Processo*. n. 81, jan.-março de 1996, p. 204).

futura do direito – deve ser concreto e atual, devendo constar nos autos elementos que evidenciem essa impossibilidade de se esperar todo o trâmite processual demandado pela cognição plena. É o que corresponde à consagrada expressão do "*periculum in mora*".

A medida é, portanto, concedida de forma a fazer frente ao perigo de dano, evitando a perda da utilidade do provimento final, ou seja, a perda do próprio direito.

Percebe-se claramente, pela análise dos requisitos unificadores das tutelas de urgência, que estes nada mais fazem do que acolher o entendimento majoritário – inclusive críticas anteriores –, bem como a larga aplicação prática dada a ambas as tutelas no que tange aos requisitos e análise para sua concessão. Até mesmo a mudança na terminologia segue esse raciocínio, ao mesmo tempo em que se mostra capaz de englobar as duas modalidades de tutela urgente. Parece inarredável a constatação de que o que se tem hoje é simplesmente uma outra "máscara" para os requisitos[16] tal como vinham sendo predominantemente encarados.

Quanto ao procedimento da tutela de urgência, a regra geral permanece praticamente a mesma, com a possibilidade de sua concessão em caráter antecedente (antes do pedido principal, inexistindo processo em curso) e incidental (requerida juntamente com a petição inicial ou por meio de simples petição no curso do processo, a qualquer tempo), com a ressalva de que agora passa a se admitir a tutela antecipada antecedente, figura inexistente na disciplina anterior.

O regramento anterior pertinente à tutela provisória requerida em caráter incidental, portanto, é mantido, sendo aplicável às diferentes espécies de tutela provisória, inclusive com a ausência de pagamento de custas,

---

16 Quanto aos requisitos autorizadores da medida de urgência, vale destacar entendimento que nos parece bastante lógico, esposado por alguns autores, consistente na chamada "regra da gangorra", que regerá sua análise, da seguinte forma: quanto maior o *periculum* no caso, menos *fumus* (probabilidade do direito) será exigido para a concessão da medida, e vice versa (WAMBIER, Teresa Arruda Alvim. *et al.* Primeiros Comentários ao Novo Código de Processo Civil: artigo por artigo. 2ª ed. rev. atual. e ampl. São Paulo: Editora Revista dos Tribunais, 2016, p. 551). Sugere-se uma adaptação dessa teoria, de modo a efetivamente caracterizar um equilíbrio ou complementação entre esses requisitos, mas sem que nenhum deles pudesse ser anulado, exigindo-se, por exemplo, uma configuração mais amena do *fumus* em determinado caso em que houvesse um reforço do *periculum*, em verdadeiro exercício de compensação, mas não se acredita que o requisito da probabilidade seja relegado a segundo plano. Com efeito, alguns outros fatores incidirão nessa análise, como o bem em jogo, que, a despeito de influir na análise dos requisitos e eventualmente contribuir para reforço do *periculum* ou mesmo amenizar a exigência da probabilidade do direito, deve, com maior razão, fazer parte da análise da reversibilidade da medida para efeitos de sua concessão, de modo a aferir o chamado mal menor a incidir para sua concessão.

conforme previsão expressa do art. 295 do CPC/2015. Parece que o foco de discussão acabou transferido integralmente para a tutela provisória antecedente, que merecerá análise específica no âmbito dos itens individualizados referentes à tutela cautelar e antecipada, diante das alterações promovidas e reflexos importantes para o escopo do presente estudo.

O art. 300 do CPC/2015 prevê expressamente, em seu parágrafo segundo, a possibilidade da concessão da tutela de urgência liminarmente ou mesmo após justificação prévia, praticamente reproduzindo a legislação anterior. A regra geral, contudo, deverá ser a oitiva prévia da parte adversa, admitindo-se postergar o exercício do contraditório para momento posterior no caso de risco imediato de dano – hipótese esta configurada em grande parte dos casos submetidos à apreciação –, sem prejuízo de possível revogação da medida em outro momento.

Na sequência, o parágrafo terceiro se refere ao perigo de irreversibilidade da medida, que não poderá ser objeto de interpretação literal,[17] conduzindo a necessária ponderação dos riscos e interesses em jogo no caso concreto (escolha do mal menor), de modo a afastar exigência que possa ter o condão de impedir ou inviabilizar a tutela de urgência, e, por conseguinte, a própria prestação jurisdicional – aplica-se aqui a mesma interpretação dada ao art. 273, §2º do CPC/1973, sob pena de violação à inafastabilidade do controle jurisdicional.

A concessão da tutela fundada em cognição sumária implica em assunção de riscos. Nesse sentido, não só o requerido como também o requerente deverá ter eventual direito seu minimamente assegurado, o que dependerá da análise de alguns fatores, como o grau de probabilidade do direito por ele afirmado, a proporcionalidade, gravidade ou possibilidade de reversão da medida provisória executada.

Parece razoável realizar uma avaliação conjunta deste último dispositivo com o disposto em seu parágrafo primeiro, que prevê a possibilidade de contracautela, podendo o juiz exigir a prestação de caução para garantir o ressarcimento dos danos que a outra parte possa vir a sofrer, conforme particularidades do caso concreto. É esta uma forma de tutela bilateral dos interesses em jogo, não devendo se perder de vista que consiste em tutela concedida através de cognição sumária, e, dessa forma, dotada de maior incerteza.

Já o art. 302 do novel diploma legal, que remete ao art. 811 do CPC/1973, se refere à responsabilidade do beneficiário da tutela de urgência, vista predominantemente como objetiva,[18] baseada na questão do risco

17 Enunciado n. 419 FPPC: "Não é absoluta a regra que proíbe tutela provisória com efeitos irreversíveis".

18 Segundo Humberto Theodoro Junior, não seria aceitável que, impostos os riscos relacionados aos efeitos do tempo ao réu, também ficasse a cargo dele os riscos pela efetivação da tutela de urgência em benefício do autor, não confirmada após a realização

assumido. A tutela de urgência é sempre praticada por conta e risco do requerente, devendo este responder pelo prejuízo que sua efetivação causar à parte adversa, com a liquidação da indenização devida nos mesmos autos, sempre que possível.

2.4.1. A tutela cautelar

A tutela cautelar se propõe a conservar o resultado útil do processo, o que, em última análise, implica em proteger a própria tutela do direito para sua eventual e futura satisfação.

Com relação à tutela provisória cautelar requerida em caráter incidental, já se fez referência genérica ao dispor sobre a disciplina geral da tutela provisória, sendo desnecessárias maiores digressões quanto ao particular, diante da ampla possibilidade de sua concessão já no diploma anterior, até pela previsão do poder geral de cautela, mantido no Código atual.

Não há mais previsão no CPC/2015 de um processo cautelar autônomo, bem como suprimiu o novo Código a previsão dos processos cautelares específicos, as chamadas medidas cautelares nominadas, que foram generalizados, abarcadas pelo poder geral de cautela, de caráter bem amplo.

A bem verdade, as críticas com relação às previsões de medidas cautelares específicas já vinham se delineando há um certo tempo,[19] sob o argumento de sua desnecessidade diante da existência de previsão genérica, dita mais adequada, e que já seria capaz de abarcar todas essas situações

de cognição plena e exauriente, que concedeu ao réu, afinal, razão. (*Curso de Direito Processual Civil*: Teoria geral do direito processual civil, processo de conhecimento e procedimento comum, vol. I. 57ª ed. rev., atual. e ampl. Rio de Janeiro: Forense, 2016, p. 688). Em sentido diverso, MARINONI, Luiz Guilherme; ARENHART, Sergio Cruz; MITIDIERO, Daniel. Novo Código de Processo Civil Comentado, 2ª ed. São Paulo: Editora Revista dos Tribunais, 2016, p. 385: distingue duas hipóteses: nos incisos II e III do art. 302, se teria responsabilização objetiva; e nos incisos I e IV, responsabilidade subjetiva, com base no raciocínio de que a tutela provisória seria necessária e devida nestes casos, de modo que não se poderia ignorar esse juízo sumário anteriormente feito para a concessão da tutela provisória, amparada em legítimo exercício de poder estatal. Só haveria de fato responsabilização objetiva quando esta tutela proveniente de juízo sumário fosse obtida de forma injustificada, com violação à ordem jurídica.

19 Manifestação no sentido da desnecessidade da presença das cautelares típicas no sistema, senão por questões de ordem procedimental, em: WAMBIER, Teresa Arruda Alvim. et al. Primeiros Comentários ao Novo Código de Processo Civil: artigo por artigo. 2ª ed. rev. atual. e ampl. São Paulo: Editora Revista dos Tribunais, 2016, pp. 554-555; WAMBIER, Teresa Arruda Alvim. Sobre a subsistência das ações cautelares típicas. Revista de Processo, n. 175, set. 2009, p. 320.

de cautelaridade, inclusive as anteriormente colocadas de forma individualizada e específica no CPC/1973.[20]

O modelo do processo cautelar autônomo se tornou desnecessário e mesmo contraproducente. Permanece então o direito à tutela cautelar no CPC/2015, sem que, contudo, se disponha mais, em regra, de processo cautelar conceitualmente autônomo para sua prestação. O que importa é que o direito esteja efetivamente resguardado e protegido, e, para isso, deverá ser concebido o meio ou instrumento mais adequado, efetivo, eficaz, e menos gravoso para ambas as partes. Passa o requerente a não ter mais que instaurar um novo processo, devendo apenas formular o pedido principal no âmbito da relação processual já existente – a petição inicial deverá ser aditada no prazo de trinta dias a contar da efetivação da medida, tal como já ocorria na disciplina anterior, com a diferença de que agora há o aproveitamento da relação processual já instaurada quando do pedido provisório.

Observa-se, entretanto, a preservação de certa independência entre a tutela cautelar e a principal – aquela não visa à satisfação do direito substancial, senão de forma reflexa, garantindo sua eficácia. O indeferimento da tutela cautelar não configura óbice à formulação do pedido principal ou mesmo influi em seu julgamento, salvo nos casos de reconhecimento de decadência ou prescrição (art. 310 CPC/2015), havendo inclusive previsão de duas contestações no âmbito do referido procedimento.[21]

Com as devidas ressalvas feitas acima, a disciplina do CPC/2015 referente à tutela cautelar antecedente é praticamente a mesma daquela conferida ao processo cautelar antecedente do CPC/1973 no que tange aos seus aspectos procedimentais, com algumas adaptações necessárias promovidas pela nova legislação processual diante das mudanças mencionadas.

Inicialmente, deverá o autor manifestar seu pedido de tutela cautelar antecedente através de petição inicial, com a indicação do pedido, seu fundamento e a exposição sumária do direito que se pretende assegurar, além do perigo na demora da prestação da tutela jurisdicional, em conformidade com o disposto no art. 305 do CPC/2015 e requisitos gerais do art. 319. Na

---

20 TALAMINI, Eduardo. Tutela de Urgência no Projeto de Novo Código de Processo Civil: a estabilização da medida urgente e a "monitorização" do Processo Civil Brasileiro. Revista de Processo, vol. 209, jul. 2012, pp. 1-2: "Na prática, o procedimento do processo cautelar passou a desenvolver-se autonomamente apenas até a concessão liminar da medida – sendo, depois disso, absorvido pelo procedimento do processo principal. Constatou-se uma desnecessária duplicação de processos, com tudo que isso implica (duplicidade de autos, de citações, de sentenças). Reputou-se que teria sido preferível permitir também a concessão da medida urgente como simples providência incidental ao processo em curso".

21 WAMBIER, Teresa Arruda Alvim. et al. Primeiros Comentários ao Novo Código de Processo Civil: artigo por artigo. 2ª ed. rev. atual. e ampl. São Paulo: Editora Revista dos Tribunais, 2016, 575.

sequência, será o réu será citado para, no prazo de 5 dias, contestar o pedido e indicar as provas que pretende produzir (art. 306 CPC/2015- art. 802 CPC/73). Contestado o pedido no prazo legal, observa-se o procedimento comum (art. 307 CPC/2015).

Concedida e efetivada a tutela cautelar, o pedido principal terá de ser formulado pelo autor no prazo de 30 dias, nos mesmos autos, sem novas custas processuais (art. 308 CPC/2015- art. 806 CPC/1973), com a possibilidade de aditamento da causa de pedir (§2º). Apresentado o pedido principal, as partes serão intimadas para a audiência de conciliação, pessoalmente ou por seus advogados, sem necessidade de nova citação do réu, justamente porque não há a formação de nova relação processual (§3º).

Faculta o novo Código à parte a formulação conjunta do pedido principal com o pedido de tutela cautelar. E, no caso de ter o autor requerido a tutela satisfativa ao invés de cautelar em determinado caso, o juiz seguirá o disposto no parágrafo único do art. 305, e conhecerá do pedido como a tutela satisfativa que é, autorizado pela fungibilidade, prosseguindo na forma do art. 303, indagando-se à parte se esta pretende a estabilização dos efeitos da tutela provisória pleiteada.

Outro aspecto que merece atenção na nova disciplina da tutela cautelar antecedente diz respeito à exigência de que o valor da causa seja equivalente ao interesse econômico a ser materializado posteriormente na demanda principal, na medida em que as despesas processuais incidentes servirão para custear a obtenção da tutela jurisdicional final, que fará parte da mesma relação processual.

O art. 309 do CPC/2015 prevê a cessação da eficácia da tutela concedida em caráter antecedente no caso de sua não efetivação no prazo de 30 dias, na ausência de propositura da ação visando à tutela satisfativa definitiva no prazo legal, assim como no caso do pedido ser julgado improcedente, ou mesmo nos casos de extinção do processo sem resolução do mérito. O parágrafo único contempla a possibilidade de renovação do pedido, mas apenas com causa de pedir diversa.

2.4.2. A tutela antecipada

A tutela antecipada ou técnica de antecipação dos efeitos da tutela[22] consiste em tutela satisfativa resultante de juízo de cognição sumária, possi-

22 Marinoni observa que "teria o legislador andado melhor se tivesse percebido que a antecipação é apenas uma técnica processual que serve para viabilizara prolação de uma decisão provisória capaz de outorgar tutela satisfativa ou tutela cautelar fundada em cognição sumária" (MARINONI, Luiz Guilherme; ARENHART, Sergio Cruz; MITIDIERO, Daniel. Novo Código de Processo Civil Comentado, 2ª ed. São Paulo: Editora Revista dos Tribunais, 2016, p. 382).

bilitando-se, desde logo, usufruir o "bem da vida" pleiteado. Adianta-se no tempo, desde logo, a produção dos efeitos da tutela definitiva, seja em sua totalidade ou de forma parcial.

O provimento antecipado tem como limite claro a pretensão principal ou definitiva, tendo em vista que só se pode antecipar provisoriamente aquilo que se pretende definitivamente.

Uma das maiores novidades do Código figura na disciplina da tutela provisória antecipada, tema que tem suscitado bastante polêmica, com a previsão da possibilidade de estabilização dos efeitos da tutela antecipada de urgência de caráter antecedente, instituto claramente inspirado em leis estrangeiras, sobretudo no référé francês, mas com peculiaridades próprias no direito brasileiro.[23] O NCPC admite, assim, a desvinculação da tutela de cognição sumária da tutela de cognição plena, pelo menos nesses casos.

A estabilização sumariza formal e materialmente o processo – técnica de monitorização do processo civil brasileiro, que teria sido generalizada com essa previsão. Contudo, a tutela de evidência e cautelar não se estabilizam[24] – a primeira porque não pode ser requerida em caráter antecedente e a segunda devido à sua referibilidade. O art. 304 do CPC/2015 permite a estabilização da tutela antecipada em caráter antecedente fundada na urgência a partir da hipótese regulada pelo artigo 303.

De toda forma, para que inexistam dúvidas quanto à intenção do autor,[25] deverá este manifestar sua vontade de valer-se do benefício do ca-

---

23 THEODORO JÚNIOR, Humberto. Curso de Direito Processual Civil: Teoria geral do direito processual civil, processo de conhecimento e procedimento comum, vol. I, op. cit., p. 617: "O novo Código de Processo Civil brasileiro se aproximou do regime do refere francês, que autoriza provimentos de urgência em situações que a eles não se opõe nenhuma contestação, nem fato que justifique a litigiosidade ordinária". Sobre o tema, vale conferir texto de Ada Pellegrini Grinover, que participou de Grupo de Trabalho que apresentou proposta de Anteprojeto de Lei com este propósito, onde esta autora faz um apanhado do direito comparado e apresenta algumas reflexões, dentre as quais vale destacar: "Agora é hora de desmistificar, sempre que necessário, os dogmas da universalidade do procedimento ordinário de cognição, da sentença e da coisa julgada, que não podem mais ser considerados como a única técnica processual para a solução jurisdicional das controvérsias" (Tutela jurisdicional diferenciada: a antecipação e sua estabilização. Revista de Processo, n. 121, março de 2005, p. 34).

24 Enunciado n. 420 FPPC: "Não cabe estabilização de tutela cautelar".

25 No mesmo sentido, CÂMARA, Alexandre Freitas. O Novo Processo Civil Brasileiro. 2ª ed. rev. e atual. São Paulo: Atlas, 2016, p.160. Ressalta-se aqui que este entendimento será de considerável relevância ao se perceber que, em sua maior parte, o prazo para a emenda da inicial pelo autor (art. 303, §1º, I do CPC/15), sob pena de extinção do processo, não coincidirá com o prazo para apresentação do "recurso" pelo réu, e, em sua grande parte, se encerrará em momento anterior, de modo que possivelmente se configurará situações em que terá o autor que emendar a inicial, com a apresentação do pedido principal, apenas para evitar a extinção do processo, persistindo seu inte-

put do art. 303 do CPC/2015 (§5º), limitando-se a formular pedido de tutela antecipada, apenas indicando o pedido de tutela final. Além disso, não deve o autor ter manifestado interesse em dar prosseguimento ao processo após a concessão da tutela antecipada (espécie de pressuposto negativo). Seja como for, deverá ser facultado ao réu o conhecimento das possibilidades de que dispõe, para que possa decidir livremente quais atitudes irá tomar.

Concedida a tutela antecipada nesses casos, esta adquirirá estabilidade se não interposto recurso pelo réu, extinguindo-se o processo com resolução do mérito com a manutenção dos efeitos da tutela concedida (art. 304 CPC/2015). No que tange ao comportamento do réu, nos parece mais consentâneo ao objetivo do código, em uma interpretação sistemática, considerar a referência a "recurso" de modo amplo, contemplando outras formas de impugnação do réu nesse mesmo prazo recursal, onde se inclui o oferecimento de contestação.[26]

No caso da estabilização, se contempla situações em que se mostre suficiente às partes, para a solução da crise de direito material, a decisão que antecipa os efeitos da tutela através de cognição sumária. Nesses casos, não será interessante ou conveniente à parte o prosseguimento do processo para a obtenção de cognição plena quanto à questão principal de direito material, sendo possível evitar que isso aconteça, com providências desnecessárias e até mesmo indesejadas e custosas às partes, conferindo-se a elas a possibilidade de optar pelo não prosseguimento da demanda com a cognição exauriente.[27] A cognição plena se torna eventual e não mais obrigatória nos casos em que se admite a estabilização.

Apenas os efeitos da decisão estabilizada são mantidos, não podendo se falar em coisa julgada[28], eis que resultante de cognição sumária, apesar

---

resse na estabilização, ainda pendente diante de eventual comportamento do réu no prazo recursal. Deste modo, para evitar possíveis situações de incerteza, ou mesmo eventual subversão das reais intenções do autor, essa manifestação de seu interesse na estabilização se afigura adequada.

26 Nesse sentido: WAMBIER, Teresa Arruda Alvim. *et al*. Primeiros Comentários ao Novo Código de Processo Civil: artigo por artigo, op. cit., p. 565. Em sentido contrário, afirmando que a norma se refere ao conceito de recurso em sentido estrito: CÂMARA, Alexandre Freitas. O Novo Processo Civil Brasileiro, op. cit., pp. 162-163.

27 O prosseguimento da demanda, nesses casos, seria ônus do demandante e demandado, que deverão decidir sobre eventual interesse ou não na estabilização, em consonância com a previsão legal. Com efeito, essa escolha foi facultada a ambas as partes, ao passo que a ambos é facultado comportamento – seja este ativo ou omissivo – que determinará o prosseguimento ou não da demanda.

28 Eduardo Talamini observa que a lei não pode atribuir a autoridade da coisa julgada a pronunciamentos emitidos sem a observância do contraditório e a presença de cognição exauriente (Coisa julgada e sua revisão. São Paulo: Ed. Revista dos Tribunais, 2005, pp. 53-54).

de haver, em última análise, a produção de uma das mais relevantes consequências da coisa julgada, sem sê-la (art. 304, §6º do CPC/2015).

Ao tempo em que se prevê tal possibilidade, resguarda-se o direito da parte para o ajuizamento posterior da ação principal, de cognição plena, para discutir o direito material objeto da tutela provisória anteriormente estabilizada, nos termos do § 2º do art. 304. Estará o juízo prevento para rever, reformar ou invalidar a tutela antecipada estabilizada no prazo decadencial de dois anos da ciência da decisão de extinção do processo nos termos do §5º do artigo 304. A nova demanda reabre a discussão do processo extinto, aprofundando a cognição até então exercida, mantendo-se a distribuição originária do ônus da prova. Não há de se falar, portanto, de eventual cerceamento de defesa ou obstáculo ao pleno acesso à jurisdição.

2.5. A tutela da evidência

A tutela da evidência[29] não é novidade na sistemática processual brasileira. Além de previsões esparsas específicas – essa técnica já vem sendo utilizada em alguns procedimentos especiais como a ação possessória, a ação monitória e de depósito -, encontrava-se, no CPC/1973, inserida na disciplina da tutela antecipada, mais especificamente no inciso II do art. 273 do código revogado, que tinha como requisito, além da verossimilhança das alegações, o abuso do direito de defesa ou manifesto propósito protelatório do réu. Com o CPC/2015, o tema é desenvolvido, ganha individualidade e tem suas hipóteses ampliadas.

Essa espécie de tutela, fundada na evidência, só é admitida em caráter incidental, pois pressupõe a existência de demanda principal já ajuizada. Entretanto, é possível requerê-la a qualquer momento, no curso do processo. E, como já destacado, não se admite sua concessão de ofício.

Quanto à possibilidade de sua concessão liminarmente, prevalece o entendimento de que esta só seria possível nas hipóteses contempladas nos incisos II e III do art. 311 do CPC/2015,[30] tendo em vista que nos demais casos, seria possível se extrair da própria previsão legal a existência de comportamento do réu que fará parte do juízo antecedente prejudicial à própria concessão da tutela, de modo que, nesses casos, seria necessária sua citação e manifestação prévia.

---

29 FUX, Luiz. Tutela de Segurança e Tutela da Evidência. São Paulo: Saraiva, 1996, pp. 305-306: "São situações em que se opera mais do que o fumus boni juris, mas a probabilidade de certeza do direito alegado, aliada à injustificada demora que o processo ordinário carreará até a satisfação do interesse do demandante, com grave desprestígio para o Poder Judiciário, posto que injusta a espera determinada."

30 Nesse sentido: DIDIER JR, Fredie; BRAGA, Paula Sarno; OLIVEIRA, Rafael Alexandria. Curso de Direito Processual Civil, v.2, op. cit., p. 593.

Em contraposição, ressalva-se quanto ao particular posição que nos parece mais razoável no sentido de que não se admitiria a tutela de evidência em caráter liminar, eis que não estaria presente o perigo inerente à tutela de urgência, hábil a justificá-la, diante da necessária supressão, ainda que temporária, de garantia fundamental como a do contraditório – esta deverá ser necessária, legítima e proporcional -, quando conferida liminarmente a medida.[31]

De fato, o que mais chama atenção na disciplina na tutela de evidência é a desnecessidade do *periculum in mora.*[32] Configura hipótese de tutela antecipada satisfativa, na qual se prescinde da urgência. Em contrapartida, a probabilidade do direito deve se apresentar em grau mais elevado – muitas vezes percebida ou revelada pelo próprio comportamento da outra parte -, caracterizada pelo direito evidente, o que decerto representa incremento à probabilidade exigida para as tutelas de urgência. Percebe-se em todos os incisos do art. 311 do atual código o resquício de uma ideia comum de defesa frágil ou inconsistente.

Mostra-se como importante técnica processual voltada à concretização do princípio da igualdade e paridade de armas entre os litigantes (art. 5º, I da CF e 7º do CPC/2015) – a resistência indevida no processo não pode ser fonte de vantagens a quem a promove. Parte do pressuposto de que a quem assiste o melhor direito não deveria se impor maior prejuízo pela duração do processo.

Vislumbra-se a larga possibilidade de sua utilização como meio para retirar o efeito suspensivo da apelação.

---

31 GRECO, Leonardo. A tutela da urgência e a tutela da Evidência do Novo Código de Processo Civil de 2015, op. cit., p. 206: "Ora, o acolhimento liminar, ainda que provisório, do pedido do autor sem o requisito da urgência violaria a garantia do contraditório, o que, a meu ver, impõe uma interpretação do caput e do parágrafo único do artigo 312 em conformidade com o artigo 5o, inciso LV, da Constituição, no sentido de que, nas hipóteses dos incisos II e III, a liminar autorizada depende concorrentemente da evidência do direito e da caracterização do perigo de lesão grave ou de difícil reparação". Também criticando a possibilidade de concessão liminar sem o perigo de prejuízo: WAMBIER, Teresa Arruda Alvim. *et al.* Primeiros Comentários ao Novo Código de Processo Civil: artigo por artigo. 2ª ed. rev. atual. e ampl. São Paulo: Editora Revista dos Tribunais, 2016, p. 580.

32 DIDIER JR, Fredie; BRAGA, Paula Sarno; OLIVEIRA, Rafael Alexandria. Curso de Direito Processual Civil, v.2, op. cit., p. 631 "(...) o direito fundamental à duração razoável do processo (art. 5º, LXXVIII, CF) exige que o ônus do tempo processual seja gerido com comedimento e moderação, considerando-se não só a razoabilidade do tempo necessário para a concessão da tutela definitiva, como também a razoabilidade na escolha da parte que suportará o estorvo decorrente, concedendo uma tutela provisória para aquela cuja posição processual se apresenta em estado de evidência e com mais chances de sucesso".

3. Direito Intertemporal e regras de transição. Disciplina geral e premissas necessárias

O Direito Intertemporal[33] cuida de conflitos da lei no tempo, aspecto, como já observado, de grande importância e imensuráveis efeitos práticos em nosso atual cenário de mudança legislativa.

Contudo, diante de alteração tão recente, muitas questões remanescem em aberto e acabarão por ser resolvidas com o amadurecimento e utilização prática da nova disciplina normativa processual, o que decerto gera considerável grau de insegurança e instabilidade, em ameaça à segurança jurídica, valor fundamental do Estado Democrático de Direito.

Levando em consideração tal cenário, e procurando de alguma forma contribuir para que a necessária transição entre diplomas legais proceda da forma menos traumática possível, se propõe a analisar as zonas de tensão ou pontos de problematização que envolvem o direito intertemporal no que diz respeito ao instituto da tutela provisória.

Para tanto, impende traçar algumas premissas genéricas acerca do direito intertemporal que servirão, inclusive, de base para que possamos empreender outros raciocínios necessários ao pronto desempenho da tarefa a que se propõe de buscar caminhos ou soluções para as questões de direito intertemporal que surgem neste âmbito.[34]

Convém, no entanto, antes de adentrar propriamente as premissas que guiarão nossa análise, consignar a inafastável natureza dinâmica da relação jurídica processual, formada por uma sucessão de atos no tempo dotada de considerável complexidade, o que faz com que o caminho a ser percorrido neste âmbito possa por vezes mostrar-se mais tortuoso, o que, por certo, demanda maior cautela. E isso se agrava ainda mais ao se levar em consideração que é o Código de Processo Civil norma de ampla aplicação e projeção, e de caráter indispensável à concretização do acesso à justiça.

O direito intertemporal ganha no cenário nacional papel de destaque diante da elevada e flutuante produção legislativa. O impacto de novas nor-

---

33 DINAMARCO, Cândido Rangel. Instituições de Direito Processual Civil, v. I.4ª ed. São Paulo: Malheiros, 2004, p. 95: "O direito processual intertemporal tem por objeto, como se vê, a determinação dos momentos de início e fim da vigência da lei processual e também a regência da eficácia da lei velha ou da nova em relação aos processos pendentes e aos já extintos no momento de vigência desta. As normas de direito processual intertemporal têm sua sede na Lei de Introdução ao Código Civil e são normas de superdireito, ou de direito sobre direito (elas são, especificamente, normas de produção jurídica)".

34 Ressalta-se que, no momento, já delineados de forma geral alguns aspectos pertinentes à tutela provisória, colocados segundo critério de relevância e pertinência ao escopo do presente trabalho, é possível detectar com mais facilidade os pontos de possível problematização, bem como vislumbrar possíveis soluções.

mas, especialmente quando se trata de alterações legislativas que montam um código inteiro, é bastante significativo, gerando considerável insegurança jurídica acerca da situação de incerteza instaurada pela transição entre norma antiga e lei nova e sua aplicação às inúmeras e diversas situações passíveis de ocorrência.

Tomaremos como ponto de partida a regra que impõe a imediata aplicação da lei nova. E, para determinar exatamente o momento em que se inicia sua aplicação, deve ser estabelecido o termo inicial de sua vigência, que, no caso do CPC/2015, é o dia 18 de março de 2016.[35]

Com efeito, não se caracterizam propriamente problemas de direito intertemporal envolvendo as relações jurídicas processuais começadas e encerradas no âmbito da vigência do CPC/1973, às quais este se aplicará em sua integralidade. O mesmo ocorre, por outro lado, com relação àquelas que se instauraram já após a entrada em vigor do novo diploma legal, sendo-lhes aplicável somente as disposições do CPC/2015.

As questões surgem no âmbito dos processos em curso, onde a definição da lei aplicável envolve outros elementos e maior indefinição. Inevitavelmente, algumas peculiaridades e desdobramentos surgirão, alguns capazes de adquirir contornos maiores e suscitar discussões de considerável relevância no cenário atual de renovação de nossa novel legislação processual civil[36] – já tão permeado de incertezas. Cumpre, dessa forma, assegurar a estabilidade e segurança jurídica das relações, através da compreensão e tentativa de definição de marcos temporais hábeis a possibilitar aferir o modo como se dará essa transposição.

Nossa própria legislação estabelece alguns parâmetros para a solução desses conflitos referentes à lei processual no tempo – que, contudo, se sabe insuficientes para a solução de todos os problemas possivelmente surgidos.

O primeiro deles é o princípio geral da irretroatividade da Lei, previsto no art. 6º da Lei de Introdução às Normas do Direito Brasileiro e art. 5º, inciso XXXVI da CF, que impõe, dessa forma, efeito imediato e geral ao CPC/2015 com relação aos atos processuais praticados sob sua vigência – atos e fatos já consumados ou que se iniciaram sob a sob a égide do diploma

---

35 Enunciado administrativo n. 1, aprovado pelo Plenário do STJ na Sessão de 2 de março de 2016.

36 A esse respeito, alguns autores asseveram não haver nada de propriamente novo no Código de 2015, sob a alegação de que tudo que ele traz já se encontrava na doutrina ou havia sido encampado pela jurisprudência, ou mesmo vem atender a críticas e reclamações dos operadores do direito ou configuram tentativa de corrigir rumos tidos por equivocados na ordenação anterior (WAMBIER, Teresa Arruda Alvim. *et al.* Primeiros Comentários ao Novo Código de Processo Civil: artigo por artigo. 2ª ed. rev. atual. e ampl. São Paulo: Editora Revista dos Tribunais, 2016, p. 1704). Seja como for, a aplicação das novas disposições passarão ainda por muitos ajustes, de modo que é inarredável a existência de campo fértil para muitas dúvidas e discussões.

anterior, mas ainda permanecem inacabados, continuarão regidos pela lei revogada.

Vale dizer, situações jurídicas consolidadas, dentre as quais se inclui o direito adquirido (já incorporado ao patrimônio do particular, mas ainda não executado antes do CPC/2015), ato jurídico perfeito e coisa julgada, deverão restar protegidas.

Na mesma linha, o art. 14 do CPC/2015 estabelece que a norma processual será aplicável imediatamente aos processos em curso, respeitados os atos processuais já praticados e as situações jurídicas já consolidadas sob a vigência da norma revogada, em conformidade com o princípio do *tempus regit actum* e a preservação da segurança jurídica – deixar situações continuamente em aberto abriria espaço à insegurança e instabilidade jurisdicional, bem como a uma insatisfação permanente de descrédito no Poder Judiciário, o que macularia a própria instituição no desempenho de seu papel de pacificação social.

Devem, portanto, ser respeitados os atos processuais praticados e as situações jurídicas consolidadas sob a vigência da norma revogada. Essa diferenciação é extremamente importante na medida que servirá de base para a análise das situações de tensão ou sobreposição de ambas disciplinas, de forma a possibilitar a construção de critérios adequados para a solução de tais impasses.

Não se vislumbra maiores dificuldades em detectar tais circunstâncias quando o ato praticado guarda relativa independência com relação àqueles que o sucederão na cadeia processual.

Contudo, casos há em que o ato praticado guardará vínculo considerável com o ato subsequente – podendo guardar inclusive relação de conexão -, como ocorre quando o ato antecedente outorga um direito a qualquer dos participantes do processo, de modo que não seria possível separá-los ou mesmo aniquilar o direito processual criado por este ato já praticado, sob pena de indevida supressão de direitos. Em casos tais, o ato indissociável de seu antecedente deverá seguir a mesma disciplina legal que o rege, não sendo possível aplicar a ele a lei nova,[37] mas tão só a situações integralmente novas, inauguradas após o início de sua vigência.

É necessário resguardar a harmonia do processo e atos que o compõem, com a sua coordenação prática, lógica e causal, e preservação dos direitos das partes. Também os atos processuais que produzem efeitos que se prolongam no tempo, deverão ser regidos pela norma vigente quando de sua prática, independente de ter efeitos seus produzidos já sob a vigên-

37 Sobre o tema: ROQUE, André Vasconcelos; GAJARDONI, Fernando da Fonseca. Breves questões sobre direito transitório no novo CPC. In: YARSHELL, Flavio; PESSOA, Fabio Guidi Tabosa (Coord.). Coleção Grandes Temas do Novo CPC, v. 7: Direito Intertemporal. Salvador: Juspodivm, 2016, p. 57.

cia da nova disciplina legal. Vale dizer, o novo Código de Processo Civil não poderá ser aplicado a verdadeiros "desdobramentos" de atos praticados na vigência de lei antiga, aos quais continuará sendo esta aplicada.

Essa análise intertemporal de situações pendentes deve ser feita à luz da teoria do isolamento dos atos processuais (adotada pelo CPC/2015 em seu art. 14 e 1.046), que permite verificar os casos em que se tem direito adquirido processual proveniente de ato processual já praticado, que deverá ter sua eficácia preservada – situação jurídica pendente.

A noção de direito processual adquirido traz a ideia de situações consolidadas no processo, de maneira que a nova lei não atingirá situações em que as partes já adquiriram o direito quando ainda em vigor a lei revogada.

Merece também destaque a figura das chamadas pseudonovidades normativas, que correspondem a regras que não representam inovação na ordem processual, mas apenas fortalecem normas jurídicas já existentes, sendo, portanto, de aplicação imediata, a qualquer tipo de "pendência processual". É o que ocorre com relação à previsão de fundamentação (art. 489 CPC/2015 e 93, IX da CF).

Com efeito, assegurar um sistema seguro e previsível não é tarefa fácil, especialmente em momentos de transição. Mas algumas bases podem ser colocadas para tanto, e uma delas é a de não se admitir qualquer entendimento ou conduta capazes de reduzir direitos ou modificar situações estabelecidas previamente. Ou seja, a aplicação imediata da lei nova não poderá atingir situações já aperfeiçoadas, geradoras de direito adquirido no âmbito do processo – sua proteção está assegurada inclusive constitucionalmente, como direito fundamental.

Soma-se a isso a vedação ao prejuízo às garantias constitucionais. A aplicabilidade das normas processuais no tempo deve respeitar os princípios do devido processo legal, segurança jurídica, instrumentalidade e efetividade, inerentes ao próprio estado de direito. Há de se ter sempre em mente a delimitação de critérios objetivos com relação às regras de aplicação das normas processuais no tempo e a necessária interpretação no sentido de compatibilizar e resguardar as garantias fundamentais e direitos dos sujeitos processuais, bem como evitar a caracterização de prejuízo.

4. Direito intertemporal e a aplicação disciplina da Tutela Provisória no tempo: análise casuística das questões polêmicas e possíveis soluções

Devidamente traçadas as linhas gerais acerca da disciplina de direito intertemporal, com o estabelecimento das premissas e regras gerais aplicáveis, e, ciente de que não seria possível a disciplina legal prever todos os possíveis problemas e soluções, dispomos das ferramentas necessárias para aplicá-las casuisticamente às situações em que seriam estas necessárias à solução de impasses no âmbito da disciplina da Tutela Provisória, na tentativa de promover tanto quanto possível, uma travessia segura e tranquila entre os sistemas.[38]

No que tange aos prazos processuais, se estabelece como parâmetro para a aplicação do sistema de contagem de prazo em dias úteis estabelecido pelo CPC/2015, os prazos iniciados já sob a vigência do novo Código, como estabelece o Enunciado n. 268 do FPPC.[39]

Para o caso específico da previsão de estabilização dos efeitos da tutela antecipada de urgência antecedente, não se admite aplicação aos processos já instaurados quando do início da vigência do CPC/2015. Para o que nos interessa na oportunidade, quanto à possibilidade de sua aplicação no âmbito dos processos pendentes, a resposta que nos parece mais adequada é a negativa[40]. A sua própria disciplina acaba resolvendo a questão ao dispor que a possibilidade de estabilização se circunscreve à tutela antecipada requerida em caráter antecedente, não mais possível quando já existente processo em curso. Soma-se a isso a possibilidade de que autor e réu possam exercitar livremente sua escolha acerca da incidência da estabilização no caso concreto, bem como acerca da compatibilidade procedimental com a disciplina aplicável no caso da estabilização, o que não se afigura possível quando já existente processo em curso.

Parece-nos, ainda, adequado, empreender analogia com a previsão de direito intertemporal (art. 1.054 CPC/2015) e a abrangência mais ampla conferida à coisa julgada, sob o ponto de vista objetivo, pelo art. 503, §1º, CPC/2015, às questões prejudiciais, nos termos do mencionado diploma. Prevê esse art. 1.054 a aplicação do referido dispositivo, com a possibilidade de atribuição de status de coisa julgada às questões prejudiciais, apenas aos processos iniciados já sob a égide do CPC/2015. Cumpre esclarecer que não se pretende de forma alguma afirmar que no caso da estabilização da tutela antecipada se teria a formação de coisa julgada, até porque seria expressamente *contra legem*. O raciocínio empreendido é no sentido de que é modificado o regime a que submetida a decisão estabilizada, conferindo-lhe uma espécie de estabilidade específica, não prevista anteriormente no âmbito da legislação revogada, de modo que entendemos que, em nome da segurança jurídica, seria esta mais uma justificativa para a impossibilidade de aplicação da estabilização aos processos em curso.

---

38 DONIZETTI, Elpídio. Do velho para o novo: as regras de travessia no novo CPC. Disponível em: http://genjuridico.com.br/. Acesso em 28.06.2016.

39 Enunciado n. 268 FPPC: "A regra de contagem de prazos em dias úteis só se aplica aos prazos iniciados após a vigência do novo Código".

40 ROQUE, André Vasconcelos; GAJARDONI, Fernando da Fonseca. Breves questões sobre direito transitório no novo CPC. *In*: YARSHELL, Flavio; PESSOA, Fabio Guidi Tabosa (Coord.). Coleção Grandes Temas do Novo CPC, v. 7: Direito Intertemporal. Salvador: Juspodivm, 2016, p. 65.

Outro ponto merecedor de destaque é acerca da possibilidade da aplicação imediata da nova lei aos processos em curso com relação à disciplina da tutela da evidência. Quanto ao ponto, entendemos não haver qualquer óbice à sua aplicação, primeiro porque a tutela de evidência não configura total novidade, já havendo previsão na legislação revogada de algumas hipóteses inseridas na disciplina da tutela antecipada, como já referido anteriormente neste trabalho. Segundo, pelo fato de tratar-se de técnica processual passível de aplicação apenas em caráter incidental, de modo que não haveria problema em aplicá-la aos processos em curso, ou mesmo vislumbra-se qualquer incompatibilidade procedimental em fazê-lo. Faz-se, contudo, a ressalva quanto à impossibilidade de sua concessão de ofício, bem como quanto à possibilidade de manifestação prévia da parte, como regra, quanto a eventual pedido dessa espécie de tutela.

Questão de direito intertemporal possuidora de contornos mais delicados se refere ao caso da tutela cautelar de caráter antecedente.[41] O CPC/2015 não mais prevê um processo cautelar autônomo, cabendo ao autor agora, em caso de concessão da medida, aditar a petição inicial com a apresentação do pedido principal nos mesmos autos, no prazo de 30 dias contados da efetivação da medida – ressalva-se aqui que o sistema de contagem de prazos inserido pelo novo Código considera apenas os dias úteis -, não havendo mais a figura do processo cautelar autônomo, ao qual se sucederia outro processo para veiculação do pedido principal, também com prazo de 30 dias para o ajuizamento contados da data da efetivação da medida.

A situação colocada é capaz de suscitar algumas possibilidades, que merecem referência.

A primeira delas seria o de caso manifestação do pedido de tutela cautelar antecedente ainda na vigência do CPC/73, sem que a medida tivesse sido concedida quando esta encontrava-se ainda em vigor. Neste caso, com a entrada em vigor do novo Código, aplica-se a nova disciplina da tutela cautelar, com a apresentação do pedido principal nos mesmos autos, se for o caso. Não se vislumbra com isso qualquer violação a direito adquirido processual da parte ou mesmo a incidência de qualquer prejuízo a ela, constatação a que se corrobora com o fato de que a nova disciplina referente à tutela cautelar, no que tange aos seus aspectos procedimentais[42], permanece praticamente a mesma, o que se percebe através do cotejo da disciplina vigente em ambos diplomas legais, à exceção dos pontos ora colocados, e que, por isso, demandam análise mais aprofundada com relação à sua transição.

41 Quanto ao tema, conferir CUNHA, Leonardo Carneiro da. Direito intertemporal e o novo Código de Processo Civil. Rio de Janeiro: Forense, 2016, p. 59 e seg.

42 Mesmo no curso do diploma revogado, há muito, era realizado o julgamento conjunto dos processos cautelar e principal, como se fossem na verdade um só.

Acresce-se apenas a necessidade, nesses casos, de promover o autor alteração do valor da causa quando da apresentação do pedido principal, para adequá-lo ao benefício econômico pretendido, hipótese em que haverá o recolhimento das custas processuais complementares. Entendemos ainda razoável nesses casos, caracterizada certa incerteza quanto à legislação reputada aplicável, que seja determinada a intimação pessoal do réu e não por seus advogados (art. 308, §3º CPC/2015), em uma atitude de maior cautela, de modo a evitar eventual prejuízo ou alegações posteriores.

Quanto ao tema, observa-se que não há direito adquirido a regime jurídico. Contudo, a partir do momento em que iniciado prazo processual, se tem uma situação jurídica pendente e, por conseguinte, deverá ser aplicável o regime jurídico integrante da lei vigente à época – ultra-atividade da legislação processual anterior, aplicada em momento posterior ao seu período de vigência.

Coloca-se a segunda possibilidade envolvendo a tutela cautelar antecedente: apresentado o pedido cautelar na vigência no CPC/73, e concedida a medida ainda sob o domínio daquela legislação. Como resolver esse impasse?

A situação colocada nos parece um pouco mais sensível, pois a partir da concessão da medida já se tem um direito adquirido processual, com o início da produção dos efeitos do ato processual, que permanece produzindo reflexos até que seu ciclo seja fechado. Explica-se melhor. Concedida a medida cautelar antecedente, tem início a produção de seus efeitos, com a aplicação do regramento pertinente à época de sua concessão, onde se impunha a propositura da dita ação principal no prazo de 30 dias a contar da efetivação da medida, como previsto no art. 806 do diploma legal revogado. Entendimento em sentido diverso acabaria incidindo em violação da teoria do isolamento dos atos processuais, bem como em desrespeito ao ato processual praticado e seus efeitos ainda pendentes de concretização, impondo-se, ainda, um regime híbrido de prazos,[43] o que não nos parece aceitável, indo de encontro com a disciplina legal pertinente, já amplamente explorada.

Dessa forma, aplicar-se-á para o caso da ação cautelar autônoma antecedente ajuizada no âmbito do CPC/1973, em que também sob sua vigência houve concessão da medida pleiteada, a norma vigente no momento em

43 CUNHA, Leonardo Carneiro da. Direito intertemporal e o novo Código de Processo Civil, op. cit.,pp. 166-167: "A mudança operada pelo novo enunciado normativo não alcança os prazos em curso. Nem o seu aumento, nem a sua redução podem ser imediatamente aplicados para a prática de um ato cujo prazo já se iniciou. Iniciada a sua contagem sob a lei antiga, esta aplica-se até o final".

que o ato tornou-se exercível[44] (ação se torna ajuizável), no caso, a disciplina legal revogada.[45]

No entanto, caso configurada esta última situação contemplada, caso tenha o autor já apresentado comportamento nos moldes da nova disciplina legal, diante da ausência de prejuízo e compatibilidade procedimental – com as ressalvas já feitas na oportunidade do primeiro exemplo, também aqui aplicadas –, nos parece razoável entendimento no sentido da manutenção da eficácia da decisão provisória cautelar anteriormente concedida, desde que o aditamento tenha sido feito no prazo previsto na legislação aplicável, sob pena que impor à parte autora restrições extremamente gravosas aos seus direitos em contraposição a aspectos meramente formais e sem maiores reflexos.

Com efeito, a tutela cautelar parece ser o tema que mais suscitou polêmica quanto à incidência de leis no tempo.

Mais um ponto, contudo, merece nossa atenção. Como já mencionado no curso da presente análise, as medidas cautelares típicas previstas na disciplina revogada não receberam previsão específica na nova disciplina, tendo sido inseridas dentro do poder geral de cautela, passíveis de concessão como medidas cautelares genéricas, inominadas. Mas o que fazer com aquelas medidas cautelares nominadas iniciadas ainda no âmbito do CPC/1973, sob o procedimento diferenciado, que possuíam e que não mais possuem previsão específica no CPC/2015?

Nos parece ser este o caso de aplicação analógica do art. 1.046, §1º do CPC/2015, que afirma expressamente que o CPC/1973 permanecerá sendo aplicado às ações de rito sumário e àquelas relativas a procedimentos especiais cujas disposições foram revogadas, desde que não sentenciadas até o início de sua vigência, em evidente hipótese de ultra-atividade da lei revogada, evitando-se com isso indesejada e problemática incompatibilidade procedimental, bem como supressão de direitos das partes.[46] E o que

44 PRESGRAVE, Ana Beatriz Rebello. Direito Intertemporal Processual. *In:* DIDIER JR, Fredie (Coord.). Coleção Novo CPC Doutrina Selecionada, v. 4: Procedimentos Especiais, Tutela Provisória e Direito Transitório. Salvador: Juspodivm, 2016, p. 803: "(...) a incidência da norma nova apenas tomará por base o momento histórico em que dada relação jurídica se tornou aperfeiçoada, ou seja, que um determinado direito se tornou exercível".

45 Em sentido diverso: CAMBI, Eduardo; HAAS, Adriane; HOFFMANN, Eduardo. Direito Intertemporal – Aplicação do Novo Código de Processo Civil no Tempo. In: YARSHELL, Flavio; PESSOA, Fabio Guidi Tabosa (Coord.). Coleção Grandes Temas do Novo CPC, v. 7: Direito Intertemporal. Salvador: Juspodivm, 2016, p. 178.

46 No mesmo sentido: YOSHIKAWA, Eduardo Henrique de Oliveira. Segurança jurídica, direito processual e as regras de transição do novo CPC (Lei Nº 13.105/2015). In: DIDIER JR, Fredie (Coord.). Coleção Novo CPC Doutrina Selecionada, v. 4: Procedimentos Especiais, Tutela Provisória e Direito Transitório. Salvador: Juspodivm, 2016, p. 841.

seriam essas cautelares típicas senão procedimentos especiais, cujas disposições foram suprimidas na nova conjuntura normativa?

Um último ponto específico merece ser considerado. Diz respeito às medidas cautelares amplamente utilizadas no CPC/1973 para a atribuição de efeito suspensivo aos recursos, notoriamente aqueles de caráter extraordinário. A atual disciplina normativa, como já mencionado em item antecedente, prevê a materialização desse pedido de efeito suspensivo por meio de petição. Entretanto, como ficam as muitas medidas cautelares pendentes ajuizadas com este intuito? Decerto não se admite que estas sejam extintas ou arquivadas por simples questão de direito intertemporal, mesmo porque, estando ativas, deve existir em seu âmbito motivos para que estas ainda não tenham sido extintas ou arquivadas. E, sendo o regramento a elas aplicável à época de seu ajuizamento aquele do CPC/1973, além de não existir substitutivo que delas trate atualmente, devem tais medidas cautelares permanecer regidas pela norma hoje revogada.

5. Conclusões

Todos os olhares hoje se voltam para a renovação empreendida na disciplina processual civil brasileira, propiciando campo especialmente fértil para discussões acerca da nova norma, bem como dos institutos, interpretação e aplicação prática de suas inúmeras disposições.

E uma dessas discussões precede as demais: aquela que diz respeito à lei aplicável. Vale dizer, só se prossegue na construção de determinada estrutura após fixados seus alicerces ou premissas. Este o propósito do presente estudo. Formular proposições e estimular o debate e reflexões acerca dos pontos que seriam foco de questionamentos importantes e necessários para a correta aplicação da lei nova no tempo, no que tange especificamente à disciplina da tutela provisória, em nome da estabilidade das relações e promoção da segurança jurídica, além de preservação de sua tão importante finalidade.

Ao mesmo tempo, mostra-se inarredável a necessidade do aperfeiçoamento contínuo dos institutos e técnicas processuais e aplicação prática do novo Código de Processo Civil, a ser materializada através de uma leitura integrada e interpretação sistemática e teleológica do sistema, guiada pelos princípios fundamentais do processo. Busca-se, dessa forma, extrair as respostas aos diversos focos de dúvida e incerteza hoje existentes, além daquelas que ainda estão por vir, resguardando o processo como espaço de promoção efetiva de garantias fundamentais e concretização de direitos.

6. Referências Bibliográficas

BARBOSA MOREIRA, José Carlos. *Tutela de Urgência e Efetividade do Direito*. In: Temas de Direito Processual, 8ª série. São Paulo: Saraiva, 2004.

______. A antecipação da tutela jurisdicional na reforma do Código de Processo Civil. *Revista de Processo*. n. 81, jan.-março de 1996.

BUENO, Cassio Scarpinella. *Manual de Direito Processual Civil*: inteiramente estruturado à luz do novo CPC, de acordo com a Lei n. 13.256, de 4-2-2016. 2ª ed. rev., atual. e ampl. São Paulo: Saraiva, 2016.

______. *Novo Código de Processo Civil Anotado*. São Paulo: Saraiva, 2015.

CÂMARA, Alexandre Freitas. *O Novo Processo Civil Brasileiro*. 2ª ed. rev. e atual. São Paulo: Atlas, 2016.

CAMBI, Eduardo; HAAS, Adriane; HOFFMANN, Eduardo. Direito Intertemporal ⍰ Aplicação do Novo Código de Processo Civil no Tempo. *In*: YARSHELL, Flavio; PESSOA, Fabio Guidi Tabosa (Coord.). *Coleção Grandes Temas do Novo CPC, v. 7: Direito Intertemporal*. Salvador: Juspodivm, 2016.

CUNHA, Leonardo Carneiro da. *Direito intertemporal e o novo Código de Processo Civil*. Rio de Janeiro: Forense, 2016.

DIDIER JR, Fredie; BRAGA, Paula Sarno; OLIVEIRA, Rafael Alexandria. *Curso de Direito Processual Civil*, v.2. 11ª ed. Salvador: Juspodium, 2016.

DINAMARCO, Cândido Rangel. *Instituições de Direito Processual Civil*, v. I.4ª ed. São Paulo: Malheiros, 2004.

______. O Regime Jurídico das Medidas Urgentes. *Revista da Ajuris*. Rio de Janeiro, n. 82, jun. 2001.

DONIZETTI, Elpídio. *Do velho para o novo: as regras de travessia no novo CPC*. Disponível em: http://genjuridico.com.br/. Acesso em 28.06.2016.

FUX, Luiz. *Tutela de Segurança e Tutela da Evidência*. São Paulo: Saraiva, 1996.

GRECO, Leonardo. A tutela da urgência e a tutela da Evidência do Novo Código de Processo Civil de 2015. *In:* DIDIER JR, Fredie (Coord.). *Coleção Novo CPC Doutrina Selecionada, v. 4: Procedimentos Especiais, Tutela Provisória e Direito Transitório*. Salvador: Juspodivm, 2016.

GRINOVER, Ada Pellegrini. Tutela jurisdicional diferenciada: a antecipação e sua estabilização. *Revista de Processo*, n. 121, março de 2005.

MARINONI, Luiz Guilherme; ARENHART, Sergio Cruz; MITIDIERO, Daniel. *Novo Código de Processo Civil Comentado*, 2ª ed. São Paulo: Editora Revista dos Tribunais, 2016.

______. *Novo Curso de Processo Civil*, vol. 2. 2ª ed. rev. atual.e ampl. São Paulo: Editora Revista dos Tribunais, 2016.

PRESGRAVE, Ana Beatriz Rebello. Direito Intertemporal Processual. *In:* DIDIER JR, Fredie (Coord.). *Coleção Novo CPC Doutrina Selecionada, v. 4: Procedimentos Especiais, Tutela Provisória e Direito Transitório*. Salvador: Juspodivm, 2016.

ROQUE, André Vasconcelos; GAJARDONI, Fernando da Fonseca. Breves questões sobre direito transitório no novo CPC. In: YARSHELL, Flavio; PESSOA, Fabio Guidi Tabosa (Coord.). Coleção Grandes Temas do Novo CPC, v. 7: Direito Intertemporal. Salvador: Juspodivm, 2016.

SOARES, André Matos. O Direito intertemporal e o novo código de processo civil *In:* DIDIER JR, Fredie (Coord.). *Coleção Novo CPC Doutrina Selecionada, v. 4: Procedimentos Especiais, Tutela Provisória e Direito Transitório*. Salvador: Juspodivm, 2016.

TALAMINI, Eduardo. *Coisa julgada e sua revisão*. São Paulo: Ed. Revista dos Tribunais, 2005.

______. Tutela de Urgência no Projeto de Novo Código de Processo Civil: a estabilização da medida urgente e a "monitorização" do Processo Civil Brasileiro. *Revista de Processo*, vol. 209, jul. 2012.

THEODORO JÚNIOR, Humberto. *Curso de Direito Processual Civil*: Teoria geral do direito processual civil, processo de conhecimento e procedimento comum, vol. I. 57ª ed. rev., atual. e ampl. Rio de Janeiro: Forense, 2016.

______. *Curso de Direito Processual Civil*, vol. II. 39ª. ed. Rio de Janeiro: Forense, 2006.

WAMBIER, Teresa Arruda Alvim. et al. *Primeiros Comentários ao Novo Código de Processo Civil*: artigo por artigo. 2ª ed. rev. atual. e ampl. São Paulo: Editora Revista dos Tribunais, 2016.

WAMBIER, Teresa Arruda Alvim. Sobre a subsistência das ações cautelares típicas. Revista de Processo, n. 175, set. 2009.

YOSHIKAWA, Eduardo Henrique de Oliveira. Segurança jurídica, direito processual e as regras de transição do novo CPC (Lei Nº 13.105/2015). *In:* DIDIER JR, Fredie (Coord.). *Coleção Novo CPC Doutrina Selecionada, v. 4: Procedimentos Especiais, Tutela Provisória e Direito Transitório*. Salvador: Juspodivm, 2016.

A APLICABILIDADE DAS CONVENÇÕES PROCESSUAIS ATÍPICAS NOS PROCESSOS EXECUTIVOS APÓS A VIGÊNCIA DO CPC/15

Estefania Freitas Côrtes

1. Introdução

O direito intertemporal é disciplina que regula os conflitos aparentes da lei no tempo, bem como as relações jurídicas processuais que se iniciam na vigência de uma lei e seguem sob a égide de um renovado regramento legal. O estudo do direito intertemporal auxilia a incutir na mente dos aplicadores do Direito que a nova legislação constitui, principalmente, uma melhor ordem social.[1]

Levando-se em conta essa mentalidade de aperfeiçoamento legislativo, pretende-se evidenciar a aplicabilidade dos negócios jurídicos processuais, que correspondem a uma importante novidade, aos ritos executivos pendentes.

Em se tratando de uma lei que estipula um novo sistema de Direito Processual Civil, há de se reconhecer que algumas regras representam

---

1 No sentido do texto: "Dois princípios igualmente poderosos reclamam a atenção do jurista, e a quaestio vexata e o progresso social: o direito, precisamente pela necessidade de se acomodar às exigências novas, tem necessidade de formular novos conceitos e estabelecer novos preceitos, sob a influência do princípio segundo o qual a lei nova traz consigo a presunção de que é melhor e é mais perfeita do que a antiga, e de que atende ao reclamo indisfarçável do progresso jurídico. A qualificação dessa melhoria não pode ser aferida por um rígido paradigma abstrato, mas deve ser buscada com critério relativo, dentre as contingências ambientais: melhor, porque mais conveniente às soluções da hora que passa. De outro lado está o princípio da segurança e da estabilidade social, exigindo o respeito do legislador pelas relações jurídicas validamente criadas. " (PEREIRA, Caio Mario da Silva. Instituições de Direito Civil – Teoria Geral de Direito Civil. Revista e atualizada por BODIN DE MORAIS. Maria Celina. Vol. I. Rio de Janeiro: Forense. 2009).

apenas a repetição de antigas normas,[2] enquanto outras são, realmente, grandes novidades legislativas. Aquelas que foram objeto de alteração ou representam grande novidade merecem atenção especial pelos aplicadores do Direito, principalmente, quanto aos seus impactos em todos os tipos de processo.

Uma novidade que inicialmente se destaca é a inserção de uma parte geral e uma parte especial no Código de Processo Civil de 2015, sob o ponto de vista sistemático. Basta olhar para as regras alocadas entre os dispositivos 1º ao 318, bem como 319 ao 538 para verificar que a legislação positivou regras gerais que podem ter aplicação, em princípio, a todo e qualquer rito, por força do art. 318 do CPC/15. E, ainda, a lei trouxe as novas regras processuais para a parte especial destinada ao processo de conhecimento. Bem se sabe, portanto, que as regras gerais são destinadas e aplicáveis ao rito comum do processo de conhecimento e, subsidiariamente, aos demais ritos procedimentais de toda espécie de ramo do Direito, inclusive, o processo executivo.

Dentro dessa linha de raciocínio sobre a aplicabilidade das regras gerais processuais do novo código, pretende-se dar maior atenção à nova regra dos negócios jurídicos processuais, cláusula geral inserida no art. 190 do CPC/15 e a sua aplicabilidade nos processos executivos.

Deste modo, a finalidade deste trabalho, a grosso modo, consiste em deixar clara a aplicabilidade dos negócios jurídicos previstos na regra geral processual, nos processos executivos em andamento, quando da entrada em vigor do novo código em março de 2016. Será ilustrada tal aplicabilidade através de exemplos práticos de relevante utilidade prática.

2. Quanto à aplicabilidade subsidiária das regras processuais gerais ao processo de execução pendente

Partindo da premissa de que a nova lei processual tem aplicabilidade imediata desde que respeitadas as situações jurídicas consolidadas e o ato jurídico perfeito, por força dos arts. 14 e 1046 CPC/15 e, ainda, partindo da análise da regra de subsidiariedade do art. 771, parágrafo único do CPC/15,[3]

---

2 MACHADO, Marcelo Pacheco. Ideologia e museu de grandes novidades, Jota, http://jota.info/cazuza-novo-cpc-contradições-ideologias-museus-e-musica-classica, publicado em 12.01.2015.

3 Sobre as disposições gerais do Processo Executivo no CPC/15, art. 771 e parágrafo único: "Este livro regula o procedimento da execução fundada em título extrajudicial, e suas disposições aplicam-se, também, no que couber, aos procedimentos especiais de execução, aos atos executivos realizados no procedimento de cumprimento de sentença, bem como aos efeitos de atos ou fatos processuais a que a lei atribuir força executiva. Parágrafo único. Aplicam-se subsidiariamente à execução as disposições do Livro I da Parte Especial."

afirma-se, categoricamente, que aos processos executivos em andamento incidem regras gerais processuais, tanto quanto a parte geral, quanto a parte especial, que regulamenta o processo comum.

Embora a constatação da incidência das regras gerais do rito comum sobre a execução seja de fácil afirmação em razão da clareza do dispositivo (771, § único do CPC/15), não se pode olvidar a tarefa do aplicador do Direito, ao analisar as regras de direito transitório, de vislumbrar a previsibilidade e os impactos de tal aplicabilidade sobre convenções processuais ao processo executivo, como se pretende fazer através deste trabalho. Essa tarefa corresponde a um papel que deve ser desempenhado na academia, com uma contribuição científica sobre a previsibilidade prospetiva das situações nas relações jurídicas.[4]

A indução desse raciocínio visa atentar para a necessidade de observância ao princípio da segurança jurídica nas situações afetadas pela nova lei, quanto às expectativas geradas nos sujeitos do processo.[5] Ora, se a nova lei define uma nova ordem legal apta à estabilização, é natural que se faça uma análise prospectiva e se tente prever situações que possam gerar alguma polêmica ou possível quebra de expectativa legítima dos sujeitos do processo, diante da aplicação da nova lei.[6]

A subsidiariedade da aplicação das regras gerais sobre as regras especiais será recomendada nos casos em que se verifica a lacuna legislativa no regulamento especial, bem como inexistência de violação aos princípios e peculiaridades do procedimento especial. Isso é o que se depreende do texto de Bruno Freire e Silva,[7] ao analisar a compatibilidade das regras de Direito Processual ao Direito do Trabalho.

---

4 No campo científico, a academia é responsável por observar as constantes mutações sociais e valorativas, bem como o comportamento legislativo e jurisprudencial, para obter as informações e referências necessárias que sirvam de base para os estudos, discussões e ideias que possam efetivamente agregar ao direito processual para atender aos anseios dos jurisdicionados. (NAVARRO, Tricia. Ordem pública processual: técnica de controle da regularidade do processo civil.)

5 Sobre o princípio da segurança jurídica e confiança nas regras transitórias no novo Código de Processo: CUNHA, Leonardo Carneiro. Direito Intertemporal e o novo Código de Processo Civil. Rio de Janeiro: Forense. 2016. 1ª ed.

6 "A segurança jurídica exige o conhecimento prévio de quais as consequências jurídicas dos atos a serem praticados. Se os destinatários das normas sabem, prévia e exaatamento, qual a consequência de suas condutas, podem pauta-las, programando suas expectativas para a produção dos efeitos estabelecidos nas regras e nos princípios jurídicos." (CUNHA, Leonardo Carneiro. Direito Intertemporal e o novo Código de Processo Civil. Rio de Janeiro: Forense. 2016. 1ª ed)

7 FREIRE E SILVA, Bruno. Direito Intertemporal – Grandes temas do novo CPC. Coordenado por DIDIER JR. Fredie. pags. 89 a 102.

Assim como há influência subsidiária das regras gerais do CPC/15, em maior ou menor grau, ao processo do trabalho, processo eleitoral e administrativo, conforme art. 15 do CPC/15, há, obviamente, aplicação subsidiária aos processos executivos.

Os negócios jurídicos tratados no código como novidade inserida na parte geral podem ser praticados, portanto, nos processos executivos, assim como no processo comum.

Ademais, não há vedação da cláusula geral dos negócios nas regras específicas executivas, nem tampouco há previsão peculiar sobre o assunto. Logo, qualquer argumento que possa ser apontado como impeditivo para a aplicabilidade subsidiária das regras processuais gerais às execuções, será desprovido de fundamento plausível.

Para alguns, certamente, a aplicabilidade dos negócios jurídicos no processo de execução é algo que sugere constatação positiva automática, ao passo que outros podem pensar, de modo inverso e equivocado ao nosso modo de ver, que as convenções processuais não se adequam à natureza satisfativa dos processos executivos, não havendo necessidade, nem momento propício para elas, no rito satisfativo. Por esse lado, tal pensamento equivocado decorre da dificuldade natural da sociedade diante de mudanças bruscas,[8] a exemplo do novo Código de Processo Civil.

Exemplos práticos polêmicos a serem sugeridos neste trabalho reforçarão a necessidade de se raciocinar sobre a aplicabilidade das convenções nas execuções.

Antes de formular breves apontamentos acerca das convenções processuais com a finalidade de esclarecer as principais noções do instituto e depois atrelá-las aos processos executivos, importante lembrar regras principais sobre direito intertemporal, já que a análise da previsibilidade das situações polêmicas futuras é a ele pertinente.

Neste passo, o art. 14 do CPC/15 afirma que a nova lei processual tem aplicabilidade imediata. E esse mesmo dispositivo consagra a teoria do isolamento dos atos processuais, desenvolvida e estudada pelo Direito intertemporal. Por essa teoria, cada ato processual no curso do rito procedimental deve ser considerado isoladamente e cada ato é regido conforme a lei vigente ao seu tempo.

Pela teoria do isolamento dos atos processuais, os atos pendentes do processo em andamento serão regidos pela lei que vigora no momento da sua prática. Facilmente se deduz, portanto, a aplicabilidade da regra geral dos negócios processuais aos processos executivos pendentes.

---

8 NAVARRO, Tricia. Ordem pública processual: técnica de controle da regularidade do processo civil. p. 40.

3. Quanto à cláusula geral do art. 190 – Negócios Jurídicos Processuais

A regra dos negócios jurídicos processuais inserida no art. 190 do CPC/15[9] está incluída na parte geral do novo código e, por força do art. 318 e 771, parágrafo único, todos do CPC/15, conforme anteriormente afirmado, a regra geral se aplica aos processos em espécie.

A base teórica da ideia dos negócios jurídicos processuais reside no novo modelo de estrutura organizacional do processo, quanto ao papel de cada sujeito. O novo código de processo civil estabelece um modelo processual comparticipativo,[10] colaborativo, em que as partes, ao lado do Estado juiz, se equiparam em poderes processuais, conduzindo conjuntamente, de forma colaborativa, a construção por um resultado justo e equilibrado do processo. "Colaboração é um modelo de processo civil que visa organizar o papel das partes e do juiz na conformação do processo".[11]

O modelo processual cooperativo implantado pelo novo código de processo civil permite chegar à conclusão de que há um maior empoderamento das partes no processo, ilustrado, dentre outras regras, por aquela que consagra a clausula geral dos negócios processuais. Segundo o professor Dierle Nunes, a cooperação viabiliza o processo como "comunidade de trabalho"[12] compartilhada entre todos os operadores no rito processual.

A cooperação tomada como princípio define o modo como o processo civil deve se estruturar no direito brasileiro. E ela resulta da composição de outros três princípios: devido processo legal, boa-fé e contraditório. Todos consagrados nas normas fundamentais contidas nos arts. 5º e 6º do CPC/15.

Ora, se o processo civil, sob a égide da nova lei, deve garantir às partes maior participação no processo, não há dúvidas de que essa mesma mentalidade de estrutura organizacional deve, igualmente, aplicar-se aos processos de execução, distribuindo aos exequentes e executados os mesmos poderes negociais.

É importante, ainda, destacar que a cláusula geral dos negócios processuais viabiliza às partes o poder de fixação e alteração de regras pro-

---

9 Art. 190. "Versando o processo sobre direitos que admitem autocomposição, é lícito às partes plenamento capazes estipular mudanças no procedimento para ajustá-lo às especificidades da causa e convencionar sobre os ônus, poderes, e faculdades processuais, antes ou durante o processo. Parágrafo único. De ofício ou a requerimento, o juiz controlará a validade das convenções previstas neste artigo, recusando-lhes aplicação somente nos casos de nulidade ou de inserção abusiva em contrato de adesão ou em que alguma parte se encontre em manisfesta situação de vulnerabilidade."

10 MITIDIERO, Daniel. Colaboração no processo civil como pret'à portér: um convite ao diálogo para Lenio Streck. Revista de Processo. Ano 36. 2011.

11 Idem.

12 NUNES, Dierle; BAHIA, Alexandre Melo Franco. Por um novo paradigma processual. Revista de Processo, ano 36, vol. 199, set., 2011.

cedimentais, bem como situações jurídicas do processo, como direitos subjetivos, ônus, poderes, deveres e faculdades. Não se trata apenas da possibilidade de as partes abrirem mão do direito material envolvido na relação jurídica processual, mas, também e, principalmente, flexibilizar o rito, regulando de forma diversa da lei, escolhendo os efeitos a serem produzidos pelos atos processuais no processo. Trata-se de um viés privatista do processo que deixa ao arbítrio das partes uma margem flexível de imprevisibilidade, pois admite que elas alterem o curso do rito processual. Para Trícia Navarro,[13] a inovação trazida pelo novo código de processo civil, requer a observação do comportamento jurisprudencial que irá sedimentar ou não a mentalidade das convenções negociais no processo.

A clausula geral contida no art. 190 do CPC/15 consagra um poder atribuído às partes no processo de convencionarem sobre situações nas quais possam praticar atos em seu próprio desfavor e de alterarem situações jurídicas processuais (ônus, poderes, deveres, faculdades). A abrangência das convenções envolve tanto o objeto litigioso material que as partes podem abrir mão, quanto a flexibilização procedimental submetida à escolha das partes no processo, a exemplo que se opera no "calendário processual" previsto no art. 191 do CPC/15.[14]

As convenções processuais representam um fato jurídico para uns[15] e ato dispositivo processual para outros,[16] a depender da admissibilidade ou não da adoção de uma teoria geral dos atos jurídicos voltada para o direito processual civil.[17] É um poder atribuído às partes de convencionarem sobre situações nas quais possam praticar atos em seu próprio desfavor, atos dispositivos e, também, de alterarem situações jurídicas processuais.

Independentemente da natureza conceitual dos negócios jurídicos, cujo aprofundamento não é pertinente ao objeto deste trabalho, há de se reconhecer que as partes no rito executivo também poderão firmar negócios processuais quanto ao objeto material litigioso e quanto ao rito executivo.

---

13 NAVARRO, Tricia. Ordem pública processual: técnica de controle da regularidade do processo civil. p. 270.

14 *Caput* do Art. 191. De comum acordo, o juiz e as partes podem fixar calendário para a pratica dos atos processuais, quando for o caso.

15 CUNHA, Leonardo Carneiro. Direito Intertemporal e o novo Código de Processo Civil. Rio de Janeiro: Forense. 2016. 1ª ed. DIDIER JR., Freddie. Curso de Direito Processual Civil. Introdução ao Direito Processual Civil, Parte Geral e Processo de Conhecimento. Vol. 1. Salvador: Jus Podium. 2015. Pag. 371 a 394. CABRAL, Antonio do Passo. Convenções processuais. Salvador: Jus Podium. 2016.

16 GRECO, Leonardo. Instituições de Processo Civil. Introdução ao Direito Proceessual Civil. Vol I. Rio de Janeiro: Forense. 2015. pp. 277 a 282.

17 CABRAL, Antonio do Passo. Convenções processuais. Salvador: Jus Podium. 2016. pag. 43 a 45.

Além disso, os negócios jurídicos processuais poderão ser típicos ou atípicos.

Na execução são visíveis tanto uns quanto outros. Basta pensar, por exemplo, na hipótese prevista tipicamente em lei que permite ao executado efetuar 30% do valor da quantia devida e parcelar o saldo devedor em seis prestações remanescentes, conforme regra negocial típica disposta no art. 916 do CPC/15.[18] Trata-se de negócio processual tipicamente previsto em lei, por meio do qual o executado pode escolher a forma de pagamento na execução de quantia certa fundada em título extrajudicial.

Talvez, em relação aos negócios processuais atípicos haja uma maior dificuldade de sua aceitação na prática e na doutrina, em razão da ausência de previsão expressa quanto aos seus critérios limitadores, gerando, portanto, a sensação de insegurança jurídica. No entanto, diante da mudança da legislação, deve-se buscar, principalmente, a mudança de mentalidade a fim de que se suceda o sucesso do instituto.

Passa-se, então, a analisar hipóteses abstratas sobre a possibilidade de convenções processuais atípicas no rito executivo.

4. Dos problemas hipoteticamente considerados que poderão desafiar dúvidas sobre a aplicabilidade prática dos negócios processuais aos processos executivos

De tudo que foi pensado até este ponto do texto, não há dúvidas de que os negócios jurídicos podem ser praticados no processo executivo.

Há de se pensar, no entanto, em algumas cláusulas negociais atípicas que podem gerar dúvidas sobre o cabimento, na futura aplicabilidade.

Um primeiro problema que ora se destaca: podem as partes, seja antes do ajuizamento de uma ação executiva autônoma, seja no curso do processo de execução pendente iniciado antes da vigência do novo código, convencionar a criação de título extrajudicial que não esteja previsto no rol do art. 784 do CPC/15?[19] O princípio da taxatividade vigora sobre a criação de títulos extrajudiciais?

---

18 Art. 916. "No prazo para embargos, reconhecendo o crédito do exequente e comprovando o depósito de trinta por cento do valor da execução, acrescido de custas e de honorários de advogado, o executado poderá requerer que lhe seja permitido pagar o restante em até 06 parcelas mensais, acrescidas de correção monetária e de juros de um por cento ao mês."

19 Art. 784. São títulos executivos extrajudiciais: I – a letra de câmbio, a nota promissória, a duplicata, a debênture e o cheque; II – a escritura pública ou outro documento público assinado pelo devedor; III – o documento particular assinado pelo devedor e por 2 (duas testemunhas); IV – o instrumento de transação referendado pelo Ministério Público, pela Defensoria Pública, pela Advocacia Pública, pelos advogados dos transatores ou por conciliador ou mediador credenciado por tribunal; o contrato garantido por

Antes de responder afirmativamente a tais indagações, importante relembrar alguns pontos nodais acerca do processo executivo.

O módulo executivo procedimental, na sistemática do código de processo civil, pode ser desenvolvido sincreticamente nas hipóteses de executividade de título judicial, conforme as regras de cumprimento de sentença previstas a partir do art. 513 e seguintes da compilação legislativa processual, bem como pode ser instaurado com base em um dos títulos executivos extrajudiciais previstos tipicamente na regra contida no art. 784 do CPC/15. Bem se sabe que um dos princípios que informam o processo executivo é o princípio da taxatividade que consagra a ideia de que os títulos executivos somente podem ser criados por lei, já que em matéria processual, somente a União pode deter a iniciativa legislativa. Logo, a criação de títulos executivos sempre foi matéria reservada à competência legal federal.

É exatamente nesse ponto que se indaga sobre a possibilidade de um negócio jurídico firmado entre as partes da execução criarem um título executivo que não esteja dentro do rol taxativo legal do art. 784 do CPC/15. Pensamos que sim. Isso porque, a grande novidade das convenções processuais é o poder atribuído às partes para modificarem ou criarem uma situação processual diversa da estabelecida pelo rito legal, em verdadeira flexibilização procedimental.

Embora a Constituição Federal, no seu art. 22, I preveja a iniciativa legal da União para legislar sobre direito processual, a norma também federal consagrada no art. 190 do CPC/15, concede às partes do processo o poder de modificar consensualmente o rito do processo. Não há óbice, nem limitação legal que represente ofensa à matéria de ordem pública, caso os sujeitos resolvam criar um título executivo fora das hipóteses da lei.

Na doutrina, pouco se falou até agora sobre essa possibilidade. Em relação à possibilidade de as partes na execução poderem criar título executivo extrajudicial, Fabiano Carvalho[20] já se posicionou em sentido favorável.

hipoteca, penhor, anticrese ou outro direito real de garantia e aquele garantido por caução; VI – o contrato de seguro de vida em caso de morte; VII – o crédito decorrente de foro e laudêmio; VII – o crédito, documentalmente comprovado, decorrente de aluguel de imóvel, bem como de encargos acessórios, tais como taxas e despesas de condomínio; IX – a certidão da dívida ativa da Fazenda Pública da União, dos Estados, do Distrito Federal e dos Municípios, correspondente aos créditos inscritos na forma da lei; X – o crédito referente às contribuições ordinárias ou extraordinárias de condomínio edilício, previstas na respectiva convenção ou aprovadas em assembleia geral, desde que documentalmente comprovadas; XI – a certidão expedida por serventia notarial ou de registro relativa a valores de emolumentos e demais despesas devidas pelos atos por ela praticados, fixados nas tabelas estabelecidas em lei; XII – todos os demais títulos aos quais, por disposição expressa, a lei atribuir força executiva."

20 "O art. 771, caput, parte final, do CPC/15 estabelece que é possível a prática de atos executivos tendentes a efetivar "atos ou fatos processuais a que a lei atribuir força exe-

Ao que parece, a transcrição do texto acima sugere um poder ainda maior do que a mera criação de título extrajudicial além dos limites do art. 784 do CPC/15. Para o autor citado, o art. 771 representa uma atipicidade tamanha, a ponto de as partes poderem até mesmo determinar que uma obrigação seja executiva, mesmo sem os seus atributos essenciais.

Quanto a essa sutil sugestão verificada no texto transcrito, não concordamos. Isso porque, os atributos do título executivo, certeza, liquidez e exigibilidade são essenciais à executividade e às peculiaridades do processo executivo. Tais atributos, em verdade, correspondem às condições da ação executiva, quanto ao interesse-necessidade e interesse-adequação. Logo, no quesito dos requisitos para a incidência subsidiária de regras gerais às especiais, não se poderia admitir negócio processual atípico que ferisse os atributos essenciais da executividade, pois isso significaria ofensa à matéria de ordem pública.

Por outro lado, em relação à criação de títulos extrajudiciais fora das hipóteses do art. 784, como já dito, não há ofensa a qualquer matéria de ordem pública.

Obviamente, pode-se pensar que há de fato a possibilidade de os particulares criarem um título executivo além das hipóteses taxativas do art. 784, mas, no entanto, poder-se ia pensar, por outro lado, que haveria uma solução prática facilitada se eles optassem por atribuir força executiva apenas inserindo duas testemunhas ao documento particular negocial, satisfazendo, assim, a exigência prevista no art. II do 784, que está dentro do rol de títulos extrajudiciais da lei.[21]

Entretanto, essa argumentação não impede a criação de títulos além do rol. Apenas evidencia mais uma alternativa às partes no processo executivo.

cutiva". Nesse ponto o CPC/15 parece inovar. A expressão da lei é significativamente lacunosa e sugere que a atividade jurisdicional executiva possa ser exercitada mesmo ausente o título executivo, o que de certo modo abala o princípio da nulla executio sine titulo, colocaria em dúvida a afirmação de ser taxativo o rol dos títulos executivos e se contraporia ao nome do capítulo IV do título I do Livro II da Parte Especial "Dos requisitos necessários para realizar qualquer execução", onde se encontra o art. 799 do CPC/15, que enuncia: "a execução para cobrança de crédito se fundará sempre em título de obrigação certa, líquida e exigível, a valer a atuação jurisdicional executiva de ato ou fato processual. Um bom exemplo para atrair a incidência do art. 771, caput, parte final, do CPC/2015 é a hipótese de "negócio jurídico processual" (v. art. 191 CPC/2015), mediante o qual durante o processo as partes acordam o rateio de despesas processuais, posteriormente descumprido por uma delas." CARVALHO, Fabiano. Breves Comentários ao Novo Código de Processo Civil. Revista dos Tribunais. 2016. p. 1771 a 1772.

21 CABRAL, Antônio do Passo. Convenções Processuais. Salvador: Jus Podium. p. 317. 2016.

O ideal, inclusive, é estimular as partes a vislumbrarem consensualmente qual a estratégia mais adequada para a satisfação dos seus direitos. É certo que as partes podem assinar um documento e atribuir a ele força executiva se estiverem presentes duas testemunhas (art. 784, II do CPC/15). É certo, também, que elas podem atribuir livremente força executiva a um documento, sem qualquer exigência extra, sendo suficiente a vontade firmada neste sentido.

Com efeito, a pergunta retórica que se propõe seria: haveria alguma limitação para a criação convencional de título extrajudicial, fora das hipóteses do 784 do CPC?

Dentre os limites gerais dos negócios processuais apontados por Antônio do Passo Cabral, há um que merece destaque para este trabalho. É aquele que guarda relação com a análise de a matéria objeto da negociação ser ou não objeto de reserva legal.[22] Ora, o princípio da taxatividade, como já anteriormente afirmado, não representa óbice para a criação de título executivo fora das hipóteses legais, tendo em vista que a própria lei federal atribui às partes, por meio da cláusula geral do art. 190 do CPC/15, o poder de alterar situações jurídicas e disporem sobre regras processuais dispositivas. Não há ofensa aos princípios que correspondam núcleo essencial do procedimento executivo.

Importante perceber que a parte que pode ocupar o polo ativo na execução autônoma de título extrajudicial pode optar pelo rito do processo comum de conhecimento, por força do art. 785 do CPC/15[23]. Forçosa é a conclusão, portanto, de que a escolha pelo rito comum ou executivo é ato dispositivo do jurisdicionado. Há de se notar, portanto, que a competência funcional da execução autônoma fica a critério do exequente, já que a própria lei lhe faculta essa opção. Ora, se a própria função jurisdicional executiva é opcional ao jurisdicionado, por qual razão as partes, em convenção consensual, não poderiam abrir mão do rito de conhecimento para partir direto para o rito satisfativo? Nesse caso, as partes abrem mão do rito exauriente cognitivo para efetivação direta de direitos. Então, por qual razão as partes não poderiam criar um título executivo extrajudicial que não esteja previsto no rol legal?

Um segundo problema que também pode ser levado em conta, em relação aos negócios jurídicos processuais atípicos no processo executivo, consiste na seguinte indagação: podem as partes estipular o compromisso de não efetuar a execução provisória?

Do mesmo modo, assim como é possível vislumbrar a admissibilidade da criação de títulos extrajudiciais executivos por força da norma geral

---

22 Idem. p. 316

23 Art. 785. A existência de título executivo extrajudicial não impede a parte de optar pelo processo de conhecimento, a fim de obter título executivo judicial.

sobre convenções processuais, também se pode admitir a convenção processual firmada pelas partes que estipulam o compromisso de, no curso do processo, ou, durante o trâmite da relação recursal que obsta o trânsito em julgado, não promoverem a execução provisória, caso sejam credores em uma decisão de mérito provisória.

Com efeito, o regime jurídico da execução provisória consagrado no artigo 520 do CPC/15 estabelece uma regra que tem dupla finalidade: de um lado favorecer o vencedor de um título judicial que lhe conceda o direito de efetivar uma prestação de recebimento de quantia e, de outro, proteger o devedor da prestação decorrente do título judicial, mas que ainda tem direito de prolongar a litispendência em âmbito recursal para reverter a decisão em seu favor.

A lei determina que a execução provisória corra por conta e risco do exequente, conforme art. 520, I do CPC/15, o que leva a crer que a execução provisória é ato dispositivo no processo sincrético. Logo, na qualidade de ato dispositivo, a prática da instauração do ato depende apenas da vontade particular do exequente.

Ora, se as partes, no curso do processo de conhecimento, sem saber quem será o vencedor da causa, convencionam o compromisso de não exercer o ato dispositivo da execução provisória, tal comportamento se amolda nos exatos termos do art. 190 do CPC/15. Trata-se de perfeita hipótese de negócio jurídico processual atípico na execução.

Importante perceber que as partes podem desejar tal intento por razões de celeridade, economia e boa-fé processuais.

Para esta segunda indagação já há enunciado interpretativo n.º 19 do Fórum Permanente de Processualistas Civis,[24] que admite a possibilidade de acordo para não promover a execução provisória no processo.[25]

---

24 Enunciados do Fórum Permanente de Processualistas Civis. Carta de Curitiba/PR. Salvador: JusPodium. 2016. p. 14.

25 "Art. 190. São admissíveis os seguintes negócios processuais, dentre outros: pacto de impenhorabilidade; acordo de ampliação de prazos das partes de qualquer natureza; acordo de rateio de despesas processuais; dispensa consensual de assistente técnico; acordo para retirar efeito suspensivo de recurso; acordo para não promover a execução provisória; pacto de mediação ou conciliação extrajudicial prévia obrigatória, inclusive com a correlata previsão de exclusão da audiência de conciliação ou de mediação prevista no art. 334; pacto de exclusão contratual da audiência de conciliação ou de mediação prevista no art. 334; pacto de disponibilização prévia de documentação (pacto de disclousure), inclusive com estipulação de sanção negocial, sem prejuízo de medidas coercitivas, mandamentais, sub-rogatórias ou indutivas; previsão de meios alternativos de comunicação das partes entre si; acordo de produção antecipada de prova; a escolha consensual de depositário-administrador no caso do art. 866; convenção que permita a presença da parte contrária no decorrer da colheita de depoimento pessoal." (grifo nosso)

Por fim, como terceira e última problematização, poder-se-ia pensar num último negócio jurídico processual atípico. Diz respeito à possibilidade de as partes na execução fundada em título judicial, afastarem a regra constante no artigo 916, parágrafo 7º, do CPC/15 para determinarem, por convenção processual, que o parcelamento estabelecido no caput do art. 916 também se aplica ao executado no cumprimento de sentença. Em outras palavras, poderão as partes afastar a aplicabilidade do §7º do 916 do CPC/15?

Para a resposta a essa indagação, é necessário dividir a resposta através de três esclarecimentos a serem usados como fundamento.

O primeiro esclarecimento consiste em partir da premissa de que a regra constante no art. 916 cuida de norma dispositiva que corresponde a um negócio processual típico na execução de título extrajudicial, conforme já mencionado. Nesse passo, se há um negócio processual típico que permite a facilitação à satisfação do processo autônomo da execução, por qual razão o benefício do parcelamento não se estende ao executado no cumprimento de sentença? Afinal, a regra do art. 916 do CPC/15 pode ser usada como parâmetro de validade para que se faça um negócio jurídico atípico no cumprimento de sentença.

O segundo esclarecimento importante a ser feito diz respeito ao fato de que as convenções processuais podem ser firmadas para flexibilizar o procedimento e, muitas vezes, deixa-se de aplicar uma regra prevista na lei, para fazer preponderar a vontade consensual das partes. Assim sendo, se as partes, no cumprimento de sentença, pretendem obter o benefício do parcelamento, por qual razão o negócio não poderia ser feito?

O terceiro esclarecimento diz respeito à noção de que o acordo entre as partes que estipula a forma de recebimento do pagamento é ato de direito material e corresponde ao objeto litigioso material da demanda executiva e, portanto, as partes são livres para decidir como será feito o pagamento, inclusive, "imitar" o procedimento do 916 do CPC/15.

6. Conclusão

Diante de todo o raciocínio desenvolvido nestas linhas, percebe-se que os aplicadores do Direito deverão, diante da nova lei, adotar uma postura mais moderna, tendo em vista a mentalidade inovadora trazida pelo Código de Processo Civil, principalmente, em razão do sistema cooperativo de estrutura organizacional do processo.

A nova lei distribui as funções exercidas pelos sujeitos do processo de modo equilibrado, colocando as partes e o juiz num mesmo patamar de equiparação e cooperação em busca de um processo justo. Deve-se partir do pressuposto de que a nova ordem legal trará o aprimoramento das relações jurídicas do processo, permitindo que as partes alterem o procedimento ou estabeleçam novas situações jurídicas, por força das convenções processuais.

Nesse passo, a ampliação do poder de escolha das partes que decorre dos negócios jurídicos processuais poderá ser estendida para todo rito processual, inclusive, ao executivo.

Certamente, as convenções atípicas celebradas poderão suscitar, na prática, prospectivamente, muitas dúvidas, assim como as que foram levantadas neste trabalho. O que não se pode perder de vista é a possibilidade de uma maior participação das partes no processo executivo, que amplie consideravelmente a efetividade do processo executivo.

7. Referências bibliográficas

CUNHA, Leonardo Carneiro. *Direito Intertemporal e o novo Código de Processo Civil.* 1ª ed Rio de Janeiro: Forense. 2016.

FREIRE E SILVA, Bruno. *Direito Intertemporal – Grandes temas do novo CPC.* Coordenado por DIDIER JR. Fredie. pags. 89 a 102.

CABRAL, Antonio do Passo. *Convenções processuais.* Salvador: JusPodium. 2016.

CARVALHO, Fabiano. *Breves Comentários ao Novo Código de Processo Civil. Revista dos Tribunais.* 2016. p. 1771 a 1772.

DIDIER JR., Freddie. *Curso de Direito Processual Civil.* Introdução ao Direito Processual Civil, Parte Geral e Processo de Conhecimento. Vol. 1. Salvador: JusPodium. 2015. Pag. 371 a 394.

GRECO, Leonardo. *Instituições de Processo Civil.* Introdução ao Direito Processual Civil. Vol I. Rio de Janeiro: Forense. 2015. Pags.277 a 282.

PEREIRA, Caio Mario da Silva. *Instituições de Direito Civil* – Teoria Geral de Direito Civil. Revista e atualizada por BODIN DE MORAIS. Maria Celina. Vol. I. Rio de Janeiro: Forense, 2009;

MACHADO, Marcelo Pacheco. *Ideologia e museu de grandes novidades*, Jota, http://jota.info/cazuza-novo-cpc-contradições-ideologias-museus-e-musica-classica, publicado em 12.01.2015.

NAVARRO, Trícia. *Ordem pública processual: técnica de controle da regularidade do processo civil.*

VISÃO GERAL DO IMPACTO DO NOVO CÓDIGO DE PROCESSO CIVIL NAS SÚMULAS DO STJ E DO STF

José Roberto Sotero de Mello Porto

1. As súmulas e o Novo Código de Processo Civil[1]

Antes de adentrarmos a matéria central deste trabalho, é fundamental compreender como se afeiçoou a relação entre os entendimentos sumulados,[2] notadamente do Supremo Tribunal Federal e do Superior Tribunal de Justiça, e a novel legislação processual.

Não restam dúvidas de que o novo código optou por fortalecer a observância dos precedentes judiciais. Dentro dessa noção, que permite falar em um microssistema de precedentes, busca-se alcançar maior segurança

---

1 Ante a intrínseca limitação esperada para um trabalho como o presente, buscaremos, após analisar brevemente como o NCPC valoriza as súmulas, elencar, justificadamente, quais entendimentos do STJ e do STF foram expressamente consagrados (leia-se positivados), quais foram claramente contrariados (isto é, ultrapassados) e alguns que se encontram em uma zona cinzenta.

2 É sempre precioso retomarmos o purismo de análise de José Carlos Barbosa Moreira, que criticava, com razão, o uso do termo "súmula" como é feito hoje: "...a palavra 'súmula' sempre se empregou – em prefeita consonância com a etimologia e os dicionários – para designar o conjunto das proposições em que se resume a jurisprudência firme de cada tribunal, a começar pela Corte Suprema, onde ela foi criada, em 1963, sob a denominação correta de Súmula da Jurisprudência Predominante (no singular), com a qual se incorporou ao Regimento Interno. Agora, ela aparece no texto constitucional emendado com referência a cada uma daquelas proposições, consoante ressaltar o teor do novo art. 103-A e também o art. 8o da Emenda que alude às atuais súmulas do Supremo Tribunal Federal".(BARBOSA MOREIRA, José Carlos. A emenda constitucional n° 45 e o processo. In: Revista do Ministério Público, Rio de Janeiro, n. 23, p. 165-178, jan. / jun. 2006. p. 170).

jurídica e isonomia,[3] de modo a, diante de um panorama jurisdicional como o nosso (no qual as demandas de massa, essencialmente repetitivas, correspondem a parcela assombrosa dos casos julgados cotidianamente), garantir cada vez menor margem para diferentes respostas jurisdicionais em casos análogos, o que, por sua vez, gera enorme incompreensão por parte dos litigantes, notadamente os leigos.

É nessa linha, procurando, por via reversa, solucionar tal questão pragmática, que o Novo Código de Processo Civil opta por rebuscar a vinculação prospectiva de posicionamentos jurisprudenciais estabelecidos, sobretudo, pelos "Tribunais Superiores".[4] É curioso notar que a temática dos precedentes pátria optou por seguir caminho diverso daquela que ocorre nos países de common law, nos quais uma decisão somente alcança o status de precedente quando utilizada como paradigma para decisões subsequentes, o que demanda, logicamente, algum tempo.

Já no Brasil, diversos entendimentos jurisprudenciais são erigidos ao patamar de precedente e imediatamente começam a gerar efeitos.[5] É o caso, entre outros, das teses fixadas em julgamentos por amostragem (agora uma realidade também em segunda instância, por meio do incidente de resolução de demandas repetitivas), que prontamente repercutem, não só nos feitos sobrestados quando de seu julgamento, como também naqueles ajuizados imediatamente após, permitindo a concessão, se a dilação probatória for compatível, da tutela de evidência, na forma do artigo 311, II.

Nesse particular, cabe questionar, *ab initio*: as súmulas em questão passam, no novo código, a ser vinculantes? Há esse efeito genérico pelo simples advento da Lei 13.105/15? Não posso concordar.

De fato, a nova legislação levou prontamente alguns a, buscando conferir um caráter revolucionário ao novo código (caráter este que nem o

---

3 "A eficácia obrigatória não é uma exigência abstrata, desejada por uma determinada forma de compreender o direito, mas uma decorrência da igualdade. O mesmo fundamento que levou à formulação da frase de que "todos são iguais perante a lei" está implícito na necessidade de se ter as decisões das Cortes Supremas como precedentes obrigatórios" (MARINONI, Luiz Guilherme. A ética dos precedentes: justificativa do novo CPC. 2 ed. São Paulo: Revista dos Tribunais, 2016. p. 108).

4 A rigor, o Supremo Tribunal Federal não é um tribunal superior, pelo texto da Constituição Federal, que, em diversas passagens, os elenca como espécies diferentes de órgãos do Poder Judiciária. Veja-se, por exemplo, os dois parágrafos do artigo 92, que apresenta o referido rol: "Art. 92. São órgãos do Poder Judiciário: (...) § 1º O Supremo Tribunal Federal, o Conselho Nacional de Justiça e os Tribunais Superiores têm sede na Capital Federal. § 2º O Supremo Tribunal Federal e os Tribunais Superiores têm jurisdição em todo o território nacional".

5 Muito rico nesse sentido é o estudo de WOLKART. Erik Navarro. Precedentes no Brasil e cultura: um caminho tortuoso, mas, ainda assim, um caminho. In: Revista de Processo. São Paulo: Revista dos Tribunais. 2015. v. 243. p. 10.

legislador quis garantir), enxergar que o artigo 927, por exemplo, elenca espécies cuja observância significa exatamente o mesmo que torná-las todas vinculantes.[6] Nessa visão, o mero anúncio de que "os juízes e tribunais observarão" geraria uma verdadeira inovação.

Ocorre, porém, que o referido dispositivo, conquanto explicite a evolução legislativa em direção a uma ciência jurídica de precedentes mais robusta, não faz mais do que repetir o óbvio. Para evidenciar isso, pode-se fazer o raciocínio inverso: acaso inexistisse o artigo em questão, os tribunais estariam dispensados de observar (leia-se: respeitar) súmulas vinculantes, decisões em controle concentrado de constitucionalidade, ou, ainda, as súmulas meramente persuasivas? Evidente que não.

Por outro lado, não se nega que o código quis, ao desenhar o capítulo atinente à ordem dos processos nos tribunais, estabelecer uma linha objetiva voltada para a uniformização da jurisprudência dentro destes próprios tribunais. É a basilar noção enunciada no artigo 926, que, de resto, estimula a criação de súmulas no âmbito de todos os tribunais, externando sua jurisprudência dominante (§1°), observando, nesse procedimento, as circunstâncias fáticas embasadoras (§2°)[7].

Na realidade, o artigo 489 §1°,[8] ao "inaugurar"[9] o livre convencimento motivado, faz muito mais pela vinculação pretendida que o artigo 927. Isso porque, ao exigir que se faça expresso *distinguishing* entre o caso julgado

---

6 STRECK, Lenio; ABBOUD, Georges. Art. 932. In: STRECK, Lenio; NUNES, Dierle; CUNHA, Leonardo (orgs.). Comentários ao código de processo civil. São Paulo: Saraiva., 2016, p. 1196.

7 Não deixa de causar espécie esta última disposição do código. Afinal, a prática pretoriana até o presente momento não conferiu, às súmulas, o papel de se ater muito às circunstâncias fáticas envolvidas na fixação do entendimento. Em geral, os enunciados são sintéticos (o que não combina com observância dos fatos) e voltados apenas a resolver uma questão jurídica. O que o NCPC parece intentar é ou uma completa mudança na forma de sumular ou, então – e creio ser esta última a real conclusão útil – uma maior preocupação dos tribunais em se ater à conjuntura fática ao editar súmula, melhor justificando o posicionamento, para evitar distorcê-lo posteriormente, diante de panorama diverso (não raras vezes uma súmula é editada em um cenário fático e, por permanecer, acaba por ser utilizada, depois, em situações diferentes daquelas que motivaram sua confecção).

8 Diz o artigo 489 § 1º "Não se considera fundamentada qualquer decisão judicial, seja ela interlocutória, sentença ou acórdão, que ( ) V – se limitar a invocar precedente ou enunciado de súmula, sem identificar seus fundamentos determinantes nem demonstrar que o caso sob julgamento se ajusta àqueles fundamentos; VI – deixar de seguir enunciado de súmula, jurisprudência ou precedente invocado pela parte, sem demonstrar a existência de distinção no caso em julgamento ou a superação do entendimento".

9 Antes de proclamar a morte do livre convencimento motivado no direito processual brasileiro, o referido comando parece o inaugurar, ao menos *de lege lata*. Agora, não há mais margem para motivações paupérrimas por parte do Judiciário, amparadas,

e o parâmetro jurisprudencial (onde se incluem as súmulas) supostamente aplicável, em termos práticos faz com que suceda uma obrigatoriedade de filiação ao referido entendimento (inciso VI). Da mesma forma, não será mais possível, ao menos pela letra da lei, que o julgador invoque súmula sem relacioná-la precisamente à hipótese concreta (inciso V), dizimando um hábito infelizmente muito corriqueiro.

De todo modo, trata-se de discussão que ainda muito prosperará, sobretudo nos primeiros tempos da nova codificação. Porém, parece ser possível afastar, desde logo, a simplista conclusão de que o artigo 927 elenca um rol todo ele vinculante, devendo ser respeitado irrestritamente e sem flexibilidade por parte do aplicador do Direito. Cabe, sim, ao julgador verificar a real compatibilidade entre o entendimento sinteticamente enunciado e o caso concreto, motivando, sempre, suas conclusões – as quais, por sua vez, devem ser sérias, e não meramente uma discordância pessoal do juiz, sob pena de violar o claro intuito de unidade jurisprudencial (íntegra, estável e coerente).

Outra questão que surgiu nas discussões para a preparação desta obra diz respeito à "retroatividade" ou não do Novo Código de Processo Civil, para saber se as súmulas editadas antes da sua vigência também deveriam ser observadas pelos magistrados. Na verdade, essa dúvida se mistura com a anterior, na medida em que apenas teria relevância prática acaso de fato a nova lei processual estabelecesse caráter vinculante a todos os enunciados de súmula dos tribunais.

Ao contrário dos que entendem que, pela inovação do código, que teria conferido tal característica a todas as súmulas, haveria violação à segurança jurídica dos litigantes caso fossem aplicadas aos seus processos em andamento, entendo que quase nada mudou. Ou seja, as súmulas continuam a poder ser persuasivas ou vinculantes, e aquelas podem servir de motivação para o magistrado, caso, como dito *supra*, se adequem ao caso concreto.

Ainda menos acertada se mostraria a visão de que os enunciados sumulados pré-CPC/15 teriam caducado. Ora, se o código opta por mencionar especificamente tanto as súmulas vinculantes como as demais súmulas, podemos concluir que: (i) existe óbvia diferença entre as duas espécies[10] e (ii)

supostamente, em seu convencimento, o que muito mais se aproximava no sistema da íntima convicção do que ao do livre convencimento motivado, em que pese a exigência esculpida no artigo 93, IX da Constituição Federal.

10 Sabidamente, os enunciados de súmula vinculante gozam de caráter vinculante e erga omnes, por força do artigo 103-A da Constituição Federal, o que significa dizer que obrigam também órgãos do Executivo e do Legislativo, exceto na sua função típica de legislar. É impensável que, por força de ato infraconstitucional, outra espécie pudesse gozar desses reflexos extrajudiciários. Contudo, ainda que o artigo 927 fosse sinônimo de uma vinculação dentro do próprio Judiciário, não haveria inconstitucionalidade alguma nesse dispositivo, vez que a exigência de previsão constitucional se dá em razão da cláusula, igualmente constitucional, da separação dos poderes (artigo 2o).

as súmulas mencionadas são aquelas existentes antes do código – afinal, eram as únicas súmulas a que podia fazer menção o legislador, quando editou a normativa.

Seria absolutamente exagerado que o advento de uma nova legislação significasse que todos os entendimentos jurisprudenciais anteriores a si desaparecessem, independentemente de seu conteúdo. Primeiro, porque um ato do Legislativo não poderia ter tal amplitude perante o Judiciário. E, depois, porque tratar-se-ia de solução cômoda, dispensando a detida comparação entre as súmulas editadas e o novel diploma processual, o que será objeto deste conciso artigo.

2. Uma digressão: enunciados administrativos intertemporais do Superior Tribunal de Justiça

Antes de nos debruçarmos sobre o tema central, é crucial, nesse período eminentemente de transição, investirmos breve tempo apreciando os enunciados administrativos que o Superior Tribunal de Justiça desenhou no dia 16 de março, antes da entrada em vigor do novo código. Aliás, o primeiros dos sete enunciados trata justamente da vigência da Lei 13.105/2015, concluindo o Tribunal da Cidadania que tal sucederia no dia 18 de março.

A divergência, hoje evidentemente esgotada, era pujante e representava, mais do que mero purismo acadêmico, verdadeiro problema prático. Uma primeira corrente[11] defendeu que a entrada em vigor se daria no dia 16 de março de 2016, vez que a contagem do prazo de um ano[12] dar-se-ia na forma do artigo 8° da Lei Complementar 95/1998[13], isto é, em dias – o que acarretaria chegarmos ao dia 15 de março como marco final, sendo o dia seguinte ao da sua consumação o primeiro da vigência.

Outra forma de pensar[14] consistia na contagem em ano,[15] e não em dias, tendo em vista a literalidade do artigo 1.045 do Novo Código de Processo Civil. Contando um ano da publicação, em 17 de março de 2015, chegaría-

11 MARINONI, Luiz Guilherme; ARENHART, Sergio Cruz; MITIDIERO, Daniel. Novo Código de Processo Civil comentado. São Paulo: Revista dos Tribunais, 2015, p. 991.

12 "Art. 1.045. Este Código entra em vigor após decorrido 1 (um) ano da data de sua publicação oficial".

13 "Art. 8°. § 1º A contagem do prazo para entrada em vigor das leis que estabeleçam período de vacância far-se-á com a inclusão da data da publicação e do último dia do prazo, entrando em vigor no dia subseqüente à sua consumação integral".

14 CRAMER. Ronaldo. In WAMBIER, Teresa Arruda Alvim; DIDIER JR, Fredie; TALAMINI, Eduardo; DANTAS, Bruno. Breves comentários ao novo Código de Processo Civil. São Paulo: RT, 2015, p. 2.357.

15 Houve, outrossim, quem sustentasse que a contagem de ano dever-se-ia dar da mesma forma que o calendário normal, ou seja, considerando-se que um ano não termina no

mos ao mesmo dia no ano seguinte e, por conseguinte, a geração de efeitos seria inaugurada no dia 18 de março. Foi essa última a posição adotada tanto pelo Conselho Nacional de Justiça,[16] entendendo tratar-se de matéria administrativa, e, posteriormente, pelo Superior Tribunal de Justiça.

Sepultada essa primeira controvérsia, ainda que em decisão não jurisdicional (portanto, seria possível, embora pouco salutar para a economia processual, que um magistrado entenda diversamente), pode-se caminhar para as demais disposições administrativamente suscitadas pelo STJ.

O segundo tema tratado foi o dos requisitos de admissibilidade recursal, por meio dos enunciados 2[17] e 3.[18] Duas conclusões são extraídas: (i) a correção do recurso é analisada de acordo com a data de publicação da decisão e (ii) a referida impugnação é formalmente perfeita ou não à luz do código vigente quando da sua interposição. Somando ambas, temos que os requisitos de admissibilidade são aqueles previstos em lei na data da publicação da decisão, independentemente de quando esta tenha sido proferida.

Sendo assim, caso o *decisum* atacado ganhe publicidade após o dia 18 de março de 2016, sua tempestividade será examinada levando-se em conta apenas os dias úteis, conforme se extrai do artigo 219. Da mesma maneira, o prazo recursal será de 15 dias, excetuando o caso dos embargos

dia 1º de janeiro do ano seguinte, mas no dia 31 de dezembro do próprio ano corrente. Correto, pois, seria concluir que o ano mencionado pelo NCPC terminaria no dia 16 de março de 2016 e que sua vigência seria inaugurada no dia 17 de março. Tal crítica, absolutamente interessante, é de CAMARGO, Luiz Henrique Volpe. Pela Ordem: A polêmica sobre o início da vigência do Novo CPC. Texto publicado em 22 de outubro de 2015. Disponível em: http://jota.uol.com.br/pela-ordem-a-polemica-sobre-o-inicio-da-vigencia-do-cpc2015. Acesso em 30 de junho de 2016.

16 A decisão plenária unânime se deu em 3 de março. Como fundamento, válido mencionar a exposição do conselheiro Gustavo Tadeu Alkmim: "Portanto, como o novo Código de Processo Civil (Lei 13.105/2015) – publicado no dia 17 de março de 2015", pela Lei do ano civil e pela previsão constante do Código Civil o período de um ano encerra-se no mesmo dia e ano correspondentes do ano seguinte, ou seja, no dia 17 de março de 2016. Dessa forma, considerando-se a conjugação dos normativos, a contagem leva em consideração a inclusão da data da publicação (17/03/2015) e do último dia do prazo (17/03/2016), entrando em vigor no dia subsequente, qual seja, o dia 18 de março de 2016" (disponível em http://www.cnj.jus.br/noticias/cnj/81698--cnj-responde-a-oab-e-decide-que-vigencia-do-novo-cpc-comeca-em-18-de-marco).

17 Enunciado administrativo número 2: "Aos recursos interpostos com fundamento no CPC/1973 (relativos a decisões publicadas até 17 de março de 2016) devem ser exigidos os requisitos de admissibilidade na forma nele prevista, com as interpretações dadas, até então, pela jurisprudência do Superior Tribunal de Justiça".

18 Enunciado administrativo número 3: "Aos recursos interpostos com fundamento no CPC/2015 (relativos a decisões publicadas a partir de 18 de março de 2016) serão exigidos os requisitos de admissibilidade recursal na forma do novo CPC".

aclaratórios (artigo 1.003 § 5°). Dispensável, pois, dissertar acerca da relevância prática da elucidação trazida pelo Superior Tribunal.

Avançando, encontramos o enunciado 4,[19] que consagra o *tempus regit actum*, basicamente ao dizer que os atos praticados por qualquer dos sujeitos processuais (bem como pelos auxiliares da Justiça), após a entrada em vigor do código, devem se adequar ao seu procedimento, também em se tratando de feito de competência originária do tribunal. Em realidade, temos aqui uma regra que transborda o processo, regulamentando matéria atinente ao procedimento, entendido como a sucessão de atos voltados a determinado fim – no caso, a prestação jurisdicional, temperada pelo contraditório.

Seguramente mais polêmicos são os enunciados 5[20] e 6,[21] frutos da patente jurisprudência defensiva que o STJ e o STF têm desenvolvido ao longo dos últimos anos. O tema orbita em torno do parágrafo único do artigo 932[22] do novo código, uma verdadeira conquista legislativa, que pouco mais faz que positivar o princípio da razoabilidade em uma determinada matéria: no caso, a existência de vícios no recurso.

Criou-se verdadeira obrigação para o relator, que deve conceder prazo de cinco dias para sua sanatória pela parte insurgente. Note-se que não se trata de faculdade. A lei é clara ao utilizar o verbo no futuro do presente: "o relator concederá o prazo".

As razões para tal criação são muitas, mas merece destaque o princípio do maior interesse na decisão de mérito do processo,[23] por ser esta a úni-

---

19 Enunciado administrativo número 4: "Nos feitos de competência civil originária e recursal do STJ, os atos processuais que vierem a ser praticados por julgadores, partes, Ministério Público, procuradores, serventuários e auxiliares da Justiça a partir de 18 de março de 2016, deverão observar os novos procedimentos trazidos pelo CPC/2015, sem prejuízo do disposto em legislação processual especial".

20 Enunciado administrativo número 5: "Nos recursos tempestivos interpostos com fundamento no CPC/1973 (relativos a decisões publicadas até 17 de março de 2016), não caberá a abertura de prazo prevista no art. 932, parágrafo único, c/c o art. 1.029, § 3º, do novo CPC".

21 Enunciado administrativo número 6: "Nos recursos tempestivos interpostos com fundamento no CPC/2015 (relativos a decisões publicadas a partir de 18 de março de 2016), somente será concedido o prazo previsto no art. 932, parágrafo único, c/c o art. 1.029, § 3º, do novo CPC para que a parte sane vício estritamente formal".

22 O dispositivo assevera que "antes de considerar inadmissível o recurso, o relator concederá o prazo de 5 (cinco) dias ao recorrente para que seja sanado vício ou complementada a documentação exigível".

23 Falando em princípio da primazia da decisão de mérito e do máximo aproveitamento processual: BAHIA, Alexandre Melo Franco; NUNES, Dierle; PEDRON, Flávio Quinaud; THEODORO Jr., Humberto. CPC/15 – fundamentos e sistematização. 2ª ed. Rio de Janeiro: Forense, 2015. p. 25-28.

ca solução jurisdicional que verdadeiramente garanta pacificação social.[24] Ao seu lado, tem especial relevo a economia processual macroscópica: a abertura de um ínfimo prazo de cinco dias é capaz de evitar o prematuro encerramento de um feito e, muito provavelmente, seu novo ajuizamento. Verifica-se, portanto, um instituto extremamente racional.

O STJ, contudo, realizou uma indevida restrição à *ratio* da lei: entendeu que, nos recursos interpostos com fundamento no código antigo (o que significa, como visto acima, que a decisão foi publicada ainda na sua vigência, ainda que o recurso seja posterior) a regra simplesmente não se aplica. Um posicionamento, a toda evidência, injustificável, por várias razões.

A uma, porque é noção assente que as normas de direito processual aplicam-se imediatamente. Inclusive, há disposição expressa no código nesse preciso sentido (artigo 14),[25] que somente excetua atos já praticados e situações jurídicas consolidadas, não sendo o caso de se vislumbrar nenhuma das duas (não há ato praticado a ser desconstituído: a discussão dá-se exatamente porque se quer que pratique ato no sentido de "salvar" o processo; tampouco há situação jurídica consolidada, vez que tal cláusula serve para resguardar a segurança do sujeito processual, e não para respaldar um formalismo exacerbado, do processo pelo processo).

A duas, porque o dispositivo legal não é, de todo, criado do nada. Não há uma "geração espontânea" no direito processual. Na verdade, positiva-se um valor há muito consagrado da instrumentalidade do processo e, especificamente, das formas. Como sabido, o próprio Superior Tribunal de Justiça evitava a extinção do feito de forma acrítica, aplicando o referido salvamento em diversas hipóteses[26].

Com isso, quero dizer que o novo código não inventou nada, simplesmente explicitou uma postura minimamente colaborativa esperada dos

---

24 "A pacificação é o escopo magno da jurisdição e , por conseqüência, de todo o sistema processual (uma vez que todo ele pode ser definido como a disciplina jurídica da jurisdição e seu exercício). É um escopo social, uma vez que se relaciona com o resultado do exercício da jurisdição perante a sociedade e sobre a vida gregária dos seus membros e felicidade pessoal de cada um" (CINTRA, Antonio Carlos de Araújo; GRINOVER, Ada Pellegrini; DINAMARCO, Cândido Rangel. Teoria Geral do Processo. 25 ed. São Paulo: Malheiros. 2009. p. 30).

25 "Art. 14. A norma processual não retroagirá e será aplicável imediatamente aos processos em curso, respeitados os atos processuais praticados e as situações jurídicas consolidadas sob a vigência da norma revogada".

26 Acórdão Proferido no Recurso Especial 1259896/PE. Processual Civil – Agravo de Instrumento – art. 525 e 526 do CPC – Peças obrigatórias – Certidão de intimação da Decisão Agravada – Possibilidade de aferição da tempestividade por outros meios – Cabimento – Princípio da instrumentalidade das formas. Órgão Julgador: Segunda Turma. Relator: Ministra Eliana Calmon. Julgado em 05 set. 2013. Publicado no DJe em 17 set. 2013.

atores processuais, incluídos, aí, não só as partes como também o próprio magistrado.[27] A conclusão do STJ, ademais, contraria a própria principiologia da codificação, na qual a cooperação, com os olhos voltados ao alcance de uma decisão de mérito justa, galgou posto de destaque, bem como a duração razoável do processo, notadamente do seu mérito.[28]

Resta claro, portanto, que a solução proposta pelo egrégio tribunal se distanciou da idealizada pelo legislador. Antes, deveria ter admitido a imediata aplicação do princípio, mesmo nos recursos viciados ainda em tramitação.

Ainda mais questionável é a limitação dada ao artigo 932, parágrafo único, para os casos que ocorram na vigência do código de 2015. Optou o Superior Tribunal de Justiça por enxergar que a proposta cooperativa de saneamento de vícios em sede recursal apenas se destinaria a máculas formais, e não a outras quaisquer. Nesse sentido, seria impensável, como o próprio Supremo Tribunal Federal já teve a oportunidade de decidir recentemente, a complementação de fundamentação.[29]

---

27 "Nesse contexto, o dever geral de colaboração entre partes e magistrado é fundamental para a concretização de um processo justo já que a realidade da reconstrução dos fatos será diretamente proporcional à participação dos sujeitos processuais. Tanto as partes como o juiz devem se utilizar de seus esforços máximos para obter a tutela jurisdicional" (DALLA, Humberto; ALVES, Tatiana Machado. A cooperação e a principiologia no processo civil brasileiro. Uma proposta de sistematização. In: Revista Eletrônica de Direito Processual. v. XII. p. 293).

28 O artigo 6° do NCPC é bastante esclarecedor ao priorizar a extinção do feito com resolução do mérito: "todos os sujeitos do processo devem cooperar entre si para que se obtenha, em tempo razoável, decisão de mérito justa e efetiva". Outrossim, o artigo 4°, que prioriza não somente a duração razoável do processo, mas a sua solução meritória em prazo condizente: "as partes têm o direito de obter em prazo razoável a solução integral do mérito, incluída a atividade satisfativa".

29 Foi o que restou decidido nos AREs 953221 e 956666. "O artigo 932 do novo CPC, que trata das atribuições do relator, estabelece, no parágrafo único, que, antes de considerar inadmissível o recurso, este concederá o prazo de cinco dias ao recorrente para que seja sanado vício ou complementada a documentação exigível. Segundo o ministro Luiz Fux, o dispositivo foi inserido no novo código como uma garantia ao cidadão. 'Em alguns tribunais, os relatores, de forma monossilábica e sem fundamentação, consideravam os recursos inadmissíveis, e o cidadão tem o direito de saber por que seu recurso foi acolhido ou rejeitado', afirmou. 'Por isso, antes de considerar inadmissível, o relator tem de dar oportunidade para que eventual defeito seja suprido'. (...) No entanto, prevaleceu o entendimento de que os defeitos a serem sanados são aqueles relativos a vícios formais, e não de fundamentação. 'Não se imaginaria que o juiz devesse mandar a parte suplementar a fundamentação', afirmou o ministro Luís Roberto Barroso. Ele lembrou que o Superior Tribunal de Justiça (STJ) disciplinou a matéria no Enunciado Administrativo nº 6, no sentido de que o prazo do parágrafo único do artigo 932 somente será concedido "para que a parte sane vício estritamente formal" (Notícia disponível em : http://www.stf.jus.br/portal/cms/verNoticiaDetalhe.asp?idConteudo=318235).

Ocorre que a lei não faz qualquer diferenciação em classificações de vícios, simplesmente enunciando que "seja sanado vício ou complementada a documentação exigível", de modo que, a princípio, não caberia à jurisprudência, tão rapidamente (mesmo antes da entrada em vigor do referido dispositivo, frise-se), opor-se à literalidade do comando, resguardando-se, por antecipação, aos supostos efeitos que geraria – efeitos, vale destacar, sempre benéficos à parte e ao processo, enquanto meio de resolução da lide. É especialmente preocupante a limitação quando se tem em mente que diversos vícios formais podem ter consequências consideradas materiais, abrindo margem para que os relatores afastem a incidência do artigo 932.

Tem-se, pois, uma evidente manifestação da jurisprudência defensiva que vem se tornando, não raras vezes, a tônica da atividade dos tribunais em geral. Por óbvio, não se desconhece o cenário fático pelo qual perpassa o Judiciário pátrio, sobretudo diante da massificação das relações e da consequente explosão do número de processos. Nem por isso, entretanto, afigura-se razoável transferir o foco do serviço[30] jurisdicional para a atividade cartorária maçante.

Uma demonstração ainda mais chamativa dessa camuflada intenção se evidencia na menção ao artigo 1.029 §3°,[31] nos enunciados administrativos em tela. Afinal, o referido dispositivo diz respeito aos recursos extraordinários *lato sensu*, e foi trazido, aparentemente em uma suposta interpretação sistemática, para justificar a restrição apenas a vícios formais.[32]

---

30 Tal concepção, não à toa, foi consagrada nas 100 Regras de Brasília, documento internacional assinado por representantes de todos os órgãos responsáveis pela sua decente prestação. Veja-se, como demonstração da visão exposta pelo documento, a sua regra 1a: "Seção 1a.- Finalidade (1) As presentes Regras têm como objetivo garantir as condições de acesso efetivo à justiça das pessoas em condição de vulnerabilidade, sem discriminação alguma, englobando o conjunto de políticas, medidas, facilidades e apoios que permitam que as referidas pessoas usufruam do pleno gozo dos serviços do sistema judicial". Para conferir a íntegra do documento, pode-se acessar, por exemplo, o site da ANADEP, em https://www.anadep.org.br/wtksite/100-Regras-de-Brasilia-versao-reduzida.pdf.

31 "Art. 1.029 § 3°: O Supremo Tribunal Federal ou o Superior Tribunal de Justiça poderá desconsiderar vício formal de recurso tempestivo ou determinar sua correção, desde que não o repute grave".

32 Externando preocupação com a análise a ser feita por ambos os tribunais acerca do que é "vício grave" e o que não o é, antecipam Flávio Cheim Jorge e Thiago Ferreira Siqueira: "Alias, se considerarmos a tendência dos Tribunais Superiores em criar dificuldades à admissibilidade dos recursos excepcionais, não surpreenderá se for adotada a idéia de que, sendo grave o vício, ainda que sanável, não seria possível sua correção, que estaria vedada pelo art. 1.029, §3° do CPC/15. E, nesta linha, é de se imaginar quantos defeitos não serão dessa forma caracterizado" em: A sanabilidade dos requisitos de admissibilidade dos recursos. In: DIDIER JR, Fredie (coord.); MACÊDO, Lucas Buril; PEIXOTO, Ravi; FREIRE, Alexandre (orgs.) Novo CPC doutrina selecionada, v.6: processo nos tribunais e meios de impugnação às decisões judiciais. Salvador: Jus Podivm, 2016. p. 626.

Sucede, contudo, que a combinação dos comandos é flagrantemente errônea: no recurso especial e no extraordinário, a tutela destina-se ao direito objetivo e, apenas reflexamente, ao caso concreto, razão pela qual existe embasamento para que apenas vícios formais sejam corrigidos no seu âmbito. Tal concepção, além de ter sustentação constitucional, nos artigos que prevêem o cabimento das impugnações mencionadas, há muito encontra respaldo no posicionamento do STF e do STJ, em suas súmulas 279 e 7, respectivamente.

Por outro lado, em se tratando de recurso de apelação, ou outra insurreição em 2ª instância, a matéria fática, portanto "material", é o principal alvo de análise, de modo que a diferença textual entre o artigo 932, parágrafo único, e o artigo 1.029 §3º é plenamente compreensível, tendo havido intenção do legislador ao estabelecê-la.

Em suma, acaso se intente uma interpretação global acerca da matéria, esta deve se dar aproximando o artigo 1.029 do artigo 932, e não o contrário. Não se restrinja a regra geral, mas se amplie a específica.[33]

Um suspiro de alívio poderia ser a natureza administrativa dos enunciados. Contudo, estaríamos buscando o engano: os entendimentos não gozavam de caráter jurisdicional à época da edição, visto que anteriores à vigência do código. Posteriormente, porém, os posicionamentos neles expostos vêm servindo de fundamentação em decisões processuais, tanto no Supremo (ver nota 26) como no Superior Tribunal de Justiça.[34]

Encerrando a averiguação dos acertos e desacertos do STJ, encontramos o enunciado 7,[35] que trata dos honorários recursais, asseverando sua incidência tão somente no caso de recursos interpostos na vigência da nova lei – isto é, nas hipóteses da decisão impugnada ter sido publicada após o dia 18 de março do presente ano.

Nesse aspecto, não agiu mal o tribunal. De fato, vislumbrar que todos os recursos em trâmite no momento em que o Código de Processo Civil começou a gerar efeitos pudessem ensejar a majoração de honorários pre-

---

33 Advogando considerar-se não escrita a determinação específica do art. 1.029 §3o, ante a suficiência do art. 932, parágrafo único: BUENO, Cássio Scarpinella. Novo Código de Processo Civil anotado. São Paulo: Saraiva, 2015. p. 667.

34 AGRAVO REGIMENTAL INTERPOSTO SOB A ÉGIDE DO CPC/1973. AGRAVO EM RECURSO ESPECIAL. AUSÊNCIA DE PROCURAÇÃO DO ADVOGADO SUBSCRITOR DO RECURSO ESPECIAL. SÚMULA N. 115/STJ. CORREÇÃO DE VÍCIO FORMAL. ENUNCIADO ADMINISTRATIVO N. 5/STJ. 1. Considera-se inexistente recurso subscrito por advogado que não possui procuração nos autos (Súmula n. 115/STJ). 2. Agravo regimental desprovido. (AgRg no AREsp 829.808/ES, Rel. Ministro JOÃO OTÁVIO DE NORONHA, TERCEIRA TURMA, julgado em 02/06/2016, DJe 07/06/2016)

35 Enunciado administrativo número 7: "Somente nos recursos interpostos contra decisão publicada a partir de 18 de março de 2016, será possível o arbitramento de honorários sucumbenciais recursais, na forma do art. 85, § 11, do novo CPC".

vista no artigo 85 § 11[36] seria um golpe notável à boa-fé processual e à segurança jurídica da parte sucumbente.

O caso é diverso dos anteriores (em especial, da sanatória de vícios em sede recursal) porque poderia gerar prejuízo concreto (econômico) ao perdedor na demanda. Da mesma forma, nem sequer o recorrente esperaria a incidência dos honorários recursais, de modo que seria impensável que suscitasse qualquer decepção ou quebra de legítima expectativa.

Ademais, a própria disposição legal ressalva, *in fine*, que o patamar máximo, na soma dos honorários em 1° grau com os de 2° grau, é aquele previsto nos demais parágrafos do artigo 85. Ou seja, tendo havido condenação antes do novo código, eventualmente mesmo em 20% do valor da causa (limite mantido no §2°), sequer seria possível suceder aumento em grau recursal. Quando muito, acaso se defendesse a aplicação imediata do novo artigo 85 §11, seria possível a majoração para os 20% – mesmo essa solução, reitere-se, parecia afrontosa a princípios muito caros ao código, mencionados acima.

Conclui-se, desse modo, que a construção dos enunciados administrativos do STJ teve um lado positivo e uma face negativa: devem ser aplaudidos porque anteciparam certos dilemas, facilitando a transição entre os dois diplomas (veja-se o enunciado 1, que disciplinou o próprio início da vigência); podem, porém ser criticados, em homenagem ao debate, porque consubstanciam, em alguns aspectos, muito mais uma preocupação individualista dos tribunais com o eventual aumento de trabalho do que com a melhoria da prestação jurisdicional eminentemente estatal.[37]

3. Súmulas positivadas pelo Novo Código de Processo Civil

Passando ao objetivo central deste pretensioso trabalho, pode-se perceber que existem ao menos três conclusões ao cotejar uma súmula (aqui, especificamente do STJ ou do STF) com o novo código. A primeira é perceber a clara incompatibilidade em razão de a nova lei contrariar expressamente o entendimento enunciado (o código funcionando como lei *in your*

---

36 "Art. 85 § 11: O tribunal, ao julgar recurso, majorará os honorários fixados anteriormente levando em conta o trabalho adicional realizado em grau recursal, observando, conforme o caso, o disposto nos §§ 2º a 6º, sendo vedado ao tribunal, no cômputo geral da fixação de honorários devidos ao advogado do vencedor, ultrapassar os respectivos limites estabelecidos nos §§ 2º e 3º para a fase de conhecimento".

37 Essa última lógica, infelizmente, tem norteado muitos setores nestes primeiros tempos de NCPC. Como exemplo, podemos mencionar os enunciados do FONAJE editados sobre a aplicabilidade do novo diploma geral no bojo dos juizados especiais cíveis, afastando um sem número de prescrições nítidas com apoio apenas em princípios como o da celeridade, quando, a fundo, percebe-se claramente que a ineficiência dos órgãos do Judiciário nesse microssistema é o verdadeiro mote.

face);[38] a segunda passa por verificar que a codificação atual positivou a posição, tornando-a em dispositivo legal; por fim, pode ser o caso de não restar evidente a relação de compatibilidade (o que, após detida análise, pode levar a posicionar a súmula em uma das duas hipóteses anteriores ou em entendê-la como indiferente na comparação com o código, porque compatível com ele, logicamente).

Para os fins desejados, dividir-se-á as súmulas do STF e do STJ nesses três grupos, dando maior enfoque nos dois primeiros, vez que, ante a limitação deste artigo, casos limites serão deixados para outras oportunidades apropriadas.

Cumpre salientar que não serão alvo deste estudo aquelas súmulas que já haviam sido contrariadas ou consagradas previamente, nas inúmeras reformas processuais vivenciadas em nosso país nas últimas décadas.

3.1. Súmulas do Superior Tribunal de Justiça

A grande maioria dos entendimentos sumulados consagrados ou superados no código vigente são, obviamente, do STJ. Não sem razão: enquanto lei federal, é a este tribunal que cabia a última interpretação.

Embora de maneira não direta, a súmula 181[39] resta agora amparada em lei, especificamente no artigo 19.[40] Afinal, a interpretação de cláusula contratual é um pedido que demandará provimento meramente declaratório, consistente no *modo de ser* da relação jurídica objeto do acordo, uma permissão inovadora do novo código.

Em matéria de competência, alguns enunciados foram positivados. No caso de intervenção de ente federal no feito, o entendimento da súmula

---

38 Trata-se de fenômeno no qual, embora a jurisprudência tenha entendido de certa forma determinada norma, o Legislativo reafirma o entendimento rechaçado pelo Judiciário por meio de novo diploma legal, contrariando o posicionamento pretoriano de forma expressa. A dinâmica foi observada no voto do eminente Ministro Luiz Fux na ADI 5105/DF: "Em outras palavras, a novel legislação que frontalmente colida com a jurisprudência (leis *in your face*) se submete, a meu juízo, a um escrutínio de constitucionalidade mais rigoroso, pelo simples fato de já existir um pronunciamento da Suprema Corte" (http://www.stf.jus.br/arquivo/cms/noticiaNoticiaStf/anexo/Voto__Relator__ADI_5105.pdf, p.19). Portanto, será hipótese de maior justificação para a evolução legislativa acerca do tema. A solução, caso a caso, será dada pela jurisprudência pátria, ao longo dos próximos anos.

39 Súmula 181: "É admissível ação declaratória, visando a obter certeza quanto à exata interpretação de cláusula contratual".

40 "Art. 19. O interesse do autor pode limitar-se à declaração: I – da existência, da inexistência ou do modo de ser de uma relação jurídica".

224[41] encontra-se expresso no artigo 45 § 3º.[42] A súmula 58,[43] por sua vez, passa a ter relação com o artigo 46 §5º[44], que traz a competência territorial na execução fiscal para o bojo do diploma genérico – a menção específica para tal modalidade executiva não deixa de esclarecer a unidade de tratamento outrora já garantida pelo Superior Tribunal.

No instituto da conexão, a exceção para a reunião constante da súmula 235 agora pode ser encontrada no artigo 55 §1º, *in fine*, de modo que, já sentenciado um dos feitos, não sucederá o *simultaneus processus*.

Dentro do tema da justiça gratuita (outrora "gratuidade de justiça"), diversos posicionamentos das cortes superiores inspiraram o artigo 98 do Novo Código de Processo Civil. Merece menção a súmula 481,[45] ora consubstanciada no artigo 99 §3º,[46] a qual, sem qualquer fundamento ontológico,[47] estabelece distinção na comprovação da hipossuficiência entre as pessoas físicas e as pessoas jurídicas.

---

41 Súmula 224: "Excluído do feito o ente federal, cuja presença levara o Juiz Estadual a declinar da competência, deve o Juiz Federal restituir os autos e não suscitar conflito".

42 "Art. 45 § 3º O juízo federal restituirá os autos ao juízo estadual sem suscitar conflito se o ente federal cuja presença ensejou a remessa for excluído do processo".

43 Súmula 58: "Proposta a execução fiscal, a posterior mudança de domicílio do executado não desloca a competência já fixada".

44 "Art. 46 § 5º A execução fiscal será proposta no foro de domicílio do réu, no de sua residência ou no do lugar onde for encontrado".

45 Súmula 481: "Faz jus ao benefício da justiça gratuita a pessoa jurídica com ou sem fins lucrativos que demonstrar sua impossibilidade de arcar com os encargos processuais".

46 "Art. 99 § 3º Presume-se verdadeira a alegação de insuficiência deduzida exclusivamente por pessoa natural".

47 A dicotomia já persistia, erroneamente, na vigência do código anterior, que não tratava do tema. Na verdade, a Lei 1.060/50 exigia apenas a declaração por parte da pessoa (qualquer que fosse) para ter direito à gratuidade de justiça, que, aliás, não é favor, mas direito que possibilita o acesso à justiça (artigo 5º, XXXV da CF/88). Com o advento da Carta Constitucional, cujo artigo 5º, LXXIV, prevê a assistência jurídica integral e gratuita aos que comprovarem a hipossuficiência de recursos, chegou-se a vislumbrar uma corrente comprovacionista, a qual, por sua vez, foi ultrapassada pela jurisprudência, inclusive sob o argumento da vedação ao retrocesso do referido direito social. Nem por isso, contudo, o posicionamento foi isonômico: criou-se a regra, com base em uma suposta razoabilidade *contra legem* (à época), de que para as pessoas naturais bastava a afirmação, enquanto as pessoas jurídicas deveriam comprovar, desde logo, a necessidade da gratuidade de justiça. O NCPC positiva tal estranho entender, o qual passa a ter amparo legal, vez que revogada a Lei 1.050/60 pelos diplomas específicos do novo código. Criticando a diferença de tratamento, ainda na vigência da Lei 1.060/50: ROGER, Franklyn; ESTEVES, Diogo. Princípios institucionais da defensoria pública. Rio de Janeiro: Forense. 2014. p. 162-171.

Para o Ministério Público, fiscal da ordem jurídica, o interesse recursal, independente de insurgência da parte, esclarecido pela súmula 226,[48] ficou claro com o artigo 179, II,[49] que não impõe qualquer impeditivo legal. Corroborando essa posição, o artigo 996[50] teve o cuidado de destacar a legitimidade do *Parquet* como parte e como fiscal da ordem jurídica, na esteira da súmula 99.[51]

Persistindo no bojo dos sujeitos processuais, os artigos 180[52] e 183[53], que estabeleceram o prazo em dobro para todos os atos processuais a serem praticados pelo Ministério Público e pela Fazenda Pública, são mais amplos do que a súmula 116,[54] que tão somente o previa para recursos para o Superior Tribunal de Justiça.

Acerca da resolução da relação processual sem julgamento de mérito, o artigo 485 §6º[55] incorpora a súmula 240,[56] estabelecendo tratamento similar ao da desistência da ação e a extinção por abandono do autor: as duas, após o oferecimento da contestação, demandarão consentimento da parte ré.

Prosseguindo na leitura do código, o parâmetro para a decretação da prisão civil do alimentante inadimplente (três últimos meses anteriores ao ajuizamento), consagrado na súmula 309,[57] é agora lei, constando do ar-

48 Súmula 226: "O Ministério Público tem legitimidade para recorrer na ação de acidente do trabalho, ainda que o segurado esteja assistido por advogado".

49 "Art. 179. Nos casos de intervenção como fiscal da ordem jurídica, o Ministério Público: ( ) II – poderá produzir provas, requerer as medidas processuais pertinentes e recorrer".

50 "Art. 996. O recurso pode ser interposto pela parte vencida, pelo terceiro prejudicado e pelo Ministério Público, como parte ou como fiscal da ordem jurídica".

51 Súmula 99: "O Ministério Público tem legitimidade para recorrer no processo que oficiou como fiscal da lei, ainda que não haja recurso da parte".

52 "Art. 180. O Ministério Público gozará de prazo em dobro para manifestar-se nos autos, que terá início a partir de sua intimação pessoal, nos termos do art. 183, § 1o".

53 "Art. 183. A União, os Estados, o Distrito Federal, os Municípios e suas respectivas autarquias e fundações de direito público gozarão de prazo em dobro para todas as suas manifestações processuais, cuja contagem terá início a partir da intimação pessoal".

54 Súmula 116: "A Fazenda Pública e o Ministério Público têm prazo em dobro para interpor agravo regimental no STJ".

55 "Art. 485 § 6º Oferecida a contestação, a extinção do processo por abandono da causa pelo autor depende de requerimento do réu".

56 Súmula 240: "A extinção do processo, por abandono da causa pelo autor, depende de requerimento do réu".

57 Súmula 309: "O débito alimentar que autoriza a prisão civil do alimentante é o que compreende as três prestações anteriores ao ajuizamento da execução e as que se vencerem no curso do processo".

tigo 528 §7º,[58] de redação praticamente idêntica. Igualmente adotou-se, na temática executiva, o posicionamento cimentado da súmula 419,[59] filha da súmula vinculante 25,[60] que, ante a norma supralegal incorporada pelo Decreto 678/1992, tornavam sem fundamento a prisão civil por dívidas. No código vigente, o artigo 528 é o único a permitir a custódia, somente em razão de alimentos devidos, não persistindo comando similar ao do artigo 666 §3º do CPC/73.

Em sede de ação monitória, onde a escassez legal do diploma anterior motivou a edição de diversas súmulas, vemos consagrada no artigo 700 §6º[61] a súmula 339,[62] autorizando-se, expressamente, a cobrança em face da Fazenda Pública. A citação por edital, antes admitida por força da súmula 282,[63] passa a ser permitida *ex lege*, tendo em vista que o artigo 700 §7º[64] esclarece serem cabíveis todas as formas de citação previstas para o procedimento comum também no referido procedimento especial.

Ainda no tema, o artigo 702 § 6º[65] evidencia o cabimento da reconvenção no âmbito monitório, embora vede a reconvenção à reconvenção. Note-se que tal tese, embora causasse divergência doutrinária, era adotada pelo STJ, sem a ressalva final, em sua súmula 292.[66]

Tratando mais extensamente que seu predecessor do instituto da fraude à execução, o artigo 792[67] incorpora, em parte, a lógica da súmula 375.[68]

---

58 "Art. 528 § 7º O débito alimentar que autoriza a prisão civil do alimentante é o que compreende até as 3 (três) prestações anteriores ao ajuizamento da execução e as que se vencerem no curso do processo".

59 Súmula 419: "Descabe a prisão civil do depositário judicial infiel".

60 Súmula vinculante 25: "É ilícita a prisão civil de depositário infiel, qualquer que seja a modalidade de depósito".

61 "Art. 700 § 6º É admissível ação monitória em face da Fazenda Pública".

62 Súmula 339: "É cabível ação monitória contra a Fazenda Pública".

63 Súmula 282: "Cabe a citação por edital em ação monitória".

64 "Art. 700 § 7º Na ação monitória, admite-se citação por qualquer dos meios permitidos para o procedimento comum".

65 "Art. 702 §6º: Na ação monitória admite-se a reconvenção, sendo vedado o oferecimento da reconvenção à reconvenção".

66 Súmula 292: "A reconvenção é cabível na ação monitória, após a conversão do procedimento em ordinário".

67 "Art. 792: A alienação ou a oneração de bem é considerada fraude à execução: ( ) II – quando tiver sido averbada, no registro do bem, a pendência do processo de execução, na forma do art. 828; III – quando tiver sido averbado, no registro do bem, hipoteca judiciária ou outro ato de constrição judicial originário do processo onde foi arguida a fraude".

68 Súmula 375: "O reconhecimento da fraude à execução depende do registro da penhora do bem alienado ou da prova de má-fé do terceiro adquirente".

Isso porque seu novos incisos II e III mencionam explicitamente o registro da execução, especificamente do ato de constrição judicial, onde, evidentemente, se inclui a penhora, além de indicar objetivamente parâmetros para aquilo que se poderia chamar de "má-fé do terceiro adquirente".

Por outra via, o artigo 910[69], ao inaugurar um capítulo exclusivamente voltado para a Fazenda Pública, encampa a súmula 279,[70] que esclarecia o cabimento de cobrança de título executivo extrajudicial contra a Fazenda.

Encerrando as novidades executivas, ao tutelar a duração razoável do processo e o devido processo legal, bem como a segurança jurídica, o entendimento acerca da prescrição intercorrente (súmula 314,[71] voltada originalmente apenas para a execução fiscal) foi, finalmente, contemplados pelo direito positivo, no artigo 921, §§1° e 4°,[72] como regra geral.

Na ação rescisória, pontualmente remodelada pelo Novo Código de Processo Civil, o artigo 975,[73] que demarca termo inicial do prazo, positivou a súmula 401[74]: os dois anos, prazo decadencial, passam a correr da última decisão proferida no processo, encerrando-se o debate acerca do transito em julgado parcial, progressivo.[75]

Igualmente, na seara dos recursos, em que não foram poucas as modificações imprimidas pelo código, adotou-se entendimentos sumulados como inspiração legislativa.

Uma primeira questão que se coloca diz respeito ao fim dos embargos infringentes, o que, à primeira vista, levou alguns[76] a concluir que todas as súmulas referentes a esse meio impugnativo teriam caducado. Entretanto,

---

69 "CAPÍTULO V DA EXECUÇÃO CONTRA A FAZENDA PÚBLICA Art. 910. Na execução fundada em título extrajudicial, a Fazenda Pública será citada para opor embargos em 30 (trinta) dias".

70 Súmula 279: "É cabível execução por título extrajudicial contra a Fazenda Pública".

71 Súmula 314: "Em execução fiscal, não localizados bens penhoráveis, suspende-se o processo por um ano, findo o qual se inicia o prazo da prescrição quinquenal intercorrente".

72 "Art. 921. Suspende-se a execução: ( ) § 1º Na hipótese do inciso III, o juiz suspenderá a execução pelo prazo de 1 (um) ano, durante o qual se suspenderá a prescrição. ( ) § 4º Decorrido o prazo de que trata o § 1º sem manifestação do exequente, começa a correr o prazo de prescrição intercorrente".

73 "Art. 975. O direito à rescisão se extingue em 2 (dois) anos contados do trânsito em julgado da última decisão proferida no processo".

74 Súmula 401: "O prazo decadencial da ação rescisória só se inicia quando não for cabível qualquer recurso do último pronunciamento judicial".

75 A tese, rechaçada pelo STJ, chegou a ser abraçada pela 1a turma do Supremo Tribunal Federal, no Recurso Extraordinário no 666.589, de relatoria do Ministro Marco Aurélio.

76 É a solução adotada no enunciado 233 do FPPC: "Ficam superados os enunciados 88, 169, 207, 255 e 390 da súmula do STJ como consequência da eliminação dos embargos infringentes".

tal impressão, simplista e fácil, não é, de todo, correta: ouso dizer que certos entendimentos sumulados acerca dos infringentes restaram positivados – e não superados – pela legislação ora vigente. Afinal de contas, o artigo 942 traz a técnica de julgamento, que deve ser aplicada de ofício pelo órgão julgador, substituindo o recurso específico, mas guardando com ele considerável similitude.

Esses "miniembargos", como se pode apelidar, consagraram expressamente, por exemplo, sua inadmissão em reexame necessário, anteriormente prevista na súmula 390,[77] e, atualmente, no artigo 942 §4°, inciso II.[78] Da mesma maneira, o entendimento da súmula 255[79] inspirou o artigo 942 §3°, inciso II[80], buscando a reanálise do *decisum* quando, mesmo que não se trate de apelação, for adentrado o mérito processual.

Não se quer, com isso, insistir que persistem os embargos infringentes, contrariando a lei. Simplesmente, busca-se alertar que certas súmulas, como as mencionadas, não apenas não foram ultrapassadas, na essência, pelo código, como serviram de fundamentação para suas inovações. Em tempos de transição, há que ser criterioso e bem perceber tal dinâmica entre a nova lei e os anteriores posicionamentos pretorianos consagrados, ainda que, pragmaticamente, não encontraremos mais qualquer decisão mencionando os referidos entendimentos sumulados como fundamentação, vez que o recurso foi formalmente abolido.

Diz-se "formalmente" porque, na essência, a persecução pretendida por esse tipo de insurgência permanece. O novo código instituiu embargos infringentes *ex officio*, por assim dizer, excluindo-se o elemento da voluntariedade, essencial para a conceituação de recurso[81] (de onde se tira que o desinteresse do sucumbente é indiferente), mantendo-se o aprimoramento da decisão esperado para uma mais perfeita pacificação social.

Com tão singela mudança, afasta-se a necessidade de abertura de prazo para apresentação de razões e contrarrazões, garantindo maior celeridade à tramitação do feito.

Ademais, as hipóteses de sua incidência foram ampliadas: doravante, qualquer apelação julgada por maioria (independente de reformar a sen-

---

77 Súmula 390: "Nas decisões por maioria, em reexame necessário, não se admitem embargos infringentes".

78 "Art. 942 § 4º Não se aplica o disposto neste artigo ao julgamento: ( ) II – da remessa necessária".

79 Súmula 255: "Cabem embargos infringentes contra acórdão, proferido por maioria, em agravo retido, quando se tratar de matéria de mérito".

80 "Art. 942 § 3º A técnica de julgamento prevista neste artigo aplica-se, igualmente, ao julgamento não unânime proferido em: ( ) II – agravo de instrumento, quando houver reforma da decisão que julgar parcialmente o mérito".

81 GRECO, Leonardo. Instituições de processo civil: recursos e processos da competência originária dos tribunais. Rio de Janeiro: Forense, vol. III, 2015, p. 22.

tença ou não) será alvo da ampliação de colegiado prevista. Além desse caso, as ações rescisórias, apenas quando o resultado for a rescisão do *decisum*, e o agravo de instrumento, quando reformar a decisão que julgar parcialmente o mérito.[82]

O *iter* será o seguinte: encerrado o julgamento dessas três espécies, e verificado que se coaduna à situação prevista acima, prosseguirá o julgamento, com a convocação de outros julgadores (conforme dispuser o regimento interno) em número suficiente para garantir a possibilidade de reversão do julgamento. A prioridade será que ocorra na própria sessão de julgamento mas, em não sendo possível, será marcado para outra sessão.

Interessante é que as partes poderão, em reflexo do contraditório, sustentar oralmente suas razões, depois do que os primeiros julgadores poderão rever seus votos. Ou seja, pode ser o caso de, no bojo da técnica de julgamento, acontecer uma reconsideração da opinião dos votantes, sendo desnecessário que se convoque os demais membros do tribunal.

Com isso, o novo tratamento ultrapassa o anterior, em que o objeto dos embargos de divergência era apenas a parte não unânime do acórdão. A lei parece permitir uma completa modificação do mesmo, de agora em diante.

Alguns casos, contudo, afastam a incidência da técnica em apreço: os incidentes de assunção de competência e de resolução de demandas repetitivas (em razão do maior amadurecimento dos votos, ante o alargado debate que os precede), a remessa necessária e os julgados não unânimes do plenário ou da corte especial (afinal, não fosse assim, haveria verdadeiro caos, haja vista a pluralidade de julgadores que envolvem).

Percebe-se, portanto, que, antes de ter superado todos os entendimentos sumulados acerca dos embargos infringentes, o legislador os positivou, *mutatis mutandis*. A remessa necessária, por exemplo, já afastava os embargos infringentes, de acordo com o Superior Tribunal de Justiça,[83] e, de igual modo, não dará azo à técnica analisada.

Fechando este primeiro exame, percebe-se que o código adotou, em matéria intertemporal, o parâmetro da súmula 487,[84] no artigo 1.057,[85] ao

---

82 Existe quem sustente, por analogia, a aplicação do dispositivo a outras decisões que ostentem caráter final, como a de liquidação de sentença ou a que não acolhe a impugnação, o que dificilmente prosperará na jurisprudência (MARINONI, Luiz Guilherme; ARENHART, Sérgio Cruz; MITIDIERO, Daniel. *Novo Código de Processo Civil comentado*, São Paulo: Editora Revista dos Tribunais, 2ª edição, 2016, p. 1005).

83 Súmula 390 do STJ: "Nas decisões por maioria, em reexame necessário, não se admitem embargos infringentes".

84 Súmula 487: "O parágrafo único do art. 741 do CPC não se aplica às sentenças transitadas em julgado em data anterior à da sua vigência".

85 "Art. 1.057. O disposto no art. 525, §§ 14 e 15, e no art. 535, §§ 7º e 8º, aplica-se às decisões transitadas em julgado após a entrada em vigor deste Código, e, às decisões

delimitar a irretroatividade dos dispositivos que permitem o reconhecimento da chamada coisa julgadas inconstitucional, da mesma maneira que o Corte da Cidadania fez, quando do advento do artigo 741, parágrafo único, respeitando a garantia constitucional da coisa julgada.

3.2. Súmulas do Supremo Tribunal Federal

Conquanto desde 1988[86] não seja missão precípua, ao menos diretamente, do STF tutelar a legislação infraconstitucional, a cada vez mais assente interseção entre a codificação processual e as garantias fundamentais acaba por dar-lhe um papel de destaque na interpretação do Código de Processo Civil. Nesse desenrolar, surgem súmulas, prestigiadas pelo legislador.

Desta feita, garantindo o contraditório e a ampla defesa, o posicionamento pela participação do réu revel no feito, exposto na súmula 231,[87] torna-se expresso em lei pelo artigo 349,[88] com similar exigência temporal: por "tempo oportuno" deve-se entender "a tempo de praticar atos processuais".

Positivada a reclamação, em capítulo próprio, era natural que a nova lei processual encampasse posicionamentos pretorianos, até então o que se tinha a respeito da referida espécie de direito de petição. É nesse ínterim que o artigo 988 §5º, inciso I[89] veda o uso do instrumento com caráter rescisório, vez que não se destina a desconstituir a coisa julgada, como previamente compreendido pela súmula 734.[90]

Último tema cujas súmulas inspiraram o legislador foi, naturalmente, o do recurso extraordinário. Assim, o artigo 1.033[91] guarda seme-

---

transitadas em julgado anteriormente, aplica-se o disposto no art. 475-L, § 1º, e no art. 741, parágrafo único, da Lei nº 5.869, de 11 de janeiro de 1973".

---

86 Anteriormente ao advento da Constituição vigente, era o referido tribunal constitucional que tratava da uniformidade da legislação pátria.

87 Súmula 231: "O revel, em processo cível, pode produzir provas, desde que compareça em tempo oportuno".

88 "Art. 349. Ao réu revel será lícita a produção de provas, contrapostas às alegações do autor, desde que se faça representar nos autos a tempo de praticar os atos processuais indispensáveis a essa produção".

89 "Art. 988 § 5º É inadmissível a reclamação: I – proposta após o trânsito em julgado da decisão reclamada".

90 Súmula 734: "Não cabe reclamação quando já houver transitado em julgado o ato judicial que se alega tenha desrespeitado decisão do Supremo Tribunal Federal".

91 "Art. 1.033. Se o Supremo Tribunal Federal considerar como reflexa a ofensa à Constituição afirmada no recurso extraordinário, por pressupor a revisão da interpretação de lei federal ou de tratado, remetê-lo-á ao Superior Tribunal de Justiça para julgamento como recurso especial".

lhança com o enunciado da súmula 636,[92] na medida em que esclarece o não cabimento da impugnação dirigia ao Supremo em razão de violação reflexa à Constituição Federal, por exemplo ao argumento da agressão ao princípio da legalidade. O código vigente traz solução prática, consistente na remessa do recurso ao STJ, transmudando-o, formalmente, em recurso especial.

4. Súmulas superadas pelo Novo Código de Processo Civil

Após o panorama geral acerca dos entendimentos incorporados pelo código, passa-se a detida análise sobre os posicionamentos que o legislador entendeu por bem deixar para trás. Tal estudo parece ainda mais crucial que o primeiro, na medida em que revela real caminhada do direito processual e, caso se ignore alguma suplantação, corre-se o risco de se aplicar anacronicamente determinados regramentos.

4.1. Súmulas do Superior Tribunal de Justiça

Primeiro grande assunto tratado exaustivamente pelo novo código, em desconformidade pontual com entendimentos do STJ é o dos honorários advocatícios. O artigo 85, o mais longo da Lei 13.015/15, possui dois parágrafos contrários ao posicionamento da corte: o §14,[93] ao vedar a compensação de honorários (permitida, antes, a súmula 306),[94] e o §18,[95] que permite demanda autônoma para definição e cobrança das verbas não estabelecidas no feito principal (solução perfeita, tendo-se em vista que, a rigor, nem se poderia invocar a coisa julgada a esse respeito, como fazia a súmula 453[96], pois esta somente abarca os elementos objetivos da demanda que dela fizeram parte e foram efetivamente julgados, não incluído, aí, o pedido de condenação em honorários não decidido).

---

92 Súmula 636: "Não cabe recurso extraordinário por contrariedade ao princípio constitucional da legalidade, quando a sua verificação pressuponha rever a interpretação dada a normas infraconstitucionais pela decisão recorrida".

93 "Art. 85 § 14. Os honorários constituem direito do advogado e têm natureza alimentar, com os mesmos privilégios dos créditos oriundos da legislação do trabalho, sendo vedada a compensação em caso de sucumbência parcial".

94 Súmula 306: "Os honorários advocatícios devem ser compensados quando houver sucumbência recíproca, assegurado o direito autônomo do advogado à execução do saldo sem excluir a legitimidade da própria parte".

95 "Art. 85 § 18. Caso a decisão transitada em julgado seja omissa quanto ao direito aos honorários ou ao seu valor, é cabível ação autônoma para sua definição e cobrança".

96 Súmula 453: "Os honorários sucumbenciais, quando omitidos em decisão transitada em julgado, não podem ser cobrados em execução ou em ação própria".

Versando também sobre custos do processo, o artigo 91 e seus dois parágrafos,[97] ao disciplinar o pagamento da perícia requerida pelo ente fazendário: caso haja previsão orçamentária, poderão ser adiantados os honorários periciais; caso contrário, far-se-á por entidade pública. Percebe-se que o prévio depósito, exigido pela súmula 232,[98] não é mais uma regra absoluta.

Adicional inovação diz respeito à solução coercitiva para exibição de documentos, cominando-se multa pelo descumprimento (artigo 400, parágrafo único[99] e 403, parágrafo único).[100] Anteriormente, a súmula 372[101] impedia a medida, em ação autônoma e o entendimento era ratificado diuturnamente, ainda que, em casos de incidente de exibição de documentos, sua aplicação, por analogia, já viesse sendo deixada de lado em se tratando de documento fundamental para a comprovação de direitos indisponíveis.[102]

Entendo acertado incluir no rol de súmulas superadas o entendimento defensivo do Superior Tribunal de Justiça que afasta o cabimento de recurso especial por violação a súmula do próprio tribunal (súmula 518),[103] mormente porque o artigo 927, inciso IV estatui que o Judiciário observará os enunciados de súmula do STJ em matéria infraconstitucional.

Ora, se a lei manda que se observe um enunciado e este resta ignorado pelas instâncias ordinárias, como evitar que se corrija a débil prestação jurisdicional em sede adequada? Ademais, o rol constitucional que traz as hipóteses para interposição do recurso especial prevê a violação de lei, e,

---

97 "Art. 91. As despesas dos atos processuais praticados a requerimento da Fazenda Pública, do Ministério Público ou da Defensoria Pública serão pagas ao final pelo vencido.
§ 1o As perícias requeridas pela Fazenda Pública, pelo Ministério Público ou pela Defensoria Pública poderão ser realizadas por entidade pública ou, havendo previsão orçamentária, ter os valores adiantados por aquele que requerer a prova.
§ 2o Não havendo previsão orçamentária no exercício financeiro para adiantamento dos honorários periciais, eles serão pagos no exercício seguinte ou ao final, pelo vencido, caso o processo se encerre antes do adiantamento a ser feito pelo ente público".

98 Súmula 232: "A Fazenda Pública, quando parte no processo, fica sujeita à exigência do depósito prévio dos honorários do perito".

99 "Art. 400 Parágrafo único. Sendo necessário, o juiz pode adotar medidas indutivas, coercitivas, mandamentais ou sub-rogatórias para que o documento seja exibido".

100 "Art. 403 Parágrafo único. Se o terceiro descumprir a ordem, o juiz expedirá mandado de apreensão, requisitando, se necessário, força policial, sem prejuízo da responsabilidade por crime de desobediência, pagamento de multa e outras medidas indutivas, coercitivas, mandamentais ou sub-rogatórias necessárias para assegurar a efetivação da decisão".

101 Súmula 372: "Na ação de exibição de documentos, não cabe a aplicação de multa cominatória".

102 Confira-se a decisão da 2ª Seção do STJ no recurso repetitivo REsp 1.333.988-SP.

103 Súmula 518: "Para fins do art. 105, III, a, da Constituição Federal, não é cabível recurso especial fundado em alegada violação de enunciado de súmula".

com a nova sistemática, a observância da posição sumulada advém de dispositivo legal expresso.

Na realidade, com todas as vênias, parecia existir uma verdadeira incongruência, não sendo a matéria tratada de maneira uniforme. Por exemplo: o próprio tribunal autorizava o ajuizamento da rescisória ante o descumprimento de princípio,[104] alargando a noção de "lei" para "norma jurídica", tendência concretizada no novel artigo 966, inciso V.

Por outro lado, não se admitia a rescisão de julgado em razão de enunciado de súmula. Algumas reflexões são imperiosas, nesse ponto: então a súmula não é norma jurídica? Ou melhor, dela não se extrai norma jurídica (adotando a dicotomia texto-norma)? Seguramente que sim, sob pena de considerarmos as súmulas meros devaneios dos tribunais.

A rigor, aliás, o enunciado é um mero texto, de onde o aplicador do Direito irá retirar uma norma para o caso concreto.[105] Pensar diferentemente seria proclamar uma atividade robótica dos magistrados, totalmente divorciada dos valores do novo código, que persegue a decisão justa e eficaz, sempre cooperativa.

Também como devaneios poderíamos classificar os enunciados de súmulas caso não fosse possível presumir que o mesmo buscasse, ao menos de forma indireta, fundamentação em algum comando legal. Embora, na prática, devamos reconhecer que algumas súmulas são verdadeiras leis em sentido material,[106] a separação dos poderes desautorizaria a atividade inventiva por parte dos tribunais.

Ou, ainda, se aceitarmos que os julgadores podem, efetivamente, criar o Direito,[107] como não enxergar a incongruência referente à desconsidera-

---

104 STJ. 1ª Turma. REsp 1458607/SC, Rel. Min. Napoleão Nunes Maia Filho, julgado em 23/10/2014.

105 "Não se pode conceber a existência de atividade jurídica sem interpretação. Isso porque não há um 'descobrir a norma', a partir de um significado já contido dentro de seu texto (o que na Hermenêutica Clássica se chamava de Auslegung – tirar do texto algo que ele contém em si mesmo), mas um poduzir/atribuir sentido (Sinngebung – dar sentido) à norma diante da problematização. (...) O que é uma súmula? Ela não é um texto? Se são textos – e são – não é necessário que a eles atribuamos normas? Parece elementar a conclusão." (STRECK; ABBOUD. Op. cit. p. 1200).

106 Muito inquietante, embora afeta ao Direito Penal, é a situação do enunciado 231("A incidência da circunstância atenuante não pode conduzir à redução da pena abaixo do mínimo legal"), aplicado diuturnamente de maneira acrítica pelos tribunais todos, em clara afronta ao artigo 65 do Código Penal, que estatui circunstâncias que *sempre* atenuam a pena. Se no ramo da *ultima ratio*, onde o princípio da legalidade é basilar, o quadro é esse, é ingênuo pensar que seja diverso nos demais setores do Direito.

107 "Sucede que, não obstante a evolução da teoria da interpretação, o modelo de Corte associado ao formalismo interpretativo sobreviveu e ainda está presente no Brasil e, com maior ou menor intensidade, em quase todos os sistemas de *civil law*.

ção do caráter normativo dos enunciados sumulados? Desenha-se, assim, um emaranhado bastante insolúvel: as súmulas não raro inovam no ordenamento, ganhando respaldo e sendo aplicadas reiteradamente pelo próprio tribunal editor e pelos inferiores a ele (algo que somente aumentará com o advento do código atual), mas não servem de fundamento, quando desobedecidas, para a rescisão de um julgado que, em carreira solo, a contrarie, simplesmente porque não seria norma jurídica.

Ademais, se caminhamos para o fortalecimento da unidade jurisprudencial, objetivando uma jurisprudência "íntegra, estável e coerente", o respeito à visão das cortes de vértice acerca do ordenamento jurídico (notadamente o STJ, em matéria legal) é uma condição *sine qua non*.

A jurisprudência inegavelmente é fonte (mesmo que abstrata)[108] do direito processual, servindo de base para o delineio das fontes concretas, isto é, a lei. E o é tanto quanto os princípios, cuja violação, ao menos na escala de vícios rescisórios, estaria em patamar diferente, segundo a súmula 518, ora atacada.

O tratamento garantido à motivação das decisões, pelo artigo 489, deixa límpido que a ignorância de entendimento jurisprudencial assente pelo magistrado sentenciante ensejará a nulidade do *decisum*. Indaga-se: não é a ação rescisória meio apto para se buscar esse reconhecimento, quando o vício se revestir pela capa da coisa julgada?

Todo esse raciocínio, atinente às hipóteses de ajuizamento de ação rescisória, se aplica ao cabimento do recurso especial, cujo pressuposto é idên-

---

Note- se que, quando a função da corte de vértice se resume à declaração do sentido exato da lei, nada é adicionado à legislação e, assim, não há como ter decisão que revela um sentido atribuído à lei e, por consequência, motivo para ter precedente dotado de autoridade. Se a decisão da Corte define o sentido *exato da lei* basta um sistema que garanta a correção das decisões que dele discrepem, dirigida ao passado. Entretanto, quando a decisão da Corte atribui sentido ao direito – porque se acredita na dissociação entre texto e norma –, outorga-se unidade ao direito com a elaboração do precedente. Proclamar a interpretação mediante precedente e, assim, garantir a unidade do direito, é a função da Corte Suprema, o que quer dizer que a "uniformidade da interpretação" não pode mais ser meio de controle da legalidade, devendo ser vista como sinônimo de "unidade do direito". Melhor explicando: a interpretação uniforme era meio de controle da legalidade e o precedente é meio de tutela da igualdade, na medida em que a interpretação não mais é método para a revelação da norma contida na lei, porém instrumento para a elaboração do seu significado. Portanto, uma corte de vértice só pode ser vista como Corte de Interpretação que, ao atribuir significado ao direito, por mera consequência garante a igualdade perante o direito" (MARINONI, Luiz Guilherme. A Ética dos Precedentes: justificativa do novo CPC. 2. ed. rev., atual e ampl. São Paulo: Editora Revista dos Tribunais, 2016, pp. 66-67).

---

108 CINTRA, Antonio Carlos de Araújo; GRINOVER, Ada Pellegrini; DINAMARCO, Cândido Rangel. Op. cit., pp. 98-100; SIFUENTES, Mônica. Súmula vinculante: um estudo sobre o poder normativo dos tribunais. São Paulo: Saraiva, 2005, p. 162.

tico: violação à lei (federal). Ora, se o Superior Tribunal de Justiça entendia que a "literal disposição de lei" (art. 485, V do CPC/73) abarcava a norma jurídica como um todo, e isso motivou o legislador a alterar o comando, no novo código, seria incompreensível que a mesma lógica – louvável, porque não se apega ao frio texto legal – não fosse importada para a interpretação do art. 105, III, *a* da Constituição Federal.

Ignorando essa interpretação dada pelo STJ ao dispositivo revogado, imaginando-se que a mudança quase que redacional operada no art. 966 fosse uma revolução, poder-se-ia chegar, equivocadamente, à conclusão no sentido de excluir sua extensão para o cabimento do recurso especial, uma vez que a Constituição não teria sido modificada, enquanto o Código de Processo Civil foi.

Estamos, desse modo, diante de gigante incompatibilidade criada pelo Superior Tribunal. Primeiro, porque a própria corte garante caráter normativo à jurisprudência, especificamente aos enunciados de súmula, inovando na ordem jurídica; segundo, porque, hermeneuticamente, do texto contido no enunciado o intérprete retira uma norma, para o caso em tela; terceiro, porque a jurisprudência merece ser considerada fonte do direito; quarto, porque o referido tribunal já lia, quando tratava da ação rescisória (art. 485, V), "dispositivo de lei" como "norma jurídica", sendo chocante que não o fizesse ao interpretar o art. 105, III, a da Carta Constitucional; e quinto, porque o próprio código robusteceu a obrigatoriedade de se observar os posicionamentos sumulados no art. 927 (ou seja, passa a existir lei federal que obriga a observância das súmulas); .

É esse último aspecto, enfim, que permite considerarmos superado o entendimento segundo o qual não cabe recurso especial por violação a enunciado de súmula. A jurisprudência defensiva dificilmente admitirá essa realidade – nem por isso, a doutrina deve se curvar, tolerando paradoxos patentes.

Mudando de ares, para a matéria executiva, entendeu o legislador por fixar, de maneira aparentemente absoluta, a prioridade da penhora do dinheiro (artigo 835 §1º),[109] não mais se falando em discricionariedade do magistrado para inverter a ordem legal, ao menos no tocante ao primeiro inciso do dispositivo. Com isso, a súmula 417 deverá ser cancelada.[110]

No tocante à dinâmica da expropriação de bens, suplantado está a súmula 128.[111] Ainda que abarque a execução fiscal, tal entendimento se baseava no diploma processual geral à época em vigor, sendo certo que, com

109 "Art. 835 § 1º É prioritária a penhora em dinheiro, podendo o juiz, nas demais hipóteses, alterar a ordem prevista no caput de acordo com as circunstâncias do caso concreto".

110 Súmula 417: "Na execução civil, a penhora de dinheiro na ordem de nomeação de bens não tem caráter absoluto".

111 Súmula 128: "Na execução fiscal haverá segundo leilão, se no primeiro não houver lanço superior à avaliação".

o advento do artigo 891, parágrafo único,[112] deverá ser revisto, podendo-se falar em alienação do bem por valor inferior ao da avaliação, desde que não vil, na forma da lei.

Prosseguindo na visão topográfica da novel legislação, encontramos o artigo 942, mencionado *supra*. Com efeito, compreendo que não há uma automática superação de todas as súmulas que tratem dos embargos infringentes, ao menos materialmente, tendo em vista sua persistência na técnica de julgamento instituída. Alguns entendimentos, contudo, foram efetivamente ultrapassados, se fizermos uma ginástica hermenêutica.

É o caso da súmula 169,[113] que afastava o referido recurso nos processos de julgamento de mandado de segurança, posição que foi abraçada pela Lei 12.016/09, em seu artigo 25.[114] Sucede, porém, que, com o desaparecimento dessa insurgência específica, a legislação nada diz sobre a técnica de julgamento, o que constitui excelente primeiro argumento, literal, pela sua aplicabilidade.

Deve-se perceber, em acréscimo, que a *ratio* da vedação era tão somente garantir celeridade ao feito, retirando-se o julgamento de um demorado recurso (ao menos, do ponto de vista cartorário), e não impedir o aprimoramento do *decisum*, que é a finalidade do artigo 942. Assim, tendo em vista que surgiu um bônus (uma melhor decisão) sem ônus (o retardo intrínseco ao recurso), haja vista que a técnica deve ser empregada, se possível, até mesmo no próprio dia, afigura-se perfeitamente aplicável, e até recomendável, a suplantação do enunciado em apreço.

Adentrando a matéria dos recursos, o artigo 941 §3º[115] positiva justamente o contrário do contido na súmula 320,[116] passando a considerar o voto vencido como integrante da decisão, para fins de pré-questionamento.[117] Atende-se a melhoria da prestação do Judiciário, bem como se

112 "Art. 891 Parágrafo único. Considera-se vil o preço inferior ao mínimo estipulado pelo juiz e constante do edital, e, não tendo sido fixado preço mínimo, considera-se vil o preço inferior a cinquenta por cento do valor da avaliação".

113 Súmula 169: "São inadmissiveis embargos infringentes no processo de mandado de segurança".

114 "Art. 25. Não cabem, no processo de mandado de segurança, a interposição de embargos infringentes e a condenação ao pagamento dos honorários advocatícios, sem prejuízo da aplicação de sanções no caso de litigância de má-fé".

115 "Art. 941 § 3º O voto vencido será necessariamente declarado e considerado parte integrante do acórdão para todos os fins legais, inclusive de pré-questionamento".

116 Súmula 320: "A questão federal somente ventilada no voto vencido não atende ao requisito do prequestionamento".

117 Também interessa, para fins de pré-questionamento, o que sucedeu à súmula 211, por meio do artigo 1.025 do NCPC, comentado mais abaixo.

homenageia a necessidade da plena motivação, ainda que não no voto vencedor.

Sobre a tempestividade, o artigo 1.003 §4º[118] estabelece parâmetro diverso daquele trazido pela súmula 216.[119] Nesta, o recurso interposto pelo correio tinha que ser protocolado, no tribunal, no prazo recursal; agora, deve ser postado dentro dos 15 dias (exceto, naturalmente, se forem embargos declaratórios).

Na verdade, o que sucedeu foi uma correta equiparação do prazo para aqueles que protocolam a insurgência pessoalmente e os que litigam à distancia, construindo-se, de igual modo, salvaguarda para a hipótese de atraso no serviço dos Correios, o que não vem se afigurando raro, mantendo longe do processo a referida discussão – ganha-se, pois, em celeridade.

Acerca do preparo, há tratamento no artigo 1.007, notadamente §§2º e 4º,[120] em contrário ao da jurisprudência defensiva, especificamente exposta na súmula 187,[121] a qual, incluindo o porte de remessa e retorno dentro de tal pressuposto de admissibilidade recursal (o que, aliás, foi positivado no mesmo dispositivo), exigia a comprovação de seu pagamento integral quando da interposição, na origem. O código, felizmente homenageando a comunidade colaborativa que se forma no processo, permite que se oportunize a complementação do valor, em 5 dias, caso insuficiente o primeiro depósito, ou, se esse sequer existiu, que seja realizado em dobro, sob pena de deserção.

Ao tratar dos embargos de declaração, o artigo 1.024 §5º[122] alberga a

---

118 "Art. 1003 § 4º Para aferição da tempestividade do recurso remetido pelo correio, será considerada como data de interposição a data de postagem".

119 Súmula 216: "A tempestividade de recurso interposto no Superior Tribunal de Justiça é aferida pelo registro no protocolo da secretaria e não pela data da entrega na agência do correio".

120 "Art. 1.007. No ato de interposição do recurso, o recorrente comprovará, quando exigido pela legislação pertinente, o respectivo preparo, inclusive porte de remessa e de retorno, sob pena de deserção.
§ 2º A insuficiência no valor do preparo, inclusive porte de remessa e de retorno, implicará deserção se o recorrente, intimado na pessoa de seu advogado, não vier a supri-lo no prazo de 5 (cinco) dias.
§ 4º O recorrente que não comprovar, no ato de interposição do recurso, o recolhimento do preparo, inclusive porte de remessa e de retorno, será intimado, na pessoa de seu advogado, para realizar o recolhimento em dobro, sob pena de deserção".

121 Súmula 187: "É deserto o recurso interposto para o Superior Tribunal de Justiça, quando o recorrente não recolhe, na origem, a importância das despesas de remessa e retorno dos autos".

122 "Art. 1.024 § 5º Se os embargos de declaração forem rejeitados ou não alterarem a conclusão do julgamento anterior, o recurso interposto pela outra parte antes da publicação do julgamento dos embargos de declaração será processado e julgado independentemente de ratificação".

tendência do Supremo Tribunal Federal[123] em afastar a súmula 418[124] do STJ, que, embora tenha sido aplicada durante muito tempo de forma acrítica, chegou a ser relativizada pelo próprio tribunal que a editou, recentemente[125]. Trata-se do caso consistente na interposição de embargos de declaração por uma das partes e recurso especial/extraordinário pela outra, o que é possível ante o caráter não preclusivo dos aclaratórios.

Como dito, por longa data, o STJ, e mesmo o STF, eram assentes em exigir a ratificação da impugnação direcionada a si, após o julgamento dos embargos, ainda que este nada modificasse. O novo código, funcionando como reação legislativa, supera o entendimento, em comando específico, bem como o faz por norma genérica (o artigo 218 §4º,[126] que considera praticado o ato processual antes do início do seu prazo).

Outra novidade legislativa sobre o tema se localiza no dispositivo seguinte. O Novo Código de Processo Civil, reconhecendo a circunstância fática da sua interposição para fins de pré-questionamento, afasta a súmula 211,[127] que, de forma algo absurda, exigia friamente a manifestação do tribunal de 2ª instância acerca da matéria suscitada, sob pena de não se satisfazer a exigência do pré-questionamento. Caso o órgão julgador restasse silente, ainda assim, caberia à parte apresentar recurso especial por violação ao artigo 535 do CPC/73, o que era a única solução quando diante da inércia do tribunal *a quo*.

Ultrapassando tal dinâmica, que muito pouco acrescia à economia processual (representava, na realidade, mais um recurso), o artigo 1.025[128] inaugura comando que permite ao tribunal superior verificar a existência dos vícios atacáveis pelos aclaratórios, ainda que estes tenham sido inadmitidos pelo órgão ordinário. Tudo sem a necessidade de se alegar a violação ao comando que trata do referido recurso.

---

123 A 1ª Turma, novamente em acórdão do ilustre Ministro Marco Aurélio, afastou a intempestividade *ante tempus* no RE 680371, julgado em 11/06/2013.

124 Súmula 418: "É inadmissível o recurso especial interposto antes da publicação do acórdão dos embargos de declaração, sem posterior ratificação".

125 Durante a *vacatio* do NCPC, a Corte Especial, no REsp 1.129.215/DF, desconsiderou a súmula, para o caso de não haver modificação da decisão impugnada simultaneamente por embargos de declaração, de uma parte, e por recurso extraordinário, *lato sensu*, da outra. O julgado é de 16/09/2015.

126 "Art. 218 § 4º Será considerado tempestivo o ato praticado antes do termo inicial do prazo".

127 Súmula 211: "Inadmissível recurso especial quanto à questão que, a despeito da oposição de embargos declaratórios, não foi apreciada pelo tribunal a quo".

128 "Art. 1.025. Consideram-se incluídos no acórdão os elementos que o embargante suscitou, para fins de pré-questionamento, ainda que os embargos de declaração sejam inadmitidos ou rejeitados, caso o tribunal superior considere existentes erro, omissão, contradição ou obscuridade".

Na esteira da instrumentalidade do processo, sempre com vistas à resolução do mérito, o mosaico formado pelos artigos 1.029 § 3º,[129] 932, parágrafo único, e 104 §1º[130] da novel legislação implica na superação da súmula 115,[131] a qual, em mais um entendimento motivado na conveniência dos julgadores, reputava inexistente o recurso interposto, em sede extraordinária, por advogado sem procuração nos autos, sem dar margem para corrigir o vício, o que poderia ser feito sem maiores dificuldades.

Mesmo no âmbito do código revogado, que aparentemente cumulava a sanção de inexistência para os atos praticados pelo patrono em caso de ausência de procuração, em seu artigo 37, parágrafo único,[132] entendia-se, como regra geral, que estes seriam anuláveis, segundo o Estatuto da OAB.[133] O Novo Código de Processo Civil, no artigo 104, §2º, remodela o tema, esclarecendo ser hipótese de ineficácia.[134]

Tal modificação, somada à já comentada flexibilização, por força da lei, do momento de verificação dos requisitos recursais, possibilitando a correção dos vícios (formais ou não, pelo artigo 932, parágrafo único; ou apenas formais, para os recursos especial e extraordinário, na forma do artigo 1.029 §3º),[135] leva-nos à inevitável conclusão de que o rigor do verbete sumular não mais se coaduna com o ordenamento.

---

129 "Art. 1.029 § 3o O Supremo Tribunal Federal ou o Superior Tribunal de Justiça poderá desconsiderar vício formal de recurso tempestivo ou determinar sua correção, desde que não o repute grave".

130 "Art. 104. O advogado não será admitido a postular em juízo sem procuração, salvo para evitar preclusão, decadência ou prescrição, ou para praticar ato considerado urgente. § 1º Nas hipóteses previstas no caput, o advogado deverá, independentemente de caução, exibir a procuração no prazo de 15 (quinze) dias, prorrogável por igual período por despacho do juiz".

131 Súmula 115: "Na instância especial é inexistente recurso interposto por advogado sem procuração nos autos".

132 "Art. 37 Parágrafo único. Os atos, não ratificados no prazo, serão havidos por inexistentes, respondendo o advogado por despesas e perdas e danos".

133 "Art. 4º São nulos os atos privativos de advogado praticados por pessoa não inscrita na OAB, sem prejuízo das sanções civis, penais e administrativas. Parágrafo único. São também nulos os atos praticados por advogado impedido – no âmbito do impedimento – suspenso, licenciado ou que passar a exercer atividade incompatível com a advocacia. Art. 5º O advogado postula, em juízo ou fora dele, fazendo prova do mandato. § 1º O advogado, afirmando urgência, pode atuar sem procuração, obrigando-se a apresentá-la no prazo de quinze dias, prorrogável por igual período".

134 "Art. 104 § 2º O ato não ratificado será considerado ineficaz relativamente àquele em cujo nome foi praticado, respondendo o advogado pelas despesas e por perdas e danos".

135 "Art. 1.029 § 3º O Supremo Tribunal Federal ou o Superior Tribunal de Justiça poderá desconsiderar vício formal de recurso tempestivo ou determinar sua correção, desde que não o repute grave".

Sendo essas as principais interações entre a letra da lei e os enunciados de súmula do STJ, cabe, por fim, trazer, muito sucintamente, dois casos relativamente polêmicos, indicadores de tantos outros que serão resolvidos oportunamente, pela doutrina e pelos tribunais.

O primeiro seria o da súmula 345,[136] que pode ser erroneamente considerada superada, ante o tratamento dos honorários na execução contra a Fazenda Pública pelo artigo 85 §7º. Ocorre, porém, que a *ratio* do verbete[137] se voltava às liquidações e posteriores execuções de sentença coletiva, onde, ao ver do tribunal, a atividade do advogado responsável pela individualização do *quantum* ensejaria o pagamento em questão.

Essa dicotomia entre feitos individuais e os coletivizados pouco ou nada muda com o advento da nova lei processual, de modo que se afigura razoável entender que o extenso dispositivo que rege a fixação de honorários, no novo código, não é tão abrangente a ponto de extrapolar os limites da própria norma geral. Se a intenção do legislador foi limitar-se ao tratamento da tutela individual,[138] não é precisamente no pontual caso dos honorários que sucederá uma interpretação toda ela muito particular, em benefício da Fazenda.

---

136 Súmula 345: "São devidos honorários advocatícios pela Fazenda Pública nas execuções individuais de sentença proferida em ações coletivas, ainda que não embargadas".

137 "A Terceira Seção do Superior Tribunal de Justiça, no julgamento dos Embargos de Divergência em Recurso Especial n. 720.839-PR, em 8.2.2006, Relator o Ministro Felix Fischer, pacificou entendimento de que, nas execuções advindas de ação coletiva contra a Fazenda Pública, mesmo que movidas por sindicatos ou associações de classe, como substituto processual, ainda que iniciadas após a edição da MP n. 2.180/2001, são devidos honorários advocatícios ao patrono dos exeqüentes, responsável que foi pela iniciativa de individualizar e liquidar o valor do débito" (voto do Ministro Paulo Gallotti no Agravo Regimental No Recurso Especial N. 693.525-SC).

138 A confidência é do Ministro do TCU, Bruno Dantas, em entrevista ao Conjur, disponível em http://www.conjur.com.br/2016-jul-03/entrevista-bruno-dantas-ministro-tcu--professor: "ConJur: O processo coletivo era posto como uma solução para o excesso de demanda judicial? Bruno Dantas: Uma solução possível era essa, mas o Congresso já a havia rejeitado. Houve sugestões para que o novo CPC tivesse um capítulo falando das ações coletivas, mas discutimos isso na comissão e afastamos a possibilidade. (...) Primeiro, porque entendíamos que a base principiológica do processo civil ordinário, clássico, é direcionada para aquele tipo de litígio individual. Colocar tudo no mesmo diploma legal poderia criar problemas. O outro problema foi de ordem pragmática. Se colocássemos no CPC uma proposta para o processo coletivo, atrairíamos para o projeto toda aquela oposição que já havia rejeitado o projeto da nova ação civil pública. Mas também não estávamos satisfeitos em fazer um projeto que fechasse os olhos para o contencioso de massa".

Segundo panorama instigante diz respeito à súmula 381,[139] que, buscando ponderar realidades não jurídicas, contraria o artigo 1º,[140] e diversos outros, do Código de Direito do Consumidor. Afinal, as normas de ordem pública e de interesse social são entendidas como sinônimo da possibilidade de se reconhecer de ofício suas violações, ante a vulnerabilidade e a hipossuficiência que norteiam as relações de consumo.

A justificativa processual para essa restrição seria o princípio da inércia da jurisdição, cabendo ao autor suscitar as causas de pedir e os pedidos que entender pertinentes, sendo certo que encontraria amparo legal no artigo 2º do CPC/73. Seu homônimo do Novo Código de Processo Civil[141], no entanto, parece tornar mais difícil a elástica interpretação proposta: existe permissão para que a lei excepcione a regra e, no âmbito consumerista, encontramos a norma exigida para o reconhecimento de ofício das nulidades, particularmente nos contratos bancários.

São questões, porém, que justificariam trabalhos inteiros e estudos mais detalhados. Fica, de todo modo, anunciada a posição, para o debate.

4.2. Súmulas do Supremo Tribunal Federal

Como dito *supra*, seja por haver tangenciamento com temática constitucional, seja por tê-los editado quando detinha competência sobre a matéria, também a Corte Máxima do país possui verbetes voltados à seara processual. Alguns deles, naturalmente, foram contrariados pelo novo código.

Uma inicial causa para essa caducidade dos entendimentos é a própria extinção de certos institutos. Veja-se, como exemplo, a nomeação à autoria, espécie de intervenção de terceiros muito oportunamente extinta pelo Novo Código de Processo Civil – basta, doravante, a alegação de ilegitimidade na própria contestação. Desse modo, a súmula 472,[142] que regulava os honorários na hipótese, perde sua função.

Curioso é o cenário da súmula 368,[143] que afirma o descabimento dos embargos infringentes em reclamação. Passando a questão acerca da ca-

139 Súmula 381: "Nos contratos bancários, é vedado ao julgador conhecer, de ofício, da abusividade das cláusulas".

140 "Art. 1° O presente código estabelece normas de proteção e defesa do consumidor, de ordem pública e interesse social, nos termos dos arts. 5°, inciso XXXII, 170, inciso V, da Constituição Federal e art. 48 de suas Disposições Transitórias".

141 "Art. 2º O processo começa por iniciativa da parte e se desenvolve por impulso oficial, salvo as exceções previstas em lei".

142 Súmula 472: "A condenação do autor em honorários de advogado, com fundamento no art. 64 do C. P. C., depende de reconvenção".

143 Súmula 368: "Não há embargos infringentes no processo de reclamação".

ducidade ou não dos enunciados acerca do referido recurso, e fazendo sua transmudação para a técnica de julgamento do artigo 942, podemos concluir pela incidência desta última também no processo reclamatório, vez que simplesmente não há vedação no artigo 942 §4º, taxativo e, na estética do Novo Código de Processo Civil, trata-se de regramento geral, para todos os demais feitos.

O artigo 1.034, em especial seu parágrafo único,[144] igualmente contraria, pela lei, entendimento pacificado, da súmula 292,[145] no sentido de que a admissão do recurso extraordinário, pelo tribunal inferior, por qualquer dos fundamentos suscitados permite que a corte superior se debruce sobre o mérito recursal *in totum*. Na mesma linha, a súmula 528[146] restou sepultada, ante a inovação legal que restringe o efeito devolutivo no bojo dos recursos extraordinários.

Os embargos de divergência, recurso este mantido pela nova codificação, recebem mudança paramétrica: por força do artigo 1.043 § 3º,[147] acórdãos oriundos da mesma turma que proferiu a decisão impugnada, mas com nova composição, passam a servir para o cotejo essencial a este meio impugnativo. Antes da lei ora vigente, a súmula 353,[148] frontalmente contrário ao novo código, impedia, de forma absoluta, a comparação nesses termos.

5. Conclusões

Realizado um primeiro estudo sobre o tema, ficam claras algumas embrionárias conclusões:

Não existe caráter vinculante indiscriminado para todos os entendimentos sumulados pelo Supremo Tribunal Federal e pelo Superior Tribunal de Justiça pelo simples advento do artigo 927 do novo código. Tais parâme-

144 "Art. 1.034 Parágrafo único. Admitido o recurso extraordinário ou o recurso especial por um fundamento, devolve-se ao tribunal superior o conhecimento dos demais fundamentos para a solução do capítulo impugnado".

145 Súmula 292: "Interposto o recurso extraordinário por mais de um dos fundamentos indicados no art. 101, n. III, da Constituição, a admissão apenas por um deles não prejudica o seu conhecimento por qualquer dos outros".

146 Súmula 528: "Se a decisão contiver partes autônomas, a admissão parcial, pelo Presidente do Tribunal a quo, de recurso extraordinário que, sobre qualquer delas se manifestar, não limitará a apreciação de todas pelo Supremo Tribunal Federal, independentemente de interposição de agravo de instrumento".

147 "Art. 1.043 § 3º Cabem embargos de divergência quando o acórdão paradigma for da mesma turma que proferiu a decisão embargada, desde que sua composição tenha sofrido alteração em mais da metade de seus membros".

148 Súmula 353: "São incabíveis os embargos da L. 623, de 19.2.49, com fundamento em divergência entre decisões da mesma Turma do Supremo Tribunal Federal".

tros jurisprudenciais somente geram efeitos em razão dos dispositivos específicos que eventualmente os adotam como critério para formas especiais de prestação jurisdicional;

Os enunciados administrativos do STJ, em matéria intertemporal, acabaram por revelar a já conhecida jurisprudência defensiva da corte, notadamente os de número 5 e 6, razão pela qual merecem receber um olhar crítico;

Foram consideradas consagradas no Novo Código de Processo Civil as seguintes súmulas do Superior Tribunal de Justiça: 58, 99, 181, 224, 226, 240, 255, 279, 282, 292, 309, 314, 339, 375, 390, 401, 419, 481, 487. Quanto às súmulas do Supremo Tribunal Federal, tem-se como positivadas ao menos as de número 231, 636 e 734.

Por outro lado, restam superadas pela nova codificação diversas súmulas do STJ, em especial: 115, 128, 169, 187, 211, 216, 232, 306, 320, 372, 417, 418, 53 e 518. No tocante aos enunciados oriundos do STF, soam ultrapassados os de número 292, 353, 368, 472 e 528.

De resto, tantas outros verbetes passaram ao largo deste trabalho, ante sua limitação. Caberá ao tempo resolver muitas questões sobre o novo código – a ultrapassagem de súmulas será mais uma delas.

6. Referências bibliográficas

BAHIA, Alexandre Melo Franco; NUNES, Dierle; PEDRON, Flávio Quinaud; THEODORO Jr., Humberto. *CPC/15 – fundamentos e sistematização*. 2ª ed. Rio de Janeiro: Forense, 2015.

BARBOSA MOREIRA, José Carlos. A emenda constitucional n° 45 e o processo. In: *Revista do Ministério Público*, Rio de Janeiro, n. 23, p. 165-178, jan. / jun. 2006.

BUENO, Cássio Scarpinella. *Novo Código de Processo Civil anotado*. São Paulo: Saraiva, 2015.

CAMARGO, Luiz Henrique Volpe. *Pela Ordem: A polêmica sobre o início da vigência do Novo CPC*. Texto publicado em 22 de outubro de 2015. Disponível em: http://jota.uol.com.br/pela-ordem-a-polemica-sobre-o-inicio-da-vigencia-do-cpc2015. Acesso em 30 de junho de 2016.

CHEIM JORGE, Flávio; SIQUEIRA, Thiago Ferreira. A sanabilidade dos requisitos de admissibilidade dos recursos. In: DIDIER JR, Fredie (coord.) MACÊDO, Lucas Buril; PEIXOTO, Ravi; FREIRE, Alexandre (orgs.) *Novo CPC doutrina selecionada, v.6: processo nos tribunais e meios de impugnação às decisões judiciais*. Salvador: Jus Podivm, 2016.

CINTRA, Antonio Carlos de Araújo; GRINOVER, Ada Pellegrini; DINAMARCO, Cândido Rangel. *Teoria Geral do Processo*. 25 ed. São Paulo: Malheiros, 2009.

CRAMER. Ronaldo. In WAMBIER, Teresa Arruda Alvim; DIDIER JR, Fredie; TALAMINI, Eduardo; DANTAS, Bruno. *Breves comentários ao novo Código de Processo Civil*. São Paulo: RT, 2015.

DALLA, Humberto; ALVES, Tatiana Machado. A cooperação e a principiologia no processo civil brasileiro. Uma proposta de sistematização. In: *Revista Eletrônica de Direito Processual*. v. XII.

STRECK, Lenio; ABBOUD, Georges. Art. 932. In: STRECK, Lenio; NUNES, Dierle; CUNHA, Leonardo (orgs.). *Comentários ao código de processo civil*. São Paulo: Saraiva, 2016.

MARINONI, Luiz Guilherme. *A ética dos precedentes: justificativa do novo CPC*. 2 ed. São Paulo: Revista dos Tribunais, 2016.

MARINONI, Luiz Guilherme; ARENHART, Sergio Cruz; MITIDIERO, Daniel. *Novo Código de Processo Civil comentado*. São Paulo: Revista dos Tribunais, 2015.

ROGER, Franklyn; ESTEVES, Diogo. *Princípios institucionais da defensoria pública*. Rio de Janeiro: Forense. 2014.

SIFUENTES, Mônica. *Súmula vinculante*: um estudo sobre o poder normativo dos tribunais. São Paulo: Saraiva, 2005.

WOLKART. Erik Navarro. Precedentes no Brasil e cultura: um caminho tortuoso, mas, ainda assim, um caminho. In: *Revista de Processo*. São Paulo: Revista dos Tribunais. 2015. v. 243.

O DEVER DE GARANTIR A PUBLICIDADE DOS PRECEDENTES: OS CADASTROS DO CNJ E DOS TRIBUNAIS

Marcela Kohlbach de Faria

1. Introdução

Nas últimas décadas, verificamos um movimento de aproximação dos sistemas de *common law* e *civil law,* o que implica em algumas consequências que são refletidas nas alterações no ordenamento jurídico brasileiro. Se por um lado os países de tradição da *common law* cada vez mais trabalham com um sistema de direito legislado, por outro lado, os países de tradição da *civil law* tem adotado cada vez mais um sistema de precedentes vinculantes, manifestando preocupação em garantir a isonomia e a segurança jurídica na aplicação do direito.[1-2]

Um dos pontos de partida para a adoção de um sistema de precedentes encontra-se na percepção de que o texto normativo não se confunde com a norma, sendo esta o resultado da interpretação daquele. Essa nova compreensão do significado de interpretação jurídica,

---

1 MITIDIERO, Daniel. "Precedentes, Jurisprudência e súmulas no novo código de processo civil brasileiro" Revista de Processo, vol. 245, julho de 2015, São Paulo: Revista dos Tribunais, p. 333.

2 "O sistema jurídico que reconhece a importância dos precedentes (sejam eles vinculantes, impeditivos de recursos, ou persuasivos), tal como o brasileiro, busca, por meio dessa técnica, assegurar a efetividade de algumas garantias constitucionais, tais como devido processo legal (soluções iguais sendo aplicadas a processos semelhantes), a isonomia (decisões semelhantes para casos parecidos), a segurança jurídica e a efetividade da tutela jurisdicional." REDONDO, Bruno Garcia. Precedente judicial no direito processual civil brasileiro. Coord. MENDES, Aluisio Gonçalves de Castro; MARINONI, Luiz Guilherme; WAMBIER, Teresa Arruda Alvim. Direito jurisprudencial, vol. 2. São Paulo: RT, 2014, p. 167-188.

superando-se o método subsuntivo, confere maior importância à decisão judicial.[3]

No sistema brasileiro, além da necessidade de garantir isonomia e segurança jurídica, outro problema exsurge manifesto: a grande acumulação de processos nos tribunais, o que acaba por inviabilizar a efetividade e celeridade no julgamento de tantas demandas.[4] Assim, o Código de Processo Civil de 2015, dentre suas diversas inovações, consagra um sistema que estabelece precedentes vinculantes, elencados no seu artigo 927[5]. Ademais, o diploma processual impõe alguns deveres para o Tribunal com relação aos precedentes. Afirma o artigo 926 do CPC a necessidade de os Tribunais uniformizarem a sua jurisprudência, mantendo-a estável, íntegra e coerente. O artigo 927, § 5º, por sua vez, afirma que os tribunais darão publicidade a seus precedentes, organizando-os por questão jurídica decidida e divulgando-os, preferencialmente, na rede mundial de computadores.

O presente trabalho irá se debruçar justamente sobre a necessidade de garantir a adequada publicidade dos precedentes, identificando a forma adequada de realização de cadastros de precedentes vinculantes, bem como as informações necessárias para a adequada divulgação dos mesmos.

---

3 ABBOUD, Georges. "Interpretação e aplicação dos provimentos vinculantes do Novo Código de Processo Civil a partir do paradigma do pós-positivismo". Revista de Processo, vol. 245/2015, São Paulo: Revista dos Tribunais, julho de 2015, p; 351-377.

4 "Mas o mal do congestionamento judiciário não reside, portanto, exclusivamente no Supremo Tribunal Federal e no Superior Tribunal de Justiça. Existem atualmente cerca de 2.500.000 processos à espera de julgamento nas diversas instâncias da Justiça brasileira. Essa indisfarçável realidade deve conduzir a reflexões e propostas de âmbito até mais alargado que o do poder vinculante das decisões desses 2 tribunais. Como adiante se dirá, até por coerência legitimar-se-á a atribuição de tal eficácia generalizada à jurisprudência do próprio Supremo, do Superior Tribunal de Justiça e também dos tribunais locais (estaduais e regionais federais). Em outras palavras: atribuí-la à jurisprudência do tribunal dotado de competência máxima no tocante a todas as possíveis matérias trazidas ao controle jurisdicional – matéria constitucional, matéria federal infraconstitucional e matéria estadual ou municipal." DINAMARCO, Cândido Rangel. Decisões Vinculantes. Revista de Processo, vol. 100, São Paulo: Revista dos Tribunais, out. – dez. de 2000, p. 166 – 185.
DTR\2000\526

5 "Art. 927. Os juízes e os tribunais observarão:
I – as decisões do Supremo Tribunal Federal em controle concentrado de constitucionalidade;
II – os enunciados de súmula vinculante;
III – os acórdãos em incidente de assunção de competência ou de resolução de demandas repetitivas e em julgamento de recursos extraordinário e especial repetitivos;
IV – os enunciados das súmulas do Supremo Tribunal Federal em matéria constitucional e do Superior Tribunal de Justiça em matéria infraconstitucional;
V – a orientação do plenário ou do órgão especial aos quais estiverem vinculados."

2. Da relevância da publicidade em um sistema de precedentes vinculantes

Conforme observam Fredie Didier Jr., Paula Sarno Braga e Rafael de Oliveira, para dar efetividade ao sistema de precedentes judiciais, é necessário redimensionar o princípio da publicidade.[6]

De fato, a publicidade constitui garantia prevista no artigo 5º, LX da Constituição da República, ressalvadas as hipóteses excepcionais de segre do de justiça.[7] Há, portanto, um interesse público à informação sobre os atos processuais, o qual funciona como forma de legitimação e controle das atividades de todos os personagens que atuam no processo.

Não obstante, uma vez que as decisões judiciais passam a ser fonte de precedentes com força jurídica, não basta que haja a publicidade na forma como usualmente se concebe, mas faz-se necessária uma publicidade adequada.

A publicidade adequada é de suma relevância seja do ponto de vista do julgador, o qual tem o dever de conhecer para que possa aplicar os precedentes vinculantes, seja do ponto de vista das partes e advogados, que devem conhecer os precedentes para não ingressar com uma demanda que vá de encontro com os mesmos e sofrer consequências jurídicas negativas.[8]

Ademais, alguns dos procedimentos de formação de precedentes vinculantes, autorizam a ampla participação de terceiros interessados, como é o caso do incidente de resolução de demandas repetitivas e o julgamento de recurso especial e extraordinário repetitivo. Nessas hipóteses a participação dos interessados pressupõe a ciência prévia sobre a própria existência do incidente ou recurso. Assim, a publicidade, não somente com relação ao julgamento, mas com relação à própria instauração do procedimento é de suma relevância para garantir a ampla participação dos interessados e, portanto, melhor fundamentação e maior legitimidade das decisões judiciais.

---

6 Curso de Direito Processual Civil, vol. 2, 11 ed. Salvador: juspodivum, 2016, p. 489.

7 "Vê-se pela letra de referidos dispositivos constitucionais, que o direito brasileiro adota, como regra, o regime da publicidade absoluta (ou externa), limitando-o, contudo, com exceções que são manifestação do regime de publicidade restrita (interna)". MEDINA, José Miguel Garcia. Direito Processual Civil Moderno, São Paulo: Revista dos Tribunais, 2015, p. 320

8 No sistema do Código de Processo Civil de 2015, alguns precedentes possuem eficácia obstativa da revisão de decisões judiciais, podendo o juiz julgar liminarmente improcedente o pedido (art. 332) e o relator negar provimento monocraticamente ao recurso (art. 932, inciso IV).

3. Da realização de cadastros para garantir a consulta aos precedentes

A forma de organização e publicidade dos precedentes é regulamentada em dois dispositivos do CPC/2015. O primeiro é o supracitado parágrafo 5º do artigo 927 afirma que: *"Os tribunais darão publicidade a seus precedentes, organizando-os por questão jurídica decidida e divulgando-os, preferencialmente, na rede mundial de computadores."*

Da mesma forma, ao tratar do incidente de resolução de demandas repetitivas, o artigo 979 do diploma processual assim dispõe:

> "Art. 979. A instauração e o julgamento do incidente serão sucedidos da mais ampla e específica divulgação e publicidade, por meio de registro eletrônico no Conselho Nacional de Justiça.
> § 1º. Os tribunais manterão banco eletrônico de dados atualizados com informações específicas sobre questões de direito submetidas ao incidente, comunicando-o imediatamente ao Conselho Nacional de Justiça para inclusão no cadastro.
> § 2º. Para possibilitar a identificação dos processos abrangidos pela decisão do incidente, o registro eletrônico das teses jurídicas constantes do cadastro conterá, no mínimo, os fundamentos determinantes da decisão e os dispositivos normativos a ela relacionados.
> § 3º. Aplica-se o disposto neste artigo ao julgamento de recursos repetitivos e da repercussão geral em recurso extraordinário."

Assim, ao tratar da publicidade da instauração e julgamento do incidente, o que se aplica também ao julgamento de recursos excepcionais repetitivos, o CPC vai além e prevê a criação de banco de dados com informações específicas, que será gerenciado pelo Conselho Nacional de Justiça e descreve minimamente o que os referidos cadastros devem conter, ou seja, os fundamentos determinantes da decisão e os dispositivos normativos a ela relacionados.

Veja que o próprio dispositivo dispõe que tais informações são o mínimo necessário, deixando claro que os cadastros podem (e devem) conter informações mais específicas e adequadas de forma a permitir que os jurisdicionados tenham acesso às informações.

Com efeito, a clareza e ampla publicidade das informações não são só relevantes do ponto de vista do jurisdicionado. O próprio judiciário, com todos os seus órgãos, tem não só o interesse, mas o dever de conhecer os precedentes vinculantes, para que possam observá-los no julgamento de casos análogos, ou mesmo para expressamente diferenciá-los, como manda o artigo 489, § 1º, inciso VI do CPC.[9]

9 § 1o Não se considera fundamentada qualquer decisão judicial, seja ela interlocutória, sentença ou acórdão, que:
(...)

Assim, se por um lado é inequívoca a relevância de garantir a ampla publicidade dos precedentes, por outro, a lei é omissa quanto ao que deve constar dos cadastros para garantir a publicidade satisfatória dos mesmos, limitando-se a ditar padrões mínimos a serem observados. Assim, o presente estudo passará a analisar, à luz dos precedentes obrigatórios fixados no artigo 927, quais seriam os parâmetros adequados a serem adotados pelo CNJ e pelos Tribunais para a realização dos cadastros de teses afetadas e julgadas.

4. Cadastro realizado pelo Conselho Nacional de Justiça na forma do artigo 979 do CPC

Com efeito, o Conselho Nacional de Justiça é instituição pública que visa aperfeiçoar o trabalho do sistema judiciário brasileiro, principalmente no que diz respeito ao controle e à transparência administrativa e processual. Assim, pela própria disposição do CPC, no caso de instauração ou julgamento de incidente de resolução de demandas repetitivas a divulgação e publicidade serão feitas por meio de cadastro no CNJ, o que se aplica igualmente ao julgamento de recursos repetitivos e da repercussão geral em recurso extraordinário. As informações constantes do cadastro do CNJ serão fornecidas pelos próprios tribunais de onde o incidente ou afetação da tese em recursos repetitivos se originou.

Nessas hipóteses, portanto, são dois os momentos de realização do cadastro: o primeiro ocorre na ocasião da instauração do incidente ou da afetação do recurso repetitivo e o segundo após o julgamento do incidente ou do recurso.

Importante observar que a decisão de afetação do recurso repetitivo e a decisão de admissão do incidente de resolução de demandas repetitivas tem como consequência a suspensão de todos os processos no estado ou região, conforme o caso. Assim, é absolutamente relevante a correta divulgação da decisão para que a extensão da suspensão possa ser corretamente aplicada e, ainda, para possibilitar a parte interessada a impugnar a decisão que determina a suspensão, por meio da demonstração de distinção entre a tese afetada e a demanda suspensa.

Em 13 de julho de 2016 o Conselho Nacional de Justiça editou a Resolução nº 235, que dispõe sobre a padronização de procedimentos administrativos decorrentes de julgamentos de repercussão geral, de casos repetitivos e de incidente de assunção de competência, no Superior Tribunal de Justiça, no Tribunal Superior Eleitoral, no Tribunal Superior do Trabalho, no Superior Tribunal Militar, nos Tribunais Regionais Federais, nos Tribunais

VI – deixar de seguir enunciado de súmula, jurisprudência ou precedente invocado pela parte, sem demonstrar a existência de distinção no caso em julgamento ou a superação do entendimento."

Regionais do Trabalho e nos Tribunais de Justiça dos Estados e do Distrito Federal.

O objetivo da Resolução foi justamente unificar o procedimento para o sobrestamento dos casos análogos e cadastros dos precedentes, além de criar um núcleo especializado para tal padronização.

Na forma do artigo 2º e 3º da Resolução, o STJ e o TST são os gestores dos recursos repetitivos, de acordo com a competência constitucionalmente definida, sendo responsáveis pela criação de temas e pela divulgação das informações nos termos definidos no CPC e nesta Resolução, ao passo que os Tribunais Regionais Federais, os Tribunais Regionais do Trabalho e os Tribunais de Justiça dos Estados e do Distrito Federal são os gestores do incidente de resolução de demandas repetitivas (IRDR) instaurados no âmbito de sua competência.

Abre-se aqui um parente-se para um ressalva quanto ao entendimento manifestado por Fredie Didier Jr e Leonardo Carneiro da Cunha sobre o cabimento de IRDI também nos Tribunais Superiores, hipótese em que estes devem ser considerados gestores dos incidentes instaurados no âmbito de sua competência.[10]

Todavia, no que tange aos recursos especiais repetitivos, o Superior Tribunal de Justiça já mantém um cadastro eletrônico de temas afetados e julgados. Assim, tomaremos por base o modelo adotado pelo STJ para verificar se os dados constantes de seus cadastros são adequados e suficientes para garantir a ampla publicidade em atendimento aos preceitos do diploma processual.

Inicialmente, no que tange aos instrumentos de busca de temas, o sistema adotado pelo STJ é extremamente detalhado, possibilitando o interessado a realizar a pesquisa por campo de interesse, conforme se depreende abaixo:

10 "Não há nada que impeça a instauração de IRDR em tribunal superior. É bem verdade que, no STJ, há o recurso especial repetitivo e, no STF, há o recurso extraordinário repetitivo e o recurso extraordinário com repercussão geral reconhecida, mas é possível haver IRDR em causas originárias e em outros tipos de recursos no âmbito dos tribunais superiores." DIDIER JR., Fredie. CUNHA, Leonardo Carneiro da. Curso de Direito Processual Civil, vol. 3, 13ª ed., Salvador: Juspodivum, 2016, p. 630.

Não obstante, no que tange ao tema afetado, os dados fornecidos pelo cadastro não são satisfatoriamente detalhados, limitando-se a um breve resumo da questão submetida a julgamento, a situação do tema, bem como os links para a consulta dos recursos afetados:

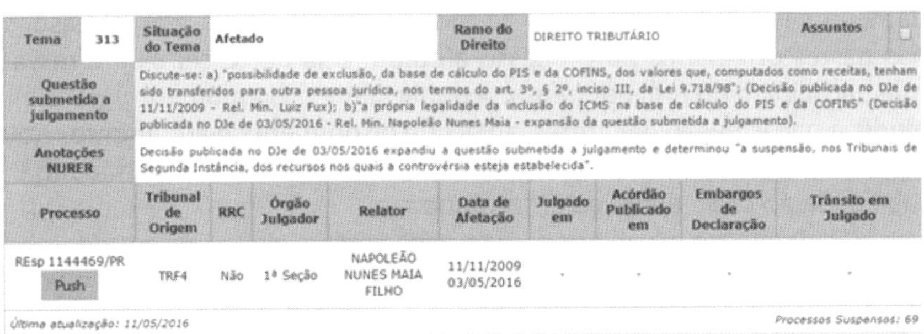

Tema	313	Situação do Tema	Afetado	Ramo do Direito	DIREITO TRIBUTÁRIO	Assuntos
Questão submetida a julgamento	Discute-se: a) "possibilidade de exclusão, da base de cálculo do PIS e da COFINS, dos valores que, computados como receitas, tenham sido transferidos para outra pessoa jurídica, nos termos do art. 3º, § 2º, inciso III, da Lei 9.718/98"; (Decisão publicada no DJe de 11/11/2009 - Rel. Min. Luiz Fux); b)"a própria legalidade da inclusão do ICMS na base de cálculo do PIS e da COFINS" (Decisão publicada no DJe de 03/05/2016 - Rel. Min. Napoleão Nunes Maia - expansão da questão submetida a julgamento).					
Anotações NURER	Decisão publicada no DJe de 03/05/2016 expandiu a questão submetida a julgamento e determinou "a suspensão, nos Tribunais de Segunda Instância, dos recursos nos quais a controvérsia esteja estabelecida".					

Processo	Tribunal de Origem	RRC	Órgão Julgador	Relator	Data de Afetação	Julgado em	Acórdão Publicado em	Embargos de Declaração	Trânsito em Julgado
REsp 1144469/PR Push	TRF4	Não	1ª Seção	NAPOLEÃO NUNES MAIA FILHO	11/11/2009 03/05/2016	-	-	-	-

Última atualização: 11/05/2016 — *Processos Suspensos: 69*

Veja que o cadastro do STJ sequer preenche o mínimo exigido pelo artigo 979, § 2º do CPC, qual seja, os fundamentos determinantes da decisão e os dispositivos normativos a ela relacionados.

Mesmo no que tange aos recursos repetitivos já transitados em julgado, o sistema não dispõe de um detalhamento adequado das informações conforme se depreende da consulta abaixo:

Tema	13	Situação do Tema	Trânsito em Julgado	Ramo do Direito	DIREITO ADMINISTRATIVO	Assuntos
Questão submetida a julgamento	Questão relativa ao reajuste de 28,86%, decorrente das Leis nºs 8.622/93 e 8.627/93, no que pertine à limitação temporal do percentual de 28,86% ao advento da primeira edição da Medida Provisória nº 2.131/2000.					
Tese Firmada	A concessão do reajuste de 28,86% deve se limitar ao advento da Medida Provisória n. 2.131, de 28/12/2000, que reestruturou a remuneração dos militares das Forças Armadas, com a absorção das diferenças de reajustes eventualmente existentes.					
Repercussão Geral	Tema 340/STF - Extensão do índice de reajuste de 28,86% aos militares.					

Processo	Tribunal de Origem	RRC	Órgão Julgador	Relator	Data de Afetação	Julgado em	Acórdão Publicado em	Embargos de Declaração	Trânsito em Julgado
REsp 990284/RS Push	TRF4	Não	3ª Seção	MARIA THEREZA DE ASSIS MOURA	09/10/2008	26/11/2008	13/04/2009	-	14/05/2009

Última atualização: 12/02/2016

Com efeito, em nosso entendimento, deveriam constar do cadastro as seguintes informações:

a) principais fundamentos jurídicos e alegações das partes na demanda;

No microssistema de julgamento de demandas repetitivas formado pelo julgamento do IRDR e dos recursos especiais e extraordinários repetitivos, na forma detalhada pelo artigo 928 do CPC, a fundamentação das decisões judiciais precisa ser ainda mais abrangente, enfrentando todos os argumentos, contra e a favor, à tese jurídica fixada.

Dessa forma, é de absoluta relevância que conste dos cadastros os fundamentos jurídicos e alegações de todas as partes envolvidas no caso, seja das partes originárias no processo afetado, seja de terceiros interessados que participam do procedimento. A publicidade dos argumentos possibilita, ainda, a participação de interessados que disponham de argumentos novos, não aventados no processo originário, conferindo maior legitimidade e estabilidade ao precedente a ser formado.

A delimitação do objeto da demanda com as alegações e fundamentos jurídicos é igualmente relevante para fins de distinção. Isso porque é possível que a parte que teve o seu processo suspenso demonstre que a sua causa possui alguma peculiaridade ou ponto de distinção que faça com que o precedente não seja a ela aplicável. Nesse caso, a demanda não deve ser suspensa, o que pode ser requerido pela parte na forma do artigo 1.037, § 8º a 13[11].

11 § 8o As partes deverão ser intimadas da decisão de suspensão de seu processo, a ser proferida pelo respectivo juiz ou relator quando informado da decisão a que se refere o inciso II do caput.

b) dispositivos normativos relacionados à causa;

Além dos fundamentos jurídicos e alegações, para a adequada definição jurídica da tese que será fixada, é relevante a indicação dos dispositivos normativos relacionados à causa e os quais serão interpretados de forma vinculante pelo órgão julgador.

c) decisão que admite ou não o incidente de resolução de demandas repetitivas e decisão que reconhece ou indefere a afetação de recursos especiais e extraordinários repetitivos;

A decisão de admissão do IRDR ou de afetação no caso de recursos repetitivos gera consequências jurídicas de suma importância, uma vez que, delimita a matéria que será objeto de fixação do precedente, bem como determina a suspensão de todos os processos sobre idêntica questão de direito, sendo que no caso do IRDR a suspensão inicialmente é limitada ao âmbito do Estado ou Região conforme o caso, e nos recursos repetitivos a suspensão se dá em âmbito nacional.

No caso de inadmissão, é igualmente relevante que a decisão seja incluída nos cadastros, mesmo porque, é possível que o IRDR seja novamente suscitado mesmo diante da prévia inadmissão pela ausência de qualquer requisito, na forma expressamente autorizada pelo artigo 976, § 3º. Assim, é importante que os motivos que levaram à admissão sejam incluídos no cadastro para que não se repitam em eventual futuro IRDR.

---

§ 9o Demonstrando distinção entre a questão a ser decidida no processo e aquela a ser julgada no recurso especial ou extraordinário afetado, a parte poderá requerer o prosseguimento do seu processo.

§ 10. O requerimento a que se refere o § 9o será dirigido:

I – ao juiz, se o processo sobrestado estiver em primeiro grau;

II – ao relator, se o processo sobrestado estiver no tribunal de origem;

III – ao relator do acórdão recorrido, se for sobrestado recurso especial ou recurso extraordinário no tribunal de origem;

IV – ao relator, no tribunal superior, de recurso especial ou de recurso extraordinário cujo processamento houver sido sobrestado.

§ 11. A outra parte deverá ser ouvida sobre o requerimento a que se refere o § 9o, no prazo de 5 (cinco) dias.

§ 12. Reconhecida a distinção no caso:

I – dos incisos I, II e IV do § 10, o próprio juiz ou relator dará prosseguimento ao processo;

II – do inciso III do § 10, o relator comunicará a decisão ao presidente ou ao vice-presidente que houver determinado o sobrestamento, para que o recurso especial ou o recurso extraordinário seja encaminhado ao respectivo tribunal superior, na forma do art. 1.030, parágrafo único.

§ 13. Da decisão que resolver o requerimento a que se refere o § 9o caberá:

I – agravo de instrumento, se o processo estiver em primeiro grau;

II – agravo interno, se a decisão for de relator.

e) limites territoriais de suspensão dos processos pendentes;

Conforme já destacado, tratando-se de IRDR, a suspensão dos processos, bem como a vinculação do precedente firmado, inicialmente é limitada ao Estado ou Região. Na forma do artigo 982, § 3º, visando à garantia da segurança jurídica, qualquer legitimado mencionado no art. 977, incisos II e III do CPC, poderá requerer, ao tribunal competente para conhecer do recurso extraordinário ou especial, a suspensão de todos os processos individuais ou coletivos em curso no território nacional que versem sobre a questão objeto do incidente já instaurado.

Assim, é preciso identificar no cadastro qual é o limite territorial da suspensão dos processos pendentes, se em âmbito nacional, ou se circunscrito a determinado Estado ou Região.

f) fundamentos da decisão que fixa a tese jurídica;

Uma vez julgado o IRDR, ou o recurso repetitivo, a decisão judicial passará a ter efeito vinculante e, portanto, é de suma relevância a ampla publicidade dos seus fundamentos. Tendo em vista que todos os argumentos, contra ou a favor, precisam ser analisados, o ideal seria que se fizesse um quadro comparativo entre os argumentos das partes, Ministério Público e terceiros interessados, com o correspondente enfrentamento dos mesmos pela decisão judicial. Além de demonstrar a devida fundamentação[illegible], o quadro comparativo facilitaria o trabalho do julgador nos casos pendentes e futuros que versem sobre a mesma questão de direito, seja na aplicação do precedente, seja na sua distinção[1213]. Neste ínterim, cabe ainda destacar que não seria suficiente a divulgação da ementa ou de meros trechos da decisão, uma vez que a lei exige expressamente a difusão, para além dos dispositivos normativos a ela relacionados, dos seus fundamentos.

12 "As distinções (*distinguishing*) são a principal forma de operar com precedentes judiciais, assim como na legislação os juristas utilizam-se da argumentação a contrario sensu ou da analogia, a fim de afastar ou atrair o reconhecimento da incidência no caso concreto, a distinção é a forma de evitar ou trazer a aplicação de um precedente no caso subsequente. As distinções consistem na atividade dos juristas de fazer diferenciações entre um caso e outro." MACÊDO, Lucas Buril de. o regime jurídico dos precedentes judiciais no projeto do novo código de processo civil. Revista de Processo, vol. 237, São Paulo: Revista dos Tribunais, vov./2014, p. 369 – 401.

13 "No art. 486, § 1.º, V, do NCPC, considera-se não fundamentada a decisão que invoque precedente ou enunciado de súmula sem identificar seus fundamentos determinantes nem demonstrar que o caso sob julgamento se ajusta àqueles fundamentos. Tal dispositivo visa combater a prática das pseudofundamentações, isto é, das decisões que, a pretexto de analisarem as razões que ensejaram a formação ou a aplicação dos precedentes, limitam-se a mencionar apenas ementas de julgados ou de enunciados de súmulas, sem fazer a correlação necessária e adequada entre o caso paradigma e as peculiaridades do caso concreto sob julgamento." CAMBI, Eduardo. Precedentes e dever de motivação das decisões judiciais no novo código de processo civil. Revista de Processo, vol. 241, São Paulo: Revista do Tribunais, mar / 2015, p. 413 – 438.

g) limites territoriais da vinculação da tese fixada no caso do incidente de demandas repetitivas;

Conforme já mencionado em linhas acima, o IRDR, a princípio possui vinculação limitada ao âmbito de abrangência do Estado ou Região conforme o caso. Não obstante, na forma do artigo 987, § 2º, apreciado o mérito do recurso especial ou extraordinário, a tese jurídica adotada pelo Supremo Tribunal Federal ou pelo Superior Tribunal de Justiça será aplicada no território nacional a todos os processos individuais ou coletivos que versem sobre idêntica questão de direito.

Assim, é importante que o cadastro indique se a vinculação da tese é somente territorial, destacando a sua abrangência, ou se houve julgamento de mérito de recurso excepcional, com vinculação da tese em âmbito nacional.

h) fase processual do recurso ou incidente;

É preciso que haja referência à fase processual que o incidente ou recurso se encontra, para possibilitar o acompanhamento do julgamento e, até mesmo, a participação dos interessados.

i) pendência de recurso contra a decisão que fixa a tese jurídica;

Da mesma forma, a pendência de recurso contra a decisão que fixa a tese jurídica deve ser incluída no cadastro a fim de ser verificar o grau de estabilidade da aludida decisão. Essa informação é, inclusive, relevante para os litigantes que pretendem ingressar com demanda futura sobre a mesma matéria de direito. Se a tese ainda não está definitivamente fixada, sendo passível de alteração no julgamento do recurso, talvez seja mais conveniente aguardar a fixação da tese para o ajuizamento da ação, a fim de evitar futura sucumbência.

j) número dos processos originários, recursos ou remessa necessária que deram origem ao incidente ou dos recursos afetados para julgamento repetitivo.

O número das demandas originárias é relevante justamente para possibilitar a sua identificação e consulta, além de saber quantos casos foram afetados e se os mesmos estão devidamente instruídos.

Ademais, tendo em vista que muitos Tribunais já adotam um sistema de processos eletrônicos, o número das demandas originárias faz com que o interessado na busca tenha acesso à todas as peças e documentos referentes às demandas originárias, bem como a integralidade das decisões nelas proferidas.

De fato, a nossa proposta traz um modelo bastante completo de cadastro, mas tais informações são relevantes, pois não são todos os tribunais de todos os Estados que contam com um sistema de processo eletrônico, assim, a informação sobre o número do processo ou o *link* para o seu andamento processual não são suficientes para garantir a todos os jurisdicionados o acesso às peças processuais para que extraiam os dados necessários para o amplo conhecimento da tese afetada e dos pleitos e alegações das partes em disputa. Tendo em vista que a publicidade serve, inclusive para possibilitar a participação de terceiros interessados, é impositivo garantir amplo acesso às informações pela simples consulta ao cadastro.

5. Cadastros realizados pelos Tribunais Estaduais e Regionais

Os julgamentos em incidente de assunção de competência e a orientação do plenário ou do órgão especial dos Tribunais vincularão os julgadores e órgãos colegiados hierarquicamente inferiores. Dessa forma, tendo em vista o disposto no artigo 927, § 5º caberá aos Tribunais a organização dos julgados por temas e a sua ampla publicidade.

Foram consultados os sítios na rede mundial de computadores dos seguintes Tribunais de Justiça: Tribunal de Justiça do Estado do Rio de Janeiro;[14] Tribunal de Justiça do Estado de São Paulo;[15] Tribunal de Justiça do Estado da Bahia;[16] Tribunal de Justiça do Estado de Minas Gerais;[17] Tribunal de Justiça do Paraná;[18] Tribunal de Justiça do Estado de Goiás.[19] Quase a totalidade dos bancos de dados eletrônicos oferece tão somente a consulta das súmulas e enunciados do Tribunal, mas não aos acórdãos proferidos pelos órgãos responsáveis pela uniformização de jurisprudência.

Dentre os Tribunais mencionados, somente o Tribunal de Justiça de Minas Gerais conta com um "Caderno de Uniformização de Jurisprudência" que colaciona as decisões proferidas pelo Órgão Especial e pelas respectivas Câmaras de Uniformização de Jurisprudência, com o objetivo de divulgar as decisões proferidas pelos referidos órgãos e facilitar a pesquisa da jurisprudência das mesmas.[20] No entanto, os referidos cadernos disponibilizam tão somente a ementa do julgado.

14 http://www.tjrj.jus.br/web/guest/home

15 http://www.tjsp.jus.br/

16 http://www5.tjba.jus.br/

17 http://www.tjmg.jus.br/portal/

18 https://www.tjpr.jus.br/

19 http://www.tjgo.jus.br/

20 http://www.tjmg.jus.br/data/files/0F/42/15/16/79B86410DEBA8864E81808A8/Caderno%20de%20Uniformizacao%20de%20Jurisprudencia%20-%20NOVO_CADERNO_WEB.pdf
Em sua apresentação consta o seguinte: "A Primeira Vice-Presidência do Tribunal de Justiça do Estado de Minas Gerais apresenta à comunidade jurídica este caderno contendo breve resumo das decisões em conflitos de competência proferidas pelo Órgão Especial e pelas respectivas Câmaras de Uniformização de Jurisprudência, com o nobre objetivo de divulgar as decisões deste egrégio Órgão e destas colendas Câmaras e facilitar a pesquisa da jurisprudência das mesmas entre os nobres Colegas."

No que tange aos Tribunais Regionais Federais, o TRF 1ª Região[21] apenas garante acesso ao ementário de jurisprudência; o TRF 2ª Região,[22] o TRF 3ª Região,[23] o TRF 4ª Região,[24] por sua vez, garantem acesso às súmulas dos respectivos tribunais. Já o TRF 5ª Região[25] além de garantir o acesso ao julgamento dos incidentes de uniformização de jurisprudência possui um cadastro de Incidente de Resolução de Demandas Repetitivas, o qual é estruturado da seguinte forma:

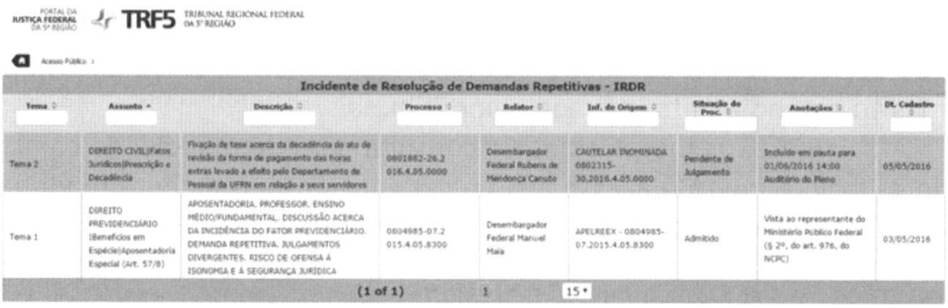

Incidente de Resolução de Demandas Repetitivas - IRDR

Tema	Assunto	Descrição	Processo	Relator	Inf. de Origem	Situação do Proc.	Anotações	Dt. Cadastro
Tema 2	DIREITO CIVIL|Fatos Jurídicos|Prescrição e Decadência	Fixação de tese acerca da decadência do ato de revisão da forma de pagamento das horas extras levado a efeito pelo Departamento de Pessoal da UFRN em relação a seus servidores	0801882-26.2016.4.05.0000	Desembargador Federal Rubens de Mendonça Canuto	CAUTELAR INOMINADA 0802315-30.2016.4.05.0000	Pendente de Julgamento	Incluído em pauta para 01/06/2016 14:00 Auditório do Pleno	05/05/2016
Tema 1	DIREITO PREVIDENCIÁRIO |Benefícios em Espécie|Aposentadoria Especial (Art. 57/8)	APOSENTADORIA. PROFESSOR. ENSINO MÉDIO/FUNDAMENTAL. DISCUSSÃO ACERCA DA INCIDÊNCIA DO FATOR PREVIDENCIÁRIO. DEMANDA REPETITIVA. JULGAMENTOS DIVERGENTES. RISCO DE OFENSA À ISONOMIA E À SEGURANÇA JURÍDICA	0804985-07.2015.4.05.8300	Desembargador Federal Manuel Maia	APELREEX - 0804985-07.2015.4.05.8300	Admitido	Vista ao representante do Ministério Público Federal (§ 2º, do art. 976, do NCPC)	03/05/2016

(1 of 1) 1 15

Todavia, não é possível a consulta mais detalhada sobre os IRDRs pendentes. Assim, é importante que os Tribunais criem cadastros especializados e de fácil acesso, que garantam acesso a todos os julgados proferidos pelos órgãos responsáveis pela uniformização de jurisprudência, bom como pelo plenário e órgão especial dos Tribunais, com distinção por tema e fornecimento das seguintes informações: a) principais fundamentos e alegações das partes na demanda; b) dispositivos normativos relacionados à demanda; c) principais fundamentos do julgado; d) fase processual do recurso, processo originário, remessa necessária ou incidente; e) pendência de recurso contra o acórdão que uniformiza a jurisprudência; f) número dos processos originários, recursos ou remessa necessária originários.

De fato, os cadastros nos próprios Tribunais podem ser mais simplificados do que o cadastro unificado realizado pelo CNJ. Todavia, a justificativa para a inclusão das informações destacadas são as mesmas tratadas no item anterior, fato pelo qual nos reportamos a estas.

No que tange aos IRDRs, o cadastro do CNJ não impede que os Tribunais Estaduais e Regionais realizem cadastros próprios para garantir a mais ampla publicidade possível dos precedentes vinculantes. Na verdade, o cadastro unificado do CNJ deve ser alimentado justamente com base

21 http://portal.trf1.jus.br/portaltrf1/pagina-inicial.htm

22 http://www.trf2.jus.br/Paginas/paginainicial.aspx

23 http://web.trf3.jus.br/

24 http://www2.trf4.jus.br/trf4/

25 http://www.trf5.jus.br/

nas informações fornecidas pelos Tribunais em que se originou o incidente. Assim, é importante a realização de cadastro de IRDRs nos tribunais locais, os quais devem ser os mais completos possíveis e, se possível, seguir os mesmos parâmetros apontados para o cadastro realizado pelo CNJ.[26]

6. Conclusão

A publicidade dos precedentes é de suma relevância num sistema de precedentes vinculantes, especialmente com vistas a possibilitar a participação de terceiros interessados e evitar o ajuizamento de demandas contrárias ao entendimento já fixado pelos Tribunais.

Atualmente, os mecanismos de consulta na rede mundial de computadores facilita muito o acesso aos precedentes, especialmente tendo em vista a implantação do processo eletrônico em grande parte das capitais. Todavia, o acesso ao processo eletrônico depende de cadastro específico e não supre de forma completa o dever de informação dos Tribunais com relação aos precedentes vinculantes.

Da mesma forma, o papel do CNJ na formação de cadastros unificados é de suma relevância, pois permite que todos os precedentes formados em IRDR e julgamento de recursos repetitivos originados em todo país sejam consultados. Não obstante, é importante garantir que os cadastros sejam realizados da forma mais completa possível, permitindo o real conhecimento dos argumentos, fundamentos jurídicos e dispositivos normativos envolvidos na causa que dará origem ao precedente vinculante, a fim de possibilitar a correta aplicação do precedente, bem como a sua distinção.

7. Referência bibliográficas

ABBOUD, Georges. "Interpretação e aplicação dos provimentos vinculantes do Novo Código de Processo Civil" a partir do paradigma do pós-positivismo. *Revista de Processo,* vol. 245/2015, São Paulo: Revista dos Tribunais, julho de 2015.

CAMBI, Eduardo. Precedentes e dever de motivação das decisões judiciais no novo código de processo civil. *Revista de Processo*, vol. 241, São Paulo: Revista do Tribunais, mar / 2015.

DINAMARCO, Cândido Rangel. Decisões Vinculantes. *Revista de Processo*, vol. 100, São Paulo: Revista dos Tribunais, out. – dez. de 2000.

26 "A divulgação e a publicidade do IRDR devem ser feitas, pelo menos, pelo cadastro gerido pelo CNJ, a partir das informações contidas no banco de dados mantido pelo tribunal. Além desse modo, é possível que haja outras formas de divulgação e publicidade. O banco de dados mantido no tribunal e o cadastro do CNJ são meios exemplificativos, e não exaustivos. É possível, a depender da relevância e da repercussão do caso, que o tribunal amplie a divulgação, valendo-se também de outros meios para dar publicidade ao IRDR." DIDIER JR, Fredie; CUNHA, Leonardo Carneiro da. Curso de Direito Civil, vol. 3, Salvador: Juspodivum, 2016, p. 607.

DIDIER JR., Fredie; BRAGA, Paula Sarno; OLIVEIRA, Rafael de. *Curso de Direito Processual Civil*, vol. 2, 11 ed. Salvador: juspodivum, 2016.

DIDIER JR, Fredie; CUNHA, Leonardo Carneiro da. *Curso de Direito Civil,* vol. 3, Salvador: Juspodivum, 2016.

LIPIANI, Julia. Reconstrução do interesse recursal no sistema de força normativa do precedente. *Civil Procedure Review*, v.5, n.2: 45-72, maio-agost., 2014.

MACÊDO, Lucas Buril de. o regime jurídico dos precedentes judiciais no projeto do novo código de processo civil. *Revista de Processo*, vol. 237, São Paulo: Revista dos Tribunais, vov./2014.

MEDINA, José Miguel Garcia. *Direito Processual Civil Moderno,* São Paulo: Revista dos Tribunais, 2015.

MITIDIERO, Daniel. "Precedentes, Jurisprudência e súmulas no novo código de processo civil brasileiro" *Revista de Processo,* vol. 245, julho de 2015, São Paulo: Revista dos Tribunais.

REDONDO, Bruno Garcia. Precedente judicial no direito processual civil brasileiro. Coord. MENDES, Aluisio Gonçalves de Castro; MARINONI, Luiz Guilherme; WAMBIER, Teresa Arruda Alvim. *Direito jurisprudencial,* vol. 2. São Paulo: RT, 2014.

AGRAVO DE INSTRUMENTO NO DIREITO INTERTEMPORAL

ALGUNS QUESTIONAMENTOS SOBRE ASPECTOS PRÁTICOS

Paula Menna Barreto Marques

Sumário: 1. Introdução. **2.** Noções preliminares em matéria de direito intertemporal. **2.1.** sistemas – critérios de solução de conflitos intertemporais processuais. **2.2.** A necessidade de uma aplicação temperada do *tempus regit actum*. **3.** O direito intertemporal recursal. **4.** O Agravo de Instrumento previsto no artigo 1.015. **4.1.** Data da decisão x Data da intimação. **4.2.** A hipótese de complementação da decisão via julgamento de Embargos de Declaração. **4.3.** A aplicação imediata das regras procedimentais aos Agravos de Instrumento pendentes de julgamento. **4.4.** A técnica de julgamento prevista no artigo 942, do novo Código de Processo Civil. **5.** Conclusão. **6.** Referências bibliográficas.

1. Introdução

O novo Código de Processo Civil entrou em vigor no dia 18 de março de 2016. Com a nova Lei, inicia-se um período de transição, para verdadeira adaptação de todos os personagens do processo (Magistrados, Advogados, membros do Ministério Público, Defensores Públicos e, até mesmo, Partes).

Nesse contexto, ganha relevância o estudo do denominado Direito Intertemporal. O tema, apesar de seu evidente destaque, costuma ser postergado para as disposições finais e transitórias, as quais, em regra, não conseguem abranger todas as hipóteses casuísticas ocorridas no dia-a-dia forense.

No caso específico dos recursos, a nova lei processual trouxe profundas alterações no sistema. A título exemplificativo, merecem ênfase a supressão do agravo retido e dos embargos infringentes, além da criação de um rol taxativo para as hipóteses de recorribilidade por agravo de instrumento. A novel legislação tratou, ainda, de inúmeras hipóteses de saneamento de vícios extrínsecos e de desburocratização de procedimentos recursais.

No presente estudo, buscaremos abordar alguns dos aspectos polêmicos relativos ao recurso de agravo de instrumento com a reforma processual, apresentando tentativas de solução sistematizada aos impasses que se avizinham.

A problematização em relação a esse tema, contudo, certamente não será esgotada nesse artigo e dependerá de análise no caso concreto.

2. Noções preliminares em matéria de direito intertemporal

A expressão direito intertemporal foi criada pelo jurista Affolter, para tratar de direito adquirido e da retroatividade das leis.[1]

O seu estudo é voltado para a definição de situações concretas que são regidas por uma regra preexistente, mas agora revogada pela edição da nova. Essa solução de conflito intertemporal será a definida por uma metanorma,[2] ou seja, por uma norma que disciplina a aplicação de outra norma. Trata-se, portanto, de matéria que busca sanar os conflitos de lei no tempo.

Integram o denominado direito intertemporal (i) o estudo dos casos concretos e de suas respectivas soluções e, também, (ii) as metanormas intertemporais.

Apesar de parecer em um primeiro momento, não é suficiente pensar que a entrada em vigor de uma nova lei cessaria os efeitos da lei antiga.[3] Para oferecimento de um critério seguro de análise do conflito no tempo é necessário um exame sistemático do ordenamento jurídico, com especial atenção às garantias fundamentais.

As previsões Constitucionais,[4] repetidas na LINDB,[5] em matéria de direito intertemporal, também não esgotam o tema.

Por outro lado, norma Constitucional é inflexível,[6] e traz como regra fundamental a determinação de que nenhuma lei nova poderá desfazer o ato jurídico perfeito, o direito adquirido ou a coisa julgada. A irretroatividade da lei é, assim, salvaguardada constitucionalmente, de forma a garantir a segurança jurídica aos jurisdicionados.

Como se sabe, a segurança jurídica é valor fundamental no Estado de Direito, garantindo aos cidadãos cognoscibilidade, estabilidade e previsibilidade.[7]

---

1 CAMPOS BATALHA, Wilson de Souza. Direito Intertemporal. Rio de Janeiro : Forense, 1980, p. 54.

2 GUERRA, Marcelo Lima. Comentários à nova Lei do mandado de segurança. Napoleão Nunes Maia Filho, Caio Cesara Vieira Rocha, Tiago Asfor Rocha Lima. São Paulo : Editora Revista dos Tribunais, 2008, p. 378.

3 OST, François. O tempo do direito. Trad. Maria Fernanda Oliveira. Lisboa : Instituto Piaget, 1999, p. 123.

4 Artigo 5º, inc. XL e XXXVI da CRFB/88.

5 Artigo 6º, da LINDB.

6 ÁVILA, Humberto. Teoria da segurança jurídica. 3ª ed. São Paulo : Malheiros, 2014, p. 363.

7 GOMETZ, Gianmarco. La certezza giurridica come previdibilità, Torino: Giappichelli, 2005, p. 246-247.

A primeira (cognoscibilidade) se relaciona com o aspecto estático da segurança jurídica, dizendo respeito à possibilidade de conhecimento prévio das fontes normativas aplicáveis. A segunda (estabilidade) é o aspecto dinâmico da segurança jurídica para o passado, no sentido de garantir a irretroatividade das situações já consolidadas. E, por último, a terceira (previsibilidade) consiste na dimensão dinâmica com vistas para o futuro, garantindo a possibilidade de se antever determinadas soluções.

Leonardo Carneiro da Cunha, se debruçando sobre o tema em questão, conclui que *"a tutela da segurança jurídica concretiza-se, enfim, com o impedimento de frustração de expectativas legitimamente fundadas, evitando-se o desfazimento de atos já constituídos e o atingimento dos efeitos deles decorrentes"*.[8]

Verifica-se, então, que o estudo do direito intertemporal se relaciona com a ideia de que as leis supervenientes não podem retroagir no tempo, de forma a prejudicar a segurança jurídica, em todas as suas dimensões.

2.1. Os sistemas – Critérios de solução de conflitos intertemporais processuais

Postas essas premissas, passa-se ao exame das possíveis soluções legislativas em matéria de direito intertemporal.

Como dito acima, os preceitos Constitucionais sobre o tema não dão conta integralmente da questão, os quais ficam a cargo do direito infraconstitucional.

Quatro são os sistemas[9] consagrados majoritariamente pela doutrina como critérios de solução de conflito de direito intertemporal processual. São eles: (i) metanorma de total não incidência; (ii) metanorma de total incidência; (iii) metanorma de incidência parcial por isolamento de fase processual; e (iv) metanorma de incidência parcial por isolamento de ato processual.

O primeiro critério diz respeito à norma que afaste, por completo, a incidência de nova legislação processual aos feitos pendentes. Essa exceção à aplicação imediata da norma poderá dizer respeito ao conjunto de normas ou apenas a parcelas delas.

No outro extremo, tem-se a norma que preveja a aplicação irrestrita e imediata da legislação processual aos processos que pendem de julgamento.

---

8 CUNHA, Leonardo Carneiro da. Direito intertemporal e o novo Código de Processo Civil – Rio de Janeiro: Forense, 2016, p. 8.

9 Utilizaremos, ao longo do presente trabalho, os termos sistemas, expressão predominantemente utilizada pela doutrina, seguindo o pensamento da obra clássica de Moacyr Amaral Santos (Primeiras linhas de direito processual civil, vol. 1, p. 31-34), e metanorma como sinônimos para tratar dos possíveis casos de aplicação da lei no tempo.

Não obstante ser inaceitável, a primeira vista, diante do ordenamento positivo brasileiro, para efeitos meramente teóricos se poderia admitir essa opção.

Ambas as propostas baseiam-se no entendimento do processo como uma unidade,[10] o que demandaria a necessidade de uma aplicação ou rejeição total da nova lei aos processos em curso.

As soluções parciais, por sua vez, de isolamento por fase processual ou por ato processual, pressupõe a aplicação imediata da nova lei, ressalvando, no primeiro caso, os atos praticados em fase processual já iniciada e, na segunda hipótese, os atos praticados na vigência da lei anterior.

No sistema de fases processuais, considera-se cada fase isoladamente como uma unidade processual. Nesse caso, entende-se que, sobrevindo uma nova lei, essa só incidiria para as fases vindouras, não sendo aplicável à fase já iniciada sobre a vigência do Código anterior.

Por sua vez, o sistema do isolamento dos atos processuais determina que cada ato deva ser regido pela lei em vigor no momento de sua realização. A lei nova alcançaria, portanto, os atos a serem praticados, independentemente da fase processual, respeitando unicamente os atos já praticados sob a égide da lei anterior.

Já a primeira vista é de fácil percepção a problemática para aplicação dessas duas soluções, tendo em vista a dificuldade de isolamento tanto das fases processuais, quanto dos atos processuais e seus respectivos efeitos.

A clara interpolação de fases no processo civil brasileiro faz com que a teoria da aplicação por fases processuais seja de pouca utilidade prática. O que se tem é que todas as fases se intercalam, sendo difícil isola-las.

Por outro lado, a metanorma por isolamento de atos também traz em si sérias dificuldades, pois a verificação concreta dos atos e seus efeitos diretos são de complexa percepção. A verdade é que sendo o processo uma sequência de atos que se pressupõe, a verificação solitária de um ato para efeitos de aplicação da lei no tempo é de difícil apuração.

---

10 Marcelo Lima Guerra defende que as opções sistemáticas de direito interetemporal são opções legislativas e independem da concepção do processo como uma unidade. Para o doutrinador a adoção pode ser justificada a depender de outros fatores relevantes. Conclui, assim, que "não há limites "ontológicos" ou "naturais" à retroatividade, mas sim limites normativos (e axiológicos", e não se pode excluir, a priori, a legitimidade normativa de toda e qualquer retroatividade" (GUERRA, Marcelo Lima, Op. cit., p. 383)

2.2. *A necessidade de aplicação temperada do* tempus regit actum

Consagrou-se juridicamente a metanorma de incidência parcial por isolamento de atos processuais, por força da regra prevista no antigo CPC/1973[11] e repetida no novo CPC/2015.[12]

Entretanto, a aplicação acrítica do princípio do *tempus regit actum* pode levar a situações esdrúxulas e desconectadas sistematicamente com outros institutos jurídicos.

Na verdade, a dificuldade da delimitação do alcance dessa metanorma diz respeito à complexidade na verificação dos atos processuais que são efeitos diretos de atos anteriores e, ainda, de atos processuais isolados dos que lhe antecederam, consoante exposto acima.

Como falado anteriormente, a concepção do processo como unidade, acaba por esvaziar a ideia de atos processuais isolados, na medida em que estes se interdependem diretamente[13]

Nesse contexto, a extensão dos efeitos dos atos processuais, como consequência direta do ato anterior, ressalvaria a incidência imediata da lei aos feitos pendentes, resultando, por determinação lógica, em sua não incidência total.

O que parece mais coadunar com a noção de processo justo seria a categoria desenvolvida por Marcelo Guerra, de "metanorma de incidência parcial por isolamento de surpresas legítimas".

Esse entendimento foi parcialmente utilizado pelo Legislador para, em alguns dispositivos isolados, excepcionar a aplicação do sistema de isolamento dos atos processuais, adotando o sistema da unidade processual ou das fases em algumas hipóteses.

A preocupação se deu, exatamente, para proteção do contraditório de da segurança jurídica, garantindo a "confiança legítima das partes".[14]

3. O direito intertemporal recursal

Também em matéria recursal o novo Código de Processo Civil passou por severas reformas, modificando não só o sistema de recursos, mas até

---

11 Artigo 1.211 do CPC/1973 previa que "ao entrar em vigor, suas disposições aplicar-se-ão desde logo aos processos pendentes"

12 Artigos 14 e 1.046, do CPC/2015.

13 Essa noção é inteiramente consagrada na disciplina jurídica de nulidades processuais, a qual pressupõe que a nulidade de um ato processual resulta na consequente nulidade de todos os atos processuais subsequentes, em razão de sua evidente interdependência. Por todos, WAMBIER, Teresa Arruda Alvim. Nulidades do processo e da sentença, 7ª ed., rev. ampl. e atual., com notas de referência ao Projeto Novo Código de Processo Civil. São Paulo: RT, 2014, p. 171-172.

14 CUNHA, Leonardo Carneiro da, op. cit., p. 29.

mesmo alguns requisitos de admissibilidade, e, também, suprimindo recursos então existentes.

Entretanto, apesar de profunda modificação sistemática, não há previsão na nova legislação especificamente quanto ao direito intertemporal recursal.[15]

Em sede de recursos, prevalece o entendimento de que *"a recorribilidade se rege pela lei em vigor na data em que foi publicada (isto é, dada a público) a decisão"*.[16] Ou seja, *"a lei do recurso é a lei do dia da sentença"*.[17]

Ocorre, portanto, o fenômeno da ultratividade da lei,[18] que deverá regular a admissibilidade do recurso mesmo interposto na vigência da nova lei.

Trata-se de verdadeiro direito adquirido processual ao recurso.[19] Enquanto não publicada a decisão, há mera expectativa de direito ao recurso, mas, após ser proferida a decisão, a modificação legislativa posterior não poderá frustrar o direito já adquirido no processo.

Quanto ao processamento do recurso, a lei em vigor na data de sua interposição é que regulamentará o procedimento a ser adotado.[20] De fato, não há direito adquirido ao regime jurídico, que deverá ser regulado pela nova lei.

Esses princípios deverão nortear todo o estudo de direito intertemporal recursal, o qual poderá ser flexibilizado por considerações de ordem prática, de modo a adequar-se aos novos procedimentos legais.

4. O agravo de instrumento previsto no artigo 1.015 do NCPC

O agravo de instrumento é o recurso cabível para impugnar decisões interlocutórias.[21]

---

15 O CPC/1939, em seu artigo 1.047, § 2º, fazia expressa determinação sobre o direito intertemporal recursal.

16 MOREIRA, José Carlos Barbosa. Comentários ao Código de Processo Civil, Lei nº 5.869, de 11 de janeiro de 1973, vol. V: arts. 476 a 575. Rio de Janeiro: Forense, 2008, p. 269.

17 LACERDA, Galeno. O Novo direito processual civil e os feitos pendentes. Rio de Janeiro: Forense, 1974, p. 68.

18 CARDOZO, José Eduardo Martins. Da retroatividade da lei. São Paulo, 1995, p. 296 e seq..

19 CUNHA, Leonardo Carneiro da, op. cit., p. 131.

20 ROUBIER, Paul. *Le droit transitoire (conflits des lois dans le temps)*, 2ª ed., Paris. 1960, p. 564/565 ; *Les conflits des lois dans le temps (Théorie dite de la non-retroactivité des lois)*, v. II, Paris, 1933, p. 728/729.

21 "No CPC-1973 a decisão interlocutória era o pronunciamento do juiz que resolvia uma questão incidente. No CPC-2015, a definição de decisão interlocutória passou a ser residual: o que não for sentença é decisão interlocutória. Se o pronunciamento judicial tem conteúdo decisório e não se encaixa na definição do § 1º do art. 203, é, então, uma decisão interlocutória. (...) A classificação dos pronunciamentos do juiz

Na sistemática prevista no Código anterior (1973), o agravo era o recurso utilizado em face de qualquer decisão interlocutória, de modo a evitar a preclusão da matéria. Ele poderia ser interposto nas modalidades de instrumento ou retido nos próprios autos, a depender de determinados requisitos previstos legalmente.

O artigo 1.015, do novo Código de Processo Civil alterou a previsão anterior para delimitar, taxativamente,[22-23] as decisões que estão sujeitas ao agravo. O CPC/15 também extinguiu a figura do agravo retido, que era a regra na modalidade dos agravos, determinando que as decisões não agraváveis mediante instrumento não precluem e deverão ser impugnadas, se for o caso, mediante interposição de recurso de apelação ou contrarrazões.[24]

A nova lei buscou enumerar as hipóteses de evidente prejuízo de ordem material ou processual imediato, deixando a recorribilidade das interlocutórias deve ser feito de forma concentrada e em momento posterior à sentença (impugnação diferida).

Postas as primeiras linhas sobre o direito intertemporal aplicável aos recursos e a nova dinâmica do agravo de instrumento previsto no Código de Processo Civil de 2015, passaremos abaixo à análise de uma das principais controvérsias relativas à aplicação da lei no tempo.

4.1. Data da decisão x Data da intimação

Com o objetivo de orientar os Tribunais locais e os operadores do direito em geral, em sessão administrativa realizada em março de 2016, o

é importante para a definição do recurso cabível. O CPC-2015 inaugura uma classificação importante, até então irrelevante no sistema do CPC-1973: há, de um lado, as interlocutórias agraváveis e, de outro lado, as não agraváveis." (DIDIER Jr., Fredie; CUNHA, Leonardo Carneiro da. Curso de direito processual civil: o processo civil os tribunais, recursos, ações de competência originária de tribunal e querela nullitatis, incidentes de competência originária de tribunal. Salvador: JusPodivm, 2016, p. 206)

22 Parte da doutrina já defende a possibilidade de interpretação extensiva ou analógica dos incisos. Por todos CUNHA, Leonardo Carneiro da; DIDIER JR., Fredie. Agravo de instrumento contra decisão que versa sobre competência e a decisão que nega eficácia a negócio jurídico processual na fase de conhecimento: uma interpretação sobre o agravo de instrumento previsto no CPC/2015. Revista de Processo. São Paulo: RT, v. 242, 2015, p. 273-282, e CÂMARA, Alexandre Freitas. O novo processo civil brasileiro. São Paulo: Atlas, 2015, p. 520.

23 Gilberto Gomes Bruschi, ao comentar o artigo 1.015, do CPC/15, levanta a polêmica hipótese de decisões que possam causar a parte lesão grave e de difícil reparação, que não estejam taxativamente previstas no Código, abordando a possibilidade aparente de cabimento de mandado de segurança contra esse ato judicial. (Breves comentários do Novo Código de Processo Civil / Teresa Arruda Alvim Wambier... [et at.], coordenadores. São Paulo: RT, 2015, p. 2251).

24 Artigo 1.009, § 1º, do CPC/2015.

Superior Tribunal de Justiça editou os enunciados 2 e 3, que preveem, respectivamente: "*Aos recursos interpostos com fundamento no CPC/1973 (relativos a decisões publicadas até 17 de março de 2016) devem ser exigidos os requisitos de admissibilidade na forma nele prevista, com as interpretações dadas, até então, pela jurisprudência do Superior Tribunal de Justiça*" e "*Aos recursos interpostos com fundamento no CPC/2015 (relativos a decisões publicadas a partir de 18 de março de 2016) serão exigidos os requisitos de admissibilidade na forma do novo CPC*".

A problemática nasce, exatamente, no uso da expressão "publicação da decisão".

Isto porque a palavra *publicação* é utilizada no dia-a-dia forense em dois sentidos: (a) o ato de tornar público e, portanto, o momento em que a decisão é lançada nos autos do processo; e (b) o ato de intimar a parte, pessoalmente ou via imprensa oficial.

Essa questão é de extrema relevância, pois, conforme exposto acima, o direito ao recurso nasce no "*dia da sentença*".

Os filiados à primeira corrente, defendem que com a publicação da decisão – no sentido de torna-la publica –, já surgiria o direito ao recurso.[25]

Nesse sentido, o Fórum Permanente de Processualistas Civis (FPPC), encontro que reúne professores e estudiosos do Processo Civil de todo o País, editou o enunciado interpretativo nº 476, que determina: "*O direito ao recurso nasce com a publicação em cartório, secretaria da vara ou inserção nos autos eletrônicos da decisão a ser impugnada, o que primeiro ocorrer*".

Por sua vez, os defensores da segunda corrente se vinculam à ideia de que a decisão só seria impugnável após a sua publicação por meio de imprensa oficial, com a regular intimação e ciência das partes.[26]

Entretanto, nos parece que a primeira hipótese seria a mais adequada, pois o direito ao recurso nasce com a prolação da decisão.

Além disso, hoje é tranquilo em doutrina e pacificado pela regra prevista no artigo 218, § 4º, do NCPC, o entendimento de que "será considerado tempestivo o ato praticado antes do termo inicial do prazo".

---

25 Seria nesse momento que a parte interessada "tem o direito adquirido à interposição do recurso (antes mesmo da intimação eletrônica ou pelo Diário Oficial), que deve ser respeitado pela nova lei". (ROQUE, Andre Vasconcelos; GAJARDONI, Fernando da Fonseca. Breves questionamentos sobre direito transitório no novo CPC. Direito intertemporal, coordenadores, Flávio Luiz Yarshell, Fabio Guidi Tabosa Pessoa. Salvador: Juspodivm, 2016, p. 62).

26 Nesse sentido, a súmula 26, do TRF da 1ª Região: "A lei regente do recurso é a em vigor na data da publicação da sentença ou decisão". Segundo essa linha, o STJ, no julgamento da RMS 38/SP, de relatoria do Min. Sálvio de Figueiredo, decidiu que "o recurso rege pela lei vigente à data em que publicada a decisão".

Assim, proferida a decisão, o ato já seria imediatamente apto à impugnação, pela via do recurso previsto na data de seu lançamento nos autos.

Além disso, as partes podem, em tese, ser intimadas da decisão em momentos distintos. Nesse caso, chegar-se-ia a esdrúxula conclusão de que os recursos a serem interpostos pelas partes poderiam ter regras de admissibilidade diversas.[27]

Esse entendimento violaria a isonomia processual, criando situação de desigualdade entre as partes, em clara afronta aos princípios do processo justo.[28]

Desta forma, o marco para a existência da sua decisão seria a sua publicização em cartório, com o seu registro, data na qual entende-se por proferia a decisão, com o nascimento do direito das partes ao recurso regularmente previsto na lei do tempo.

No caso específico do agravo de instrumento, a nosso ver, o direito recursal aplicável seria o da data da prolação da decisão. Assim, mesmo na hipótese de intimação posterior à entrada em vigor do novo Código, as partes não estariam adstritas ao rol enunciativo do artigo 1.015, do NCPC, devendo, unicamente, demonstrar o requisito do artigo 522, do CPC/1973, qual seja, a capacidade de causar a parte "lesão grave e de difícil reparação".

4.2. A hipótese de complementação da decisão via julgamento de Embargos de Declaração

Outro tema polêmico diz respeito à hipótese de oposição de embargos de declaração contra decisão proferida na vigência da lei anterior, com o seu resultado proferido já com a lei nova.

---

27 "No que toca especificamente ao regime recursal, a doutrina estabeleceu como marco a ser observado para determinar a norma aplicável para impugnar a sentença ou acórdão aquela vigente na data em que a decisão foi proferida. Ainda que a jurisprudência já tenha se pronunciado em sentido contrário, firmando ser a data da publicação o momento que deve orienta a legislação incidente, entendemos que a data em que efetivamente foi tomada a decisão evita a possibilidade de que se apliquem regimes recursais distintos para partes (autor e réu) em face do mesmo decisum. (...) Logo, a fim de não coexistirem duas disciplinas recursais a serem contempladas simultaneamente para combater a mesma decisão judicial, deve ser a data da decisão o critério temporal para delimitar as normas processuais a serem seguidas." (LIMA, Tiago Asfor Rocha; SILVA, André Garcia Xerez. Recursos sob a ótica do direito intertemporal. Direito intertemporal, coordenadores, Flávio Luiz Yarshell, Fabio Guidi Tabosa Pessoa. Salvador: Juspodivm, 2016, p. 476).

28 GRECO, Leonardo. Garantias fundamentais do processo: o processo justo. In PEIXINHO, Manoel Mesias; GUERRA, Isabella Franco; NASCIMENTO FILHO, Firly (Org.). Os Princípios da Constituição de 1988. 2ª ed., Rio de Janeiro: Lumen Juris, 2006, p. 369-406.

Os embargos são o remédio que visa sanar vícios constantes de decisão monocrática[29] ou acórdão.

Embora tenham inegável caráter de recurso, os embargos declaratórios são, em geral,[30] integrativos. Nelson Nery Junior, nesse sentido, defende que, no julgamento dos embargos, o Magistrado não profere nova decisão, apenas aclara a anterior.[31]

Assim, há de se verificar o momento que nasce o direito ao recurso, na hipótese de oposição de embargos de declaração em face da decisão.

Como dito acima, os embargos de declaração, em regra, são meramente integrativos da decisão anterior.[32]

Com efeito, tendo-se em mente que os embargos interrompem o prazo para interposição de recurso,[33] entendemos que o direito ao recurso a ser interposto surgiu com a prolação da decisão contra a qual foram opostos os aclaratórios.[34]

Assim, se a decisão embargada foi proferida na vigência do Código de 1973, tem-se que o direito ao recurso de agravo de instrumento será regido pelas regras então previstas na legislação processual.

Por outro lado, na hipótese em que os embargos de declaração tiverem efeitos infringentes, nos parece que a decisão anterior não será unicamente integrada, mas, de fato, modificada. São os casos, por exemplo, de omissão na apreciação de um pedido ou de uma matéria de defesa que modifiquem a decisão proferida anteriormente.

Nessa situação, estar-se-ia diante de nova decisão, diferente daquela outra anteriormente dada.

Diante disso, considerando que há, neste cenário, o proferimento de uma nova decisão, diversa da decisão anterior, dado o efeito infringente

---

29 Decisão monocrática na acepção de decisão, no sentido amplo, proferida por um julgador singular.

30 A hipótese de interposição de embargos com caráter infringente, apesar de aceita pela jurisprudência, é excepcional.

31 NERY JUNIOR, Nelson. Teoria geral dos recursos, 7ª ed. rev. atual. – São Paulo: Editora Revista dos Tribunais, 2014, p. 415.

32 Por todos, Pontes de Miranda disserta que "A sentença nos embargos de declaração não substitui a outro, porque diz o que a outra disse. Nem pode dizer algo menos, nem diferente, nem mais. Se o diz, foi a decisão embargada que o disse." (PONTES DE MIRANDA. Comentários ao Código de Processo Civil (de 1973), Rio de Janeiro – São Paulo, com atualização de Sérgio Bermudes: t. VII, 3ª ed., 1999, p. 341.

33 Art. 1.026, do CPC/2015.

34 "Acórdão que, ao julgar embargos de declaração, decide algo pertinente à causa ou ao recurso anterior, integra-se na decisão respectiva e é recorrível nos mesmos termos em que ela, no ponto, o seria." (BARBOSA MOREIRA, José Carlos. Op. cit., p. 563).

concedido aos embargos, entendemos que essa nova decisão reger-se-á pelas regras recursais ao tempo da sua publicação.[35]

De tudo, conclui-se que o direito adquirido ao agravo de instrumento, na hipótese de oposição de embargos declaratórios, concebesse na data da prolação da decisão embargada, excetuando-se a hipótese de concessão excepcional de efeitos infringentes ao recurso.

4.3. A aplicação imediata das regras procedimentais aos Agravos de Instrumento pendentes de julgamento

O novo Código de Processo Civil alterou, profundamente, as regras relativas aos procedimentos recursais.

No caso do agravo de instrumento, foram alteradas não só as normas relativas ao seu cabimento, como abordado acima, como, ainda, às concernentes ao seu julgamento, contagem de prazo e documentos essenciais para a sua instrução.

Com isso, cria-se a necessidade de verificação do regime jurídico aplicável ao recurso, se o do Código anterior, ou o da Lei nova.

Essa análise é de difícil verificação exatamente pela noção não tão clara de efeitos dos atos já praticados.

No caso dos recursos, o seu processamento seria *um efeito do ato praticado* (sua interposição) e, por esse motivo, aplicável a lei anterior, ou um *novo ato*, e, consequentemente, regido pela lei nova ?

Consoante já exposto acima, o entendimento majoritário é no sentido de que não há direito adquirido à regime jurídico. Essa premissa é o ponto de base para analisar corretamente a questão posta.

A admissibilidade recursal, ou seja, o cabimento do recurso em si, será regido pela lei na data em que proferida a decisão. Cria-se, nesse momento, a legitima expectativa da parte prejudicada ao recurso. Esse entendimento atende à segurança jurídica, protegendo as partes de uma modificação legislativa que frustre seu direito.

Na hipótese do processamento do recurso, defende-se majoritariamente que não existe direito a um determinado procedimento a ser adotado, o qual deveria ser regido pela lei ao tempo do ato.

Deste modo, o processamento do recurso seria o previsto em lei no ato de sua interposição e, não, do momento da prolação do *decisum*.

---

35 "O direito não será reputado adquirido (e, portanto, nesse aspecto, a lei nova incidirá imediatamente) na parte em que, acolhidos os embargos de declaração, forem concedidos efeitos modificativos. Isso porque não há como se sustentar que existira direito adquirido a recurso contra provimento judicial que sequer existia ao tempo da lei revogada." (ROQUE, Andre Vasconcelos; GAJARDONI, Fernando da Fonseca. Op. Cit., p. 62)

Os defensores da tese diversa da sustentada acima, partem do entendimento de que o direito nasceria do ato de intimação da parte para recorrer e, não, da efetiva interposição do recurso.[36]

Entretanto, contrariando ambos os entendimentos destacados, acreditamos que o melhor critério seria no sentido de utilizar a cláusula aberta proposta por Marcelo Guerra, acima citada, com a verificação da *"incidência parcial por isolamento de surpresas legítimas"*.

A aplicação dessa regra buscaria proteger o titular do direito, no caso concreto, de eventuais disparidades pela aplicação irrestrita de determinada regra (aplicação total ou não aplicação ao procedimento recursal).

Esse entendimento se coadunaria com a ideia de constitucionalização do direito processual, atendendo aos princípios do contraditório e da ampla defesa, corolários do *due process of law*.

No caso da nova Lei Processual, por exemplo, o § 3º, do art. 1.017,[37] fazendo referência expressa ao art. 932, parágrafo único,[38] determina que o relator do recurso deverá, antes de declarar a inadmissibilidade do agravo de instrumento, intimar a parte para sanar eventual vício, com a apresentação das peças que porventura não tiverem sido anexadas no ato da interposição.

Essa ideia, há muito já defendida em sede doutrinária, vai de encontro com a concepção de que o processo não é um fim em si mesmo[39] e, a nosso ver, deverá ser adotada até mesmo para recursos interpostos antes da promulgação da *novel* lei.

---

36 Seguindo essa linha de pensamento, Roberto Rosas afirma que "se a lei nova adotou diverso procedimento, e, consequentemente, outro recurso, com prazo diferente, não se aplicará a nova regra, mesmo porque não se adota outro rito quando já estabelecida a relação processual com a citação." (ROSAS, Roberto. Direito intertemporal processual. Doutrinas essenciais de processo civil, vol. 1. São Paulo: RT, 2011, p. 639).

37 Art. 1.017. ....

§ 3o Na falta da cópia de qualquer peça ou no caso de algum outro vício que comprometa a admissibilidade do agravo de instrumento, deve o relator aplicar o disposto no art. 932, parágrafo único.

38 Art. 932. Incumbe ao relator:

Parágrafo único. Antes de considerar inadmissível o recurso, o relator concederá o prazo de 5 (cinco) dias ao recorrente para que seja sanado vício ou complementada a documentação exigível.

39 "A instrumentalidade do direito processual ao substancial e do processo à ordem social constitui uma diretriz a ser permanentemente lembrada pelo processualista e pelo profissional, para que não seja subvertida a ordem das coisas nem sejam feitas injustiças em nome do injustificável culto à forma. A invocação desse fundamental princípio constitui seguro expediente metodológico, apto a conferir certeza aos resultados encontrados."(DINAMARCO, Cândido Rangel, in Fundamentos do Processo Civil Moderno, São Paulo: Malheiros, 2010, p. 247).

O mestre italiano Enrico Tullio Liebman, com brilhantismo, já afirmava que "*deve-se evitar, o tanto quanto possível, que as formas sejam um empecilho e um obstáculo ao pelo bom sucesso do escopo processual; deve-se impedir que a cega observância da forma sufoque a substância do direito.*"[40].

Assim, as adequações legislativas que visam proteger direitos, atendendo as expectativas do processo justo, merecem e devem ser imediatamente aplicadas aos recursos de agravo de instrumento, independentemente da data de sua interposição.

4.4. A técnica de julgamento prevista no artigo 942, do novo Código de Processo Civil

A polêmica nova técnica de julgamento nas hipóteses de resultados não unânimes, prevista no art. 942, do novo CPC[41], também se aplica ao julgamento de agravos de instrumento, quando interpostos contra decisões parciais de mérito.

A questão de direito intertemporal a ser definida em relação a este ponto é a seguinte: em quais casos caberia a utilização dos "embargos infringentes cover"? Ele poderia ser utilizado para os recursos anteriores ou somente os recursos de agravo interpostos já na vigência do novo Código?

Parece-nos que o Enunciado 463 do Fórum Permanente de Processualistas Civis (FPPC) deu boa solução para esta dúvida. Dispõe o Enunciado: *"O art. 932, parágrafo único, deve ser aplicado aos recursos interpostos antes da entrada em vigor do CPC de 2015 e ainda pendentes de julgamento".*

Seguindo essa linha, portanto, os agravos de instrumento interpostos ainda na forma do Código de Processo Civil de 1973 que, versando sobre decisões ditas parciais de mérito, ainda pendem de julgamento, seguiriam a regra da nova legislação.

Na verdade, considerando-se que era incabível a interposição de Embargos Infringentes contra o acórdão não unanime no caso, estar-se-ia diante da criação de um novo direito – no caso, a um julgamento por um colégio de desembargadores superior ao antigo.

Assim, como o procedimento novo seria aplicado, não para restringir direito das partes, mas para verdadeiramente amplia-lo, criando um julga-

---

40 LIEBMAN, Enrico Tullio. Manual de direito processual civil, v. I, 2003, São Paulo, Intelectos, p. 195.

41 Art. 942. Quando o resultado da apelação for não unânime, o julgamento terá prosseguimento em sessão a ser designada com a presença de outros julgadores, que serão convocados nos termos previamente definidos no regimento interno, em número suficiente para garantir a possibilidade de inversão do resultado inicial, assegurado às partes e a eventuais terceiros o direito de sustentar oralmente suas razões perante os novos julgadores.

mento com um número superior de julgadores, o que, supostamente, levaria a um julgamento mais correto e justo, a ideia de sua aplicação imediata se coadunaria com princípios constitucionais do processo.

5. Conclusão

Conforme exposto acima, os conflitos normativos intertemporais permanecem sem clara definição legislativa. Não há, hoje, um critério de solução claro para a verificação dos litígios que possam surgir.

Apesar do entendimento pacífico da doutrina no sentido de adoção da metanorma de incidência parcial por isolamento dos atos processuais – *tempus regit actum* –, essa fórmula ainda é incapaz de solucionar os conflitos de normas processuais no tempo.

Com a promulgação do novo CPC/15, que modificou severamente o Código anterior, surge um clima de instabilidade jurídica, o qual deve ser apaziguado pela doutrina, cuja responsabilidade na manutenção de um ambiente seguro, com a criação de soluções teóricas, que devem orientar o direito processual.

Defendemos, nesse contexto, a adoção de critérios que atendam os anseios sociais, sem a utilização irrestrita de paradigmas, com a aplicação de uma solução sistematizada e integrada processo como um todo.

6. Referências bibliográficas

ÁVILA, Humberto. *Teoria da segurança jurídica*. 3ª ed. São Paulo: Malheiros, 2014.

BRUSCHI, Gilberto Gomes. *Breves comentários do Novo Código de Processo Civil* / Teresa Arruda Alvim Wambier... [et at.], coordenadores. São Paulo: RT, 2015.

CÂMARA, Alexandre Freitas. *O novo processo civil brasileiro*. São Paulo: Atlas, 2015.

CAMPOS BATALHA, Wilson de Souza. *Direito Intertemporal*. Rio de Janeiro: Forense, 1980.

CÂMARA, Alexandre Freitas. *O novo processo civil brasileiro*. São Paulo: Atlas, 2015.

CUNHA, Leonardo Carneiro da. *Direito intertemporal e o novo Código de Processo Civil*, Rio de Janeiro: Forense, 2016.

CUNHA, Leonardo Carneiro da; DIDIER JR., Fredie. *Agravo de instrumento contra decisão que versa sobre competência e a decisão que nega eficácia a negócio jurídico processual na fase de conhecimento: uma interpretação sobre o agravo de instrumento previsto no CPC/2015*. Revista de Processo. São Paulo: RT, v. 242, 2015, p. 273-282.

DIDIER Jr., Fredie; CUNHA, Leonardo Carneiro da. *Curso de direito processual civil: o processo civil os tribunais, recursos, ações de competência originária de tribunal e querela nullitatis, incidentes de competência originária de tribunal*. Salvador: JusPodivm, 2016.

DINAMARCO, Cândido Rangel. *Fundamentos do Processo Civil Moderno*. São Paulo : Ed. Malheiros, 2010.

GRECO, Leonardo. *Garantias fundamentais do processo: o processo justo*. In PEIXINHO, Manoel Mesias; GUERRA, Isabella Franco; NASCIMENTO FILHO, Firly (Org.). Os Princípios da Constituição de 1988. 2ª ed., Rio de Janeiro: Lumen Juris, 2006.

______. *Instituições de processo civil: recursos e processos da competência originária dos tribunais*, Rio de Janeiro: Forense, vol. III, 2015.

GUERRA, Marcelo Lima. *Comentários à nova Lei do mandado de segurança*. Napoleão Nunes Maia Filho, Caio Cesara Vieira Rocha, Tiago Asfor Rocha Lima. São Paulo: Editora Revista dos Tribunais, 2008.

GOMETZ, Gianmarco. *La certezza giurridica come previdibilità*, Torino: Giappichelli, 2005.

LACERDA, Galeno. *O Novo direito processual civil e os feitos pendentes*. Rio de Janeiro: Forense, 1974.

LIEBMAN, Enrico Tullio. Manual de direito processual civil, v. I, São Paulo, Intelectos, 2003.

LIMA, Tiago Asfor Rocha; SILVA, André Garcia Xerez. *Recursos sob a ótica do direito intertemporal*. In Direito intertemporal, coordenadores, Flávio Luiz Yarshell, Fabio Guidi Tabosa Pessoa. Salvador: Juspodivm, 2016.

MAXIMILIANO, Carlos. *Direito intertemporal ou teoria da retroatividade das leis*. Rio de Janeiro: Livraria Freitas Bastos, 1955.

MOREIRA, José Carlos Barbosa. *Comentários ao Código de Processo Civil*, Lei nº 5.869, de 11 de janeiro de 1973, vol. V: arts. 476 a 575. Rio de Janeiro: Forense, 2008.

NERY JUNIOR, Nelson. *Teoria geral dos recursos*, 7ª ed. rev. atual. ⍰ São Paulo: Editora Revista dos Tribunais, 2014.

OST, François. *O tempo do direito*. Trad. Maria Fernanda Oliveira. Lisboa: Instituto Piaget, 1999.

PONTES DE MIRANDA. *Comentários ao Código de Processo Civil* (de 1973), Rio de Janeiro ⍰ São Paulo, com atualização de Sérgio Bermudes: t. VII, 3ª ed., 1999.

ROQUE, Andre Vasconcelos; GAJARDONI, Fernando da Fonseca. *Breves questionamentos sobre direito transitório no novo CPC*. In Direito intertemporal, coordenadores, Flávio Luiz Yarshell, Fabio Guidi Tabosa Pessoa. Salvador: Juspodivm, 2016.

ROSAS, Roberto. *Direito intertemporal processual*. Doutrinas essenciais de processo civil, vol. 1. São Paulo: RT, 2011.

ROUBIER, Paul. *Le droit transitoire (conflits des lois dans le temps)*, 2ª ed., Paris. 1960.

______. *Les conflits des lois dans le temps (Théorie dite de la non-retroactivité des lois)*, v. II, Paris, 1933.

SANTOS, Moacyr Amaral. *Primeiras linhas de direito processual civil*, vol. 1, 24ª ed., São Paulo: Saraiva, 2008.

WAMBIER, Teresa Arruda Alvim. *Nulidades do processo e da sentença*, 7ª ed., rev. ampl. e atual., com notas de referência ao Projeto Novo Código de Processo Civil. São Paulo: RT, 2014.

EMBARGOS INFRINGENTES E A TÉCNICA DE JULGAMENTO POR COLEGIADO AMPLIADO DO NOVO CPC

Aspectos de direito intertemporal

Yuri Maciel Araujo

Sumário: 1. Introdução. **2.** A técnica de julgamento do art. 942 do Novo CPC. **3.** Noções de direito intertemporal. **3.1.** A eficácia da norma no tempo. **3.2.** O direito intertemporal aplicado ao processo. **4.** O cabimento dos embargos infringentes após a vigência do Novo CPC. **4.1.** A tormentosa hipótese dos embargos de declaração julgados à luz do Novo Código. **5.** Conclusão. **6.** Referências bibliográficas.

1. Introdução

O Novo Código de Processo Civil (Lei 13.105/15) buscou tornar o processo mais eficiente na satisfação dos direitos dos jurisdicionados. Nesse sentido, dentre muitos outros avanços, visou reduzir a complexidade do sistema recursal do Código revogado.

Essa simplificação recursal pode ser observada no desaparecimento do agravo retido – com a possibilidade de impugnação das decisões anteriores à sentença diretamente em sede de apelação (art. 1.009, §1º) –, na previsão de hipóteses taxativas de cabimento do agravo de instrumento (art. 1.015) e na tentativa de empregar maior aproveitamento aos recursos especial e extraordinário, com a adoção de mecanismos para garantir, em uma maior medida, o enfrentamento do mérito pelos Tribunais Superiores (*v.g.*, arts. 1.025, 1.032 e 1.033).

Além disso, e com especial destaque, a Comissão de Juristas responsável pelo Anteprojeto do Código apontou a supressão dos embargos infringentes como uma das grandes alterações do sistema recursal.[1]

Em seu lugar, o Novo Código criou uma técnica de julgamento *por colegiado ampliado* (art. 942), que prevê a necessária convocação de outros

1 Comissão de Juristas Responsável pela Elaboração de Anteprojeto de Código de Processo Civil. Código de Processo Civil: anteprojeto. Brasília: Senado Federal, Presidência, 2010, p. 27.

magistrados para compor o quórum de julgamento da apelação – e também de agravo de instrumento e ação rescisória, em determinados casos – se o resultado parcial for não unânime.

O legislador aliou, assim, segurança e efetividade, por meio de um procedimento que permite o amadurecimento do debate, mas preserva, ao mesmo tempo, a celeridade e a economia processual.[2]

Dessa inovação, surge, contudo, relevante questão de direito intertemporal: quando deverá ser aplicada a nova técnica e quando, ao contrário, ainda caberão os antigos embargos infringentes?

Além de suscitar grande divergência na doutrina, essa definição impacta diretamente no exercício de outras situações jurídicas de vantagem pelas partes. A depender do posicionamento adotado, poder-se-á entender, por exemplo, que, em determinadas hipóteses, não terá havido o esgotamento das instâncias ordinárias – a impossibilitar a interposição de recursos às Cortes Superiores (Enunciado nº 207 da Súmula do STJ) –, ou, até mesmo, que as partes não terão qualquer direito à ampliação do colegiado, na contramão da experiência histórica luso-brasileira.[3]

2. A técnica de julgamento do art. 942 do novo CPC

Como assinala Barbosa Moreira, os momentos de reformulação legislativa não podem deixar de suscitar o confronto entre as normas que declinam e as normas que despontam. Afinal, sem esse esforço comparativo dificilmente seria possível alcançar a absoluta compreensão do novo texto e desenvolver as suas virtualidades.[4]

Assim, antes de prosseguir para a análise de aspectos atinentes propriamente ao direito intertemporal, é imprescindível – e, mais do que isso, desejável – que sejam comparados os embargos infringentes previstos no Código de 1973 com a técnica de julgamento do art. 942 do Código de 2015. A distinção serve não apenas ao propósito de mostrar a importância do

---

2 Como observa CARNEIRO, Paulo Cezar Pinheiro. Acesso à justiça: juizados especiais cíveis e ação civil pública: uma nova sistematização da teoria geral do processo. Rio de Janeiro: Forense, 2003, p. 81: "Da exacerbação do fator segurança, como ocorre em regra no nosso sistema, não decorre maior justiça das decisões, é perfeitamente possível priorizar a rapidez e ao mesmo tempo assegurar justiça, permitindo que o vencedor seja aquele que efetivamente tem razão".

3 ZANETI Jr, Hermes. "Comentários ao artigo 942", *in*: CABRAL, Antonio do Passo; CRAMER, Ronaldo (org.). Comentários ao novo Código de Processo Civil. Rio de Janeiro: Forense, 2015, p. 1355.

4 BARBOSA MOREIRA, José Carlos. Direito Processual Civil (ensaios e pareceres). Rio de Janeiro: Editor Borsoi, 1971, p. 248.

tema, mas também de fixar premissas que serão relevantes para a definição do diploma aplicável a cada hipótese.

De antemão, é válido ressaltar que parte da doutrina critica a própria existência de uma via para obtenção de uma decisão por um colegiado mais amplo. Sustenta-se que nada indica, de forma consistente, que o julgamento por uma composição maior tornaria a decisão necessariamente *melhor*, e que, ademais, a simples contradição entre uma e outra acarretaria redução da credibilidade da última decisão.[5]

Justamente nesse sentido, a Comissão de Juristas responsável pela elaboração do Anteprojeto propôs a supressão dos embargos infringentes e a inexistência de qualquer outro procedimento análogo. No entanto, após passar pelo Senado, a técnica de julgamento ampliado foi incluída no Projeto da Câmara dos Deputados e, ao fim, acabou constando da redação final do Código.[6]

Feita a ressalva, observa-se que, quando menos, o Novo Código inovou ao trazer a matéria sob a forma de uma *técnica de julgamento*, e não de um *recurso*, como operado pelos Códigos de 1939 e 1973.

Apesar de posições em sentido contrário,[7] parece que, por dois motivos, realmente não se pode tratar o procedimento do art. 942 do Código de 2015 como uma modalidade recursal.

De um lado, porque não atende ao requisito[8] da *voluntariedade*, já que independe, em absoluto, da iniciativa ou mesmo da anuência de qualquer das partes. Basta haver divergência – nas hipóteses previstas no Código – para que o procedimento de ampliação do quórum seja instaurado.

De outro, porque, ainda para quem entende que a voluntariedade não é inerente aos recursos, parece insuperável o fato de que o art. 942 dispõe que o julgamento *terá prosseguimento* com a presença de outros julgadores[9] e ainda prevê, em seu parágrafo segundo, que todos os juízes poderão

---

5 GRECO, Leonardo. Instituições de processo civil: recursos e processos da competência originária dos tribunais. Rio de Janeiro: Forense, vol. III, 2015, p. 181.

6 BUENO, Cassio Scarpinella. Manual de direito processual civil: inteiramente estruturado à luz do novo CPC – Lei n. 13.105, de 16-3-2015. São Paulo: Saraiva, 2015, p. 556.

7 COSTA, Eduardo José da Fonseca. "Pequena história dos embargos infringentes no Brasil: uma viagem redonda", *in* FREIRE, Alexandre; DANTAS, Bruno; NUNES Dierle; DIDIER JR., Fredier.; MEDINA, José Miguel Garcia; FUX, Luiz; CAMARDO, Luiz Henrique Volpe; DE OLIVEIRA, Pedro Miranda (org.). Salvador: JusPodivm, vol. 2, 2014, p. 399.

8 GRECO, Leonardo. Instituições de processo civil: recursos e processos da competência originária dos tribunais, Op.cit., p. 22.

9 DIDIER Jr., Fredie; CUNHA, Leonardo Carneiro da. Curso de direito processual civil: o processo civil os tribunais, recursos, ações de competência originária de tribunal e querela nullitatis, incidentes de competência originária de tribunal. Salvador: JusPodivm, 2016, p. 76-77.

rever seu voto na continuação do julgamento, a revelar que a decisão apenas deverá ser anunciada após a coleta de todos os votos. É dizer, o próprio *iter* de formação do acórdão compreende a participação dos demais julgadores, de modo que a técnica constitui um *requisito de validade* da decisão colegiada, e não um meio de impugnação, como eram os infringentes.

Em prestígio à eficiência – que, em última análise, permeia todos os poderes do Estado, na forma do art. 37 da CF[10] –, o Novo Código visou desburocratizar a ampliação do colegiado: em vez de se abrir prazo para que as partes apresentem *razões* e *contrarrazões recursais*, normalmente com a designação de um novo Relator, como ocorria à época dos embargos infringentes (art. 530 e ss., do CPC/73), a continuação do julgamento é automática e pode se dar até mesmo na própria sessão (art. 942, §1º, do CPC/15).

Para que a técnica possa alcançar toda a efetividade a que se propõe, é prudente, desde logo, que os Tribunais se readequem e prevejam a composição dos órgãos colegiados por um mínimo de cinco magistrados, de forma a se evitar o adiamento para uma nova sessão.[11]

Entretanto, caso o quórum não venha a permitir o prosseguimento na mesma data, será assegurado às partes que sustentem oralmente suas razões perante os novos julgadores (art. 942, *caput*). Como a ideia do procedimento é garantir um julgamento mais qualificado, os novos juízes devem ter pleno conhecimento do caso, o que será possível por meio do contraditório e, igualmente, pela exposição dos votos daqueles magistrados que já se pronunciaram na sessão anterior.

Indo além, observa-se que o procedimento possui uma abrangência muito mais ampla do que os antigos embargos.

Isso porque, após a reforma implementada pela Lei nº 10.352/2001, os embargos infringentes passaram a ser cabíveis apenas quando o acórdão houvesse reformado, em grau de apelação, a sentença de mérito, ou houvesse julgado procedente ação rescisória. Além disso, se o desacordo fosse parcial, estariam restritos à matéria objeto da divergência (art. 530 do CPC/73).[12]

A nova técnica, ao revés, foi disciplinada para abarcar todas as oportunidades em que o julgamento da apelação seja não unânime, sendo aplicável a qualquer divergência que se apresente na resolução de *questões* pela

10 GRECO, Leonardo. Garantias Fundamentais do Processo: O Processo Justo, disponível em: <http://egov.ufsc.br/portal/sites/default/files/anexos/15708-15709-1-PB.pdf>, acessado em 27 de junho de 2016, p. 1.

11 GRECO, Leonardo. Instituições de processo civil: recursos e processos da competência originária dos tribunais. Rio de Janeiro: Forense, volume III, 2015, p. 138.

12 SILVA, Ovídio Araújo Baptista da. Curso de processo civil: processo de conhecimento, São Paulo: Editora Revista dos Tribunais, vol. 1, 1998, p. 452-453.

turma julgadora.[13] Somente se manteve restrição análoga em relação aos julgamentos de ação rescisória e de agravo de instrumento contra decisão que julgar parcialmente o mérito. Nesses casos, o quórum somente será ampliado se o resultado parcial consistir na rescisão ou reforma da decisão por maioria (art. 942, §3º, II, do CPC/15).

Por analogia, já se sustenta, inclusive, que a técnica também seria aplicável a agravos interpostos contra outras decisões que possuam caráter final, como a de improcedência liminar parcial, a que julga a liquidação da sentença e a que não acolhe impugnação.[14]

Contudo, não nos parece que seja possível ampliar, nessa medida, o rol previsto no art. 942. O Novo CPC é expresso ao tratar das hipóteses de cabimento da técnica, excluindo desse âmbito, até mesmo, o julgamento da remessa necessária, que, por motivos óbvios, também poderia suscitar uma aplicação analógica do instituto (art. 942, §4º).

Com razão, Leonardo Greco aponta, ao tratar dos embargos infringentes, que, desde a Revolução Francesa, já se concluiu que dois graus de jurisdição, com ampla e exaustiva cognição, seriam suficientes para se alcançar o equilíbrio entre um processo justo e célere, não havendo que se falar na necessidade de um *terceiro* grau.[15-16] Assim, ainda que o Novo Código não preveja a inauguração de uma nova instância – mas tão somente a participação de outros julgadores no *mesmo* julgamento –, o raciocínio mantém-se aplicável, *mutatis mutandis,* para o fim de coibir a indiscriminada aplicação do instituto a casos não previstos em lei, mormente considerando que, na realidade brasileira, nem sempre se alcançará a composição majorada na mesma sessão, impondo-se ao jurisdicionado os prejuízos decorrentes de um ônus maior de tempo.[17]

---

13 CÂMARA, Alexandre Freitas. O novo processo civil brasileiro. São Paulo: Atlas, 2ª edição, 2016, p. 449.

14 MARINONI, Luiz Guilherme; ARENHART, Sérgio Cruz; MITIDIERO, Daniel. Novo Código de Processo Civil comentado, São Paulo: Editora Revista dos Tribunais, 2ª edição, 2016, p. 1005.

15 GRECO, Leonardo. Instituições de processo civil: recursos e processos da competência originária dos tribunais, Rio de Janeiro: Forense, volume III, 2015, p. 180-181.

16 Ainda sob o regime dos embargos infringentes, já se arguiu igualmente que "prever-se impugnação ao acórdão que decidiu a apelação ou a ação rescisória para rediscutir-se a tese do voto minoritário e por isso vencido constitui verdadeiro luxo, repita-se, se considerada a realidade brasileira, se o espírito do intérprete estiver voltado ao pragmatismo" (VENTURI, Elton. "Sobre a proposta de alteração dos embargos infringentes.", in: MARINONI, Luiz Guilherme; DIDIER JR., Fredie (org.). A segunda etapa da reforma procesual civil. São Paulo: Malheiros, 2001, p. 299).

17 Se, de um lado, a técnica poderia, em tese – com as ressalvas já feitas antes –, lograr um incremento da segurança na aplicação do direito; de outro, poderia ensejar uma maior demora na tutela jurisdicional e, por isso, atentar, paradoxalmente, contra essa

Aliás, além da remessa necessária, o Código de 2015 também estabeleceu, de forma expressa, que a técnica não se aplica aos incidentes de assunção de competência e de resolução de demandas repetitivas, bem como aos julgamentos não unânimes proferidos, nos tribunais, pelo plenário ou pela corte especial (art. 942, § 4º).

Feitas essas considerações, estão traçadas as linhas gerais da técnica de prosseguimento do debate prevista no art. 942 do CPC/15, que inequivocamente representa um importante avanço em relação aos embargos infringentes.

3. Noções de direito intertemporal

Nesse momento de transição, é imprescindível aferir, com rigor, quais situações receberão a incidência do novo ou do velho ordenamento processual. A essa sensível tarefa dedica-se o Direito Intertemporal, que serve ao propósito de determinar o âmbito de aplicação de cada uma das disposições normativas que, de forma consecutiva, tratem do mesmo assunto.[18]

3.1. A eficácia da norma no tempo

O ordenamento jurídico deve ser capaz de *conservar* uma ordem orientada para determinados fins, mas, ao mesmo tempo, apresentar certa flexibilidade que lhe permita *avançar* e se *adaptar* às novas condições da vida social.[19]

Não obstante, se é certo que a mudança é inerente ao próprio Direito,[20] é igualmente certo que a ordem jurídica deve prover segurança aos jurisdicionados, na medida em que o próprio exercício da liberdade depende da avaliação, à luz da ordem jurídica, de quais condutas podem ou não ser adotadas, e de quais consequências delas podem advir.[21]

mesma segurança. Nessa linha de que "a lentidão da tutela jurisdicional, em termos globais, aumenta a incerteza, compromete a segurança jurídica e a eficiência da economia", v. SCHENK, Leonardo Faria. Cognição sumária: limites impostos pelo contraditório no processo civil. São Paulo: Saraiva, 2013, p. 73.

18 MAXIMILIANO, Carlos. Direito intertemporal ou teoria da retroatividade das leis. Rio de Janeiro: Livraria Freitas Bastos, 1955, p. 7.

19 DALLARI, Dalmo de Abreu. Elementos de teoria geral do Estado. São Paulo: Saraiva, 19ª edição, 1995, p. 111.

20 A propósito, até mesmo no Direito Canônico, leis e códigos inteiros são revogados, como se observa no Cânone 6 do Código de Direito Canônico, disponível em <http://www.vatican.va/archive/cod-iuris-canonici/portuguese/codex-iuris-canonici_po.pdf>, acessado em 03/07/2016.

21 "Só se pode planejar e agir quando há segurança para planejar e para agir. Segurança é, deste modo, um meio de realização das liberdades individuais, uma espécie de princípio funcional relativamente àquelas. Afinal, quem não pode confiar nas condições

O principal valor que deve informar o Direito Intertemporal, então, é a previsibilidade. Em um Estado de Direito, a ordem jurídica não deve surpreender os jurisdicionados.[22] Novas normas de conduta não podem retroagir para incidir sobre fatos pretéritos ou seus efeitos pendentes. Exatamente por isso, já se aduziu que a retroatividade corresponde ao *despedaçamento* do pacto social.[23]

Porém, na realidade, não se deve encarar qualquer retroatividade como repugnável. Se não houver ofensa a situações jurídicas consumadas, a retroatividade pode ser tida por legítima.[24]

Em obra clássica, Limongi França afirma que a irretroatividade das leis evoluiu, ao longo da história humana, para confundir-se com o princípio de proteção ao direito adquirido.[25] Há séculos, esse princípio já se encontraria arraigado nos principais ordenamentos jurídicos do mundo, sendo possível verificar a sua origem ainda na Segunda Regra Teodosiana,[26-27] emanada pelo imperador bizantino Teodósio II (408-450 dC).

---

jurídicas para a realização de seus atos guardará distância das grandes realizações, já que a liberdade significa, justamente, a possibilidade de plasmar a própria vida de acordo com os próprios projetos" (ÁVILA, Humberto. Teoria da segurança jurídica. São Paulo: Malheiros, 2014, p. 77).

---

22 WAMBIER, Teresa Arruda Alvim. "Anotações sobre o direito intertemporal e as mais recentes alterações do CPC", in Revista de Processo, v. 150, ago/2007, p. 2.

23 Confira-se referência histórica constante de MAXIMILIANO, Carlos. Direito intertemporal ou teoria da retroatividade das leis, *Op.cit.*, p. 23: "Proclamara Benjamim Constant: "A retroatividade é o maior atentado que a lei possa cometer; é o despedaçamento do pacto social, a anulação das condições em virtude das quais a sociedade tem o direito de exigir obediência do indivíduo; ela lhe arrebata as garantias que ela mesma lhe assegurava em troca daquela obediência, que é um sacrifício"".

24 DINAMARCO, Cândido Rangel. Instituições de direito processual civil – segundo o Novo Código de Processo Civil. São Paulo: Malheiros, 8ª edição, 2016, p. 183.

25 Na mesma linha, AMARAL, Guilherme Rizzo. Estudos de direito intertemporal e processo. Porto Alegre: Livraria do Advogado Editora, 2007, p. 16, afirma que, em dado momento, o que hoje se entende por Direito Intertemporal foi denominado Teoria dos Direitos Adquiridos.

26 "[...] o princípio da irretroatividade das leis, através dos séculos, evoluiu no sentido de se tornar mais preciso e definido transmudando-se em princípio do respeito ao Direito Adquirido. [...] Com a Segunda Regra Teodosiana surge o primeiro germe evidente e iniludível da preservação do Direito Adquirido, através da menção aos negotia pendentia, afirmada, outrossim, no Direito Visigótico, por meio da referência aos negotia incohata nondum finita de Recesvindo. Preparado estava o caminho, pois, para transcorrido meio milênio, o Direito Canônico e os Pós-Glosadores elaborarem o primeiro esboço sistemático da Doutrina do Direito Adquirido, que, a partir de então, se tornou a Doutrina Clássica por excelência" (FRANÇA, R. Limongi. Direito intertemporal brasileiro: doutrina da irretroatividade das leis e do direito adquirito adquirido. São Paulo: Saraiva, 5ª edição, 1998, p. 189).

27 Conforme tradução de Limongi França, a Segunda Regra Teodosiana assim dispõe: "É norma assentada a de que as leis e constituições dão forma aos negócios futuros e de

Carlos Maximiliano consigna, entretanto, que, justamente por adotar os conceitos de *retroatividade* e *direito adquirido* e, portanto, disciplinar tão somente a proteção de direitos subjetivos, a dita teoria subjetiva foi amplamente criticada em sede doutrinária. Anota, nesse sentido, o aclamado advento da teoria objetiva, que levou o destaque para os *fatos jurídicos perfeitos* ou *fatos jurídicos consumados,* englobando, de um modo geral, todas as situações jurídicas definitivamente constituídas.[28]

Todavia, apesar de pontuar a controvérsia, o próprio autor esclarece que a discussão se ateve à *precisão da linguagem*, porquanto, em linhas gerais, as teorias se equivalem.[29]

Com efeito, ao longo da história brasileira, todas as Constituições, à exceção da Carta de 37, trataram de propugnar a irretroatividade das leis, culminando na Constituição de 1988, que afirma peremptoriamente que a lei não prejudicará o direito adquirido, o ato jurídico perfeito e a coisa julgada (art. 5º, XXXVI), ressalvando apenas a retroatividade da lei penal mais benéfica (art. 5º, XL).

Sendo assim, apesar de, segundo alguns autores, ser censurável a extensão do dispositivo – na medida em que o ato jurídico perfeito e a coisa julgada já seriam preservados com a simples garantia do direito adquirido[30]

---

que não atingem os fatos passados, a não ser que tenham feito referência expressa, quer ao passado, quer aos negócios pendentes" (FRANÇA, R. Limongi. Direito intertemporal brasileiro: doutrina da irretroatividade das leis e do direito adquirito adquirido, *Op.cit.*, p. 56).

---

28 MAXIMILIANO, Carlos. Direito intertemporal ou teoria da retroatividade das leis, *Op.cit.*, p. 9-10.

29 *Ibidem,* p. 13.

30 Confira-se, mais uma vez, FRANÇA, R. Limongi. Direito intertemporal brasileiro: doutrina da irretroatividade das leis e do direito adquirito adquirido, *Op.cit.*, p. 202: "Ora, o respeito à *res judicata* à face das leis novas constitui um dos aspectos da definição pré-científica da matéria, do tempo dos Jurisconsultos Clássicos. A preservação do Direito Adquirido constitui um passo avançado nas conquistas do espírito humano, concernente ao assunto, e já inclui, na sua amplitude muito maior, a idéia dos *judicata transacta finitave.* Quanto ao *ato* jurídico perfeito, é ele o principal fato gerador do Direito Adquirido, de modo que, a nosso ver, a sua proteção já se encontra implícita naquela que se dá ao instituto que constitui o seu efeito. Por outro lado, tratando-se de matéria, na parte acidental, sujeita necessariamente a mudanças e desenvolvimentos, a referência ao ato jurídico perfeito e à coisa julgada nos parece incompatível com a sobriedade e a essencialidade de que se devem revestir as normas constitucionais. Isto posto, propomos, de *jure feredo*, a seguinte fórmula, para servir como regra da nossa Lei Fundamental: "A lei dispõe para o futuro; ela não prejudicará o direito adquirido"". No mesmo sentido, ver também: ABELHA, Marcelo Rodrigues. "Eficácia da lei no tempo: premissas sobre o direito intertemporal e sua aplicação às recentes alterações do Código de Processo Civil", *in* JORGE, Flávio Cheim; DIDIER JR.,

– pode-se dizer que a Constituição vigente adotou uma teoria mista, prestigiando tanto o aspecto subjetivo (direito adquirido), como o objetivo (ato jurídico perfeito e coisa julgada).

A Constituição estabeleceu, assim, um patamar mínimo de estabilidade nas relações jurídicas. Para cada situação concreta em que haja controvérsia de direito intertemporal, será imprescindível avaliar se a aplicação da lei nova viola algum desses valores alçados ao nível de garantias constitucionais, devendo-se assegurar, ademais, que a transição se dê de forma a impedir a violação à confiança legítima gerada pelas normas pretéritas.[31]

Aliás, já não basta apenas propugnar pela irretroatividade da *lei*. Em tempos de aproximação do sistema da *common law*, com a observância obrigatória de precedentes (art. 927), também a alteração de entendimentos jurisprudenciais consolidados deve ensejar o mesmo cuidado de não prejudicar situações jurídicas consumadas, respeitando a previsibilidade e a confiabilidade depositadas por aqueles que se orientaram de acordo com a posição até então consolidada.[32] Não à toa, o Novo Código previu a possibilidade de modulação dos efeitos da decisão que rompe com a jurisprudência dominante (art. 927, §3º).

3.2. O direito intertemporal aplicado ao processo

O direito intertemporal segue, também no âmbito do processo, as suas normas mais gerais de proteção ao direito adquirido, ao ato jurídico perfeito e à coisa julgada. Não há que se falar, propriamente, em um regime apartado. As normas processuais também operam para o futuro; a única peculiaridade é a relação jurídica que regulam.[33]

Como se trata de relação jurídica complexa, caracterizada pela sucessão de atos processuais que são desenvolvidos e realizados em uma cadeia unitária – o procedimento –, a questão apresenta especial dificuldade.[34]

Fredie; RODRIGUES, Marcelo Abelha (org.). A terceira etapa da reforma procesual civil: comentarios às Leis n. 11.187/2005, 11.232/2005, 11.276/2006, 11.277/2006, 11.280/2006. São Paulo: Saraiva, 2006, p. 10.

---

31 CUNHA, Leonardo Carneiro da. Direito intertemporal e o novo Código de Processo Civil. Rio de Janeiro: Forense, 2016, p. 6-8.

32 DINAMARCO, Cândido Rangel. Instituições de direito processual civil – segundo o Novo Código de Processo Civil, *Op.cit.,* 2016, p. 191-193.

33 PIMENTEL, Wellington Moreira."Questões de Direito Intertemporal diante do Código de Processo Civil", in Revista Forense, Rio de Janeiro, v. 251, jul./ago.1975, p. 127-128.

34 CINTRA, Antônio Carlos de Araújo; GRINOVER, Ada Pellegrini; DINAMARCO, Cândido Rangel. Teoria Geral do Processo. São Paulo: Malheiros, 14ª edição, 1998, p. 99.

Dizer, pura e simplesmente, que os direitos adquiridos, os atos jurídicos perfeitos e a coisa julgada estão protegidos serve ao fim de impedir a aplicação da lei vindoura aos processos já julgados; contudo, não basta para indicar qual lei regerá os processos em curso, em especial no que concerne aos efeitos pendentes de atos praticados sob a égide do diploma revogado.

Assim, emergiram na doutrina e em diversos ordenamentos jurídicos três principais soluções para garantir que a nova lei processual efetivamente atue para o futuro.

O primeiro sistema digno de nota é o da *unidade processual*, pelo qual, uma vez proposta uma ação, ela deve ser regulada, durante todo o seu trâmite, pela mesma legislação processual. O processo apresentaria tamanha unidade que somente poderia ser regido, do início ao fim, por uma única lei.[35]

O segundo sistema, das *fases processuais*, estabelece que cada fase (postulatória, instrutória, decisória, recursal e cumprimento da sentença) deveria ser considerada como um *todo* único e, assim, receber a incidência da mesma lei.[36] Desse modo, acaso já iniciada, por exemplo, a fase instrutória à luz do ordenamento anterior, o novo diploma não se aplicaria até o seu encerramento.

Por fim, o terceiro consiste no sistema de *isolamento dos atos processuais*, no qual cada ato é considerado de forma autônoma e regido pela lei vigente ao tempo em que praticado. Em rigor, nada mais do que *tempus regit actum*.[37]

Em linha com a Constituição, o Novo Código adotou, como regra geral, essa última teoria, ao dispor que: *"A norma processual não retroagirá e será aplicável imediatamente aos processos em curso, respeitados os atos processuais praticados e as situações jurídicas consolidadas sob a vigência da norma revogada"* (art. 14).

No entanto, como bem ressalta Wellington Moreira Pimentel, em feliz comparação, é fundamental, nesse sistema de *isolamento*, a verificação do grau de relacionamento entre os atos, para que, como em uma *película cinematográfica*, o marco temporal escolhido para a incidência da nova norma não comprometa a *cena*, tampouco leve à *perplexidade no epílogo*.[38]

Afigura-se imprescindível observar o momento de consolidação dos atos e situações jurídicas, bem como quais efeitos pendentes ou atos pos-

---

35 CINTRA, Antônio Carlos de Araújo; GRINOVER, Ada Pellegrini; DINAMARCO, Cândido Rangel. Teoria Geral do Processo, Op.cit. p. 99.

36 CUNHA, Leonardo Carneiro da. Direito intertemporal e o novo Código de Processo Civil, *Op.cit.*, p. 26.

37 MARQUES, José Frederico. Manual de direito processual civil. Campinas: Millennium Editora, 9ª edição, 2003, p. 50.

38 PIMENTEL, Wellington Moreira. "Questões de Direito Intertemporal diante do Código de Processo Civil", *Op.cit.*, p. 130.

teriores constituem consequência lógica daquilo que já se encontra *consumado*. Realmente, não é lícito tratar como *isolados* os desdobramentos de atos regidos pela lei anterior, pois isso significaria, em última análise, negar eficácia aos próprios atos jurídicos perfeitos que lhes deram ensejo. Do mesmo modo, se um ato complexo se iniciou à luz do diploma revogado, essa norma é que regerá os atos simples porventura restantes.[39]

Em regra, os atos processuais consideram-se aperfeiçoados no momento de sua prática e *"produzem imediatamente a constituição, modificação ou extinção de direitos processuais"* (art. 200 do CPC/15).

Produzidos no seio de uma dinâmica relação jurídica processual, esses atos podem gerar, por sua vez, *direitos adquiridos processuais*, que se caracterizam por já se encontrarem incorporados ao patrimônio do titular em virtude do preenchimento de todos os requisitos legais, independentemente de terem sido exercidos antes do advento da nova legislação.[40]

São esses atos consumados e subsequentes posições jurídicas de vantagem que não serão prejudicados pela aplicação da lei nova.

4. O cabimento dos embargos infringentes após a vigência do novo CPC

Os embargos infringentes foram suprimidos pelo Novo Código, mas continuarão cabíveis sempre que constituírem direito processual *adquirido* por uma das partes ainda sob a égide do Código de 1973.

Quanto ao ponto, é conhecida a velha máxima de que *"a lei do recurso é a lei do dia da sentença"*.[41]

No entanto, não há consenso sobre qual deva ser considerado o *"dia da sentença"* ou, para o que aqui importa, o *"dia do acórdão"*; muito menos, sobre qual é o exato momento em que surge o direito ao recurso.

Em linhas gerais, a doutrina se divide em duas principais correntes: (a) aplica-se a lei do dia em que é anunciado o resultado do julgamento pelo presidente do órgão julgador; e (b) aplica-se a lei do dia em que as partes são intimadas do acórdão.

Para os partidários da *primeira corrente*, a data da intimação influiria apenas na determinação do termo inicial do prazo para recorrer. O direito ao recurso já existiria desde o momento em que *publicada* – no sentido de *tornada pública*, e não de veiculada na imprensa oficial – a decisão. Assim, considerando que a decisão é declarada no próprio dia da sessão (art. 941,

---

39 PINHO, Humberto Dalla Bernardina de. Direito processual civil contemporâneo: teoria geral do processo. São Paulo: Saraiva, 6ª edição, vol. 1, 2015, p. 137.

40 MAXIMILIANO, Carlos. Direito intertemporal ou teoria da retroatividade das leis, Op.cit., p. 43.

41 LACERDA, Galeno. O Novo direito processual civil e os feitos pendentes. Rio de Janeiro: Forense, 1974, p. 68.

caput, do Novo Código e art. 556, *caput,* do Código de 1973), já emergiria, nesse instante, a faculdade de recorrer.[42]

Por sua vez, os autores que defendem a *segunda corrente* entendem que a decisão só se tornaria passível de *ataque* com a publicação das conclusões do acórdão, de modo que apenas nesse momento adviria o direito ao recurso.[43]

A despeito da respeitável posição contrária, parece que deve realmente prevalecer o primeiro entendimento.

Se o resultado do julgamento houver sido proclamado ainda sob a vigência do diploma processual antigo, caberá o recurso até então previsto. Já haverá sido efetivamente prolatada a decisão e, portanto, a parte sucumbente terá adquirido o direito ao recurso.

Com efeito, o art. 218, §4º, do Novo Código *positivou* conhecido entendimento do Superior Tribunal de Justiça,[44] ao indicar que *"será considerado tempestivo o ato praticado antes do termo inicial do prazo"*. Assim, parece não haver mais qualquer dúvida sobre a viabilidade da interposição de recursos *antes* da intimação da parte, a confirmar que o direito de recorrer é preexistente ao ato de simples comunicação da decisão.[45]

Além do mais, atribuir o surgimento de um recurso ao momento *incerto* de intimação das partes poderia suscitar graves falhas no sistema, sobretudo no que concerne à isonomia.

De um lado, sob o ângulo da isonomia *exoprocessual*, Athos Gusmão Carneiro apresenta exemplo ilustrativo, que bem retrata a possibilidade de ofensa à igualdade *entre processos*. Destaca o autor que dois casos análogos poderiam ser julgados, por maioria, na mesma sessão, mas, em decor-

42 "Também não serve como solução do problema o condicionar-se a admissibilidade do recurso extinto à publicação da decisão ainda na vigência da antiga lei. A publicação na imprensa oficial representa, apenas, a condição ou termo inicial de exercício de um direito – o de impugnar – que preexiste, nascido no dia em que se proferiu o julgado" (LACERDA, Galeno. O Novo direito processual civil e os feitos pendentes, Op.cit., p. 68).

43 PIMENTEL, Wellington Moreira. "Questões de Direito Intertemporal diante do Código de Processo Civil", Op.cit., p. 134.

44 "PROCESSO CIVIL – RECURSO – TEMPESTIVIDADE – MUDANÇA DE ORIENTAÇÃO NA JURISPRUDÊNCIA DO STJ. 1. A jurisprudência desta Corte firmou-se no sentido de considerar intempestivo o recurso interposto antes da publicação da decisão no veículo oficial. 2. Entendimento que é revisto nesta oportunidade, diante da atual sistemática de publicidade das decisões, monocráticas ou colegiadas, divulgadas por meio eletrônico. 3. Alteração jurisprudencial que se amolda à modernização da sistemática da publicação via INTERNET. 4. Agravo regimental provido." (AgRg nos EREsp 492.461/MG, Rel. Ministro Gilson Dipp, Rel. p/ Acórdão Ministra Eliana Calmon, julg. 17/11/2004, pub. 23/10/2006, p. 235)

45 CUNHA, Leonardo Carneiro da. Direito intertemporal e o novo Código de Processo Civil, Op.cit., p. 135.

rência de um dos acórdãos ser publicado na imprensa oficial alguns poucos dias depois do outro – já sob a vigência da lei nova –, apenas o sucumbente de um dos processos ter viabilizado o seu direito de recorrer.[46]

De outro, sob o viés da isonomia *endoprocessual*, causaria inadmissível prejuízo para uma das partes caso ambas fossem sucumbentes por maioria *no mesmo processo*, em capítulos autônomos do acórdão, porém, em virtude da prerrogativa de intimação pessoal de uma delas, os momentos de intimação fossem distintos: um antes e o outro depois da entrada em vigor da lei vindoura, subtraindo ao último intimado a faculdade de recorrer.

A propósito, vale consignar que, especificamente no que toca ao cabimento de embargos infringentes, matéria similar de *direito intertemporal* já foi objeto de debate doutrinário e jurisprudencial após a promulgação da Lei nº 10.352/2001, que restringiu as hipóteses de cabimento do recurso.

À época, a doutrina também acenou para a aplicação das regras processuais vigentes quando do pronunciamento do resultado em sessão de julgamento[47] e esse entendimento veio a ser confirmado pela Corte Especial do Superior Tribunal de Justiça.

No julgamento dos Embargos de Divergência em REsp nº 649.526, relatados pelo Min. Carlos Alberto Menezes Direito, decidiu-se, por ampla maioria,[48] que o direito subjetivo à impugnação nasce no momento do anúncio do resultado pelo presidente, ainda na sessão, e não a partir do ato formal que dê *início à contagem de prazo.*[49]

Esse mesmo entendimento ainda foi reiterado em julgados posteriores, como se observa no AgRg no REsp nº 772.666/MG (Relator Min. Humberto Martins, j. 22.04.2008).

---

46 CARNEIRO, Athos Gusmão. "Embargos Infringentes. Art. 530 do CPC – STJ. Súmula 207. Lei nova e admissibilidade de recursos" *in* Revista Forense, Rio de Janeiro, v. 364, nov./dez. 2002, p. 305.

47 JORGE, Flávio Cheim; DIDIER JR., Fredie; RODRIGUES, Marcelo Abelha. A nova reforma processual: as mudanças introduzidas no CPC pelas leis ns. 10.352 e 10.358, de dezembro de 2001. São Paulo: Saraiva, 2002, p. 166.

48 "Vencido o Sr. Ministro Barros Monteiro. Os Srs. Ministros Felix Fischer, Hamilton Carvalhido, Paulo Gallotti, Franciulli Netto, Luiz Fux, Arnaldo Esteves Lima, Francisco Peçanha Martins, Humberto Gomes de Barros, Ari Pargendler, José Delgado e José Arnaldo da Fonseca votaram com o Sr. Ministro Relator".

49 "Embargos infringentes. Art. 530 do Código de Processo Civil. Alteração pela Lei nº 10.352/01. Direito intertemporal. Precedentes da Corte. 1. O recurso rege-se pela lei do tempo em que proferida a decisão, assim considerada nos órgãos colegiados a data da sessão de julgamento em que anunciado pelo Presidente o resultado, nos termos do art. 556 do Código de Processo Civil. É nesse momento que nasce o direito subjetivo à impugnação. 2. Embargos de divergência conhecidos e providos." (EREsp 649.526/MG, Rel. Ministro Carlos Alberto Menezes Direito, julg. 15/06/2005, pub. 13/02/2006, p. 643).

Mas não é só.

No bojo da controvérsia atual, sequer seria possível sustentar que a nova técnica de julgamento ampliado poderia incidir sobre resultados não unânimes já anunciados à luz do Código antigo. A razão é simples: o prosseguimento do debate, previsto pelo art. 942 do Novo Código, deve se dar antes da conclusão do julgamento, razão pela qual não seria possível aplicá-lo a um ato jurídico já devidamente finalizado e aperfeiçoado sob o rito anteriormente previsto.

Assim, não restam dúvidas de que, proclamado o resultado à luz do Código de 1973, caberão os antigos embargos infringentes. Ao contrário, realizada a sessão a partir do dia 18 de março de 2016 (termo inicial da vigência do Novo Código), será cabível a técnica de majoração do quórum disposta no art. 942 do CPC/15.

Esses parâmetros, todavia, não encerram, por completo, a controvérsia.

4.1. A tormentosa hipótese dos embargos de declaração julgados à luz do Novo Código

É possível, por último, aventar uma hipótese *intermédia* de não simples solução: e se, contra o acórdão não unânime proferido no regime anterior, forem opostos embargos de declaração, apenas julgados à luz do Código de 2015?

Ainda em virtude da alteração das hipóteses de cabimento dos embargos infringentes disposta pela Lei nº 10.352/2001, a Corte Especial do STJ já se debruçou sobre o tema.

No julgamento do Agravo Regimental nos EREsp nº 1.114.110/SC, entendeu-se, por unanimidade, que os embargos infringentes objetivam reformar, principalmente, o acórdão proferido na apelação, de modo que nasce, com a sua prolação, o direito ao recurso. A simples oposição posterior de embargos de declaração não seria apta, portanto, a *extirpar* o direito constituído a essa via recursal.[50]

---

50 "EMBARGOS DE DIVERGÊNCIA. PROCESSUAL CIVIL. AGRAVO REGIMENTAL. EMBARGOS INFRINGENTES. ART. 530 DO CPC. DIREITO INTERTEMPORAL. PRECEDENTES. 1. Para a aferição da possibilidade de utilização de recurso suprimido ou cujas hipóteses de admissibilidade foram restringidas, a lei a ser aplicada é aquela vigente quando surge para a parte o direito subjetivo ao recurso, ou seja, a partir da emissão do provimento judicial a ser impugnado. 2. No caso dos embargos infringentes, o que se visa impugnar é precipuamente o acórdão proferido em sede de apelação, nascendo, nesse momento, para a parte, o direito de interpor o recurso, razão pela qual este deve ser o marco temporal considerado para fins de definir qual será a legislação aplicada à espécie. 3. O fato de terem sido opostos embargos de declaração, julgados após a alteração da lei processual, a qual restringiu as hipóteses de cabimento dos embargos infringentes, não tem o condão de extirpar da parte o direito constituído a interpor

Essa posição é, todavia, controvertida na doutrina: alguns autores entendem que os embargos de declaração não alterariam o cabimento dos embargos infringentes,[51] enquanto outros sustentam que os aclaratórios *reabririam o julgamento*, de sorte que não haveria que se falar em direito adquirido ao recurso.[52]

Respeitadas ambas as posições, entendemos não ser possível aplicar um entendimento único para toda e qualquer hipótese de oposição de embargos de declaração.

Com efeito, para além dos preceitos de direito intertemporal já expostos, devem ser rememoradas duas premissas básicas sobre o recurso de embargos declaração: (a) os aclaratórios interrompem o prazo para a interposição de outros recursos (art. 1.026 do Novo Código e art. 538 do Código de 1973); e (b) o acórdão dos embargos de declaração integra o acórdão anterior, de modo que será recorrível exatamente da mesma forma como ele o seria.[53]

Assim, se o acórdão primitivo se enquadrar nas hipóteses previstas pelo art. 530 do Código de 1973, ensejará, no momento de sua prolação,

---

o aludido recurso, que se perfectibilizou no momento do julgamento da apelação. 4. Proferido o julgamento da apelação sob a égide da redação primitiva do art. 530 do Código de Processo Civil, aos embargos infringentes aplicam-se as normas então vigentes. 5. Agravo regimental a que se nega provimento" (AgRg no AgRg no AgRg nos EREsp 1114110/SC, Rel. Ministro Og Fernandes, julgado em 02/04/2014, pub. 08/04/2014).

---

51 O acórdão se funda, expressamente, no entendimento esposado em DINAMARCO, Cândido Rangel. A reforma da reforma. São Paulo: Malheiros, 4ª edição, 2003, p. 208, segundo o qual: "Se o acórdão suscetível de embargos infringentes foi publicado na vigência da lei velha e uma das partes opôs embargos declaratórios a ele, a superveniência da lei restritiva da admissibilidade daqueles não se aplica ao caso, sob pena de retroatividade ilegítima, porque os embargos infringentes terão sempre por alvo o acórdão aclarado e só em segundo plano o aclarador; o direito de opô-los será, como sempre, regido pela lei do tempo da publicação do acórdão e não pela nova (Pedro da Silva Dinamarco)".

52 Em sentido contrário, CUNHA, Leonardo Carneiro da. Direito intertemporal e o novo Código de Processo Civil, *Op.cit.*, p. 137 entende que: "O julgamento dos embargos de declaração reabre o direito ao recurso previsto na legislação agora em vigor. Julgados os embargos de declaração, não há mais direito aos embargos infringentes, não podendo ser interpostos pela parte interessada".

53 "Acórdão que, ao julgar embargos de declaração, decide algo pertinente à causa ou ao recurso anterior, integra-se na decisão respectiva e é recorrível nos mesmos termos em que ela, no ponto, o seria. Por exemplo: se omissão houvera no julgamento de apelação e, ao supri-la, o órgão reforma nessa parte a sentença de mérito, por maioria de votos, caberão aí embargos infringentes" (BARBOSA MOREIRA, José Carlos. Comentários ao Código de Processo Civil, Lei nº 5.869, de 11 de janeiro de 1973, vol. V: arts. 476 a 565. Rio de Janeiro: Forense, 2008, p. 563).

a formação de *direito adquirido processual* aos embargos infringentes, *que não será atingido pela posterior oposição de aclaratórios, já que esses meramente complementarão o acórdão, interrompendo o decurso de prazo para os infringentes.*

A despeito de não versar sobre direito intertemporal, o art. 1.024, §5º, do novo diploma corrobora esse raciocínio ao estabelecer que: *"Se os embargos de declaração forem rejeitados ou não alterarem a conclusão do julgamento anterior, o recurso interposto pela outra parte antes da publicação do julgamento dos embargos de declaração será processado e julgado independentemente de ratificação"*.

No mesmo sentido, o art. 1.024, §3º, do Novo Código vai ainda mais além e dispõe que: *"Caso o acolhimento dos embargos de declaração implique modificação da decisão embargada, o embargado que já tiver interposto outro recurso contra a decisão originária tem o direito de complementar ou alterar suas razões, nos exatos limites da modificação, no prazo de 15 (quinze) dias, contado da intimação da decisão dos embargos de declaração"*. Repita-se: o embargado *tem o direito* de complementar ou alterar suas razões, ainda quando forem atribuídos efeitos modificativos ao recurso.

É bem verdade que esses artigos apresentam, ao menos em sua dicção literal, dois óbices à aplicação ampla que ora se propõe: (a) preveem que os embargos tenham sido opostos pela *outra parte;* e (b) mencionam um *outro* recurso já *interposto* pelo *embargado*. Contudo, não nos parece que esses obstáculos sejam insuperáveis. O que interessa para a presente hipótese de direito intertemporal é o aspecto normativo subjacente: os embargos de declaração não são aptos a eliminar outro recurso; ao contrário, o direito a essa via adicional de impugnação é plenamente assegurado e facilitado pelo legislador.

Essa lógica se sustenta até mesmo porque não seria razoável que se impusesse à parte o ônus de escolher, antes da entrada em vigor do Novo Código, entre a interposição de embargos infringentes ou, alternativamente, a complementação de uma decisão *omissa*, *obscura* ou *contraditória*, que talvez sequer possa produzir efeitos na forma em que proferida. A supressão dos vícios do ato decisório não pode, por certo, impor restrições tão severas como essa.[54]

Nesses casos, portanto, será cabível a interposição de embargos infringentes mesmo após o julgamento dos declaratórios ter sido realizado sob a égide do Novo Código, na linha do que já decidiu o Superior Tribunal de Justiça. Tratar-se-á de *direito* já incorporado ao patrimônio jurídico-proces-

---

54 V. lição de BARBOSA MOREIRA, José Carlos. Op. Cit. p. 549: "[...] é inconcebível que fiquem sem remédio a obscuridade, a contradição ou a omissão existente no pronunciamento, não raro a comprometer até a possibilidade prática de cumpri-lo".

sual da parte e que deverá ser preservado, ainda que se faça necessária a prévia oposição de embargos de declaração.

Não obstante, como dito acima, essas premissas não abarcam todas as hipóteses vislumbráveis.

Será plenamente viável que o acórdão inicial tenha veiculado um julgamento *unânime* ao tempo do Código de 1973 e, após a oposição de embargos de declaração, *algum(ns) dos julgadores* lhes tenha(m) atribuído efeitos modificativos, levando à alteração da parte dispositiva e a um resultado *por maioria*, já na vigência do Novo Código.

Aqui, ao contrário das situações anteriores, como o primeiro julgamento terá sido unânime, jamais terá ocorrido a aquisição do direito aos embargos infringentes à luz do diploma anterior.

Diante disso, considerando que a maioria terá se dado já sob o Novo Código, deverá ser aplicada, na espécie, a nova técnica de julgamento prevista em seu art. 942. O jurisdicionado continuará tendo o direito a um quórum ampliado, mas esse seguirá o regime disposto pelo ordenamento atual.

5. Conclusão

Após a análise da matéria relativa ao cabimento dos antigos embargos infringentes e da nova técnica de julgamento na vigência do Novo Código de Processo Civil, é possível chegar às seguintes conclusões:

(I) A técnica prevista pelo art. 942 do Código de 2015 apresenta sensíveis avanços em relação aos embargos infringentes do Código de 1973, na medida em que: (a) não constitui um recurso; (b) integra o próprio *iter* de formação da decisão colegiada; (c) objetiva um julgamento mais célere; (d) pode ser implementada na mesma sessão em que houver a instauração da divergência; e (e) possui um âmbito de aplicação mais amplo, abarcando todas as hipóteses de julgamento por maioria em apelação.

(II) O Novo Código adotou a teoria do isolamento dos atos processuais, pela qual cada ato é apreciado de forma autônoma e, a princípio, será regido pela lei vigente no momento em que praticado. No entanto, é indispensável a análise de quais atos ou efeitos, pendentes ao tempo da lei nova, constituem desdobramentos de *situações jurídicas já consumadas* sob a égide do diploma anterior.

(III) No âmbito do processo, os atos processuais podem gerar, uma vez aperfeiçoados, verdadeiros *direitos adquiridos processuais*, que são incorporados ao patrimônio jurídico-processual da parte, independentemente de já terem sido exercidos no momento da entrada em vigor das novas disposições normativas. Esses direitos devem ser preservados à luz do direito intertemporal, em especial do art. 5º, XXXVI da CF e do art. 14 do CPC/15.

IV) De um modo geral, afirma-se que a "a lei do recurso é a lei do dia da sentença". Todavia, há controvérsia sobre o momento em que nasce o direito ao recurso contra as decisões colegiadas: (a) se no dia da proclamação do resultado pelo presidente do órgão julgador; ou (b) se no dia da intimação oficial das partes acerca do julgamento.

V) A nosso ver, o melhor entendimento é o de que o direito ao recurso exsurge ao tempo da proclamação do resultado na sessão de julgamento, porquanto, nesse momento, já haverá sido prolatada a decisão e, conforme confirmado pelo Novo Código (art. 218, §4º), já será cabível a interposição do recurso.

VI) Assim, se o resultado for anunciado sob a vigência do Código de 1973, caberão os antigos embargos infringentes. Por outro lado, se o julgamento ainda não houver sido finalizado no momento da entrada em vigor do Novo Código, em 18 de março de 2016, será cabível a técnica de ampliação do quórum estipulada pelo art. 942 do CPC/15.

VII) O julgamento, depois da vigência do Novo Código, de embargos de declaração que tenham sido opostos contra acórdão prolatado originalmente no regime do CPC/73 gera grande perplexidade quanto ao cabimento dos embargos infringentes e/ou da nova técnica do art. 942 do CPC/15. Dessa forma, entendemos necessário dividir o assunto em duas hipóteses principais: (a) caso a divergência tenha surgido ainda no momento em que proferido o primeiro acórdão, serão cabíveis os embargos infringentes; (b) caso, ao contrário, o acórdão primitivo tenha sido unânime e a discordância entre os julgadores tenha ocorrido unicamente no âmbito dos embargos de declaração, providos com efeitos modificativos, terá incidência a técnica de ampliação do colegiado do Novo Código.

6. Referências bibliográficas

ABELHA, Marcelo Rodrigues. "Eficácia da lei no tempo: premissas sobre o direito intertemporal e sua aplicação às recentes alterações do Código de Processo Civil", *in* JORGE, Flávio Cheim; DIDIER JR., Fredie; RODRIGUES, Marcelo Abelha (org.). *A terceira etapa da reforma procesual civil: comentarios às Leis n. 11.187/2005, 11.232/2005, 11.276/2006, 11.277/2006, 11.280/2006*. São Paulo: Saraiva, 2006.

AMARAL, Guilherme Rizzo. Estudos de direito intertemporal e processo. Porto Alegre: Livraria do Advogado Editora, 2007.

ÁVILA, Humberto. *Teoria da segurança jurídica*. São Paulo: Malheiros Editores, 2014.

BARBOSA MOREIRA, José Carlos. *Comentários ao Código de Processo Civil, Lei nº 5.869, de 11 de janeiro de 1973, vol. V: arts. 476 a 565*. Rio de Janeiro: Forense, 2008

______. *Direito Processual Civil (ensaios e pareceres)*. Rio de Janeiro: Editor Borsoi, 1971.

BUENO, Cassio Scarpinella. *Manual de direito processual civil: inteiramente estruturado à luz do novo CPC – Lei n. 13.105, de 16-3-2015*. São Paulo: Saraiva, 2015.

CABRAL, Antonio do Passo; CRAMER, Ronaldo (org.). *Comentários ao novo Código de Processo Civil.* Rio de Janeiro: Forense, 2015.

CARNEIRO, Athos Gusmão. "Embargos Infringentes. Art. 530 do CPC – STJ. Súmula 207. Lei nova e admissibilidade de recursos" *in Revista Forense*, Rio de Janeiro, v. 364, nov./dez. 2002.

CARNEIRO, Paulo Cezar Pinheiro. *Acesso à justiça: juizados especiais cíveis e ação civil pública: uma nova sistematização da teoria geral do processo*. Rio de Janeiro: Forense, 2003.

CÂMARA, Alexandre Freitas. *O novo processo civil brasileiro*. São Paulo: Atlas, 2ª edição, 2016.

CINTRA, Antônio Carlos de Araújo; GRINOVER, Ada Pellegrini; DINAMARCO, Cândido Rangel. Teoria Geral do Processo. São Paulo: Malheiros, 14ª edição, 1998.

COSTA, Eduardo José da Fonseca. "Pequena história dos embargos infringentes no Brasil: uma viagem redonda", *in* FREIRE, Alexandre; DANTAS, Bruno; NUNES Dierle; DIDIER JR., Fredier.; MEDINA, José Miguel Garcia; FUX, Luiz; CAMARDO, Luiz Henrique Volpe; DE OLIVEIRA, Pedro Miranda (org.). Salvador: JusPodivm, vol. 2, 2014.

CUNHA, Leonardo Carneiro da. Direito intertemporal e o novo Código de Processo Civil. Rio de Janeiro: Forense, 2016.

DALLARI, Dalmo de Abreu. *Elementos de teoria geral do Estado*. São Paulo: Saraiva, 19ª edição, 1995.

DIDIER Jr., Fredie; CUNHA, Leonardo Carneiro da. *Curso de direito processual civil: o processo civil os tribunais, recursos, ações de competência originária de tribunal e querela nullitatis, incidentes de competência originária de tribunal.* Salvador: JusPodivm, 2016.

DIDIER JR., Fredie; JORGE, Flávio Cheim; RODRIGUES, Marcelo Abelha. *A nova reforma processual: as mudanças introduzidas no CPC pelas leis ns. 10.352 e 10.358, de dezembro de 2001*. São Paulo: Saraiva, 2002.

DINAMARCO, Cândido Rangel. *A reforma da reforma*. São Paulo: Malheiros, 4ª edição, 2003.

______. *Instituições de direito processual civil – segundo o Novo Código de Processo Civil*. São Paulo: Malheiros, 8ª edição, 2016.

FRANÇA, R. Limongi. *Direito intertemporal brasileiro: doutrina da irretroatividade das leis e do direito adquirito adquirido*. São Paulo: Saraiva, 5ª edição, 1998.

GRECO, Leonardo. *Garantias Fundamentais do Processo*: *O Processo Justo*, disponível em: <http://egov.ufsc.br/portal/sites/default/files/anexos/15708-15709-1-PB.pdf>, acessado em 27 de junho de 2016.

______. *Instituições de Processo Civil: introdução ao Direito Processual Civil*. Rio de Janeiro: Forense, 5ª edição, vol. I, 2015.

______. *Instituições de processo civil*: *recursos e processos da competência originária dos tribunais*, Rio de Janeiro: Forense, vol. III, 2015.

LACERDA, Galeno. *O Novo direito processual civil e os feitos pendentes*. Rio de Janeiro: Forense, 1974.

MARINONI, Luiz Guilherme; ARENHART, Sérgio Cruz; MITIDIERO, Daniel. *Novo Código de Processo Civil comentado*, São Paulo: Editora Revista dos Tribunais, 2ª edição, 2016.

MARQUES, José Frederico. *Manual de direito processual civil*. Campinas: Millennium Editora, 9ª edição, 2003.

MAXIMILIANO, Carlos. *Direito intertemporal ou teoria da retroatividade das leis*. Rio de Janeiro: Livraria Freitas Bastos, 1955.

PIMENTEL, Wellington Moreira. "Questões de Direito Intertemporal diante do Código de Processo Civil", *in Revista Forense*, Rio de Janeiro, v. 251, jul./ago. 1975.

PINHO, Humberto Dalla Bernardina de. Direito processual civil contemporâneo: teoria geral do processo. São Paulo: Saraiva, 6ª edição, vol. 1, 2015.

SCHENK, Leonardo Faria. *Cognição sumária: limites impostos pelo contraditório no processo civil*. São Paulo: Saraiva, 2013

SILVA, Ovídio Araújo Baptista da. *Curso de processo civil: processo de conhecimento*, São Paulo: Editora Revista dos Tribunais, vol. 1, 1998.

VENTURI, Elton. "Sobre a proposta de alteração dos embargos infringentes.", *in*: MARINONI, Luiz Guilherme; DIDIER JR., Fredie (org.). *A segunda etapa da reforma procesual civil*. São Paulo: Malheiros, 2001.

WAMBIER, Teresa Arruda Alvim. "Anotações sobre o direito intertemporal e as mais recentes alterações do CPC", *in Revista de Processo*, v. 150, ago/2007.

O INCIDENTE DE DESCONSIDERAÇÃO DA PERSONALIDADE JURÍDICA NA RECUPERAÇÃO JUDICIAL E O DIREITO INTERTEMPORAL

Gustavo Quintanilha Telles de Menezes

Sumário: 1. Introdução. **2.** Recuperação Judicial como procedimento especial de cumprimento de obrigações. **3.** Procedimento judicial de exigência de dívidas na recuperação judicial. **4.** Dívidas havidas e conhecidas no curso da recuperação. **5.** Ações de conhecimento e execuções que tramitam durante a recuperação judicial. **6.** Desconsideração da personalidade jurídica da empresa em recuperação judicial. **7.** Aplicação do novo incidente de desconsideração às recuperações em curso. **8.** Conclusão. **9.** Referências bibliográficas.

1. Introdução

A previsão de um incidente de desconsideração da personalidade jurídica pelo novo Código de Processo Civil[1] atende a uma demanda antiga pela regulamentação dos procedimentos processuais para exercício pleno do contraditório e da ampla defesa, antes da prolação de decisão que ul-

---

1 Código de Processo Civil. "Art. 133. O incidente de desconsideração da personalidade jurídica será instaurado a pedido da parte ou do Ministério Público, quando lhe couber intervir no processo. § 1º O pedido de desconsideração da personalidade jurídica observará os pressupostos previstos em lei. § 2º Aplica-se o disposto neste Capítulo à hipótese de desconsideração inversa da personalidade jurídica. Art. 134. O incidente de desconsideração é cabível em todas as fases do processo de conhecimento, no cumprimento de sentença e na execução fundada em título executivo extrajudicial. § 1º A instauração do incidente será imediatamente comunicada ao distribuidor para as anotações devidas. § 2º Dispensa-se a instauração do incidente se a desconsideração da personalidade jurídica for requerida na petição inicial, hipótese em que será citado o sócio ou a pessoa jurídica. § 3º A instauração do incidente suspenderá o processo, salvo na hipótese do § 2º § 4º O requerimento deve demonstrar o preenchimento dos pressupostos legais específicos para desconsideração da personalidade jurídica. Art. 135. Instaurado o incidente, o sócio ou a pessoa jurídica será citado para manifestar-se e requerer as provas cabíveis no prazo de 15 (quinze) dias.
Art. 136. Concluída a instrução, se necessária, o incidente será resolvido por decisão interlocutória. Parágrafo único. Se a decisão for proferida pelo relator, cabe agravo interno. Art. 137. Acolhido o pedido de desconsideração, a alienação ou a oneração de bens, havida em fraude de execução, será ineficaz em relação ao requerente."

trapasse a forma legal da pessoa jurídica e responsabilize as pessoas físicas que a integram.

Na verdade, a própria ideia de excepcionalidade do cabimento de responsabilização patrimonial da pessoa física do sócio, ao mesmo tempo que a reforça a proteção à pessoa jurídica,[2] induz a necessidade de normas procedimentais seguras para a definição das hipóteses em que a figura legal da personalidade jurídica deva ser transpassada e suas obrigações possam ser exigidas dos sócios.

O estudo da interação entre o novo incidente de desconsideração da personalidade jurídica e a recuperação judicial mostra-se particularmente relevante, porque a Lei 11.101/2005 estabeleceu paradigma diferenciado de tratamento legal às empresas em dificuldades, tendo por objetivo viabilizar a superação da situação de crise econômico-financeira da empresa devedora e permitir a sua preservação, garantindo sua função social e o estímulo à atividade econômica.[3]

Com efeito, crucial interpretar o novel instituto de incidente de desconsideração da personalidade jurídica sob a ótica de um legislador que expressamente afirma querer preservar a empresa e elege a facilitação do pagamento de suas dívidas por ela própria, como um valor jurídico a ser tutelado, ante sua relevância socioeconômica.

Observa-se, desde logo, que se há norma expressa no sistema jurídico que aponta a necessidade preservação da pessoa jurídica e disciplina de forma especial o procedimento de cumprimento de suas obrigações, quando ameaçada de insolvência, sem dúvida, nesses casos, a aplicação da teoria da desconsideração da personalidade jurídica deve se dar de forma igualmente diferenciada.

Impõe-se, pois, reconhecer que o próprio Código Civil,[4] ao dispor sobre os requisitos para efetivação da desconsideração da personalidade jurídica, evidencia seu cabimento somente quando há conduta inadequada dos sócios na gestão da empresa, o que é fundamental para orientar a utilização do incidente de desconsideração.

---

2 DIDIER Jr. Fredie. ARAGÃO, Leandro. A desconsideração da personalidade jurídica no processo arbitral, in PROCESSO SOCIETÁRIO. Yarshell, Flávio Luiz; PEREIRA; Guilherme Setoguti J. (coords) São Paulo : Quartier, 2012. P. 63.

3 Art. 47. A recuperação judicial tem por objetivo viabilizar a superação da situação de crise econômico-financeira do devedor, a fim de permitir a manutenção da fonte produtora, do emprego dos trabalhadores e dos interesses dos credores, promovendo, assim, a preservação da empresa, sua função social e o estímulo à atividade econômica.

4 Código Civil. "Art. 50. Em caso de abuso da personalidade jurídica, caracterizado pelo desvio de finalidade, ou pela confusão patrimonial, pode o juiz decidir, a requerimento da parte, ou do Ministério Público quando lhe couber intervir no processo, que os efeitos de certas e determinadas relações de obrigações sejam estendidos aos bens particulares dos administradores ou sócios da pessoa jurídica."

Sem pretender esgotar o complexo viés material da desconsideração da personalidade jurídica, é possível afirmar que a lei civil autoriza que, em caso de abuso da personalidade jurídica, os efeitos de determinadas obrigações sejam estendidos aos bens particulares dos administradores ou sócios da pessoa jurídica, consistindo nisso a ora tratada desconsideração da personalidade jurídica.

São elencados como requisitos para o atingimento dos sócios, a caracterização de desvio de finalidade e a confusão patrimonial, ou seja, condutas inadequadas, sempre com a necessidade do elemento subjetivo de dolo ou culpa.[5]

No mesmo sentido, o Código de Defesa do Consumidor, em seu art. 28[6], dispõe que "pode haver desconsideração da personalidade jurídica da sociedade quando, em detrimento do consumidor, ocorrer abuso de direito, excesso de poder, infração da lei, fato ou ato ilícito ou violação dos estatutos ou contrato social". Observe-se que em todas as hipóteses há má conduta dos sócios que, por isso, tornaram-se passíveis de serem atingidos pelas decisões judiciais inicialmente direcionadas à empresa.

A parte final do *caput* do art. 28, igualmente, dispõe sobre a desconsideração em caso de falência, encerramento ou inatividade da pessoa jurídica, sempre que provocados por má administração.

Por outro lado, a legislação tributária e a trabalhista, além de preverem hipóteses de efetiva desconsideração da personalidade jurídica, trazem normas materiais próprias de responsabilização dos sócios que, em muitos casos, não necessariamente estão relacionadas com a comprovação de conduta inadequada.

Nesses casos, não se está diante de desconsideração da personalidade jurídica, mas de obrigação pessoal dos sócios, solidária ou subsidiária.

Sendo a situação jurídica de obrigação pessoal dos sócios, devido a regra material específica, o procedimento judicial deve ser o comum, com regular processamento e formação de título judicial contra o sócio.

---

5 SOUZA, Gelson Amaro de. Desconsideração da Personalidade Jurídica no CPC-2015 in Revista de Processo. Ano 41. Vol. 255. Maio /2016. p.99.

6 Código de Defesa do Consumidor. "Art. 28. O juiz poderá desconsiderar a personalidade jurídica da sociedade quando, em detrimento do consumidor, houver abuso de direito, excesso de poder, infração da lei, fato ou ato ilícito ou violação dos estatutos ou contrato social. A desconsideração também será efetivada quando houver falência, estado de insolvência, encerramento ou inatividade da pessoa jurídica provocados por má administração. § 1° (Vetado). § 2° As sociedades integrantes dos grupos societários e as sociedades controladas, são subsidiariamente responsáveis pelas obrigações decorrentes deste código. § 3° As sociedades consorciadas são solidariamente responsáveis pelas obrigações decorrentes deste código. § 4° As sociedades coligadas só responderão por culpa. § 5° Também poderá ser desconsiderada a pessoa jurídica sempre que sua personalidade for, de alguma forma, obstáculo ao ressarcimento de prejuízos causados aos consumidores."

A distinção entre as hipóteses fica clara nos parágrafos do próprio art. 28 do Código de Defesa do Consumidor que, depois de prever no *caput* os casos de desconsideração, elenca nos parágrafos § 2º, 3º e 4º as situações de responsabilidade subsidiária e solidária.

Por isso, o § 5º do art. 28 do Código de Defesa do Consumidor deve ser interpretado com muita atenção, pois embora se refira à "desconsideração" nos casos em que a personalidade jurídica "seja obstáculo ao ressarcimento de prejuízos causados aos consumidores", na medida em que estabelece de forma geral essa responsabilidade e não aponta conduta inadequada dos sócios, está também estabelecendo, por via oblíqua, responsabilidade subsidiária – e não uma hipótese própria de desconsideração.

Importante também compreender essa distinção – quando há desconsideração e quando há responsabilidade subsidiária ou solidária – pois a jurisprudência tende a aceitar a utilização do incidente de desconsideração de personalidade jurídica para apuração da obrigação subsidiária e solidária, em causas de consumo, justamente com fundamento no referido art. 28, §5º, o que não significa que, em outros hipóteses não previstas nesse texto legal ou prevendo alguma legislação específica procedimentos específicos para apuração de responsabilidade pessoal dos sócios, possa aplicado o incidente do art. 133 do Código de Processo Civil.

Limita-se o escopo desse trabalho a examinar aspectos fundamentais da aplicação do incidente de desconsideração da personalidade jurídica no âmbito do procedimento legal de recuperação judicial e seus desdobramentos, contudo, algumas referências ao direito material no curso do texto são necessárias, haja vista a mencionada relação entre meio de tutela processual e o direito material que embasa a tutela judicial.

2. Recuperação Judicial como procedimento especial de cumprimento de obrigações

O instituto da recuperação judicial tem terminologia autoexplicativa e, portanto, foi introduzido no sistema jurídico nacional para cumprir a finalidade de viabilizar a recuperação econômica e financeira de empresa que esteja em evidente situação de risco de insolvência.

Por outro lado, é fundamental compreender que também é requisito da recuperação judicial, a empresa não estar em estado falimentar, ou seja, é imprescindível haja viabilidade concreta de cumprimento das obrigações pela empresa e que isso dependa, apenas, da elaboração de um plano detalhado que, comprovadamente, seja apto a saldar todas as dívidas da empresa.

O exame da aptidão do plano para regularizar o cumprimento das obrigações pela empresa é justamente o juízo de admissibilidade da recuperação judicial. Um empresa que não possa quitar suas dívidas terá sua falência decretada.[7]

Note-se que a recuperação judicial culmina por estruturar uma via judicial processual de cumprimento de múltiplas obrigações e, a *contrariu sensu*, institui um procedimento de cobrança e execução interno à esse procedimento, diverso daquele destinado a execuções individuais e pessoais, previsto no Código de Processo Civil.

O fundamento jurídico-social para a existência do procedimento de recuperação judicial é que há casos em que a reiterada aplicação isolada nas normas processais comuns de cobrança e execução em grande quantidade de processos contra a mesma empresa, por si só, inviabilizaria que a empresa conseguisse articular sua atividade e satisfazer seus débitos, o que, em tese, seria possível se observado um plano de recuperação.

A recuperação judicial concede à empresa um conjunto de normas especiais que permite que ela organize seu fluxo financeiro para pagamento de suas dívidas de forma coletiva, sem esbarrar a todo momento em constrições judiciais pontuais, que não se mostram a forma mais eficaz de satisfazer a todas as execuções individuais, podendo levar à falência uma empresa que teria fôlego para reestruturar-se e continuar no mercado.

Frise-se que teoria da preservação da empresa busca evitar a falência em atenção ao conjunto de credores, empregados e empresas relacionadas, e não para favorecer pessoalmente a empresa, seus sócios e acionistas, ainda que isso também se verifique.

O procedimento especial institui um procedimento coletivo de cumprimento de obrigações, que é visto pela doutrina como uma modalidade de execução coletiva de iniciativa do devedor.

Percebe-se que a assunção pela empresa de suas dívidas é, desse modo, requisito para a recuperação judicial[8]. Logo está compreendida na decisão que defere a recuperação judicial, o reconhecimento judicial de que a empresa pagará aquelas obrigações e, para isso, apresentou um plano apto para cumpri-las, caminhando, assim, para sua recuperação econômico-financeira, sob supervisão judicial.

---

7 Lei nº 11.101/2005. "Art. 56. Havendo objeção de qualquer credor ao plano de recuperação judicial, o juiz convocará a assembléia-geral de credores para deliberar sobre o plano de recuperação. § 4º Rejeitado o plano de recuperação pela assembléia-geral de credores, o juiz decretará a falência do devedor."

8 Lei nº 11.101/2005. "Art. 51. A petição inicial de recuperação judicial será instruída com: (...) III – a relação nominal completa dos credores, inclusive aqueles por obrigação de fazer ou de dar, com a indicação do endereço de cada um, a natureza, a classificação e o valor atualizado do crédito, discriminando sua origem, o regime dos respectivos vencimentos e a indicação dos registros contábeis de cada transação pendente;"

Embora essa conclusão possa parecer evidente, há aqui há um ponto fundamental para examinar o incidente de desconsideração da personalidade jurídica na recuperação judicial, que consiste em ser pacífico que não cabe desconsideração da personalidade jurídica se a própria pessoa jurídica pode pagar a dívida.

Essa conclusão é cardeal para se realçar a já mencionada distinção entre os casos de desconsideração da personalidade jurídica – em que a dívida é da empresa, mas em situações excepcionais o sócio responde em razão de condutas que assumiu – e as hipóteses em que o sócio, por qualquer outro motivo, é também pessoalmente obrigado pela dívida; nesse caso não há responsabilidade derivada de conduta inadequada do sócio, mas uma obrigação solidária ou subsidiária, por força de lei.

Sendo a dívida efetivamente da empresa e havendo um plano de recuperação reconhecido judicialmente como apto a pagar a dívida, não se vislumbra como reconhecer o requisito do inadimplemento da dívida, imprescindível para o acolhimento da desconsideração da personalidade jurídica ao final do incidente e consequente atingimento do patrimônio dos sócios.

3. Procedimento judicial de exigência de dívidas na recuperação judicial

O novo Código de Processo Civil manteve a sistemática geral quanto às modalidades de tutela para exigência de dívidas pela via judicial. Embora inovando muito em matéria de procedimento, as dívidas continuam podendo ser exigidas judicialmente através do processo de conhecimento, cumprimento de sentença, execução extrajudicial e alguns procedimentos especiais, tais como a ação monitória. Coerentemente, o legislador previu no art. 134 do Código de Processo Civil, que o incidente de desconsideração de personalidade jurídica é "cabível em todas as fases do processo de conhecimento, no cumprimento de sentença e na execução fundada em título extrajudicial".

Ocorre que o sistema processual já dispunha, como continua dispondo, de outros procedimentos extravagantes ao Código de Processo, com outras modalidades de tutela judicial para exigência de dívidas em juízo, quais sejam, a recuperação judicial e a falência. Observe-se que esses dois sistemas judiciais de exigência de dívidas não estão elencados no art. 134 do Código de Processo Civil.

Não parece que houve mero esquecimento do legislador ou que o rol de hipóteses do referido artigo seja exemplificativo, ao menos não para alcançar indiscriminadamente os procedimentos específicos da Lei 11.101/2005.

Os procedimentos de falência e recuperação judicial compreendem, como dito, uma técnica processual de cumprimento de obrigações e são especiais em relação ao Código de Processo Civil. Tanto é assim, que a Lei 11.101/2005 estabelece em seus arts. 5º a 20, procedimento próprio para exigência de créditos e reconhecimento judicial da dívida da empresa falida ou recuperada de pagar, que prevalece sobre as normas procedimentais que os credores dispõe no Código de Processo Civil, ressalvada a apuração e liquidação de créditos trabalhistas.[9]

Assim como estabelece normas de cumprimento de obrigações, efetivadas pelo administrador judicial, a lei também regula a exigibilidade de dívidas vencidas no curso da recuperação judicial, autorizando os credores que não sejam pagos como estabelecido no plano de recuperação aprovado pela assembleia-geral de credores, a exigir o pagamento, sob pena de decretação de falência em caso de descumprimento de qualquer obrigação assumida[10]. Evidencia-se nessa situação o caráter de execução coletiva.

Observa-se que a lei obriga exclusivamente a recuperada ao cumprimento das obrigações assumidas no plano de recuperação, não cabendo a abertura do incidente de desconsideração de personalidade jurídica, mas apenas, se for o caso, a decretação de falência em caso de inadimplemento.

Decretada a falência, a responsabilização dos sócios está regulada em norma especial constante do art 81 da Lei 11.101/05, que dispõe que a decisão que decreta a falência da sociedade com sócios ilimitadamente responsáveis também acarreta a falência destes, pelo que estabelece que sejam citados para contestar no mesmo feito. Esse procedimento é especial em relação ao previsto nos arts. 133 e 135 do Código de Processo Civil, prevalecendo na espécie.

Estabelece o art. 82 que, quanto aos sócios de sociedades de responsabilidade limitada, o juízo da falência é competente para apurar sua responsabilidade pessoal "independentemente da realização do ativo e da prova da sua insuficiência para cobrir o passivo", observado o procedimento ordinário previsto no Código de Processo Civil (atual procedimento comum).

No mesmo sentido, o § 1º do mesmo artigo dispõe sobre a ação de responsabilização dos sócios, que prescreve em dois anos a contar do trânsito em julgado da sentença que encerra a falência, cabendo, segundo o

---

9 Lei nº 11.101/2005. "Art. 6º A decretação da falência ou o deferimento do processamento da recuperação judicial suspende o curso da prescrição e de todas as ações e execuções em face do devedor, inclusive aquelas dos credores particulares do sócio solidário. (...) § 2º É permitido pleitear, perante o administrador judicial, habilitação, exclusão ou modificação de créditos derivados da relação de trabalho, mas as ações de natureza trabalhista, inclusive as impugnações a que se refere o art. 8º desta Lei, serão processadas perante a justiça especializada até a apuração do respectivo crédito, que será inscrito no quadro-geral de credores pelo valor determinado em sentença."

10 Lei nº 11.101/2005. "Art. 73. O juiz decretará a falência durante o processo de recuperação judicial: (...) IV – por descumprimento de qualquer obrigação assumida no plano de recuperação, na forma do § 1º do art. 61 desta Lei."

§ 2º, a imposição de indisponibilidade de bens particulares dos réus, em quantidade compatível com o dano provocado, até o julgamento da ação de responsabilização.

Observa-se, pois, que mesmo quanto aos sócios de responsabilidade limitada, há previsão de ação autônoma na Lei nº 11.101/2005, não se aplicando o incidente de desconsideração do Código de Processo Civil, para o fim de responsabilização dos sócios da empresa falida.[11]

4. Dívidas havidas e conhecidas no curso da recuperação

Dispõe a Lei 11.10105 que os créditos decorrentes de obrigações contraídas pelo devedor durante a recuperação judicial devem ser considerados extraconcursais, em caso de decretação de falência.[12] A norma permite, por conseguinte, a aplicação analógica dos art. 84 e 149, para reconhecer-lhes precedência sobre as obrigações previstas no plano de recuperação, desde que tenham sido aprovados pela assembleia de credores.

Quanto às habilitações retardatárias, assim consideradas aquelas realizadas após o prazo para impugnação do edital,[13] distinguem-se as cuja habilitação é requerida antes da homologação do quadro geral de credores, que seguem o mesmo procedimento de impugnação previsto nos arts. 13 a 15, das apresentadas posteriormente, que tramitam pelo procedimento comum, embora no próprio juízo da recuperação judicial.[14]

---

11 O Fórum Permanente de Processualistas Civis aprovou o Enunciado nº 247: "Aplica-se o incidente de desconsideração da personalidade jurídica no processo falimentar". Diante na norma expressa do art. 82, §2º da Lei 11.101/05, pode-se compreender o Enunciado como aplicável à desconsideração invertida, prevista no art. 133, § 2º, do NCPC.

12 Lei n 1º 11.101/2005. "Art. 67. Os créditos decorrentes de obrigações contraídas pelo devedor durante a recuperação judicial, inclusive aqueles relativos a despesas com fornecedores de bens ou serviços e contratos de mútuo, serão considerados extraconcursais, em caso de decretação de falência, respeitada, no que couber, a ordem estabelecida no art. 83 desta Lei. Parágrafo único. Os créditos quirografários sujeitos à recuperação judicial pertencentes a fornecedores de bens ou serviços que continuarem a provê-los normalmente após o pedido de recuperação judicial terão privilégio geral de recebimento em caso de decretação de falência, no limite do valor dos bens ou serviços fornecidos durante o período da recuperação."

13 Lei n 1º 11.101/2005. "Art. 7o A verificação dos créditos será realizada pelo administrador judicial, com base nos livros contábeis e documentos comerciais e fiscais do devedor e nos documentos que lhe forem apresentados pelos credores, podendo contar com o auxílio de profissionais ou empresas especializadas. § 1o Publicado o edital previsto no art. 52, § 1o, ou no parágrafo único do art. 99 desta Lei, os credores terão o prazo de 15 (quinze) dias para apresentar ao administrador judicial suas habilitações ou suas divergências quanto aos créditos relacionados."

14 Lei n 1º 11.101/2005. "Art. 10. Não observado o prazo estipulado no art. 7º, § 1º, desta Lei, as habilitações de crédito serão recebidas como retardatárias. § 5º As habilitações

No que tange as habilitações retardatárias, exclui-se que exclui o direito a voto nas deliberações da assembleia-geral de credores, salvo quanto aos créditos resultantes da relação de trabalho.[15]

Embora a lei não estabeleça em detalhe o procedimento para inclusão dos créditos retardatários no plano de recuperação judicial, não há dúvida que deve haver consolidação, para que seja de alguma forma previsto seu pagamento. Evidente que a não concessão de direito a voto aos credores retardatários, por via oblíqua, deixa-os em desvantagem no planejamento do pagamento de seus créditos, que pode ser previsto de forma diferenciada, desde que não abusivamente onerosa ou prejudicial.

Com efeito, a exigibilidade de dívidas conhecidas após o deferimento da recuperação judicial dá-se no âmbito do próprio procedimento de recuperação judicial.

O só fato da empresa estar em regime de recuperação judicial, não induz que esteja em estado de insolvência ou impossibilitada de pagar suas dívidas – ao contrário, o procedimento de recuperação judicial é um meio legal de pagamento para evitar a insolvência – pelo que não há, só por este fato, fundamento para desconsideração da personalidade jurídica em processos individuais propostos na vigência da recuperação judicial.

A recuperação judicial não pode, tampouco, ser considerada um "obstáculo" ao pagamento das dívidas, para efeito do art. 28, § 5º, do Código de Defesa do Consumidor.

As ações de conhecimento que culminem com a condenação da empresa em recuperação e com a formação de título executivo judicial contra a mesma, antes ou durante a recuperação judicial, permitem a extração de certidão judicial de crédito,[16] válida como título para habilitação na recuperação judicial.

Os créditos que surgem no durante a vigência do plano de recuperação, portanto, podem ser exigidos nos próprios autos da recuperação judicial através de habilitações retardatárias, incluídas no plano e aprovadas

de crédito retardatárias, se apresentadas antes da homologação do quadro-geral de credores, serão recebidas como impugnação e processadas na forma dos arts. 13 a 15 desta Lei. § 6º Após a homologação do quadro-geral de credores, aqueles que não habilitaram seu crédito poderão, observado, no que couber, o procedimento ordinário previsto no Código de Processo Civil, requerer ao juízo da falência ou da recuperação judicial a retificação do quadro-geral para inclusão do respectivo crédito."

15 Lei n 1º 11.101/2005. "Art. 10. (...) § 1o Na recuperação judicial, os titulares de créditos retardatários, excetuados os titulares de créditos derivados da relação de trabalho, não terão direito a voto nas deliberações da assembléia-geral de credores."

16 Lei nº 11.101/2005. "Art. 94. Será decretada a falência do devedor que: II – executado por qualquer quantia líquida, não paga, não deposita e não nomeia à penhora bens suficientes dentro do prazo legal;"

pela assembleia-geral de credores, aplicando-se lhes a mesma regra em caso de inadimplemento: a decretação de falência por descumprimento do plano de recuperação.

5. Ações de conhecimento e execuções que tramitam durante a recuperação judicial

A Lei 11.101/05 dispõe que a decretação da falência ou o deferimento do processamento da recuperação judicial – não a mera distribuição do pedido, mas sua efetiva admissão – suspende o curso da prescrição e de todas as ações e execuções em face do devedor por até 180 dias, salvo se a ação que demandar quantia ilíquida. A suspensão automática não se aplica às execuções fiscais.[17]

As ações trabalhistas processam-se na justiça especializada,[18] cabendo ao juízo trabalhista, de ofício ou a requerimento das partes, determinar a reserva da importância que estimar devida na recuperação judicial ou na falência.

Interessante observar que a lei estabelece que findo o prazo de suspensão, as ações e execuções poderão "iniciar ou continuar", contudo, ao se referir às execuções trabalhistas, dispõe que poderão ser "normalmente concluídas", ainda que o crédito já esteja inscrito no quadro-geral de credores.

A verificação de existência de novas execuções dá-se pela verificação periódica perante os cartórios de distribuição, comunicação pelo juiz competente (quando ciente da recuperação) e pelo devedor, imediatamente após a citação.

Percebe, assim, que a lei concede período de carência para que sejam efetivados os primeiros pagamentos do plano de recuperação judicial, após sua aprovação. Recente decisão judicial concedeu a tutela provisória antecipada, promovendo a suspensão de todas as ações e execuções em curso contra a empresa em recuperação, antes mesmo da aprovação do plano

---

17 Lei nº 11.101/2005. "Art. 6º A decretação da falência ou o deferimento do processamento da recuperação judicial suspende o curso da prescrição e de todas as ações e execuções em face do devedor, inclusive aquelas dos credores particulares do sócio solidário. § 1º Terá prosseguimento no juízo no qual estiver se processando a ação que demandar quantia ilíquida. (...) § 4º Na recuperação judicial, a suspensão de que trata o *caput* deste artigo em hipótese nenhuma excederá o prazo improrrogável de 180 (cento e oitenta) dias contado do deferimento do processamento da recuperação, restabelecendo-se, após o decurso do prazo, o direito dos credores de iniciar ou continuar suas ações e execuções, independentemente de pronunciamento judicial. (...) § 7º As execuções de natureza fiscal não são suspensas pelo deferimento da recuperação judicial, ressalvada a concessão de parcelamento nos termos do Código Tributário Nacional e da legislação ordinária específica."

18 Ayoub, Luiz Roberto; CAVALLI, Cássio. A construção jurisprudencial da recuperação judicial de empresas. Rio de Janeiro : Forense, 2016. P. 146.

de recuperação,[19] sendo a situação consolidada com o subsequente deferimento da recuperação judicial, incidindo a permissão para o trâmite de ações de conhecimento até a formação definitiva do título judicial.

Desse modo, em qualquer caso, findo o período de suspensão legal das execuções, as respectivas dívidas, se não quitadas nos primeiros 180 dias após o deferimento da recuperação judicial, voltam a ser exigíveis nas respectivas execuções judiciais, salvo se objeto do plano de recuperação judicial.

Importante observar que a lógica do procedimento de recuperação judicial é que consiste em meio processual de pagamento, logo se uma dívida é inserida no plano de recuperação aprovado em juízo, não há fundamento para prosseguir qualquer execução, merecendo interpretação a lei no sentido de que somente poderão prosseguir as execuções cujos créditos não tenham sido previstos no plano de recuperação judicial; do contrário, não faria sentido o procedimento de recuperação.

Alinhe-se como argumento que as dívidas, cujo pagamento foi estabelecido no plano de recuperação judicial, com aprovação pela assembleia-geral de credores e na forma da lei especial, não são, em tese, exigíveis, na medida em que novadas no plano de recuperação.

Quanto aos créditos trabalhistas, embora a lei estabeleça a possibilidade das execuções serem "normalmente concluídas", diferente da previsão de "iniciadas e continuadas" que existe para as execuções não trabalhistas, esclareça-se que em qualquer caso a execução só deve prosseguir se a dívida não tiver previsão de pagamento no plano de recuperação: a diferença é que as execuções não trabalhistas sujeitar-se-ão à hierarquia legal de créditos,[20] enquanto as execuções trabalhistas, prosseguirão até a expro-

---

19 A decisão foi prolatada em 21,06.2016, no processo nº 0203711-65.2016.8.19.0001, que tramita perante a 7ª Vara Empresarial da capital do Rio de Janeiro, onde tramita a recuperação judicial da empresa de telefonia OI S.A.: "(...) Defiro a suspensão de todas as ações e execuções contra as recuperandas, pelo prazo de 180 dias, de modo a evitar que constrições judiciais sejam realizadas no período compreendido entre o ajuizamento da presente recuperação judicial e o deferimento do seu processamento. (...)".

20 Lei nº 11.1012005. "Art. 83. A classificação dos créditos na falência obedece à seguinte ordem: I – os créditos derivados da legislação do trabalho, limitados a 150 (cento e cinqüenta) salários-mínimos por credor, e os decorrentes de acidentes de trabalho; II – créditos com garantia real até o limite do valor do bem gravado; III – créditos tributários, independentemente da sua natureza e tempo de constituição, excetuadas as multas tributárias; IV – créditos com privilégio especial, a saber: a) os previstos no art. 964 da Lei nº 10.406, de 10 de janeiro de 2002; b) os assim definidos em outras leis civis e comerciais, salvo disposição contrária desta Lei; c) aqueles a cujos titulares a lei confira o direito de retenção sobre a coisa dada em garantia; d) aqueles em favor dos microempreendedores individuais e das microempresas e empresas de pequeno porte de que trata a Lei Complementar nº 123, de 14 de dezembro de 2006; V – créditos com privilégio geral, a saber: a) os previstos no art. 965 da Lei nº 10.406, de 10 de janeiro de 2002; b) os previstos no parágrafo único do art. 67 desta Lei; c)

priação e pagamento, justamente em razão da preferência de créditos dessa natureza e expressa previsão legal.

Observa-se que sendo apresentado, aprovado e cumprido um plano de recuperação viável, não haverá fundamento para desconsideração da personalidade jurídica nas ações de conhecimento e execução, pois as dívidas estarão sendo pagas e, portanto, não serão sequer exigíveis – salvo inadimplemento do plano.

Evidente que são comuns ações de conhecimento, trabalhistas ou não, que tramitam em paralelo com a recuperação, cujos títulos judiciais somente se formam no curso da recuperação.

Nestes casos, o procedimento correto é a reserva de crédito antes da sentença, expedição de certidão de crédito após o transito em julgado, inclusão no plano de recuperação com aprovação da assembleia-geral de credores – onde credores trabalhistas, mesmo retardatários, têm poder de voto – e adimplemento regular durante a recuperação judicial. Não há como reconhecer risco de inadimplemento pelo só fato da empresa estar em regime de recuperação judicial, se não tiver sido ainda apresentado o crédito para habilitação e inclusão no plano.

Por evidente, a desconsideração da personalidade jurídica depende não do "risco", mas do efetivo inadimplemento, que no âmbito da recuperação judicial só existe se crédito é apresentado para habilitação e não é incluído no plano de pagamento.

Note-se que o eventual diferimento do pagamento, desde que planejado de forma não abusiva, aprovado pela assembleia-geral de credores e deferido pelo juízo da recuperação, não pode ser considerado inadimplemento, apto a ensejar a desconsideração da personalidade jurídica.

Desse modo, as ações de conhecimento tramitam no curso da recuperação judicial e as execuções que surgem durante a vigência do plano, não devem evoluir para as etapas constritivas, expropriatórias e de pagamento, salvo se lhes for recusada a inclusão no plano.

Cumpre destacar que a empresa sob regime de recuperação tem sua manifestação de vontade, perante terceiros, formada em procedimento composto, consistente no requerimento de qualquer interessado, manifestação

---

os assim definidos em outras leis civis e comerciais, salvo disposição contrária desta Lei; VI – créditos quirografários, a saber: a) aqueles não previstos nos demais incisos deste artigo; b) os saldos dos créditos não cobertos pelo produto da alienação dos bens vinculados ao seu pagamento; c) os saldos dos créditos derivados da legislação do trabalho que excederem o limite estabelecido no inciso I do *caput* deste artigo; VII – as multas contratuais e as penas pecuniárias por infração das leis penais ou administrativas, inclusive as multas tributárias; VIII – créditos subordinados, a saber: a) os assim previstos em lei ou em contrato; b) os créditos dos sócios e dos administradores sem vínculo empregatício."

do administrador, votação da assembleia-geral de credores e decisão judicial, logo todos os credores necessariamente estão submetidos a esse trâmite.[21]

Essa complexidade deve ser considerada nos processos em que a empresa em recuperação é parte, logicamente dentro da razoabilidade. Assim, se uma empresa em recuperação judicial é intimada ou citada em um cumprimento de sentença ou execução, trabalhista ou não, já após o período de 180 dias de suspensão, é razoável que seja tolerado o tempo natural para o procedimento de inclusão no plano de recuperação, haja vista que a própria lei exclui a possibilidade efetivação de pagamento não previsto no plano.

Por outro lado, caso a dívida consubstanciada no título judicial apto a embasar execução não seja, em tempo razoável, inserida no plano de recuperação, deve prosseguir a execução e, em se tratando de execução trabalhista, poderá ser concluída normalmente, com constrição e expropriação de bens, ou mesmo evoluindo para a desconsideração da personalidade jurídica.

6. Desconsideração da personalidade jurídica da empresa em recuperação judicial

Conforme demonstrado, o requisito de inadimplemento, imprescindível à desconsideração da personalidade jurídica, verifica-se somente quando regularmente apresentado o título para habilitação e inclusão no plano de recuperação judicial, isso não ocorre.

Em que pese as partes não devam ser prejudicadas por eventual mora judicial, afigura-se importante frisar que interessa à própria empresa em recuperação a consolidação do plano de recuperação judicial e, assim, é dever do administrador judicial, agir com presteza no trâmite da habilitação de qualquer crédito, retardatário ou não, de modo a evitar que alguma execução volte a fluir por não ter sido o crédito devidamente habilitado em tempo razoável.

Considera-se tempo razoável aquele que seja imprescindível para os respectivos tramites processuais, incluindo a apresentação de proposta de alteração do plano de recuperação judicial, sua aprovação na assembleia-geral de credores e deferimento pelo juiz. Não pode um credor ficar, por exemplo, indefinidamente sujeito a uma assembleia-geral que não se reúna ou um administrador judicial que não apresente emenda ao plano de recuperação, para inclusão de seu crédito.

Por isso a importância de serem informados ao juízo onde tramite eventual processo de conhecimento ou execução contra a empresa em recuperação, os atos que estejam sendo praticados no processo de recuperação judicial quando versem sobre a mesma relação jurídica.

---

21 Lei nº 11.1012005. "Art. 49. Estão sujeitos à recuperação judicial todos os créditos existentes na data do pedido, ainda que não vencidos."

Um processo de conhecimento para reconhecimento de uma dívida perde seu objeto se o crédito é habilitado e previsto seu pagamento no plano de recuperação judicial.

A perda de objeto pode ser parcial, se apenas parte do crédito é voluntariamente habilitada, hipótese em que pode o juízo determinar a reserva do restante do crédito em litígio, assim como pode limitar a instrução à parte ainda controvertida do crédito.

O cumprimento de sentença e a execução extrajudicial baseiam-se em títulos executivos dotados de exigibilidade, justamente em razão do vencimento do prazo para cumprimento da obrigação; tendo sido novada a obrigação pelo plano de recuperação judicial, aprovado em juízo após a observância dos trâmites legais, cessa a exigibilidade do título originário e surge a exigibilidade dos termos do plano, cujo inadimplemento pode conduzir a empresa à falência.[22]

A decretação da falência sujeita todos os credores[23] e exclui a possibilidade do incidente de desconsideração, estabelecendo que os credores somente poderão exercer os seus direitos sobre os bens do falido e do sócio ilimitadamente responsável na forma que a mesma lei prescrever.

Somente cabe a desconsideração da personalidade jurídica da empresa em recuperação judicial quando esta, regularmente intimada em cumprimento de sentença ou citada em execução judicial, não pratica os atos necessários à habilitação do crédito e sua inclusão no plano de pagamento. Vale frisar que não pode ser atribuída à empresa eventual omissão ou mora do credor em requerer a habilitação de seu crédito na recuperação judicial, na forma da lei.

Vale lembrar que as hipóteses ora examinadas referem-se aos casos em que é cabível, na forma da lei, a desconsideração da personalidade jurídica, não se aplicando às situações em que qualquer dos sócios, por força da lei ou do contrato, seja coobrigado com a empresa em recuperação, subsidiaria ou solidariamente. Nesses casos, em regra, a responsabilização do sócio dá-se diretamente em ação própria do credor contra ele e não através da utilização do incidente de desconsideração.

Como afirmado no início, o único caso de corresponsabilidade entre sócio e empresa, que a lei dá tratamento de desconsideração da personalidade jurídica – podendo ensejar o incidente – é na relação de consumo.

---

22 SALOMÃO, Luis Felipe; SANTOS, Paulo Penalva. Recuperação judicial, extrajudicial e falência: teoria e prática. Rio de Janeiro : Rio de Janeiro, 2012. P. 57.

23 Lei 11.101/2005. "Art. 115. A decretação da falência sujeita todos os credores, que somente poderão exercer os seus direitos sobre os bens do falido e do sócio ilimitadamente responsável na forma que esta Lei prescrever."

Nesse caso, o incidente pode ser admitido no processo de origem, desde que atendidas as hipóteses legais, notadamente a inadimplência.[24]

Ocorre que como dito acima, seja em ação própria, seja em incidente, só pode haver desconsideração da personalidade jurídica quando há inadimplemento por parte do devedor principal, o que não se verifica quando o crédito está previsto em plano de recuperação judicial que esteja sendo regularmente cumprido.

7. Aplicação do novo incidente de desconsideração às recuperações em curso

O art. 133 do Código de Processo Civil prevê a efetiva instauração de incidente de desconsideração da personalidade jurídica, justamente para assegurar que a ampliação dos limites subjetivos da lide dê-se de acordo como princípios processuais estatuídos na Constituição da República e agora positivados na Parte Geral do Código de Processo Civil, Capítulo I, que trata das Normas Fundamentais do Processo Civil.

Entre os princípios, estão reforçados o contraditório e ampla defesa, visto que 9º e 10 expressamente mencionam o contraditório prévio como regra e o princípio da "não surpresa", atinente à ideia que as partes e terceiros não devem ser surpreendidos por decisões judiciais, sobre as quais não lhes tenha sido dado oportunidade prévia de argumentar e influir.

Adotando essa linha, o art. 135 do Código de Processo Civil estabelece procedimento de citação, manifestação e produção de prova para o sócio ou pessoa jurídica, prévios à decisão que acolha ou desacolha o pedido de desconsideração da personalidade jurídica. O art. 133, § 2º assegura o mesmo procedimento no caso de desconsideração inversa.

Porém há muitos processos em curso em que já houve desconsideração da personalidade jurídica, sem que fosse observado tal procedimento, na medida em que inexistia à época da decisão.

Todavia, a jurisprudência pátria já reconhecia, mesmo antes da vigência da nova lei processual, a imprescindibilidade de respeito ao contraditório e ampla defesa, para que fosse desconsiderada a personalidade jurídica.

A positivação do incidente estabeleceu paradigma seguro para que possa ser examinado, caso a caso, se os processos em questão observaram

24 FREIRE, Alexandre Reis Siqueira. DANTAS, Bruno. MARQUES, Leonardo Albuquerque, A desconsideração da personalidade jurídica no projeto de novo Código de Processo Comercial: contextualização e perspectivas in Revista de Processo. Ano 40. Vol. 243. Maio /2015. p.383.

ou não esses preceitos constitucionais na decisão sobre o atingimento do patrimônio dos sócios.

Importa, pois, analisar a extensão e validade das decisões anteriores à vigência do atual Código de Processo Civil, que não observaram minimamente os padrões de contraditório e ampla defesa, que embora já aplicáveis anteriormente, foram detalhados somente após a edição do novel diploma.

Como ensina a doutrina[25], "cada fase é regida pela lei em vigor no momento em que ela teve início", sendo válidos os atos praticados pela lei vigente ao tempo em que foram praticados.

Desse modo, as decisões que desconsideraram a personalidade jurídica e praticaram algum ato constritivo ou expropriatório, antes da vigência do novo Código de Processo Civil, são válidas e eficazes, tanto porque não desrespeitaram norma expressa vigente ao seu tempo, como pelo fato de não terem sido impugnadas – ou se o foram, não ter havido êxito no recurso – ao tempo em que foram prolatadas, operando-se a preclusão.

Ocorre que há duas situações distintas: a decisão que adotou como fundamentação a desconsideração da personalidade jurídica, para prática de ato de constrição e expropriação, e a decisão que examinou exaustivamente a responsabilidade do sócio e declarou que seu patrimônio responderia integralmente pela dívida.

A decisão proferida com exame exauriente da matéria, que expressamente declarou a responsabilidade do sócio, é válida para embasar qualquer ato ulterior de constrição ou expropriação, não precisando ser renovada[26]; contudo, a decisão constritiva tomada de forma isolada e não fundamentada, em determinada fase do processo, embora seja inalterável ao argumento da edição do atual Código de Processo Civil, deve ser considerada limitada ao ato que praticou.

Significa dizer as decisões que simplesmente determinam a anotação do sócio como parte ou o bloqueio eletrônico de seus bens, sem maior fundamentação, embora não possam ter sua validade infirmada pela superveniência da nova lei processual, estão limitadas àqueles atos já praticados, ou seja, caso outro ato de constrição e expropriação tenha que ser praticado, deverá ser observado o procedimento do atual Código de Processo Civil e, no caso da recuperação judicial, verificado se há efetivo inadimplemento ou se o crédito está regularmente inscrito no plano de recuperação judicial.

Soma-se aos argumentos pela necessidade de instauração de incidente de desconsideração, sempre que não tenha havido decisão fundamen-

25 CUNHA, Leonardo Carneiro da. Direito intertemporal e o novo Código de Processo Civil. Rio de Janeiro: Forense, 2016. P. 26.

26 CAMBI, Eduardo; MARGGRAF, Alencar Frederico In DIREITO INTERTEMPORAL. YARSHELL, Flávio Luiz, PESSOA, Fábio Guidi Tabosa. (coords) – Salvador: Juspodium, 2016. P. 157.

tada, conclusiva e declaratória da responsabilidade do sócio, o fato que a desconsideração consubstancia demanda incidental,[27] pelo que ainda que já tenham sido praticados atos anteriormente válidos de atingimento do patrimônio dos sócios, estes, sob a nova ordem, fazem jus a uma decisão devidamente formada que os declare com responsáveis pela obrigação.

O sistema processual vigente admite, como não poderia deixar de ser, a validade dos atos praticados sob a égide do Código anterior, porém não podem conviver harmoniosamente com a prática de atos de constrição e expropriação de pessoas estranhas ao processo – os sócios – sem que exista no processo decisão específica que os responsabilize e, não existindo até então tal decisão, sua prolação deverá ser precedida do rito dos arts. 133 a 137 do Código de Processo Civil.

O entendimento aplica-se à recuperação judicial quando esta é a pessoa jurídica desconsiderada. Exigindo a lei processual a comprovação, ao lado de outros requisitos, do inadimplemento pela empresa em recuperação, impõe-se que tal requisito seja cabalmente comprovado sob o crivo do contraditório do incidente de desconsideração da personalidade jurídica, onde caberá ao credor demonstrar que praticou os atos de formação do título executivo e apresentação para habilitação, tendo lhe sido negada a inclusão no plano de recuperação judicial, alguma previsão de pagamento de seu crédito. Sem isso, não poderá a pretensão deduzida no incidente de desconsideração da personalidade jurídica ser acolhida.

8. Conclusão

O estudo realizado procurou demonstrar que o incidente de desconsideração de personalidade jurídica pode ser manejado contra empresa em recuperação judicial, entretanto, somente quando comprovado pelo credor que realizou a habilitação de seu crédito, porém o mesmo não foi incluído no plano de recuperação judicial ou, se incluído, não se operou o pagamento no prazo previsto.

Esse entendimento em nada conflita com a Súmula STJ nº 480[?], pois não se refere à competência, podendo o próprio juízo trabalhista reconhecer o descabimento da desconsideração quando há plano de recuperação aprovado e sendo cumprido, que contempla o crédito trabalhista, assim como é competente para o processar a execução e examinar eventual pedido de desconsideração, caso a empresa em recuperação não cumpra o plano aprovado ou nele não inclua o crédito trabalhista.

27 YARSHEL, Flávio Luiz. O incidente de desconsideração da personalidade jurídica no CPC 2015: Aplicação a outras formas de extensão da responsabilidade patrimonial, in PROCESSO SOCIETÁRIO II, Yarshell, Flávio Luiz; PEREIRA; Guilherme Setoguti J. (coords) São Paulo : Quartier, 2015. P. 217.

Diante do inadimplemento da recuperada, há que se distinguir entre o crédito trabalhista e o crédito não trabalhista.

O credor cujo título tem fundamento em relação de trabalho poderá, diante do inadimplemento, levar a efeito a execução individual, com constrição e expropriação de bens para saldar a dívida, pois assim lhe autoriza o art. 6º, § 5º, da Lei 11.101/05. O credor de crédito não trabalhista pode somente pleitear a decretação de falência.

Examinou-se também a dinâmica do direito intertemporal aplicável no tocante ao novo instituto de incidente de desconsideração da personalidade jurídica, notadamente no que concerne os processos em curso, em cuja fase anterior à vigência do novo Código de Processo Civil, foram realizados atos de constrição e expropriação de bens dos sócios, sem a prévia observância do contraditório e ampla defesa.

Concluiu-se que onde a decisão judicial que efetuou a constrição ou expropriação, também declarou formalmente a responsabilidade dos sócios, expondo motivos e fundamentando os atos de execução contra os mesmos, operou-se a preclusão e outros atos podem ser praticados, sem que o devedor possa reabrir a questão relativa à desconsideração; assim ocorre porque deveria ter recorrido da decisão, até porque o sistema processual já previa a possibilidade dessa linha de argumentação.

Por outro lado, nos casos em que os atos de superação da personalidade jurídica, para atingir o patrimônio dos sócios, foram praticados sem maior fundamentação e, principalmente, sem fundamentada decisão que declarasse os motivos pelos quais se admitia a prática de tais atos, embora os atos já praticados não possam mais ser contestados, esses atos anteriores, sem a devida fundamentação, não servem de base para a prática de novos atos.

Não há preclusão se não há decisão expressa. A desconsideração da personalidade jurídica é norma invasiva do patrimônios dos sócios e deve ser interpretada restritivamente.

Não tendo o juízo declarado no processo em curso, fundamentadamente, que os sócios responderiam pela dívida com seu patrimônio – apenas os atingindo de fato com atos constritivos pontuais – a determinação de novos atos de execução, em fase do processo que se inicie na vigência do novo Código de Processo Civil, necessariamente deverá observar o procedimento previsto nos arts. 133 a 137, para o incidente de desconsideração da personalidade jurídica.

Nesse caso, como dito acima, exsurge para o credor o dever de comprovar, além de outros requisitos legais, que a empresa está inadimplente, inadimplência essa que não se verifica quando o crédito está inscrito em plano de recuperação judicial que esteja sendo regularmente cumprido.

As decisões fundamentadas, expressas e preclusas que responsabilizam os sócios pelas dívidas da empresa em recuperação, não se alteram e são válidas sob a égide do novo Código.

Os atos de constrição e expropriação praticados na vigência da lei anterior contra os sócios, por si só, não legitimam a prática de novos atos, mesmo que no mesmo processo, sem a prévia instauração e acolhimento do incidente de desconsideração da personalidade jurídica. O deferimento da desconsideração da pessoa jurídica em recuperação depende da comprovação da ausência de previsão de pagamento do crédito no plano de recuperação judicial, apesar de regularmente habilitado.

9. Referências bibliográficas

AYOUB, Luiz Roberto; CAVALLI, Cássio. *A construção jurisprudencial da recuperação judicial de empresas*. Rio de Janeiro : Forense, 2016.

BUENO, Cassio Scarpinella. *Manual de Direito Processual Civil*. 2ª ed. São Paulo: Saraiva, 2016.

CÂMARA, Alexandre Freitas. *O novo processo civil brasileiro*. 2ª ed. rev e atualizada. São Paulo: Atlas, 2016.

CAMBI, Eduardo; HAAS, Adriane; HOFFMANN, Eduardo. Direito Intertemporal – *Aplicação do Novo Código de Processo Civil no Tempo*, In: *Coleção Grandes Temas do Novo CPC, v. 7: Direito Intertemporal*. Salvador: Juspodivm, 2016.

CUNHA, Leonardo Carneiro da. *Direito intertemporal e o novo Código de Processo Civil*. Rio de Janeiro : Forense, 2016.

DIDIER Jr. Fredie. ARAGÃO, Leandro. *A desconsideração da personalidade jurídica no processo arbitral*, In PROCESSO SOCIETÁRIO. Yarshell, Flávio Luiz; PEREIRA; Guilherme Setoguti J. (coords) São Paulo : Quartier, 2012.

______. *Curso de Direito Processual Civil: introdução ao direito processual civil, parte geral e processo de conhecimento*. 17ª ed. Salvador: JusPodivm, 2015.

______. *Eficácia do novo CPC antes do término do período de vacância da lei*. In Revista de Processo. São Paulo: Revista dos Tribunais, 2014.

DINAMARCO, Cândido Rangel. *Instituições de direito processual civil – segundo o Novo Código de Processo Civil*. 8ª ed. São Paulo: Malheiros, 2016.

FREIRE, Alexandre Reis Siqueira. DANTAS, Bruno. MARQUES, Leonardo Albuquerque, *A desconsideração da personalidade jurídica no projeto de novo Código de Processo Comercial: contextualização e perspectivas* in Revista de Processo. Ano 40. Vol. 243. Maio /2015.

MARINONI, Luiz Guilherme, MITIDIERO, Daniel e ARENHART, Sérgio Cruz. *Novo código de processo civil comentado*. São Paulo: RT, 2015.

SOUZA, Gelson Amaro de. *Desconsideração da Personalidade Jurídica no CPC-2015 in Revista de Processo*. Ano 41. Vol. 255. Maio /2016.

SALOMÃO, Luis Felipe; SANTOS, Paulo Penalva. *Recuperação judicial, extrajudicial e falência: teoria e prática*.1ª Ed. Forense : Rio de Janeiro, 2012.

YARSHEL, Flávio Luiz. *O incidente de desconsideração da personalidade jurídica no CPC 2015: Aplicação a outras formas de extensão da responsabilidade patrimonial*, In PROCESSO SOCIETÁRIO II, Yarshell, Flávio Luiz; PEREIRA; Guilherme Setoguti J. (coords) São Paulo: Quartier, 2015.

REPERCUSSÕES DO CPC DE 2015 NO SISTEMA DOS JUIZADOS ESPECIAIS CÍVEIS E O DIREITO INTERTEMPORAL COMO PONTE DE TRANSPOSIÇÃO

Ludmilla Camacho Duarte Vidal

Sumário: 1. Considerações iniciais. **2.** Principais repercussões do CPC/2015 nos Juizados Especiais Cíveis: remissão específica e compatibilidade. **3.** O incidente de desconsideração da personalidade jurídica. **4.** Embargos declaratórios (artigos 1.065 e 1.066). 5. Contagem dos prazos: deve-se reconhecer a vitória dos "dias corridos"? **6.** Apontamentos sobre o direito intertemporal e a ultratividade do artigo 275, II. **7.** Conclusão. **8.** Referências bibliográficas.

1. Considerações iniciais

No presente estudo, serão examinadas as principais repercussões provocadas pelo CPC/2015 no campo dos Juizados Especiais Cíveis: tarefa que inicialmente parecia não envolver maiores complexidades de compatibilização normativa, mas que, no entanto, é revelada como alvo de muitas controvérsias, podendo vir a ser considerada como uma das questões mais sensíveis e de urgente enfrentamento que surgem com a entrada em vigor do novo Código.

O ponto de partida reside na compreensão de que o tema proposto envolve duas etapas distintas, porém indissociáveis: (i) a aferição cuidadosa sobre a aplicação dos institutos do CPC/2015 no procedimento dos Juizados Especiais Cíveis regidos pela Lei 9.099/95[1] quando da ausência de remissão específica, uma vez que o exame de compatibilidade nos impõe o desafio perverso da subjetividade; (ii) a apuração do momento adequado de aplicação do CPC/2015 aos processos já em curso perante os Juizados, sem o comprometimento dos atos processuais praticados e das situações jurídicas consolidadas.

Cuidam-se de reflexões necessárias ao desempenho da prática jurídica pelos operadores do Direito, assegurando-se que as novas técnicas não

---

1 Pelo espaço que nos é reservado, trataremos apenas dos Juizados Especiais Cíveis, regidos pela Lei 9.099/95, na convicção de que as Leis 12.153/09 e 10.259/01 comportam outras tantas discussões sobre as repercussões do CPC/2015.

venham a prejudicar, mas sim incrementar, as conquistas alcançadas pelo modelo dos Juizados Especiais até os dias de hoje, componente essencial para a construção de um sistema mais acessível, democrático e cidadão.

As divergências doutrinárias giram em torno tanto da própria existência de compatibilidade entre o CPC/2015 e a Lei 9.099/95, como na dificuldade em se detectar os institutos compatíveis, chegando-se até mesmo a ser levantada certa problematização no que concerne a alguns desdobramentos das hipóteses de aplicação expressa e específica, encontradas nos artigos 1.062, 1.063. 1.065 e 1.066 do CPC/2015. O certo é que, para começar a tratar do direito intertemporal no âmbito dos Juizados Especiais Cíveis, de modo a compreender suas balizas de aplicação e conjugar as duas legislações no tempo, é necessário percorrer uma estrada, de certa forma um pouco tortuosa, sobre como se relacionam os dois diplomas normativos em destaque.

Partimos incialmente da premissa de que as reformas promovidas pelo CPC/2015 repercutem de forma *significativa* no âmbito dos Juizados Especiais Cíveis, seja por meio de previsões expressas e específicas, como fazem os aludidos artigos 1.602 (prevê a aplicação do incidente de desconsideração da personalidade jurídica nos Juizados Especais), 1.063 (prevê a ultratividade do artigo 275, II do Código de Processo Civil de 1973), 1.065 e 1.066 (modificam os efeitos para a interposição de recurso e as hipóteses de cabimento dos Embargos de Declaração); ou em razão da identificação de escopos entre institutos do CPC/2015 e a sistematização dos Juizados Especiais.[2]

Conforme é cediço, a autorização legal para o implemento de um modelo procedimental diferenciado, simplificado e mais acessível à população, foi concedida pela Lei 7.244/84, a qual instituiu os Juizados Especiais de Pequenas Causas, o que em muito se atribuiu às interferências das pesquisas de âmbito internacional coordenadas por Mauro Cappelletti e Bryan Garth no intitulado "Projeto Florença" na década de 70, às experiências adquiridas pelos Conselhos de Conciliação e Arbitragem – criados pela Associação dos Juízes do Rio Grande do Sul (1982) –, e às inspirações buscadas nos *Small Claims Courts* do Direito Norte-americano, também denominados de *Common Man´s Court.*[3]

---

2 BUENO, Cassio Scarpinella. Curso sistematizado de processo civil: procedimentos especiais do Código de Processo Civil. Juizados especiais, vol. 2, tomo II. 2ª ed. rev. e atual. São Paulo: Saraiva, 2013; CÂMARA, Alexandre Freitas. Juizados especiais cíveis estaduais federais e da fazenda pública: uma abordagem crítica. 7ª ed. Rio de Janeiro: Lumen Juris, 2012.

3 DONIZETTI, Elpídio. A corte dos homens pobres e a principiologia do CPC/2015: o que serve e o que não serve aos Juizados Especiais? In: Repercussões do novo CPC – Juizados Especiais. Coord. Geral DIDIER JR. Fredie. Salvador: Juspodivm, 2016, p. 87.

Sobre a influência das pesquisas do *"Access to Justice"*,[4] é recomendável tecer uma breve consideração. O próprio movimento gradativo de ondas renovatórias não foi vivenciado plenamente pelo Brasil, tendo em vista que, em solo pátrio, o mais importante vinha a ser a própria necessidade expansão de direitos básicos para toda população, como os direitos à saúde e à moradia, os quais a maioria não tinha acesso.[5] Diferentemente do que sucedia na Europa dos anos 70, em que a discussão era provocada pela insuficiência do Estado do bem-estar social, verificava-se, neste lado do Atlântico, a exclusão de grande parte da população sobre direitos civis primários, tudo isso frente à marginalização socioeconômica da camada mais pobre e em face da exclusão política e jurídica do povo no período militar.

Nesse panorama, os Juizados de Pequenas Causas vieram com o mister de promover o acesso à Justiça para a resolução de conflitos individuais em demandas menos complexas; constatou-se que a combinação de um procedimento oral e mais célere impulsionaria a acessibilidade ao provimento jurisdicional para aqueles cidadãos que, pelas vias ordinárias, não chegariam a bater nas portas do Poder Judiciário, fenômeno conhecido como "litigiosidade contida".[6] Buscava-se, sobretudo, encurtar o tempo e os custos nas causas simples e de pouca expressividade econômica.

Posteriormente, a Constituição Federal, em seu artigo 98, inciso I, determinou a criação dos Juizados Especiais,[7] promovidos por juízes togados ou leigos competentes para a conciliação, julgamento e execução, por meio do procedimento oral e sumaríssimo. Tal disposição culminou na edição da Lei 9.099/95, vindo a aperfeiçoar a performance dos até então Juizados de Pequenas Causas, primando pela oralidade, simplicidade, informalidade, economia processual e celeridade, buscando sempre que possível a conciliação e a transação conforme preconiza o artigo 2º da Lei 9.099/95, com a

---

4 V. a versão condensada: CAPPELLETTI, Mauro; GARTH, Bryant. *Acesso à Justiça*. Tradução de Ellen Gracie Northfleet. Porto Alegre: Fabris, 1988, reimpresso em 2002, p. 49.

5 JUNQUEIRA, Eliane Botelho. Acesso à Justiça: um olhar retrospectivo. Revista Estudos Históricos, [S.l.], v. 9, n. 18, p. 389-402, dez. 1996. ISSN 2178-1494. Disponível em: <http://bibliotecadigital.fgv.br/ojs/index.php/reh/article/view/2025/1164>. Acesso em: 01 jul. 2016.

6 Watanabe, Kazuo. Juizado Especial de Pequenas Causas. São Paulo: Revista dos Tribunais, 1985, p. 9.

7 "Art. 98: A União, no Distrito Federal e nos Territórios, e os Estados criarão: I – juizados especiais, providos por juízes togados, ou togados e leigos, competentes para a conciliação, o julgamento e a execução de causas cíveis de menor complexidade e infrações penais de menor potencial ofensivo, mediante os procedimentos oral e sumaríssimo, permitidos, nas hipóteses previstas em lei, a transação e o julgamento de recursos por turmas de juízes de primeiro grau".

isenção do pagamento de custas, taxas ou de despesas em primeiro grau, nos termos do artigo 54 da Lei 9.099/95.

Hoje, após 20 anos de vigência da Lei 9.099/95, podemos afirmar que os Juizados Especiais desempenham um papel primordial no sistema de prestação jurisdicional brasileiro. Segundo os dados estatísticos revelados pelo CNJ, no ano de 2014 tramitaram nestes cerca de 7,2 milhões de processos e, embora de forma célere, a taxa de congestionamento foi de 52%, conforme o relatório "justiça em números", sendo de 200 dias a média do tempo de tramitação dos feitos nos Juizados Especiais Cíveis.

Ainda que as pesquisas empíricas revelem o sucesso do microssistema,[8] desvendam novos desafios, como a necessidade de serem aprimorados alguns mecanismos já utilizados, bem como de outros novos serem implementados, e o advento do CPC/2015 consiste em uma oportunidade estratégica para revisitação dos institutos processuais aplicados no contexto dos Juizados, no almejar de se alcançar em maior medida os objetivos colimados pela Lei 9.099/95. Por isso, torna-se imperioso questionarmo-nos: quais serão as possíveis repercussões trazidas pelo CPC de 2015 aos aproximadamente 7,2 milhões de processos dos Juizados Especiais? Quais as melhores técnicas a serem empreendidas para, além de garantir a preservação dos seus escopos, potencializar os seus resultados?

Certamente que nesta sede não seria viável a avaliação plena de todos os institutos do CPC/2015 para a aferição de sua compatibilidade com o rito especial dos Juizados, de toda maneira, alguns temas serão adiante examinados, sendo registrados os comentários que entendemos necessários para o tipo de abordagem que se propõe.

2. Principais repercussões do CPC/2015 nos Juizados Especiais Cíveis: remissão específica e compatibilidade

Sobre os atuais motes do Direito Processual Civil brasileiro, na Exposição de Motivos do Anteprojeto do CPC/2015 foi concedido destaque à celeridade e à simplificação procedimental, perseguindo-se cinco principais orientações: (i) alcançar a sintonia expressa e implícita com a Constituição Federal; (ii) buscar a simplificação do procedimento; (iii) criar melhores condições para que sejam proferidas decisões mais eficientes e compatíveis com a realidade fática subjacente à causa; (iv) extrair de cada processo o melhor rendimento possível e; (v) imprimir maior grau organizacional do sistema jurisdicional, atribuindo-lhe maior coesão.

---

8 MENDES, Aluisio Goncalves de Castro; NETO, Odilon Romano. Análise da relação entre o novo incidente de resolução de demandas repetitivas e o microssistema dos juizados especiais. In: Revista de Processo, vol. 245, jul.2015.

Conquanto se observe a presença de elementos próprios no procedimento diferenciado dos Juizados Especiais Cíveis, é inevitável o reconhecimento de sua permeabilidade a certos institutos do CPC, tendo em vista que a legislação processual e a Lei 9.099/1995 são guiadas por muitos dos mesmos princípios informadores, como a celeridade, isonomia e eficiência do provimento jurisdicional; "há mais coincidências do que divergências no que respeita ao arcabouço principiológico dos dois sistemas".[9] No entanto, questão bastante sensível consiste em detectar os institutos que guardariam identificação com a principiologia própria dos Juizados e, caso seja esta aferida, ou se houver remissão específica e expressa nesse sentido, surge um outro impasse: a apuração do momento de aplicação da lei recente aos processos em andamento, sem a afetação dos atos processuais findos e das situações jurídicas consolidadas.

Sobre a aplicação subsidiária da norma processual civil ao procedimento dos Juizados, no XXXVIII Encontro do Fórum Nacional de Juizados Especiais (FONAJE), realizado em Belo Horizonte/MG em novembro de 2015, restou consolidado o entendimento de que em razão do princípio da especialidade, "o CPC/2015 somente terá aplicação ao sistema dos Juizados Especiais nos casos de expressa e específica remissão ou na hipótese de compatibilidade com os critérios previstos no art. 2º da Lei 9.099/95". No Fórum dos Juizados Especiais de São Paulo (FOJESP) foi firmada orientação no mesmo sentido: "considerado o princípio da especialidade, o CPC 2015 somente terá aplicação ao Sistema dos Juizados Especiais nos casos de extrema e específica remissão ou na hipótese de compatibilidade com os critérios previstos no art. 2° da Lei 9.099/95", posicionamento idêntico ao tomado pelos magistrados do Estado do Rio de Janeiro no XI Encontro de Juízes de Juizados Especais Cíveis e Turmas Recursais Cíveis do TJRJ.[10]

Todavia, a existência de compatibilidade entre as duas normas não decorre de entendimento consolidado. Na contramão do que compreende a corrente prevalente a respeito da matéria, Nancy Andrighi, atual corregedora do CNJ, manifestou-se quanto à impossibilidade de aplicação subsidiária do Código de Processo Civil à Lei 9.099/95, sustentando que, em razão da inexistência de previsão expressa neste sentindo, "buscou-se manter afastada sua incidência, considerando a especialidade de que é revestida".[11] Ao

---

9 DONIZETTI, Elpídio. A corte dos homens pobres e a principiologia do CPC/2015: o que serve e o que não serve aos Juizados Especiais? In: Repercussões do novo CPC – Juizados Especiais. Coord. Geral DIDIER JR. Fredie. Salvador: Juspodivm, 2016, p. 89.

10 "Considerando o princípio da especialidade, o CPC de 2015 somente terá aplicação ao Sistema dos Juizados Especiais nos casos de expressa e específica remissão ou na hipótese de compatibilidade com os critérios previstos no art. 2º da Lei nº. 9.099/1995".

11 ANDRIGHI, Fátima Nancy. O novo CPC e sua aplicação nos Juizados Especiais. Juizados Especiais Cíveis e o novo CPC. LINHARES, Erick (coord.). Curitiba: Juruá, 2015, p. 14.

adotar tal posicionamento, Nancy Andrighi não vislumbra qualquer espaço de aplicação subsidiária do CPC/2015 ao sistema de Juizados em virtude de que estes, por determinação idealizada pelo legislador, "instituíram soluções próprias para as hipóteses não abarcadas expressamente pela Lei 9.099/95".[12] E no que concerne às questões não abarcadas pela Lei dos Juizados, Nancy Andrighi enfatiza que o operador do Direito deverá buscar a integração da norma a partir dos elementos principiológicos fixados nos artigos 2º e 6°, § 2°.

Em contrapartida, entendemos que inexistem maiores problemas quanto à aplicação subsidiária do CPC/2015, e ainda que não seja examinado no presente artigo os impactos do novo diploma nos Juizados Especiais da Fazenda Pública (Lei 12.153/09) e nos Juizados Especiais Federais (Lei 10.259/01), não devemos perder de vista que estas normas, juntamente com a Lei 9.099/95, perfazem o microssistema de Juizados Especiais. Nessa vertente, o artigo 27 da Lei 12.153/09 prevê expressamente a aplicação subsidiária do CPC, tornando-se inevitável reconhecê-la em todo o sistema. A dúvida reside, porém, em precisar as ferramentas "compatíveis" com os escopos da Lei 9.099/95, o que significa dizer: os enunciados acima destacados dizem pouco; ou não dizem quase nada.

Em nosso sentir, é compatível com o procedimento dos Juizados Especiais Cíveis o novo regramento de valorização dos precedentes e de uniformização da jurisprudência (artigos 926 e 927), como forma de concretização do princípio da isonomia, da segurança jurídica e da estabilidade das decisões judiciais. Ao ser consagrado no artigo 927, *caput*, que os juízes e Tribunais observarão os precedentes ora listados, são englobados os juízes dos Juizados Especais, inclusive o juiz leigo.[13] O próprio artigo 985, que versa sobre o incidente de resolução de demandas repetitivas, comporta disposição expressa de que a tese jurídica alcançada no processo paradigma vinculará todos os processos que se referirem a mesma questão de direito, os quais tramitarem na jurisdição do Tribunal, inclusive nos Juizados Especiais do respectivo Estado ou região.[14]

No que se refere à aplicação do julgamento liminar de improcedência (artigo 332), entendemos que, assim como o instituto inserido no artigo

---

12 ANDRIGHI, Fátima Nancy. O novo CPC e sua aplicação nos Juizados Especiais. Juizados Especiais Cíveis e o novo CPC. LINHARES, Erick (coord.). Curitiba: Juruá, 2015, p. 15.

13 No mesmo sentido: COSTA, Letícia Zuccolo Pascoal da. A segurança jurídica e os juizados especiais: notas sobre a valorização de precedente no novo CPC. In: Repercussões do novo CPC – Juizados Especiais. Coord. Geral DIDIER JR. Fredie. Salvador: Juspodivm, 2016, p. 553.

14 Enunciado nº 93 do FPPC: "Admitido o incidente de resolução de demandas repetitivas, também devem ficar suspensos os processos que versem sobre a mesma questão objeto do incidente e que tramitem perante os juizados especiais no mesmo estado ou região".

285-A do CPC/1973 era admitido no procedimento dos Juizados Especiais,[15] com mais razão poderá a sentença liminar do artigo 332 do CPC/2015 ser empregada no procedimento dos Juizados Especiais Cíveis, desde que a causa dispense a fase instrutória – quando a matéria for unicamente de direito ou se os fatos já tiverem sido comprovados por meio dos documentos juntados na petição inicial – e, cumulativamente, se o pedido for contrário a uma das situações previstas nos incisos I ao IV,[16] ou no caso de incidência de prescrição ou de decadência (§1º). É patente que o instituto ganhou nova roupagem na legislação de 2015, sendo ampliadas as suas hipóteses de incidência, pois encontram-se relacionadas com precedentes vinculantes e não mais com posicionamentos adotados pelo órgão prolator da decisão liminar.

Aqui registramos um ponto importante em matéria de direito intertemporal. Segundo a teoria do isolamento dos atos processuais, o novo regramento da improcedência liminar do pedido deverá ser aplicado também aos processos já em andamento, contanto que a petição inicial não tenha sido admitida e ainda não tenha sido determinada a citação. Desta sorte, o instituto não será cabível quando ordenada a citação do réu, muito embora este possa requerer, em sua defesa, o julgamento de improcedência liminar pela existência de entendimento firmado em precedente no sentido contrário.

Destarte, é compatível com o sistema de Juizados a dinamização do ônus da prova prevista no artigo 373, § 1º, tendo em vista que na Lei 9.099/95 não há regulamentação especifica acerca do ônus probatório, seja ele estático ou dinâmico.[17] Por essa razão, aplica-se subsidiariamente o regramento da legislação processual vigente e, ao contrário do que previa o artigo 333 do CPC/1973 – no qual se empregava a técnica de distribuição estática –, o legislador de 2015 passa a adotar o posicionamento de que o ônus de se provar o fato constitutivo do direito alegado não poderá gerar

---

15 Enunciado 101 do FONAJE: "Aplica-se ao Juizado Especial o disposto no art. 285-A do CPC"; Enunciado 01 do FONAJEF: "O julgamento de mérito de plano ou prima facie não viola o princípio do contraditório e deve ser empregado na hipótese de decisões reiteradas de improcedência pelo juízo sobre determinada matéria".

16 "Art. 332. Nas causas que dispensem a fase instrutória, o juiz, independentemente da citação do réu, julgará liminarmente improcedente o pedido que contrariar: I – enunciado de súmula do Supremo Tribunal Federal ou do Superior Tribunal de Justiça; II – acórdão proferido pelo Supremo Tribunal Federal ou pelo Superior Tribunal de Justiça em julgamento de recursos repetitivos; III – entendimento firmado em incidente de resolução de demandas repetitivas ou de assunção de competência; IV – enunciado de súmula de Tribunal de justiça sobre direito local".

17 V. MACÊDO, Lucas Buril de; PEIXOTO, Ravi. A teoria da dinamização do ônus da prova, o novo CPC e as adaptações necessárias para a sua utilização no procedimento dos juizados especiais. In: Repercussões do novo CPC – Juizados Especiais. Coord. Geral DIDIER JR. Fredie. Salvador: Juspodivm, 2016, p. 391.

situação de impossibilidade ou de excessiva dificuldade de desincumbência por aquele que possuir o ônus.

Trata-se de importante instituto já aplicado nos Juizado nas demandas consumeristas (artigo 6º, VIII do CDC). Porém, sua aplicação sugere algumas adaptações. Primeiro porque é necessário estabelecer, no âmbito dos Juizados Especiais, o momento adequado para a definição das regras de distribuição do ônus da prova; e segundo porque o instituto só deverá incidir neste procedimento se for assegurada à parte sobre a qual recair o ônus a oportunidade desta se desincumbir. Por isso, parece-nos que o entendimento do FONAJE no sentido de que "deverá constar da citação a advertência, em termos claros, da possibilidade de inversão do ônus da prova"[18] não seria o mais adequado.

Consoante afirmam Lucas Macêdo e Ravi Peixoto, "para que se compatibilize a necessidade da possibilidade de reação à modificação do ônus da prova, será necessária uma nova marcação de audiência",[19] isto é, se é na audiência de instrução e julgamento o momento em que o magistrado tem o contato com os argumentos de defesa do réu, aquele não terá condições de examinar a distribuição do ônus sem o devido contraditório participativo, não podendo o procedimento dos Juizados ser pensado apenas sob a égide do princípio da celeridade sem cogitar as outras garantias do processo. Nesse rumo, tais autores vislumbram que após decretada a inversão do ônus da prova, o meio de impugnação cabível será a interposição de recurso inominado contra a decisão final, sendo inaplicável, por óbvio, o recurso de agravo de instrumento como ocorre no processo ordinarizado.

Outra questão relevante consiste na necessidade de fundamentação das decisões judiciais, contemplada no artigo 489, § 1º, em que são elencadas as situações nas quais a decisão deverá ser compreendida como não fundamentada. Poder-se-ia levantar o questionamento sobre eventual comprometimento da simplicidade e da informalidade do procedimento oral e sumaríssimo dos Juizados Especiais. Nesse sentido, posiciona-se Fernando da Fonseca Gajardoni: "os Juizados não nasceram para fazer doutrina, tampouco para o desenvolvimento das principais teses que informarão a construção da jurisprudência ou do Sistema de precedentes do direito

18 "Ao prevalecer o mencionado posicionamento, a parte ré teria contra si a atribuição de uma situação desvantajosa sem qualquer provimento jurisdicional nesse sentido". CUNHA, Maurício Ferreira. A dinamização do ônus da prova e seus reflexos no procedimento dos juizados especiais. In: Repercussões do novo CPC – Juizados Especiais. Coord. Geral DIDIER JR. Fredie. Salvador: Juspodivm, 2016, p. 442.

19 MACÊDO, Lucas Buril de; PEIXOTO, Ravi. A teoria da dinamização do ônus da prova, o novo CPC e as adaptações necessárias para a sua utilização no procedimento dos juizados especiais. In: Repercussões do novo CPC – Juizados Especiais. Coord. Geral DIDIER JR. Fredie. Salvador: Juspodivm, 2016, p. 391.

brasileiro".[20] Essa também foi a orientação firmada em novembro de 2015 pelo FONAJE no Enunciado nº 162,[21] pela ENFAM no Enunciado nº.47[22] e pelo TJ/COJES no aviso conjunto nº. 15/2016 de 06 de junho de 2016, de modo que a sentença nos Juizados Especiais Cíveis deverá ser "fundamentada de maneira concisa com menção a toda as questões de fato e de direito relevantes para o julgamento da lide, inaplicável o artigo 489 do Código de Processo Civil (art. 38, *caput* da Lei nº. 9.099/1995)".

Em sentido contrário, encontramos o Enunciado nº. 309 do FPPC,[23] cuja interpretação se mostra a mais adequada e consentânea com a ideia de cidadania processual e de Estado Democrático de Direito, no qual a motivação das decisões deverá funcionar como filtro de verificação do contraditório como direito de influência. Relevante é a compreensão de que a concisão e a menção aos elementos de convicção do juiz, conforme é a previsão do artigo 38 da Lei 9.099/95,[24] não consistem em autorização normativa que detenha o condão de afastar a fundamentação completa das decisões judiciais, pelo contrário, o artigo 489 atua, em verdade, como verdadeira concretização do disposto no artigo 93, inciso IX da Constituição Federal.

3. O incidente de desconsideração da personalidade jurídica

Diversamente das situações tratadas anteriormente, existem previsões expressas e específicas sobre a aplicação do CPC/2015 no âmbito da Lei 9.099/95, e entre elas está o artigo 1.062, que cuida do incidente de desconsideração da personalidade jurídica. Preliminarmente, é forçoso destacar que o incidente de desconsideração da personalidade jurídica foi inserido no título relativo à intervenção de terceiros (artigos 133 a 137), ganhando nova roupagem a partir da sistematização de seu processamento, sendo assim preservadas garantias processuais muitas vezes olvidadas em sua prática, como o princípio da vedação de decisão-surpresa e a ampla defesa.

---

20 GAJARDONI, Fernando da Fonseca. A problemática compatibilização do novo CPC com os juizados especiais. Texto publicado em 11 de janeiro de 2016. Disponível em: http://jota.uol.com.br/a-problematica-compatibilizacao-do-novo-cpc-com-os-juizados-especiais. Acesso em 03.07.2016.

21 Enunciado nº. 162: "o disposto no §1ª do art. 489 do CPC é aplicável no âmbito dos Juizados Especiais".

22 Enunciado nº. 47: "o art. 489 do CPC/2015 não se aplica ao sistema de juizados especiais".

23 Enunciado nº 309 do FPPC: "o disposto no §1ª do art. 489 do CPC é aplicável no âmbito dos Juizados Especiais".

24 "Art. 38: A sentença mencionará os elementos de convicção do Juiz, com breve resumo dos fatos relevantes ocorridos em audiência, dispensado o relatório. Parágrafo único. Não se admitirá sentença condenatória por quantia ilíquida, ainda que genérico o pedido".

O mecanismo objetiva proteger terceiros da utilização ilícita do princípio da autonomia patrimonial da pessoa jurídica ou de seus sócios – no caso da desconsideração inversa. Ao ser decretada a desconsideração, o princípio da autonomia patrimonial será relativizado, de forma que as obrigações patrimoniais, constituídas pela pessoa jurídica, serão suportadas por seus sócios ou administradores, os quais terão seus patrimônios atingidos quando restar demonstrado o desvio de finalidade ou a confusão patrimonial.[25] Registra-se que desconsideração da personalidade jurídica também será possível na modalidade inversa se a pessoa jurídica for utilizada como "escudo de pretensões legítimas de terceiros em face de um ou mais de seus membros".[26]

Sobre os requisitos necessários à decretação da desconsideração da personalidade jurídica, existem algumas prescrições em diplomas normativos esparsos, como nos artigos 28, §5º do CDC e 4º da Lei 9.605/98, bem assim no próprio Código Civil (artigo 50). Percebemos certa diferença entre as condições ensejadoras do CDC e da Lei de Crimes Ambientais **(Lei 9.605/98)** em relação ao artigo 50 do Código Civil, o qual adota a **teoria maior ou subjetiva** da desconsideração, exigindo-se a verificação de dois requisitos para o afastamento da personalidade jurídica: abuso da personalidade e prejuízo a terceiro. Em compensação, os artigos 4º da Lei 9.605/98 e 28, §5º do CDC admitem a **teoria menor ou objetiva da desconsideração da personalidade jurídica,** uma vez que, para que esta seja decretada, bastaria apenas a ocorrência do prejuízo do credor.

O CPC/2015 cumpre a função de sistematizar o incidente no que concerne aos seus aspectos processuais, e não materiais. Portanto, incidindo o Código Civil, o CDC ou a Lei de Crimes Ambientais, os requisitos necessários à apresentação e processamento do incidente continuam os mesmos. No caso de a desconsideração ser objeto de pedido na petição inicial, os sócios ou a pessoa jurídica devem ser citados para integrarem a lide, sem a necessidade de instauração de um incidente processual específico (artigo 134, §2º). Por outro lado, o incidente poderá ser instaurado em qualquer fase do processo de conhecimento, no cumprimento de sentença ou na execução fundada em título executivo extrajudicial, o que suspenderá o curso do feito até a decisão final (artigo 134, *caput* e §§1º e 3º).

---

25 "Art. 50, CC: Em caso de abuso da personalidade jurídica, caracterizado pelo desvio de finalidade, ou pela confusão patrimonial, pode o juiz decidir, a requerimento da parte, ou do Ministério Público quando lhe couber intervir no processo, que os efeitos de certas e determinadas relações de obrigações sejam estendidos aos bens particulares dos administradores ou sócios da pessoa jurídica"

26 PAUMGARTEN, Michele. Breve ensaio sobre o novo conspecto processual da desconsideração judicial da personalidade jurídica. In: Inovações do Código de Processo Civil de 2015. Rio de Janeiro: GZ, 2016.

Após a apresentação do incidente de desconsideração da personalidade jurídica, os sócios serão citados para, em 15 dias, se manifestarem e apresentarem requerimento a respeitos das provas que entendam cabíveis. Concluída a instrução nos casos em que esta se fizer necessária, o incidente será resolvido por decisão interlocutória (artigo 136, *caput*), impugnável por agravo de instrumento quando o processo não tramitar perante os Juizados (artigo 1.015, inciso IV). O § 4º do artigo 134 do CPC exige que o requerimento de desconsideração feito na petição inicial ou sob a forma incidental deverá demonstrar o preenchimento dos pressupostos legais específicos para o seu deferimento, de acordo com cada regramento jurídico. Para que a teoria da desconsideração seja aplicada, caberá ao requente o ônus probatório quanto à existência dos pressupostos previstos no artigo 50 do Código Civil: ato fraudulento, abuso de direito ou confusão patrimonial. E conforme a orientação do artigo 1.062 do CPC/2015, o incidente de desconsideração da personalidade jurídica também poderá ser manejado nos processos que tramitarem perante os Juizados Especiais Cíveis e criminais.

O ponto mais sensível do tema reside no fato de que, no momento em que o incidente for suscitado em uma demanda já em curso, este atuará como modalidade de intervenção de terceiros – intervenção forçada –, figura processual que sempre foi vedada no âmbito dos Juizados Especiais, mesmo que nestes se admita o litisconsórcio (artigo 10 da Lei 9.099/95). Trata-se, portanto, de um incidente que provoca uma intervenção forçada de terceiro[27] que, após a citação, passará a integrar o processo até a decisão de acolhimento ou indeferimento, e caso se decida por não decretar a desconsideração, aquele que foi citado será excluído do processo.

Poderia se pensar que o incidente de desconsideração da personalidade jurídica viria a comprometer o rito célere e simplificado dos Juizados Especiais Cíveis, sendo um de seus maiores problemas a previsão do CPC/2015 quanto ao cabimento de agravo de instrumento para insurgir em face da decisão que o julgar (artigo 1.015). Contudo, entendemos que o recurso inominado poderá ser manejado contra a sentença proferida no processo em que verificado o incidente. Na visão de Elpídio Donizetti, o incidente de desconsideração da personalidade jurídica, nos moldes do

27 "As figuras da intervenção de terceiro não são cabíveis na execução porque normalmente estão relacionadas a se declarar ou não a existência de um direito. Por outro lado, o incidente de desconsideração da personalidade jurídica poderá ser instaurado em qualquer fase do processo do conhecimento, cumprimento de sentença e na execução fundada em título executivo extrajudicial, como já salientado anteriormente. Continua o processualista alertando que na fase executória (ou de cumprimento de sentença) não há atividade cognitiva e sim atividade executiva, por já existir sentença transitada em julgado". PAUMGARTEN, Michele. Breve ensaio sobre o novo conspecto processual da desconsideração judicial da personalidade jurídica. In: Inovações do Código de Processo Civil de 2015. Rio de Janeiro: GZ, 2016.

CPC/2015, não se aplica aos procedimentos dos Juizados Especiais Cíveis, sobretudo em casos que envolvam o direito do consumidor. Assevera o autor que "nada justifica o formalismo processual e o contraditório prévio para que estes venham a comprometer a celeridade e a informalidade que deve existir nos Juizados".[28] Todavia, não compartilhamentos da mesma ideia. Entendemos, em verdade, que o instituto tem aplicação importante no sistema dos Juizados, pois além de necessário, garante a observâncias de garantias processuais fundamentais, como o contraditório participativo e a ampla defesa.

4. Embargos declaratórios (artigos 1.065 e 1.066)

No que se referem às repercussões em matéria recursal do CPC/2015 na Lei 9.099/95, foram promovidas pelos artigos 1.064 e 1.066 duas importantes alterações no regramento dos embargos de declaração: (i) a modificação do efeito quanto ao prazo recursal pendente; (ii) a ampliação das hipóteses de cabimento, inclusive sendo admitido o oferecimento destes em face de decisão interlocutória nos Juizados Especiais.[29]

Desse modo, os embargos declaratórios passam a interromper – e não mais suspender – o prazo para a interposição de eventual recurso inominado ou de recurso extraordinário, bem como para a apresentação de reclamação constitucional ao STJ.[30] Quanto à ampliação das hipóteses de cabimento, o CPC/2015 modificou o artigo 83 da Lei 9.099/95, sendo cabíveis os embargos de declaração quando, em sentença ou acórdão, houver obscuridade, contradição ou omissão, remendo às hipóteses do diploma processual, nos termos do artigo 1.022.

Observa-se que o legislador de 2015 prescreveu que serão consideradas omissas as decisões em que o Juízo deixar de se manifestar sobre a tese firmada em julgamento de casos repetitivos ou em incidente de assunção de competência aplicável ao caso sob julgamento, ou ainda quando a decisão incorrer em qualquer das situações descritas no artigo 489, § 1º. Já foi defendida, nesta sede, a compatibilidade da fundamentação analítica no campo dos Juizados, sendo que a previsão sobre o cabimento dos embargos declaratórios nesta situação reforça tal posicionamento.

---

28 DONIZETTI, Elpídio. A corte dos homens pobres e a principiologia do CPC/2015: o que serve e o que não serve aos Juizados Especiais? In: Repercussões do novo CPC – Juizados Especiais. Coord. Geral DIDIER JR. Fredie. Salvador: Juspodivm, 2016.

29 Nesse sentido, o Enunciado 475 do FPPC: "Cabem embargos de declaração contra decisão interlocutória no âmbito dos juizados especiais".

30 Enunciado nº. 483: "Os embargos de declaração no sistema dos juizados especiais interrompem o prazo para a interposição de recursos e propositura de reclamação constitucional para o Superior Tribunal de Justiça".

Devemos nos atentar para o fato de que nos casos de *interrupção* do prazo recursal, este deverá recomeçar por completo e, por isso, observar-se-á o regime jurídico determinado pela norma vigente à época de seu reinício, orientação também firmada pelo Enunciado nº. 477 do FPPC: "(...) computar-se-ão apenas os dias úteis no prazo para o recurso subsequente, ainda que a decisão embargada tenha sido proferida ao tempo do CPC de 1973, tendo em vista a interrupção do prazo prevista no art. 1.026".

Por outro lado, nos casos de *suspensão* do prazo recursal deve ser deduzido raciocínio em sentido oposto, uma vez que o prazo recursal foi apenas paralisado, continuando o mesmo. A norma aplicável, portanto, será aquela vigente no início do prazo – e não de seu reinício –, anterior à causa de suspensão. Se aceitarmos que a contagem será ditada pelo regime da lei vigente ao tempo da reabertura do prazo, iria-se constatar a existência de um regime híbrido de prazos, o que por certo vai de encontro a teoria do isolamento dos atos processuais em se tratando de um ato processual complexo, o qual se protrai no tempo.

5. Contagem dos prazos: deve-se reconhecer a vitória dos "dias corridos"?

A tônica da controvérsia em relação à contagem dos prazos nos Juizados surgiu após os membros do FONAJE – Fórum Nacional de Juizados Especiais – terem se reunido em Florianópolis/SC, no dia 04 de março de 2016, para discutirem as interferências do CPC/2015 no âmbito da Lei 9.099/95. Nesta oportunidade, foi elaborada a Nota Técnica nº. 01/2016, segundo a qual as disposições do artigo 219 do CPC/2015 não seriam aplicadas nos Juizados Especiais Cíveis, pois, do contrário, haveria um "inexplicável distanciamento e indisfarçável subversão ao princípio constitucional da duração razoável do processo".[31]

Posteriormente, no XXXIX Encontro do FONAJE, realizado em Maceió/AL, em 08, 09 e 10 de junho de 2016, assentou-se o entendimento de que "nos Juizados Especiais Cíveis, todos os prazos serão contados de forma contínua" (Enunciado nº. 165), na linha da Nota Técnica nº. 01/2016. Desse modo, finalizou-se uma fase permeada por incertezas, no entanto, ratificou-se, ao mesmo tempo, uma escolha tecnicamente inadequada e bastante polêmica.

Em verdade, o início da discussão a respeito da forma de contagem dos prazos sobreveio após a revelação de posicionamentos contrários, perfilhados por órgãos da magistratura: primeiramente, a manifestação do FONAJE, acima destacada; e em segundo lugar, o posicionamento da ENFAM, no sentido de que nos Juizados Especiais Cíveis os prazos deveriam seguir os termos do artigo 219, sendo computados em dias úteis.

---

31 Conforme Nota Técnica expedida pelo FONAJE em 04 de março de 2016, disponível em: http://www.amb.com.br/fonaje/?p=610. Acesso em 04.07.2016.

Observamos, todavia, que inexiste qualquer base normativa que possa respaldar o entendimento do FONAJE sobre a contagem dos prazos em dias corridos,[32] haja vista que a Lei 9.099/95 não contempla algum regramento específico que o preveja.[33] O artigo 181 do CPC/1973, aplicado subsidiariamente ao microssistema dos Juizados, foi revogado pelo CPC/2015, e neste não se encontra norma de direito intertemporal que conceda ultratividade ao artigo 181 do CPC/1973.

Sendo assim, o artigo 219 passa a dispor sobre a contagem dos prazos processuais em dias úteis, alicerce normativo que deverá ser adotado pela sistemática dos Juizados na falta de previsão específica. Não há como se atribuir uma espécie de "eficácia repristinatória"[34] ao artigo 181, fenômeno vedado expressamente pelo ordenamento jurídico no artigo 2º, §3º da Lei de Introdução das Normas do Direito Brasileiro – LINDB. A contagem dos prazos em dias úteis não acarretará maiores delongas ao trâmite processual, na medida em que a celeridade buscada muitas vezes resta inviabilizada por razões de várias ordens, sobretudo estruturais. Ainda que se entenda que a nova regra de contagem dos prazos não contribui com a celeridade e com a duração razoável, ela, por si só, não é capaz de comprometer os objetivos traçados pela Lei 9.099/95.

Na linha do que consignou Marcelo Pacheco Machado, entendemos que a contagem em dias corridos não representa óbice à celeridade e a duração razoável dos feitos nos Juizados Especiais Cíveis. O autor, acertadamente, recorda que a Lei 9.099/95 possui pouquíssimos prazos, pois este não incide para contestar, apresentar réplicas ou oferecer alegações finais. Os prazos na esfera dos Juizados Especiais Cíveis são verificados em basicamente três situações, todas elas observadas *após a sentença*: apresentação de contrarrazões; oferecimento de Embargos de Declaração; e habilitação por morte.[35]

Consiste em tarefa doutrinária demonstrar aos operadores da norma que a técnica de contagem em corridos, além de não ostentar qualquer base legal que a justifique, não prejudica a celeridade ou a duração razoável

---

32 "A contagem dos prazos em dias úteis (art. 219 do CPC/2015) aplica-se ao Sistema de juizados especiais".

33 Também no XI ENCONTRO DE JUÍZES DE JUIZADOS ESPECIAIS CÍVEIS E TURMAS RECURSAIS CÍVEIS DO TJRJ consolidou o Enunciado nº.17 no mesmo sentido do entendimento do FONAJE: "Os prazos processuais em sede de Juizados Especiais Cíveis são contados em dias corridos, inaplicável o art. 219 do código de Processo Civil de 2015.

34 MACHADO, Marcelo Pacheco. Prazos dos Juizados em dias corridos: não esperávamos por esta no FONAJE. Texto publicado em 21.06.2016. Disponível em: http://jota.uol.com.br/prazos-nos-juizados-especiais-em-dias-corridos-nao-esperavamos-por-esta-fonaje. Acesso em: 04.07.2016.

35 Idem, Ibidem.

do procedimento diferenciado consubstanciado na Lei 9.099/95. No entanto, recomendamos, atualmente, que se adote a contagem dos prazos em dias corridos no âmbito dos Juizados Especiais Cíveis, tendo em vista o posicionamento do FONAJE sobre a matéria.

A situação demanda acentuada cautela, já que nos Juizados Especiais Federais a contagem será em dias úteis, assim como ocorre no CPC/2015. Essa foi a compreensão admitida pela Resolução CJF-RES-2016/00393 de 19 de abril de 2016, a qual alterou alguns dispositivos do Regimento Interno da Turma Nacional de Uniformização dos Juizados Especiais Federais – TNU, entre eles, o artigo 6º-A, passando a contemplar a seguinte redação: "na contagem de prazo em dias, computar-se-ão somente os dias úteis". Tormentosa conclusão: Computa-se os prazos em dias úteis nos JEFs e em dias corridos nos JECs.

6. Apontamentos sobre o direito intertemporal e a ultratividade do artigo 275, II

O direito intertemporal cuida da transição de normas no tempo, estabelecendo uma ponte segura de travessia entre o velho e o novo,[36] de modo a evitar o completo rompimento de regras jurídicas, o que por certo geraria forte insegurança jurídica e desestabilidade das relações. Em verdade, o direito temporal consiste em importante ferramenta de transposição, trazendo importantes vetores de aplicação da norma processual. Todavia, certamente não é capaz de prever todas as saídas aos problemas que irão surgir.

São contempladas no livro complementar, que trata das disposições finais e transitórias, algumas regras que devem ser aplicadas em situações nas quais possam surgir dúvidas acerca da necessidade de aplicação imediata do CPC/2015.[37] Partindo-se do pressuposto de que o direito intertemporal impõe balizas importantes para essa mudança, torna-se imperioso enfrentar os casos de aplicação da norma a partir da utilização de balizas seguras de concretização:[38]

(I). Primeira baliza: O direito intertemporal adota a teoria o isolamento dos atos processuais, conforme é a redação do art. 1.046 do CPC/2015, bem

---

36 DONIZETTI, Elpídio. Do velho para o novo: as regras de travessia no novo CPC. Disponível em: http://genjuridico.com.br/. Acesso em 03.07.2016.

37 DONIZETTI, Elpídio. As principais regras de direito intertemporal a serem observadas quando da entrada em vigor do CPC/2015. Disponível em: http://portalied.jusbrasil.com.br/. Acesso em 03.07.2016.

38 Nesse sentido, André Vasconcelos Roque trabalha o tema a partir de três balizas em: Novo CPC e direito intertemporal: nem foi tempo perdido – parte I. Disponível em: http://jota.uol.com.br/novo-cpc-e-direito-intertemporal-nem-foi-tempo-perdido-parte-ii. Acesso em: 03.07.2016.

como o princípio da irretroatividade da lei ou *tempus regit actum* (art. 6º da Lei de Introdução às Normas do Direito Brasileiro). Sob essa perspectiva, a nova norma deverá respeitar as situações jurídicas consolidadas, que são a coisa julgada, o ato jurídico perfeito e o direito adquirido (art. 5º, XXXV, CF e art. 14 do CPC/2015), bem como os atos processuais já finalizados.

(II) Segunda baliza: Afirmar que o ato processual se aperfeiçoa logo após a sua prática não resolve todas as questões, haja vista que alguns atos processuais poderão produzir efeitos que se protraem no tempo – são os atos processuais complexos, ou seja, quando um ato processual for praticado como consectário de ato processual anterior. Se um ato é aperfeiçoado, mas, produz efeitos, este não poderá ser atingido por uma nova lei se na época em que praticado a lei nova não era vigente.

Exemplos: Proferida e publicada, sob a vigência do CPC/1973, decisão interlocutória que indefere a produção de prova pericial, caberá agravo retido ainda na superveniência do CPC/2015 se a data da decisão recorrível for considerada o marco processual identificador da norma vigente para a contagem do prazo recursal e dos requisitos de sua admissibilidade. Um outro exemplo seria que se a determinação do juízo para a citação do réu ocorreu sob a égide do CPC/1973, a defesa continuará a contemplar as exceções e reconvenção em apartado, conforme se verifica o regramento do CPC anterior. Importante observar que essa questão mitiga, de certa forma, a teria do isolamento dos atos processuais (artigo 1.046), isso porque dois atos processuais só podem ser atingidos no tempo por leis distintas se houver compatibilidade entre as normas, do contrário, a Lei revogada valerá também para atos processuais futuros, fenômeno denominado de *ultratividade normativa*.

Nos caso dos Juizados Especiais Cíveis, os quais são também competentes para o processamento das ações no rito *sumário* (artigo 3º, inciso II da Lei 9.099/95 c/c artigo 275, inciso II, do CPC/73), continuarão competentes para tanto até a edição de Lei Específica (artigo 1.063). Desse modo, o artigo 275, inciso II, do CPC/73, impõe aos Juizados Especiais Cíveis a competência que passa a ser absoluta em razão da matéria, para as ações processadas sob o rito sumário previstas no artigo 275, inciso II.[39]

---

39 Ementa: Poder Judiciário. Justiça Federal de Primeira Instância. Subseção judiciária de Divinópolis -1ª Vara Federal. Expediente do dia 09 de junho de 2016. Atos do Exmo. Dr. Elísio Nascimento Batista Júnior. Autos com decisão. No (s) processo (s) abaixo relacionado (s). Numeração única: 6923-65.2015.4.01.38116923-65.2015.4.01.3811 Ação ordinária / outras. Autor: Itaú Seguros de auto e residência s.a. Réu: Departamento Nacional de Infraestrutura de Transportes – DNIT. O Exmo. Sr. Juiz exarou: O art. 1.063 do novo CPC estabelece que até a edição de lei específica, continuam os Juizados Especiais competentes para processar e julgar as causas do art. 275, II, do antigo CPC. Considerando que o processo diz respeito a ressarcimento por danos causados em acidente de veículo de via terrestre, anteriormente regulamentado pelo art.275, II, do antigo CPC, declino da competência para um dos Juizados Especiais Adjuntos desta

7. Conclusão

A entrada em vigor do CPC/2015 ocasionou notáveis alterações no regime dos Juizados Especiais Cíveis, previsto na Lei 9.099/95. As modificações devem ser examinadas não somente sob o ponto de vista da celeridade e da duração razoável, senão como uma oportunidade de consagração de outras garantias fundamentais, independentemente da natureza do procedimento prescrito. Mesmo que a aferição de compatibilidade confira, de certo modo, margens para inseguranças e incertezas, esta deverá ser realizada pelo operador do direito atento aos parâmetros firmados pela doutrina e pela jurisprudência.

E ainda que hoje existam posicionamentos divergentes, compreendemos que, com a prática, serão consolidados os principais entendimentos sobre as questões mais recorrentes, no almejar de se atingir os objetivos colimados pela Lei 9.099/95 e conjugá-los com as disposições do CPC/2015. A compatibilização normativa não coincide com o descarte da oralidade e da simplificação do procedimento, devendo o CPC/2015 trazer novos mecanismos para o âmbito dos Juizados Especiais, no sentido de se evitar que tal sistema preveja um procedimento ordinarizado disfarçado de tutela diferenciada, ou, de modo reverso, uma espécie de tutela diferenciada isenta dos princípios inerentes ao processo justo.

8. Referências bibliográficas

ANDRIGHI, Fátima Nancy. O novo CPC e sua aplicação nos Juizados Especiais. Juizados Especiais Cíveis e o novo CPC. LINHARES, Erick (coord.). Curitiba: Juruá, 2015,

BARBOSA MOREIRA, José Carlos. O Futuro da Justiça: Alguns Mitos. In: *Temas de Direito Processual*, 8ª série. São Paulo: Saraiva, 2004.

BUENO, Cassio Scarpinella. Curso sistematizado de processo civil: procedimentos especiais do Código de Processo Civil. *Juizados especiais, vol. 2, tomo II.* 2ª ed. rev. e atual. São Paulo: Saraiva, 2013.

CÂMARA, Alexandre Freitas. *Juizados especiais cíveis estaduais federais e da fazenda pública: uma abordagem crítica.* 7ª ed. Rio de Janeiro: *Lumen Juris*, 2012.

CAPPELLETTI, Mauro; GARTH, Bryant. *Acesso à Justiça.* Tradução de Ellen Gracie Northfleet. Porto Alegre: Fabris, 1988, reimpresso em 2002.

CARNEIRO, Paulo Cezar Pinheiro. *Acesso à Justiça: juizados especiais cíveis e Ação Civil Pública: uma nova sistematização da teoria geral do processo.* Rio de Janeiro: Forense, 2007.

DIAS, Haroldo Dutra. Lei 9.099/95 e CPC: fontes em diálogo. In: *Juizados Especiais* – Homenagem ao Desembargador José Fernandes Filho. FONSECA, Augusto Vinícius; CORRÊA, Luiz Fernando Nigro (Coord.), Belo Horizonte: Del Rey, 2011.

Subseção Judiciária. Remetam-se os autos à SEPJU para nova distribuição e autuação. Intime-se. Numeração única: 549-96.2016.4.01.3811.

DONIZETTI, Elpídio. A corte dos homens pobres e a principiologia do CPC/2015: o que serve e o que não serve aos Juizados Especiais? In: Repercussões do novo CPC – Juizados Especiais. Coord. Geral DIDIER JR. Fredie. Salvador: Juspodivm, 2016.

______. *Do velho para o novo: as regras de travessia no novo CPC.* Disponível em: http://genjuridico.com.br/. Acesso em 03.07.2016.

DUARTE, Antonio Aurelio Abi-Ramia. *Flexibilização procedimental nos Juizados Especiais Estaduais.* Rio de Janeiro: JC, 2014.

GAJARDONI, Fernando da Fonseca; DELLORE, Luiz; ROQUE, Andre Vasconcelos; OLIVEIRA JR., Zulmar Duarte de. *Teoria Geral do Processo – Comentários ao CPC de 2015*, São Paulo: Editora Método, 2015.

GRECO, Leonardo. Instituições de Processo Civil – Introdução ao Direito Processual Civil, vol. I, 5ª ed., Rio de Janeiro: Forense, 2015.

HARTMANN, Guilherme Kronemberg. *Comentários ao novo Código de Processo Civil.* Coord. CABRAL, Antonio do Passo; CRAMER, Ronaldo, Rio de Janeiro: Editora Forense, 2015.

JUNQUEIRA, Eliane Botelho. Acesso à Justiça: um olhar retrospectivo. *Revista Estudos Históricos*, [S.l.], v. 9, n. 18, p. 389-402, dez. 1996. ISSN 2178-1494. Disponível em: <http://bibliotecadigital.fgv.br/ojs/index.php/reh/article/view/2025/1164>. Acesso em: 01 jul. 2016.

MENDES, Aluisio Goncalves de Castro; NETO, Odilon Romano. Análise da relação entre o novo incidente de resolução de demandas repetitivas e o microssistema dos juizados especiais. In: Revista de Processo, vol. 245, jul.2015.

UMGARTEN, Michele. Breve ensaio sobre o novo conspecto processual da desconsideração judicial da personalidade jurídica. In: *Inovações do Código de Processo Civil de 2015.* Rio de Janeiro: GZ, 2016.

APLICAÇÃO SUBSIDIÁRIA E SUPLETIVA DOS DISPOSITIVOS ATINENTES À EXECUÇÃO DO NOVO CÓDIGO DE PROCESSO CIVIL AO PROCESSO DO TRABALHO

Uma análise da Instrução Normativa nº 39/2016

Camila de Castro Barbosa Bissoli do Bem

1. Introdução

O presente trabalho tem por escopo trazer à baila a análise da possibilidade de aplicação subsidiária das normas do Novo Código de Processo Civil (NCPC) ao Processo do Trabalho, concentrando seu enfoque naquelas normas relativas à execução presentes na .Instrução Normativa nº 39/2016 (IN39), do Tribunal Superior do Trabalho (TST).

A pesquisa se inicia com uma breve análise da IN39, do TST, aprovada pelo Pleno deste através da Resolução nº 203, de 15 de março de 2016. Neste ponto se investigará as motivações de o referido Tribunal ter baixado a citada Resolução, bem como se apresentará a Ação Direta de Inconstitucionalidade (Adin) nº 5.516 do Distrito Federal proposta pela Associação Nacional dos Magistrados da Justiça do Trabalho (ANAMATRA).

Cumpre salientar, que este estudo não pretende de maneira alguma adentrar ao mérito da discussão da "invasão da competência legiferante do Congresso Nacional"[1] pelo TST, alegada pela ANAMATRA, o que se busca

1 BRASIL. Supremo Tribunal Federal. Ação direta de inconstitucionalidade n. 5.516, Rel. Min. Cármen Lúcia, Distrito Federal-DF. Disponível em: <http://www.stf.jus.br/portal/processo/verProcessoAndamento.asp?incidente= 4977107> Acessado em: 16 maio 2016.

tão-somente é entender o que fez com que o Tribunal *máxime* da justiça laboral reconhecesse no mérito a aplicação subsidiária de dispositivos da tutela executiva.

Em seguida, apresentar-se-á um breve estudo da tutela executiva, bem como se elencará seus princípios informadores. O objetivo ao estudar a tutela executiva é delimitá-la, frente às demais tutelas processuais, buscando identificar a possibilidade de se defender a existência de uma teoria geral da execução. Este capítulo cuidará de analisar as características dos processos de execução cível e trabalhista de um modo geral.

Definidas as premissas básicas do processo de execução, far-se-á uma breve revisão de literatura em alguns manuais de Direito Processual do Trabalho a fim de identificar quais os princípios são apontados como informadores da execução no Processo do Trabalho. Logo em seguida, será possível concluir a unidade principiológica do processo executivo cível e trabalhista.

Por fim, feita essa delimitação basilar, reconhecendo a unidade do processo executivo cível e trabalhista, passar-se-á a analisar os dispositivos da execução do NCPC que a IN39 entendeu aplicáveis subsidiariamente ao Processo do Trabalho, quais sejam:

– o cumprimento de sentença que reconheça a exigibilidade de obrigação de fazer, de não fazer ou de entregar a coisa (arts. 536 a 538, NCPC);

– as regras que tratam da a responsabilidade patrimonial (arts. 789 a 796, NCPC);

– a obrigação de o executado indicar outros meios mais eficazes e menos onerosos para promover a execução (art. 805 e parágrafo único, NCPC);

– a disciplina que trata dos bens impenhoráveis (art. 833, incisos e parágrafos, NCPC);

– a ordem preferencial de penhora determinada (art. 835, incisos e §§ 1º e 2º, NCPC);

– o procedimento a ser adotado quando não encontrados bens penhoráveis (art. 836, §§1º e 2º, NCPC);

– as normas atinentes à intimação da penhora (art. 841, §§1º e 2º, NCPC);

– o procedimento aplicado à penhora de dinheiro em depósito ou em aplicação financeira através do sistema BacenJud (art. 854 e parágrafos, NCPC);

– a possibilidade de pagamento parcelado do lanço dado em leilão (art. 895, NCPC);

– a possibilidade de parcelamento do crédito exequendo na execução, bem como sua proibição quando se trata de cumprimento de sentença (art. 916 e parágrafos);

– a rejeição liminar dos embargos à execução (art. 918 e parágrafo único, NCPC);

– a aplicação supletiva do art. 784, I, NCPC, considerando apenas o cheque e a nota promissória como títulos executáveis na Justiça do Trabalho quando emitidos em reconhecimento de dívida inequivocadamente de natureza trabalhista, na forma do art. 876 e segs. da CLT;

– a possibilidade de hipoteca judiciária, protesto de decisão judicial e da inclusão do executado em cadastros de inadimplentes a despeito da previsão da inclusão do devedor no Banco Nacional de Devedores Trabalhistas (CLT, art. 642-A) (arts. 495, 517 e 782, §§3º, 4º e 5º, NCPC).

Cumpre destacar que em sede de execução duas questões trazem muitas discussões e debates, quais sejam a execução provisória (arts. 520 a 522) e a multa de dez por cento imposta quando o pagamento não se dá voluntariamente no cumprimento de sentença (art. 523, §1º).

Entretanto, o TST optou por não enfrentar as questões na IN39, haja vista estarem *sub judice* naquele Tribunal. Sendo assim, considerando que o objeto deste trabalho se limita à análise da IN39, não serão analisados os dispositivos supracitados.

2. A Instrução Normativa nº 39/2006, Tribunal Superior do Trabalho

Em 15 de março de 2016, à espera da vigência do novo Código de Processo Civil, o Tribunal Pleno do TST reuniu-se e deliberou acerca da aplicação subsidiária e supletiva do NCPC ao Processo do Trabalho.[2]

Segundo a "Breve exposição de motivos" apresentada junto à Resolução nº 203, de 15 de março de 2016 que aprovou a IN39, não caberia ao TST apenas aconselhar sobre a matéria, mas era preciso mais, era preciso se posicionar,[3] tendo em vista os arts. 769 e 889 da Consolidação das Leis Trabalhistas.[4]

---

2 Cumpre salientar, nos dizeres de Paulo César Pinheiro Carneiro, que "etimologicamente, existe uma diferença entre aplicação supletiva e aplicação subsidiária. A primeira se destina a suprir algo que não existe em uma determinada legislação, enquanto a segunda serve de ajuda ou de subsídio para a interpretação de alguma norma ou mesmo instituto." (CARNEIRO, Paulo César Pinheiro. Comentários aos arts. 1º a 15, *In:* WAMBIER, Teresa Arruda Alvim *et all*. Breves Comentários ao novo Código de Processo Civil. São Paulo: Revista dos Tribunais, 2015, p. 94.)

3 BRASIL. Tribunal Superior do Trabalho. Instrução Normativa nº 203, de 2016. Edita a Instrução Normativa nº 39, que dispõe sobre as normas do Código de Processo Civil de 2015 aplicáveis e inaplicáveis ao Processo do Trabalho, de forma não exaustiva. Disponível em: <https://www.planalto.gov.br/ccivil_03/MPV/1988-1989/111.htm> Acessado em: 16 abr. 2016.

4 "Art. 769 – Nos casos omissos, o direito processual comum será fonte subsidiária do direito processual do trabalho, exceto naquilo em que for incompatível com as normas deste Título."
"Art. 889 – Art. 889 – Aos trâmites e incidentes do processo da execução são aplicáveis, naquilo em que não contravierem ao presente Título, os preceitos que regem o processo dos executivos fiscais para a cobrança judicial da dívida ativa da Fazenda Pública Federal."

A intenção do Pleno, conforme exposto, é trazer segurança jurídica aos jurisdicionados e afastar de plano a possibilidade automática e imediata de aplicação do art. 15 do NCPC,[5] transpondo sem maiores reflexões os institutos de Processo Civil para o Processo do Trabalho.[6]

Firmaram entendimento no sentido de que o Processo do Trabalho tem regras, apesar de bem escassas, e princípios próprios, sendo assim a simples omissão de seu texto legal, não autoriza de plano a aplicação supletiva ou subsidiária de qualquer instituto que não seja com ele compatível.[7]

Dentro deste contexto, a IN39 buscou apontar, sem, contudo, a pretensão de exaurir, três categorias de normas do NCPC que seriam possivelmente invocadas pelo Processo do Trabalho: (i) as não aplicáveis; (ii) as aplicáveis; e, (iii) as aplicáveis em termos.[8]

O presente trabalho procura debruçar sobre as normas apontadas na IN39 que tangenciam a tutela executiva. A ideia é analisar e justificar ou não o posicionamento do TST.

É pertinente apontar que em 05 de maio de 2016, a ANAMATRA propôs a Adin nº 5.516/DF em face da referida IN39, sob os argumentos de que a mesma legisla, sem a devida competência legal ou constitucional para tal, violando a independência dos Magistrados.[9]

Tal ação encontra-se pendente de julgamento no STF,[10] inclusive o pedido cautelar de suspensão imediata da eficácia da Instrução Normativa ainda não foi julgado, estando na presente data concluso ao relator, uma vez que já se manifestaram no processo o presidente do TST, o Advogado Geral da União e o Procurador Geral da República, nos termos do art. 10, da Lei 9.868/1999.[11]

---

5 "Art. 15. Na ausência de normas que regulem processos eleitorais, trabalhistas ou administrativos, as disposições deste Código lhes serão aplicadas supletiva e subsidiariamente."

6 BRASIL. Tribunal Superior do Trabalho. Instrução Normativa nº 203, de 2016. *op. cit.*

7 *Ibidem.*

8 *Ibidem.*

9 BRASIL. Supremo Tribunal Federal. Ação direta de inconstitucionalidade n. 5.516. op. cit.

10 *Ibidem.*

11 Art. 10. Salvo no período de recesso, a medida cautelar na ação direta será concedida por decisão da maioria absoluta dos membros do Tribunal, observado o disposto no art. 22, após a audiência dos órgãos ou autoridades dos quais emanou a lei ou ato normativo impugnado, que deverão pronunciar-se no prazo de cinco dias.
§ 1o O relator, julgando indispensável, ouvirá o Advogado-Geral da União e o Procurador-Geral da República, no prazo de três dias.
§ 2o No julgamento do pedido de medida cautelar, será facultada sustentação oral aos representantes judiciais do requerente e das autoridades ou órgãos responsáveis pela expedição do ato, na forma estabelecida no Regimento do Tribunal.
§ 3o Em caso de excepcional urgência, o Tribunal poderá deferir a medida cautelar sem a audiência dos órgãos ou das autoridades das quais emanou a lei ou o ato normativo impugnado.

Cumpre salientar que não se encontra no rol dos objetivos deste estudo investigar se a IN39 padece de qualquer vício formal ou material. A pretensão desta pesquisa é apenas analisar a aplicação subsidiária ou supletiva do NCPC ao Processo do Trabalho, cumprindo a Instrução Normativa o papel de apontar o que seria ao menos uma tendência jurisprudencial, ainda que a mesma tenha sua eficácia suspensa pelo STF.

Sendo assim, exposta a situação em que se encontra a tendência de posicionamento do TST a respeito da questão, passa-se a análise da tutela executiva de um modo geral e seus princípios informativos.

3. A tutela executiva e seus princípios informativos

A partir do final do século XX, o Direito Processual passa a concentrar-se efetivamente em seu caráter instrumental,[12] buscando resultados socialmente mais efetivos[13]. Barbosa Moreira escreveu sobre o tema várias vezes, porém em um artigo especial destacou a questão: "será efetivo o processo que constitua instrumento eficiente de realização do direito material".[14] Segundo brilhante doutrinador, o processo efetivo é aquele que desempenha com eficiência o papel que lhe compete na economia do ordenamento jurídico.[15]

Dois aspectos são fundamentais para se considerar um processo socialmente efetivo: primeiro, ele deve ser capaz de atender às aspirações da sociedade através da Justiça, e, segundo, ele deve garantir a persecução judicial tanto para os mais favorecidos, quanto para os menos.[16]

Não pretende o processo ser a única forma de se promover uma sociedade mais justa, mas acredita-se que ele seria uma das formas que colabo-

---

12 THEODORO JR., Humberto. Curso de Direito Processual Civil: Execução forçada, cumprimento de sentença, execução de títulos extrajudiciais, processo nos Tribunais, recursos, direito intertemporal., vol. 3. 48ª ed. rev., atual. e ampl. Rio de Janeiro: Forense, 2016.

13 Humberto Theodoro Júnior ao comentar o tema disserta: "Pouco importa seja a ação um direito subjetivo, ou um poder, ou uma faculdade para o respectivo titular, como é desinfluente tratar-se da ação como direito concreto ou abstrato frente ao direito material disputado em juízo, se essas ideias não conduzem à produção de resultados socialmente mais satisfatórios no plano finalístico da função jurisdicional. O certo é que o direito processual não pode ser justificado como um fim em si mesmo e que sua existência não tem tarefa a cumprir fora da boa realização do projeto de pacificação social traçado pelo direito material. Este, sim, contém o repositório das normas primárias de viabilização de convivência civilizada." (*Ibidem*, p. 3 e 4)

14 MOREIRA, José Carlos Barbosa. Por um processo socialmente efetivo. *In:* Temas de direito processual: oitava série. São Paulo: Saraiva, 2004. p. 15.

15 *Ibidem*.

16 *Ibidem*.

ram para tal feito. Para isso o processo deve estar apto a abrir caminho aos interesses sociais nas vias judiciais.[17]

Ora, faz-se, pois, necessário que se tutele cada demanda de maneira diferente, pois somente assim o processo cumprirá seu papel instrumental e efetivo, fazendo valer o direito material do qual se é titular, e, contribuindo, dessa forma, para a promoção de uma sociedade mais justa. Surgem dessa premissa algumas diferentes tutelas, quais sejam: declaratória, constitutiva, executiva e inibitória.[18]

O presente trabalho se concentra na análise da tutela executiva, que pode ser requerida ao Estado sempre que a tutela condenatória não for cumprida voluntariamente. Neste caso, o Estado, por meio de sub-rogação ou coerção indireta, atuará na sua mais sublime forma de tornar o processo efetivo entregando o bem da vida, fruto de direito material, ao jurisdicionado.

Na tutela executiva não existe mais apenas a simples cognição, ela é o momento em que o Estado opera a "realização prática do direito".[19-20] Com vistas a esta vertente prática que é a entrega do bem da vida, tem-se procurado, desde meados da década passada, simplificar o processo executivo.

Saliente-se que este trabalho de simplificação da tutela executiva vem sendo observado tanto no Brasil, quanto em diversos países europeus, merecendo destaque Portugal, que recentemente, em 2013, publicou novo Código de Processo Civil, criando a figura do agente de execução, figura esta já existente em muitos outros países europeus, respeitadas as peculiaridades de cada um, como França, Bélgica, Luxemburgo, Holanda, Grécia, Escócia, Alemanha e Áustria.[21]

O agente de execução, em breves e resumidas palavras, atua em conjunto com um juiz, mas pratica por si só os atos de execução da demanda, cabendo aos juízes do processo executivo apenas os atos de cognição.

---

17 *Ibidem.*

18 SILVA, Bruno Freire e. A aplicação do CPC reformado às execuções trabalhista e fiscal: um estudo dos três sistemas normativos e uma proposta de unificação. São Paulo: LTr, 2008.

19 FUX, Luiz. O novo processo de execução: o cumprimento da sentença e a execução extrajudicial. Rio de Janeiro: Forense, 2008.

20 "Sob a ótica jus-filosófica, a "execução" – seja o "processo" de execução (título extrajudicial), seja a nova fase de "cumprimento de sentença" (título judicial) – restaura efetivamente a ordem jurídica afrontada pela lesão, realizando a sanção correspondente à violação. A atividade judicial que atua essa sanção denomina-se "execução". Através dela o Estado cumpre a promessa do legislador de que, diante da lesão, o Judiciário deve atuar prontamente, de sorte a repará-la de forma que a parte lesada não sofra as consequência do inadimplemento." (*Ibidem,* p. 4)

21 THEODORO JR., Humberto. op. cit.

Infelizmente, todo o esforço, no que tange as reformas processuais, que vem sendo feito no Processo Civil não foi observado no Processo do Trabalho.

É sabido que a publicação do novo Código de Processo Civil é apenas o ápice de um movimento reformatório observado desde a década passada, quando algumas reformas importantes foram feitas no Processo Civil, inclusive no que se refere à tutela executiva.

Por sua vez, no Processo do Trabalho, desde a edição da CLT, em 1º de maio de 1943, apenas algumas significativas reformas foram realizadas dentre elas, a extinção da representação classista e a introdução do procedimento sumaríssimo;[22] e, a inserção da possibilidade de execução de títulos executivos extrajudiciais reconhecidos apenas pelos termos de conciliação prévia pela Lei nº 9.958, de 12 de janeiro de 2000. Ora, apenas uma alteração atinente ao processo executivo.

Bem, como demonstrado acima, o que se busca com a tutela executiva, de um modo geral, é ver satisfeito o direito material violado reduzido a termo na demanda, tentando dessa forma estabelecer o *status quo.*

Sendo assim, tem-se que o escopo da demanda executiva, em qualquer microssistema será sempre o mesmo.

Bruno Freire,[23] de forma simples e conclusiva, trata de elencar as principais características dos processos executivos dos microssistemas (cível, fiscal e trabalhista), a fim de verificar a compatibilidade entre eles.

Ora, a despeito da análise de outras características, considera-se de vital importância para a conclusão da existência de microssistemas executivos compatíveis entre si, o estudo pormenorizado dos princípios que informam a tutela em comento. Dessa forma, passa-se, neste momento, à revisão do tema, apresentando a posição de alguns autores.

Para Bruno Freire, são princípios que informam a tutela executiva: princípio da responsabilidade patrimonial ou real, princípio do título, princípio da adequação ou utilidade, princípio da primazia da tutela específica, princípio do respeito da dignidade da pessoa humana, princípio da propor-

22 SILVA, Bruno Freire e. *op. cit.*

23 A obra do autor "A aplicação do CPC reformado às execuções trabalhista e fiscal: um estudo dos três sistemas normativos e uma proposta de unificação" conclui por demonstrar a compatibilidade entre os referidos microssistemas e admitir a possibilidade de unificar a execução m um só sistema. A sistematização de sua obra propõe "analisar a definição, os elementos, condições e pressupostos processuais, a cognição exercida nesta atividade, o mérito, a coisa julgada e espécies de execução, além dos princípios que, logicamente, são únicos para qualquer sistema. Não somente os princípios, mas os próprios institutos são os mesmos, o que denota a possibilidade de unificação." (SILVA, Bruno Freire e. *op. cit.* p. 39)

cionalidade e da razoabilidade, princípio da disponibilidade e, finalmente, princípio do contraditório.[24]

Já, Luiz Fux,[25] elenca como princípios que informam a execução o princípio da realidade, o princípio da execução específica, o princípio da livre disponibilidade e o princípio da economicidade.

Por sua vez, Araken de Assis, enumera no que tange ao tema o princípio da autonomia, o princípio do título, o princípio da responsabilidade, o princípio do resultado, princípio da disponibilidade, e o princípio da adequação.[26]

Em obra recente Daniel Amorim Assunpção Neves elencou como princípios da execução o princípio da *nulla executio sine titulo*, o princípio da patrimonialidade, o princípio do desfecho único, o princípio da disponibilidade da execução, o princípio da utilidade, o princípio da menor onerosidade, o princípio da lealdade e da boa-fé processual, o princípio do contraditório e o princípio da atipicidade dos meios executivos.[27]

Encerrando a lista de nomes consagrados, que não pretende ser exaustiva, que trataram do tema tem-se também Marcelo Abelha[28] que enumera como princípios informativos do processo de execução o princípio da livre-iniciativa (inércia da jurisdição civil), o princípio da disponibilidade da execução civil, o princípio do desfecho único, o princípio da atipicidade dos meios executivos, o princípio do menor sacrifício possível, o princípio da especificidade da execução, o princípio da responsabilização do exequente pela execução indevida, o princípio do contraditório na execução civil, o princípio da probidade das partes na execução civil, o princípio da subsidiariedade do Livro I da Parte Especial às regras executivas contidas no Livro II da Parte Especial e do CPC e vice-versa.

Não se pretende neste espaço esgotar o tema princípios na execução, mas tão-somente fazer um breve levantamento sobre quais os princípios que tem se admitido aplicáveis ao processo executivo. Nesta toada, é possível observar, que apesar de utilizarem nomenclaturas diversas em suma todos eles tratam praticamente dos mesmos princípios.

Alguns, por óbvio, contam com peculiaridades, mas ousa-se em afirmar, *data venia*, que algumas peculiaridades não se passam de repetições dos princípios gerais e fundamentais do processo como um todo.

24 *Idem.*

25 FUX, Luiz. op. cit.

26 ASSIS, Araken de. Cumprimento de sentença. 4.ed. Rio de Janeiro: Forense, 2013.

27 NEVES, Daniel Amorim Assumpção. Manual de direito processual civil. 8.ed. Salvador: JusPodivm, 2016.

28 ABELHA, Marcelo. Manual de execução civil. 5.ed. rev. e atual. Rio de Janeiro: Forense, 2015.

A título de servir como base para comparação com o próximo item, admite-se neste trabalho como princípios da execução, os que se expõem abaixo:

(i) Princípio da responsabilidade real;
(ii) Princípio do título;
(iii) Princípio da adequação ou utilidade;
(iv) Princípio da primazia da tutela específica;
(v) Princípio do respeito da dignidade da pessoa humana;
(vi) Princípio da proporcionalidade e da razoabilidade;
(vii)Princípio da disponibilidade;
(viii) Princípio do contraditório;
(ix) Princípio da autonomia;
(x) Princípio do desfecho único;
(xi) Princípio da lealdade e da boa-fé processual;
(xii) Princípio da atipicidade dos meios executivos;
(xiii) Princípio da responsabilização do exequente pela execução indevida;
(xiv) Princípio da subsidiariedade do Livro I da Parte Especial às regras executivas contidas no Livro II da Parte Especial e do CPC e vice-versa.

Passa-se, pois, a novo ponto do trabalho que é apresentar a tutela executiva trabalhista e seus princípios, para que se possa averiguar a compatibilidade de aplicação dos dispositivos da tutela executiva do NCPC no Processo do Trabalho.

4. A tutela executiva no processo do trabalho e suas eventuais peculiaridades

A tutela executiva trabalhista tem por finalidade tutelar o pagamento de verbas alimentares na maioria das demandas em que atua, apesar da ampliação de competência trazida pela Emenda Constitucional nº 45/2004. Sendo assim, desde o século passado, a CLT já cuidava de impor normas que buscassem evitar que alterações na estrutura e propriedade das empresas demandadas prejudicassem o demandante, evitando, pois, a frustração destes pagamentos.[29]

Pode-se dizer, que tendo em vista o bem da vida tão relevante, em regra tutelado na justiça laboral, que é a verba alimentar busca-se um processo mais dinâmico, célere e efetivo.[30] Todavia, tal qual na execução cível a

29 SILVA. Bruno Freire e. *op.cit.* Sobre o tema o referido autor aponta os artigos 10 e 448 da CLT que preveem respectivamente: "Qualquer alteração na estrutura jurídica da empresa não afetará os direitos adquiridos por seus empregados." e "A mudança na propriedade ou na estrutura jurídica da empresa não afetará os contratos de trabalho dos respectivos empregados."

30 SILVA. Bruno Freire e. op.cit.

execução trabalhista se utiliza de atos de liquidação, constrição e alienação a fim de satisfazer seu objetivo.

Cumpre salientar, que a despeito de alterações em seu bojo, desde sua promulgação, o próprio texto da lei[31] permite a execução de ofício, o que divergia da execução cível, quando o processo de execução de título judicial se dava em processo apartado, o que não acontece mais.

Outro pioneirismo atribuído ao Processo do Trabalho foi o convênio do TST com o Banco Central do Brasil para o sistema de bloqueio on-line Bacen-Jud, hoje também presente no NCPC, apesar de já ser utilizado nas execuções cíveis há algum tempo.[32]

Em linhas gerais, como se observa, hoje não se pode destacar muitas divergências entre a tutela executiva cível ou trabalhista, todavia, passar-se-á a análise dos princípios informadores da execução trabalhista segundo alguns doutrinadores que passa a estudar.

Renato Saraiva elenca os princípios informativos do processo de execução como sendo o princípio d*a igualdade de tratamento das partes, o princípio da natureza real, o princípio da limitação expropriatória, o princípio da utilidade para o credor, o princípio da não prejudicialidade do devedor, o princípio da especificidade, o princípio da responsabilidade pelas despesas processuais, o princípio do não aviltamento do devedor, o princípio da livre disponibilidade do processo pelo credor.*[33]

Para Carlos Henrique Bezerra os mesmos princípios citados por Renato Saraiva informam Processo do Trabalho aditando ao seu rol apenas o princípio d*a vedação do retrocesso social e o princípio da eticidade.*[34]

Finalizando a análise, Mauro Schiavi traz em seu manual os princípios da execução trabalhista, como sendo o princípio da primazia do credor trabalhista, princípio do meio menos oneroso ao executado, princípio do título, princípio do contraditório reduzido, princípio da patrimonialidade, princípio da efetividade, princípio da utilidade, princípio da disponibilidade, princípio da função social da execução trabalhista, princípio da subsidiariedade, princípio de ausência de autonomia da execução trabalhista, princípio do impulso oficial.[35]

---

31 Art. 878 – A execução poderá ser promovida por qualquer interessado, ou ex officio pelo próprio Juiz ou Presidente ou Tribunal competente, nos termos do artigo anterior. Parágrafo único – Quando se tratar de decisão dos Tribunais Regionais, a execução poderá ser promovida pela Procuradoria da Justiça do Trabalho.

32 SILVA, Bruno Freire e. op. cit.

33 SARAIVA, Renato e MANFREDINI, Aryanna. Curso de direito processual do trabalho. 11. ed. rev. e atual. Rio de Janeiro: Forense; São Paulo: Método, 2014.

34 LEITE, Carlos Henrique Bezerra. Manual de processo do trabalho. São Paulo: Atlas, 2014.

35 SCHIAVI, Mauro. Manual de direito processual do trabalho. 18.ed. São Paulo: LTr, 2015.

Ora, considerando os princípios apresentados, deve-se fazer um levantamento dos princípios que informam a tutela executiva trabalhista. Este levantamento, apesar de compreender o significado da advertência feita por Carolina Tupinambá[36], procura, somente a título didático, elencar todos aqueles que se tratam de regras ou princípios próprios do processo executivo trabalhista:

(i) *Princípio da natureza real;*

(ii) *Princípio da limitação expropriatória;*

(iii) *Princípio da utilidade para o credor;*

(iv) *Princípio da não prejudicialidade do devedor;*

(v) *Princípio da especificidade;*

(vi) *Princípio do não aviltamento do devedor;*

(vii) *Princípio da livre disponibilidade do processo pelo credor*

(viii) *Princípio da eticidade;*

(ix) *Princípio da vedação de retrocesso social;*

(x) Princípio do meio menos oneroso ao executado;

(xi) Princípio do título;

(xii) Princípio do contraditório reduzido;

(xiii) Princípio da efetividade;

(xiv) Princípio da função social da execução trabalhista;

(xv) Princípio da subsidiariedade;

(xvi) Princípio de ausência de autonomia da execução trabalhista;

(xvii) Princípio do impulso oficial.

Não é demais salientar que se não por questões de nomenclatura, os princípios aqui ordenados em muito se assemelham aos elencados no item anterior, concluindo-se, pois pela aplicabilidade, em regra, do NCPC ao processo executivo trabalhista.[37]

---

36 "Diante da doutrina outrora apresentada acerca dos princípios e sua respectiva dinâmica de atuação, tem-se que muito dos valores apresentados, talvez em avassaladora maioria, elaborados como eventuais princípios, não passam, em verdade, de regras consolidadas no ordenamento jurídico. Portanto, não são mandados de otimização, mas ordens dispositivas. Não se realizam em maior ou menor grau ou medida. Em verdade, ou se observam, ou não." (TUPINAMBÁ, Carolina. Premissas teóricas para a constitucionalização do processo do trabalho. *In:* FUX, Luiz. Processo Constitucional. Rio de Janeiro: Forense, 2013. p. 70 e 71)

37 Ampliando um tanto esse entendimento é o enunciado nº 66 da 1ª Jornada de Direito Material e Processual do trabalho, realizada em 23/11/2007, em Brasília, cujo teor é o seguinte: "APLICAÇÃO SUBSIDIÁRIA DE NORMAS DO PROCESSO COMUM AO PROCESSO TRABALHISTA. OMISSÕES ONTOLÓGICA E AXIOLÓGICA. ADMISSIBILIDADE. Diante do atual estágio de desenvolvimento do processo comum e da necessidade de se conferir aplicabilidade à garantia constitucional da duração razoável do processo, os artigos 769 e 889 da CLT comportam interpretação conforme a Constituição Federal, permitindo a aplicação de normas processuais mais adequadas à efetivação do

Todavia, sente-se necessidade de tecer alguns comentários a dois princípios em especial.

O primeiro é o princípio de ausência de autonomia da execução trabalhista, num passado, como já mencionado anteriormente, se sabe que a execução de título executivo judicial cível se dava em processo autônomo até que as reformas da década passada fizessem com que tramitasse nos mesmos autos, não perdendo a autonomia de nova fase processual,[38] mas sendo processado sincreticamente nos mesmos autos, todavia desde sua entrada em vigor a CLT já previa esse sincretismo, portanto essa ausência de autonomia sob o ponto de vista de Schiavi[39] pode ser bem parecida com a autonomia ditada por Araken de Assis.[40]

Ademais há que se notar que desde o ano 2000 é possível a execução de título extrajudicial na Justiça do Trabalho, como exposto acima, portanto o processo executivo cível e trabalhista se aproximaram muito no quesito sincretismo. O mesmo se pode dizer sobre o impulso oficial, que se dá exatamente da mesma maneira em ambos o processo.

O segundo princípio que merece destaque é o da subsidiariedade, uma vez que o art. 769 da CLT[41] prevê a aplicação subsidiária do direito processual comum ao direito processual do trabalho, sempre que neste houver omissão e este não for com aquele incompatível, todavia o art. 889[42] do mesmo diploma legal prevê a aplicação subsidiária da Lei de Execução Fiscal aos trâmites e incidentes do processo de execução.

Sendo assim, pela especialidade, em regra, deveria ser aplicada preferencialmente a Lei de Execução Fiscal de forma subsidiária no que tange à execução trabalhista, todavia o que se observa na prática é que aquela lei não fora idealizada para a urgência alimentar do credor trabalhista, portanto, na prática, utilizam-se as normas processuais comuns,

direito. Aplicação dos princípios da instrumentalidade, efetividade e não-retrocesso social. (BRASIL. Tribunal Superior do Trabalho. Enunciado nº 66. In: 1ª Jornada de direito material e processual do trabalho. Disponível em: < http://angelotto.jusbrasil.com.br/noticias/147964524/enunciados-aprovados-na-1-jornada-de-direito-material-e--processual-na-justica-do-trabalho> Acessado em: 01 jun. 2016.)

38 Como asseverou Araken de Assis. (ASSIS, Araken de. *op. cit.*)

39 SCHIAVI. Mauro. op. cit.

40 ASSIS, Araken de. *op. cit.*

41 "Art. 769 – Nos casos omissos, o direito processual comum será fonte subsidiária do direito processual do trabalho, exceto naquilo em que for incompatível com as normas deste Título."

42 "Art. 889 – Aos trâmites e incidentes do processo da execução são aplicáveis, naquilo em que não contravierem ao presente Título, os preceitos que regem o processo dos executivos fiscais para a cobrança judicial da dívida ativa da Fazenda Pública Federal."

em regra, em desprestígio das regras de execução fiscal, dada a maior efetividade daquela.[43]

Feitas essas breves considerações passar-se-á a analisar a aplicabilidade do NCPC ao processo do trabalho nas regras específicas apontadas pela IN39.

5. Análise da possibilidade de aplicação das normas da tutela executiva do Novo Código de Processo Civil ao processo do trabalho

Firmes na ideia de analisar a IN39, começa-se a debruçar sobre ela no que tange seu art. 3º, XII, que diz ser aplicável ao processo do trabalho as normas referentes ao cumprimento de sentença que reconheça a exigibilidade de obrigação de fazer, de não fazer ou de entregar a coisa.[44]

---

43 SCHIAVI. Mauro. op. cit.

44 Art. 536. No cumprimento de sentença que reconheça a exigibilidade de obrigação de fazer ou de não fazer, o juiz poderá, de ofício ou a requerimento, para a efetivação da tutela específica ou a obtenção de tutela pelo resultado prático equivalente, determinar as medidas necessárias à satisfação do exequente.

§ 1o Para atender ao disposto no caput, o juiz poderá determinar, entre outras medidas, a imposição de multa, a busca e apreensão, a remoção de pessoas e coisas, o desfazimento de obras e o impedimento de atividade nociva, podendo, caso necessário, requisitar o auxílio de força policial.

§ 2o O mandado de busca e apreensão de pessoas e coisas será cumprido por 2 (dois) oficiais de justiça, observando-se o disposto no art. 846, §§ 1o a 4o, se houver necessidade de arrombamento.

§ 3o O executado incidirá nas penas de litigância de má-fé quando injustificadamente descumprir a ordem judicial, sem prejuízo de sua responsabilização por crime de desobediência.

§ 4o No cumprimento de sentença que reconheça a exigibilidade de obrigação de fazer ou de não fazer, aplica-se o art. 525, no que couber.

§ 5o O disposto neste artigo aplica-se, no que couber, ao cumprimento de sentença que reconheça deveres de fazer e de não fazer de natureza não obrigacional.

Art. 537. A multa independe de requerimento da parte e poderá ser aplicada na fase de conhecimento, em tutela provisória ou na sentença, ou na fase de execução, desde que seja suficiente e compatível com a obrigação e que se determine prazo razoável para cumprimento do preceito.

§ 1o O juiz poderá, de ofício ou a requerimento, modificar o valor ou a periodicidade da multa vincenda ou excluí-la, caso verifique que:

I – se tornou insuficiente ou excessiva;

II – o obrigado demonstrou cumprimento parcial superveniente da obrigação ou justa causa para o descumprimento.

§ 2o O valor da multa será devido ao exequente.

§ 3º A decisão que fixa a multa é passível de cumprimento provisório, devendo ser depositada em juízo, permitido o levantamento do valor após o trânsito em julgado da sentença favorável à parte. (Redação dada pela Lei nº 13.256, de 2016) (Vigência)

§ 4o A multa será devida desde o dia em que se configurar o descumprimento da decisão e incidirá enquanto não for cumprida a decisão que a tiver cominado.

No que tange essas tutelas específicas de execução, diante da plena omissão da CLT não restam dúvidas da total aplicação dos dispositivos em comento[45]. Cumpre salientar que o NCPC neste ponto cuidou de regulamentar, segundo Leonardo Greco,[46] "um vazio normativo inconveniente" trazido pelas Leis nº 8.952/94 e 10.444/02.

Quanto ao art. 536, não resta dúvida que ele busca salvaguardar o princípio da especificidade, deixando claro em todo o dispositivo que sempre que houver uma determinada obrigação pactuada, em regra esta obrigação deverá ser entregue e apenas em última hipótese ser substituída por perdas e danos.

É sabido que na justiça laboral a maioria dos pedidos estão compreendidos nas obrigações de "pagar", todavia existem também pedidos que têm natureza de obrigação de fazer, como por exemplo, o pedido de reintegração ao emprego.

Sendo assim, apesar da possibilidade de aplicação da norma, não se vislumbra grande aplicabilidade dela na seara trabalhista.

Outrossim, não se pode deixar de destacar que a legislação inova com a possibilidade de descumprida injustificadamente a ordem judicial poder o executado incidir não só em litigância de má-fé, mas também responder pelo crime de desobediência.

Alteração esta que ainda pode gerar muita discussão, no sentido de se defender que resta instituída uma nova modalidade de prisão civil,[47] todavia não se acredita que qualquer interpretação neste sentido possa prosperar.

---

§ 5o O disposto neste artigo aplica-se, no que couber, ao cumprimento de sentença que reconheça deveres de fazer e de não fazer de natureza não obrigacional.

Art. 538. Não cumprida a obrigação de entregar coisa no prazo estabelecido na sentença, será expedido mandado de busca e apreensão ou de imissão na posse em favor do credor, conforme se tratar de coisa móvel ou imóvel.

§ 1o A existência de benfeitorias deve ser alegada na fase de conhecimento, em contestação, de forma discriminada e com atribuição, sempre que possível e justificadamente, do respectivo valor.

§ 2o O direito de retenção por benfeitorias deve ser exercido na contestação, na fase de conhecimento.

§ 3o Aplicam-se ao procedimento previsto neste artigo, no que couber, as disposições sobre o cumprimento de obrigação de fazer ou de não fazer.

---

45 Cumpre ressaltar que também foi essa a determinação da IN39.

46 GRECO, Leonardo. Execução civil – entraves e propostas. Revista Eletrônica de Direito Processual, ano 7, v. XII, jul./dez. 2013. Disponível em: <http://www.redp.com.br/>. acessado em: 25 de maio de 2016. p. 432

47 CARNEIRO, Paulo Cézar Pinheiro; PINHO, Humberto Dalla Bernardina; [coordenadores] et. al. Novo código de processo civil: anotado e comparado: Lei 13.105, de 16 de março de 2015.

A outra inovação trazida a cabo pelo art. 536 veio, como as demais normas de cumprimento de sentença de tutela específica, suprir uma lacuna existente até então no direito processual, permitindo a interposição de impugnação, prevista no art. 525 do CPC.[48] A referida impug-

48 Art. 525. Transcorrido o prazo previsto no art. 523 sem o pagamento voluntário, inicia-se o prazo de 15 (quinze) dias para que o executado, independentemente de penhora ou nova intimação, apresente, nos próprios autos, sua impugnação.
§ 1o Na impugnação, o executado poderá alegar:
I – falta ou nulidade da citação se, na fase de conhecimento, o processo correu à revelia;
II – ilegitimidade de parte;
III – inexequibilidade do título ou inexigibilidade da obrigação;
IV – penhora incorreta ou avaliação errônea;
V – excesso de execução ou cumulação indevida de execuções;
VI – incompetência absoluta ou relativa do juízo da execução;
VII – qualquer causa modificativa ou extintiva da obrigação, como pagamento, novação, compensação, transação ou prescrição, desde que supervenientes à sentença.
§ 2o A alegação de impedimento ou suspeição observará o disposto nos arts. 146 e 148.
§ 3o Aplica-se à impugnação o disposto no art. 229.
§ 4o Quando o executado alegar que o exequente, em excesso de execução, pleiteia quantia superior à resultante da sentença, cumprir-lhe-á declarar de imediato o valor que entende correto, apresentando demonstrativo discriminado e atualizado de seu cálculo.
§ 5o Na hipótese do § 4o, não apontado o valor correto ou não apresentado o demonstrativo, a impugnação será liminarmente rejeitada, se o excesso de execução for o seu único fundamento, ou, se houver outro, a impugnação será processada, mas o juiz não examinará a alegação de excesso de execução.
§ 6o A apresentação de impugnação não impede a prática dos atos executivos, inclusive os de expropriação, podendo o juiz, a requerimento do executado e desde que garantido o juízo com penhora, caução ou depósito suficientes, atribuir-lhe efeito suspensivo, se seus fundamentos forem relevantes e se o prosseguimento da execução for manifestamente suscetível de causar ao executado grave dano de difícil ou incerta reparação.
§ 7o A concessão de efeito suspensivo a que se refere o § 6o não impedirá a efetivação dos atos de substituição, de reforço ou de redução da penhora e de avaliação dos bens
§ 8o Quando o efeito suspensivo atribuído à impugnação disser respeito apenas a parte do objeto da execução, esta prosseguirá quanto à parte restante.
§ 9o A concessão de efeito suspensivo à impugnação deduzida por um dos executados não suspenderá a execução contra os que não impugnaram, quando o respectivo fundamento disser respeito exclusivamente ao impugnante.
§ 10. Ainda que atribuído efeito suspensivo à impugnação, é lícito ao exequente requerer o prosseguimento da execução, oferecendo e prestando, nos próprios autos, caução suficiente e idônea a ser arbitrada pelo juiz.
§ 11. As questões relativas a fato superveniente ao término do prazo para apresentação da impugnação, assim como aquelas relativas à validade e à adequação da penhora, da avaliação e dos atos executivos subsequentes, podem ser arguidas por simples petição, tendo o executado, em qualquer dos casos, o prazo de 15 (quinze) dias para formular esta arguição, contado da comprovada ciência do fato ou da intimação do ato.
§ 12. Para efeito do disposto no inciso III do § 1o deste artigo, considera-se também inexigível a obrigação reconhecida em título executivo judicial fundado em lei ou ato normativo considerado inconstitucional pelo Supremo Tribunal Federal, ou fundado

nação, no sistema anterior, apenas era cabível nas execuções de pagar quantia certa.

Do mesmo modo o art. 537 também tem aplicação irrestrita ao processo do trabalho, já que compatível com suas regras e princípios. Tal dispositivo prevê multa coercitiva, por meio de coerção indireta, para tentar obrigar o executado a cumprir a obrigação, determinação esta compatível com o princípio da efetividade.

Cumpre ressaltar que o tema já gerou muita controvérsia doutrinária e jurisprudencial,[49] no que tange principalmente à natureza da multa e a quem ela é devida, todavia o NCPC enfrentou a questão, dispondo no §2º do dispositivo que o valor da multa será devido ao exequente.

Também inova o legislador e pretende jogar uma pá de cal nas divergências quando prevê que apesar de haver cumprimento provisório da decisão que fixa multa, esta somente poderá ser levantada após a sentença transitar em julgado.

Por fim, e não menos importante, o art. 538 trata das obrigações de entregar coisa, também totalmente compatível com o processo do trabalho, inclusive inovando no que tange à possibilidade de retenção de benfeitorias, o que condiz com o princípio da limitação expropriatória trazido por Renato Saraiva.[50]

Também deve-se analisar, de acordo com os objetivos deste trabalho, o disposto no art. 3º, XIII da IN39 que trata da responsabilidade patrimonial.[51]

---

em aplicação ou interpretação da lei ou do ato normativo tido pelo Supremo Tribunal Federal como incompatível com a Constituição Federal, em controle de constitucionalidade concentrado ou difuso.

§ 13. No caso do § 12, os efeitos da decisão do Supremo Tribunal Federal poderão ser modulados no tempo, em atenção à segurança jurídica.

§ 14. A decisão do Supremo Tribunal Federal referida no § 12 deve ser anterior ao trânsito em julgado da decisão exequenda.

§ 15. Se a decisão referida no § 12 for proferida após o trânsito em julgado da decisão exequenda, caberá ação rescisória, cujo prazo será contado do trânsito em julgado da decisão proferida pelo Supremo Tribunal Federal.

---

49 ARENHAERT, Sérgio Cruz. Perfis da tutela inibitória e coletiva. São Paulo: Revista dos Tribunais, 2003. p. 367-378; ASSIS, Araken. O *contempto of court* no direito brasileiro. *In:* Academia Brasileira de Direito Processual Civil. Disponível em: < http://www.abdpc.org.br/abdpc/artigos/araken%20de%20assis(4)%20-%20formatado.pdf> Acessado em: 25 maio 2016.

50 SARAIVA, Renato; MANFREDINI, Aryanna. op. cit.

51 Art. 789. O devedor responde com todos os seus bens presentes e futuros para o cumprimento de suas obrigações, salvo as restrições estabelecidas em lei.

Art. 790. São sujeitos à execução os bens:

I – do sucessor a título singular, tratando-se de execução fundada em direito real ou obrigação reipersecutória;

O assunto tratado pelo NCPC nos arts. 789 a 796, acerca da responsabilidade patrimonial, não é encontrado na CLT em nenhum dispositivo, ficando, pois, demonstrada a omissão da legislação processual trabalhista.

II – do sócio, nos termos da lei;
III – do devedor, ainda que em poder de terceiros;
IV – do cônjuge ou companheiro, nos casos em que seus bens próprios ou de sua meação respondem pela dívida;
V – alienados ou gravados com ônus real em fraude à execução;
VI – cuja alienação ou gravação com ônus real tenha sido anulada em razão do reconhecimento, em ação autônoma, de fraude contra credores;
VII – do responsável, nos casos de desconsideração da personalidade jurídica.
Art. 791. Se a execução tiver por objeto obrigação de que seja sujeito passivo o proprietário de terreno submetido ao regime do direito de superfície, ou o superficiário, responderá pela dívida, exclusivamente, o direito real do qual é titular o executado, recaindo a penhora ou outros atos de constrição exclusivamente sobre o terreno, no primeiro caso, ou sobre a construção ou a plantação, no segundo caso.
§ 1º Os atos de constrição a que se refere o caput serão averbados separadamente na matrícula do imóvel, com a identificação do executado, do valor do crédito e do objeto sobre o qual recai o gravame, devendo o oficial destacar o bem que responde pela dívida, se o terreno, a construção ou a plantação, de modo a assegurar a publicidade da responsabilidade patrimonial de cada um deles pelas dívidas e pelas obrigações que a eles estão vinculadas.
§ 2º Aplica-se, no que couber, o disposto neste artigo à enfiteuse, à concessão de uso especial para fins de moradia e à concessão de direito real de uso.
Art. 792. A alienação ou a oneração de bem é considerada fraude à execução:
I – quando sobre o bem pender ação fundada em direito real ou com pretensão reipersecutória, desde que a pendência do processo tenha sido averbada no respectivo registro público, se houver;
II – quando tiver sido averbada, no registro do bem, a pendência do processo de execução, na forma do art. 828;
III – quando tiver sido averbado, no registro do bem, hipoteca judiciária ou outro ato de constrição judicial originário do processo onde foi arguida a fraude;
IV – quando, ao tempo da alienação ou da oneração, tramitava contra o devedor ação capaz de reduzi-lo à insolvência;
V – nos demais casos expressos em lei.
§ 1º A alienação em fraude à execução é ineficaz em relação ao exequente.
§ 2º No caso de aquisição de bem não sujeito a registro, o terceiro adquirente tem o ônus de provar que adotou as cautelas necessárias para a aquisição, mediante a exibição das certidões pertinentes, obtidas no domicílio do vendedor e no local onde se encontra o bem.
§ 3º Nos casos de desconsideração da personalidade jurídica, a fraude à execução verifica-se a partir da citação da parte cuja personalidade se pretende desconsiderar.
§ 4º Antes de declarar a fraude à execução, o juiz deverá intimar o terceiro adquirente, que, se quiser, poderá opor embargos de terceiro, no prazo de 15 (quinze) dias.
Art. 793. O exequente que estiver, por direito de retenção, na posse de coisa pertencente ao devedor não poderá promover a execução sobre outros bens senão depois de excutida a coisa que se achar em seu poder.

Sendo assim, resta averiguar a compatibilidade destes dispositivos do NCPC com o Processo do Trabalho para se concluir pela sua aplicação subsidiária.

Sabe-se que tanto o Processo Executivo do Trabalho quanto o Processo Executivo Cível têm como princípio o da natureza real, ou seja, o executado responderá à dívida com seu próprio patrimônio. Sendo assim, neste ponto, ambos os sistemas de execução são compatíveis entre si no que tange a responsabilidade patrimonial.

Neste quesito, importante trazer à baila ensinamento de Bruno Freire[52] quando sustenta de maneira clara e simples que dívida se diferencia de responsabilidade, a dívida se dá no campo do direito material, enquanto no direito processual o que se apura é a responsabilidade.

Pois decerto, quando se trata de responsabilidade patrimonial em sede processual, estar-se-á tratando do executado, que nem sempre se confunde com o devedor. Na verdade, o executado é quem se responsabilizou pelo pagamento da dívida a despeito de tê-la efetivamente contraído.[53]

Também são tratados pelo capítulo de responsabilidade patrimonial os direitos de superfície em seu art. 791. A referida norma pretende harmonizar o NCPC com o Código Civil. Destaca-se que apesar de não haver

---

Art. 794. O fiador, quando executado, tem o direito de exigir que primeiro sejam executados os bens do devedor situados na mesma comarca, livres e desembargados, indicando-os pormenorizadamente à penhora.

§ 1º Os bens do fiador ficarão sujeitos à execução se os do devedor, situados na mesma comarca que os seus, forem insuficientes à satisfação do direito do credor.

§ 2º O fiador que pagar a dívida poderá executar o afiançado nos autos do mesmo processo.

§ 3º O disposto no caput não se aplica se o fiador houver renunciado ao benefício de ordem.

Art. 795. Os bens particulares dos sócios não respondem pelas dívidas da sociedade, senão nos casos previstos em lei.

§ 1º O sócio réu, quando responsável pelo pagamento da dívida da sociedade, tem o direito de exigir que primeiro sejam excutidos os bens da sociedade.

§ 2º Incumbe ao sócio que alegar o benefício do § 1º nomear quantos bens da sociedade situados na mesma comarca, livres e desembargados, bastem para pagar o débito.

§ 3º O sócio que pagar a dívida poderá executar a sociedade nos autos do mesmo processo.

§ 4º Para a desconsideração da personalidade jurídica é obrigatória a observância do incidente previsto neste Código.

Art. 796. O espólio responde pelas dívidas do falecido, mas, feita a partilha, cada herdeiro responde por elas dentro das forças da herança e na proporção da parte que lhe coube.

---

52 SILVA, Bruno Freire e. op. cit.

53 O art. 790, 794, 795 e 796 tratarão a questão dos sujeitos da execução dos bens, ou seja, possíveis responsáveis pela dívida.

nenhuma incompatibilidade de aplicação deste dispositivo no Processo do Trabalho, sua aplicação é bem remota na justiça laboral, dada sua natureza.

Seguindo o capítulo depara-se com o art. 792 que trata a fraude à execução. Em seu bojo, o dispositivo além de determinar os momentos em que ela ocorre, dispõe também sobre o tratamento que deve a ela ser dispensada.

Ora, tal dispositivo busca proteger o exequente de manobras desleais do executado, preservando, pois, a eticidade, boa-fé ou lealdade processual, princípio este que informa não só o processo civil, mas também o processo do trabalho, portanto, o dispositivo é compatível e consequentemente de aplicação subsidiária.[54]

Já o art.793, busca estabelecer uma espécie de ordem de preferência, priorizando a execução do direito de retenção ao bem que estiver sob a posse do exequente. Tal dispositivo encontra guarida no princípio da menor onerosidade para o executado, o qual está contido pelo princípio da dignidade da pessoa humana, bem como o da não prejudicialidade do devedor, trazido por Renato Saraiva.[55]

Os dispositivos seguintes (arts. 794, 795 e 796) tratam da responsabilidade patrimonial de terceiros que não contraíram diretamente a dívida, mas respondem por ela.

No art. 794, o novo CPC trata do fiador, situação não muito comum na justiça laboral, mas não há razões que façam com que o dispositivo não possa ser aplicado subsidiariamente ao processo do trabalho, já que não se infringe nenhum dos princípios informativos da tutela executiva trabalhista.

Já com relação aos arts. 795 e 796, verifica-se ampla aplicação no processo do trabalho, já que o primeiro dispositivo trata da responsabilidade dos sócios e o segundo dos herdeiros.

Quanto ao art. 795, que regulamenta a responsabilidade patrimonial dos sócios, verifica-se que a princípio os bens particulares dos sócios não responderão pela dívida da empresa, a não ser em casos previstos em lei, quando ocorrerá a desconsideração da personalidade jurídica.

Nesta toada, observa-se a então a grande novidade trazida pelo NCPC no §4º do supracitado artigo que exige a observância do incidente da des-

54 Leonardo Greco há algum tempo vem questionando o tratamento que é dado à fraude à execução, sustentando que qualquer um que compre hoje assume o risco de perder esse bem amanhã, haja vista o alienante ter contra ele ação anterior. Ao tratar o tema o doutrinador tece várias sugestões de modo a salvaguardar os interesses do adquirente de boa-fé, sugestões que envolvem muitas vezes uma política pública, como um cadastro nacional de processos.(GRECO, Leonardo. Execução civil – entraves e propostas. Revista Eletrônica de Direito Processual, ano 7, v. XII, jul./dez. 2013. Disponível em: <http://www.redp.com.br/>. acessado em: 25 de maio de 2016.)

55 SARAIVA, Renato; MANFREDINI, Aryanna. *op. cit.*

consideração da personalidade jurídica para adentrar ao patrimônio dos sócios.

A questão é de grande relevância, principalmente na prática diária da Justiça do Trabalho,[56] porém assunto que demanda mais espaço para sua abordagem completa, o que não se pretende esgotar aqui.

Importante, contudo, observar a grande homenagem que o NCPC fez ao contraditório e ampla defesa ao instituir o incidente de desconsideração da personalidade jurídica. Leonardo Greco, citando Massanori Kawano,[57] apontou que uma moderna execução deve ter como escopo, dentre outros, "a garantia dos direitos fundamentais dos devedores".

Ora, o contraditório é considerado um direito humano fundamental e, portanto, pertencente também aos devedores. Há que se considerar, pois, que numa acepção moderna, o contraditório traz consigo o direito de influir na decisão do juiz.[58] Além disso, o contraditório deve ser aplicado a todo processo, inclusive o de execução.

Sendo assim acertou o legislador em institucionalizar a referida desconsideração, sendo ela compatível com o processo do trabalho. Destaca-se que a questão foi enfrentada pelo Fórum Permanente de Processualistas Civis (FPPC), transformando-se em enunciados através da Carta de São Paulo.[59]

Finalizando o capítulo de responsabilidade patrimonial, o art. 796 trata da responsabilidade patrimonial do espólio, prestigiando o princípio da natureza

---

56 A própria IN39, em seu art. 6º, busca regulamentar a aplicação de tal incidente na justiça laboral, porém aguarda-se ansiosamente pela plena aplicação do dispositivo, já que o que se vê na prática é um total desrespeito às regras que tangem à responsabilização de sócios e até mesmo ex-sócios e sócios "ditos de faixada", trazendo prejuízos, às vezes irremediáveis, àqueles que são sujeitos a certas arbitrariedades dos que aplicam as leis.

57 Kawano, Massori. apud GRECO, Leonardo. GRECO, Leonardo. Execução civil – entraves e propostas. Revista Eletrônica de Direito Processual, ano 7, v. XII, jul./dez. 2013. Disponível em: <http://www.redp.com.br/>. acessado em: 25 de maio de 2016. P. 403

58 Para Leonardo Greco: "Ninguém pode ser atingido por uma decisão judicial na sua esfera de interessessem ter tido a ampla possibilidade de influir eficazmente na sua formação." (GRECO, Leonardo. Garantias fundamentais do processo: o processo justo. In: Estudos de direito processual. Campos dos Goytacazes: Ed. Faculdade de Direito de Campos, 2005. p.11)

59 "124. (art. 133; art. 15) A desconsideração da personalidade jurídica no processo do trabalho deve ser processada na forma dos arts. 133 a 137, podendo o incidente ser resolvido em decisão interlocutória ou na sentença. (Grupo: Impacto do CPC no Processo do Trabalho)" e "126. (art. 134; art. 15) No processo do trabalho, da decisão que resolve o incidente de desconsideração da personalidade jurídica na fase de execução cabe agravo de petição, dispensado o preparo. (Grupo: Impacto do CPC no Processo do Trabalho)". Enunciados do Fórum Permanente de Processualistas Civis. Disponível em: < http://portalprocessual.com/wp-content/uploads/2016/05/Carta-de-S%C3%A3o-Paulo.pdf> Acessado em: 15 de setembro de 2016.

real da execução e sem trazer muitas novidades, de plena aplicação ao processo do trabalho assim como era antes da alteração do diploma processual.

Seguindo o propósito, passa-se a análise do art. 3º, XIV, da IN39 que diz ser aplicável ao Processo do Trabalho a obrigação de o executado indicar outros meios mais eficazes e menos onerosos para promover a execução.[60]

Tal dispositivo encontra guarida no princípio da menor onerosidade para o executado, o qual está contido pelo princípio da dignidade da pessoa humana, bem como o da não prejudicialidade e do não aviltamento do devedor, trazidos por Renato Saraiva.[61]

Em outras palavras, há plena compatibilidade do dispositivo com o processo do trabalho e como a CLT é omissa ao tratar o tema tem-se como possível a aplicação subsidiária do dispositivo.

O art. 3º, XV, da IN39 trata dos bens impenhoráveis,[62] questão também omitida pela CLT e que respeita ao princípio da dignidade da pessoa humana, o qual é corolário do princípio do não aviltamento do devedor, aplicável o dispositivo em questão, portanto, ao processo do trabalho.

---

60 Art. 805. Quando por vários meios o exequente puder promover a execução, o juiz mandará que se faça pelo modo menos gravoso para o executado.
Parágrafo único. Ao executado que alegar ser a medida executiva mais gravosa incumbe indicar outros meios mais eficazes e menos onerosos, sob pena de manutenção dos atos executivos já determinados.

61 SARAIVA, Renato; MANFREDINI, Aryanna. op. cit.

62 Art. 833. São impenhoráveis:
I – os bens inalienáveis e os declarados, por ato voluntário, não sujeitos à execução;
II – os móveis, os pertences e as utilidades domésticas que guarnecem a residência do executado, salvo os de elevado valor ou os que ultrapassem as necessidades comuns correspondentes a um médio padrão de vida;
III – os vestuários, bem como os pertences de uso pessoal do executado, salvo se de elevado valor;
IV – os vencimentos, os subsídios, os soldos, os salários, as remunerações, os proventos de aposentadoria, as pensões, os pecúlios e os montepios, bem como as quantias recebidas por liberalidade de terceiro e destinadas ao sustento do devedor e de sua família, os ganhos de trabalhador autônomo e os honorários de profissional liberal, ressalvado o § 2º;
V – os livros, as máquinas, as ferramentas, os utensílios, os instrumentos ou outros bens móveis necessários ou úteis ao exercício da profissão do executado;
VI – o seguro de vida;
VII – os materiais necessários para obras em andamento, salvo se essas forem penhoradas;
VIII – a pequena propriedade rural, assim definida em lei, desde que trabalhada pela família;
IX – os recursos públicos recebidos por instituições privadas para aplicação compulsória em educação, saúde ou assistência social;
X – a quantia depositada em caderneta de poupança, até o limite de 40 (quarenta) salários-mínimos;

O rol de bens impenhoráveis é ampliado pelo inciso XII, o que pode surtir efeito na justiça laboral já que com ela é plenamente compatível.[63]

Também de grande importância para a justiça laboral é o disposto no § 2º que trata de algumas exceções à impenhorabilidade.

A primeira exceção cuida da possibilidade de se penhorar vencimentos, subsídios, soldos, salários, remunerações, proventos de aposentadoria, pensões, pecúlios e montepios, bem como as quantias recebidas por liberalidade de terceiro e destinadas ao sustento do devedor e de sua família, ganhos de trabalhador autônomo e honorários de profissional liberal, nesses casos, de acordo com o disposto no referido parágrafo, é possível a penhora quando o crédito executado trata-se de prestação alimentícia de qualquer natureza.[64]

No mesmo sentido o parágrafo supracitado relativiza a impenhorabilidade de quantia depositada em caderneta de poupança, até o limite de 40 (quarenta) salários-mínimos, também levando em conta o crédito exequendo e sua natureza de prestação alimentícia.

Bruno Garcia Redondo, ao tratar o tema, entende que quando o legislador usou a expressão "de qualquer natureza" quis se referir à possibilidade de aplicação do dispositivo quando a dívida alimentar for oriunda de direito de família, responsabilidade civil por ato ilícito, etc.. Compreende-se, pois,

---

XI – os recursos públicos do fundo partidário recebidos por partido político, nos termos da lei;

XII – os créditos oriundos de alienação de unidades imobiliárias, sob regime de incorporação imobiliária, vinculados à execução da obra.

§ 1° A impenhorabilidade não é oponível à execução de dívida relativa ao próprio bem, inclusive àquela contraída para sua aquisição.

§ 2° O disposto nos incisos IV e X do caput não se aplica à hipótese de penhora para pagamento de prestação alimentícia, independentemente de sua origem, bem como às importâncias excedentes a 50 (cinquenta) salários-mínimos mensais, devendo a constrição observar o disposto no art. 528, § 8°, e no art. 529, § 3°.

§ 3° Incluem-se na impenhorabilidade prevista no inciso V do caput os equipamentos, os implementos e as máquinas agrícolas pertencentes a pessoa física ou a empresa individual produtora rural, exceto quando tais bens tenham sido objeto de financiamento e estejam vinculados em garantia a negócio jurídico ou quando respondam por dívida de natureza alimentar, trabalhista ou previdenciária.

---

63 Leonardo Greco questiona veementemente a quantidade de bens impenhoráveis existentes no Brasil e a nova lei ampliou o referido rol, para ele trata-se de proteção exagerada ao devedor. (GRECO, Leonardo. Execução civil – entraves e propostas. Revista Eletrônica de Direito Processual, ano 7, v. XII, jul./dez. 2013. Disponível em: <http://www.redp.com.br/>. acessado em: 25 de maio de 2016.)

64 Cumpre ressaltar que a impenhorabilidade total do "salário" em todas as suas modalidades causava espanto à comunidade internacional, como se verifica em REIS, José Alberto dos. *apud* Greco, Leonardo (Execução civil – entraves e propostas. Revista Eletrônica de Direito Processual, ano 7, v. XII, jul./dez. 2013. Disponível em: <http://www.redp.com.br/>. acessado em: 25 de maio de 2016.).

que estaria incluída neste rol a dívida alimentar trabalhista, afastando assim a impenhorabilidade dos referidos bens na maioria das lides trabalhistas.[65-66]

O art. 3º, XVI da IN39 traz em seu bojo a ordem preferencial de penhora,[67] o NCPC inovou ao alterar a ordem de preferência, acrescentar hipóteses novas e consagrar a regra da ordem relativa, exceto para o dinheiro, que teria prioridade absoluta.[68]

Ao estabelecer a ordem de preferência, o legislador busca analisar a probabilidade de liquidez dos bens arrolados com o intuito de dar maior efetividade à execução.

No processo do trabalho não existe norma tratando o tema, além disso, tem-se que a norma disposta no NCPC é compatível com ele, tendo em

---

65 REDONDO, Bruno Garcia. Comentários aos arts. 831 a 836, In: WAMBIER, Teresa Arruda Alvim et all. Breves Comentários ao novo Código de Processo Civil, São Paulo: Revista dos Tribunais, 2015, pp. 1921/1932.

66 Daniel Amorim Assunção Neves elogia a iniciativa legislativa que veio coadunar com a realidade da maioria dos países civilizados, já que não há sentido em preservar a dignidade do executado e não o fazer com relação ao exequente, que por vezes se encontra à míngua contando com a prestação do devedor. (NEVES, Daniel Amorim Assumpção. *op. cit.)*

67 Art. 835. A penhora observará, preferencialmente, a seguinte ordem:
I – dinheiro, em espécie ou em depósito ou aplicação em instituição financeira;
II – títulos da dívida pública da União, dos Estados e do Distrito Federal com cotação em mercado;
III – títulos e valores mobiliários com cotação em mercado;
IV – veículos de via terrestre;
V – bens imóveis;
VI – bens móveis em geral;
VII – semoventes;
VIII – navios e aeronaves;
IX – ações e quotas de sociedades simples e empresárias;
X – percentual do faturamento de empresa devedora;
XI – pedras e metais preciosos;
XII – direitos aquisitivos derivados de promessa de compra e venda e de alienação fiduciária em garantia;
XIII – outros direitos.
§ 1o É prioritária a penhora em dinheiro, podendo o juiz, nas demais hipóteses, alterar a ordem prevista no caput de acordo com as circunstâncias do caso concreto.
§ 2o Para fins de substituição da penhora, equiparam-se a dinheiro a fiança bancária e o seguro garantia judicial, desde que em valor não inferior ao do débito constante da inicial, acrescido de trinta por cento.
§ 3o Na execução de crédito com garantia real, a penhora recairá sobre a coisa dada em garantia, e, se a coisa pertencer a terceiro garantidor, este também será intimado da penhora.

68 GARCIA entende que a despeito do disposto em lei, não se deve admitir regra absoluta, já que a execução deve sempre ponderar entre a efetividade da demanda e a menor onerosidade para o executado.(GARCIA, Bruno Redondo. *op. cit.*)

vista o prestígio dado ao princípio da efetividade comum a ambas tutelas executivas, portanto entende-se plenamente aplicável a referida norma ao processo do trabalho.

Também, entende o Pleno do TST, que o procedimento quando não encontrados bens penhoráveis[69] trazido pelo NCPC deve ser aplicado ao processo do trabalho.[70]

O dispositivo inova com relação à redação anterior, ao criar um dever para o oficial de justiça, independentemente de determinação judicial, de arrolar bens que guarnecem residência ou estabelecimento do executado, bem como nomear o executado ou seu representante legal depositário dos bens arrolados.

Primeiramente, cumpre afirmar que a CLT é omissa com relação ao assunto. Ademais, tem-se que o dispositivo privilegia o princípio da utilidade em seu *caput,* dispensando a penhora quando o valor provavelmente a ser apurado pelo bem não se revelar útil ao processo, bem como o princípio da efetividade em seus parágrafos, quando tenta evitar que os bens penhorados sejam ocultados.

Tanto o princípio da efetividade, quanto o da utilidade são informativos também do processo executivo do trabalho, portanto, correta a análise do Pleno do TST ao entender que a norma é aplicável ao processo do trabalho.

Outro dispositivo do NCPC que o Pleno do TST entendeu aplicável ao processo do trabalho[71] é o que diz respeito à intimação da penhora.[72]

---

69 Art. 836. Não se levará a efeito a penhora quando ficar evidente que o produto da execução dos bens encontrados será totalmente absorvido pelo pagamento das custas da execução.
§ 1o Quando não encontrar bens penhoráveis, independentemente de determinação judicial expressa, o oficial de justiça descreverá na certidão os bens que guarnecem a residência ou o estabelecimento do executado, quando este for pessoa jurídica.
§ 2o Elaborada a lista, o executado ou seu representante legal será nomeado depositário provisório de tais bens até ulterior determinação do juiz.

70 Art. 3º, XVII, IN39

71 Art. 3º, XVIII.

72 Art. 841. Formalizada a penhora por qualquer dos meios legais, dela será imediatamente intimado o executado.
§ 1o A intimação da penhora será feita ao advogado do executado ou à sociedade de advogados a que aquele pertença.
§ 2o Se não houver constituído advogado nos autos, o executado será intimado pessoalmente, de preferência por via postal.
§ 3o O disposto no § 1o não se aplica aos casos de penhora realizada na presença do executado, que se reputa intimado.
§ 4o Considera-se realizada a intimação a que se refere o § 2o quando o executado houver mudado de endereço sem prévia comunicação ao juízo, observado o disposto no parágrafo único do art. 274.

A CLT é omissa com relação ao assunto, além disso o dispositivo mencionado se mostra cabalmente compatível com a execução trabalhista, já que privilegia o contraditório.

Não é demais dizer que já houve uma grande discussão doutrinária acerca do cabimento ou não do princípio do contraditório no processo executivo, discussão esta superada desde a entrada em vigor da Constituição Federal de 1988 que previu que tal princípio é aplicável a qualquer processo.

Por óbvio, no processo executivo o contraditório é reduzido[73] ou diferido, visto que se dá após os atos decisórios,[74] porém não se pode negar sua aplicabilidade. Sendo assim, pode-se afirmar que é o dispositivo aplicável subsidiariamente ao processo do trabalho.

Continuando com o intento de análise, passa-se ao inciso XIX, do art. 3º, da IN39 que diz ser aplicável ao processo do trabalho as regras procedimentais para a penhora on-line "BacenJud".[75]

---

73 SCHIAVI, Mauro. *op. cit.*

74 SILVA, Bruno Freire e. op. cit.

75 Art. 854. Para possibilitar a penhora de dinheiro em depósito ou em aplicação financeira, o juiz, a requerimento do exequente, sem dar ciência prévia do ato ao executado, determinará às instituições financeiras, por meio de sistema eletrônico gerido pela autoridade supervisora do sistema financeiro nacional, que torne indisponíveis ativos financeiros existentes em nome do executado, limitando-se a indisponibilidade ao valor indicado na execução.

§ 1º No prazo de 24 (vinte e quatro) horas a contar da resposta, de ofício, o juiz determinará o cancelamento de eventual indisponibilidade excessiva, o que deverá ser cumprido pela instituição financeira em igual prazo.

§ 2º Tornados indisponíveis os ativos financeiros do executado, este será intimado na pessoa de seu advogado ou, não o tendo, pessoalmente.

§ 3º Incumbe ao executado, no prazo de 5 (cinco) dias, comprovar que:

I – as quantias tornadas indisponíveis são impenhoráveis;

II – ainda remanesce indisponibilidade excessiva de ativos financeiros.

§ 4º Acolhida qualquer das arguições dos incisos I e II do § 3º, o juiz determinará o cancelamento de eventual indisponibilidade irregular ou excessiva, a ser cumprido pela instituição financeira em 24 (vinte e quatro) horas.

§ 5º Rejeitada ou não apresentada a manifestação do executado, converter-se-á a indisponibilidade em penhora, sem necessidade de lavratura de termo, devendo o juiz da execução determinar à instituição financeira depositária que, no prazo de 24 (vinte e quatro) horas, transfira o montante indisponível para conta vinculada ao juízo da execução.

§ 6º Realizado o pagamento da dívida por outro meio, o juiz determinará, imediatamente, por sistema eletrônico gerido pela autoridade supervisora do sistema financeiro nacional, a notificação da instituição financeira para que, em até 24 (vinte e quatro) horas, cancele a indisponibilidade.

§ 7º As transmissões das ordens de indisponibilidade, de seu cancelamento e de determinação de penhora previstas neste artigo far-se-ão por meio de sistema eletrônico gerido pela autoridade supervisora do sistema financeiro nacional.

§ 8º A instituição financeira será responsável pelos prejuízos causados ao executado em

A regra trata da "penhora em dinheiro em depósito ou em aplicação financeira", tem-se que ela já era tratada no CPC/73 e o NCPC veio aprimorá-la criando um procedimento próprio para leva-la à cabo.

Apesar de ter sido o TST o primeiro a firmar convênio com o Banco Central, como afirmado acima, a matéria não está regulamentada na CLT, porém os dispositivos que tratam o tema no NCPC são de fato compatíveis com a tutela executiva trabalhista, visto que privilegia os princípios da efetividade e do contraditório, portanto, cabível a aplicação subsidiária do dispositivo ao processo do trabalho.

Também no art. 3º, XX, da IN39, entendeu o Pleno do TST aplicável ao processo do trabalho a possibilidade de pagamento parcelado do lanço.[76]

---

decorrência da indisponibilidade de ativos financeiros em valor superior ao indicado na execução ou pelo juiz, bem como na hipótese de não cancelamento da indisponibilidade no prazo de 24 (vinte e quatro) horas, quando assim determinar o juiz.

§ 9º Quando se tratar de execução contra partido político, o juiz, a requerimento do exequente, determinará às instituições financeiras, por meio de sistema eletrônico gerido por autoridade supervisora do sistema bancário, que tornem indisponíveis ativos financeiros somente em nome do órgão partidário que tenha contraído a dívida executada ou que tenha dado causa à violação de direito ou ao dano, ao qual cabe exclusivamente a responsabilidade pelos atos praticados, na forma da lei.

---

76 Art. 895. O interessado em adquirir o bem penhorado em prestações poderá apresentar, por escrito:

I – até o início do primeiro leilão, proposta de aquisição do bem por valor não inferior ao da avaliação;

II – até o início do segundo leilão, proposta de aquisição do bem por valor que não seja considerado vil.

§ 1o A proposta conterá, em qualquer hipótese, oferta de pagamento de pelo menos vinte e cinco por cento do valor do lance à vista e o restante parcelado em até 30 (trinta) meses, garantido por caução idônea, quando se tratar de móveis, e por hipoteca do próprio bem, quando se tratar de imóveis.

§ 2o As propostas para aquisição em prestações indicarão o prazo, a modalidade, o indexador de correção monetária e as condições de pagamento do saldo.

§ 3o (VETADO).

§ 4o No caso de atraso no pagamento de qualquer das prestações, incidirá multa de dez por cento sobre a soma da parcela inadimplida com as parcelas vincendas.

§ 5o O inadimplemento autoriza o exequente a pedir a resolução da arrematação ou promover, em face do arrematante, a execução do valor devido, devendo ambos os pedidos ser formulados nos autos da execução em que se deu a arrematação.

§ 6o A apresentação da proposta prevista neste artigo não suspende o leilão.

§ 7o A proposta de pagamento do lance à vista sempre prevalecerá sobre as propostas de pagamento parcelado.

§ 8o Havendo mais de uma proposta de pagamento parcelado:

I – em diferentes condições, o juiz decidirá pela mais vantajosa, assim compreendida, sempre, a de maior valor;

II – em iguais condições, o juiz decidirá pela formulada em primeiro lugar.

Nesse caso, o legislador levou em consideração as tantas vezes que o bem vai para hasta e não é arrematado, ora, possibilitar o pagamento parcelado pode fazer com que se tenha mais uma chance de o bem ser arrematado, e, portanto, trazer efetividade à tutela executiva, possibilitando a entrega do bem da vida ao exequente.

Tendo em vista a CLT ser omissa no que tange o assunto, conclui-se pela possível aplicação do dispositivo ao processo do trabalho. Destaca-se que o FPPC também editou, na Carta de São Paulo, enunciado neste sentido.[77]

Passa-se neste momento a analisar a questão mais tormentosa deste trabalho. Justificam-se os tormentos por dois motivos: primeiro porque sua aplicação, bem como as alterações trazidas no próprio sistema de execução cível ensejam muitos debates; e, segundo porque seu reflexo no Processo do Trabalho, da maneira como se apresenta hoje, pode se mostrar apesar de teoricamente aplicável, na prática bastante inócuo.

Trata-se do disposto no art. 3º, XXI da IN39, que prevê ser aplicável ao Processo do Trabalho a norma que possibilita o parcelamento do crédito exequendo.[78] Tal instituto já existia, em linhas gerais, no Código de

---

§ 9o No caso de arrematação a prazo, os pagamentos feitos pelo arrematante pertencerão ao exequente até o limite de seu crédito, e os subsequentes, ao executado.

---

77 "330. (arts. 895 e 15). Na Justiça do trabalho, o juiz pode deferir a aquisição parcelada do bem penhorado em sede de execução, na forma do art. 895 e seus parágrafos. (Grupo: Impacto do CPC no processo do trabalho)." Enunciados do Fórum Permanente de Processualistas Civis. Disponível em: < http://portalprocessual.com/wp-content/uploads/2016/05/Carta-de-S%C3%A3o-Paulo.pdf> Acessado em: 15 de setembro de 2016.

78 Art. 916. No prazo para embargos, reconhecendo o crédito do exequente e comprovando o depósito de trinta por cento do valor em execução, acrescido de custas e de honorários de advogado, o executado poderá requerer que lhe seja permitido pagar o restante em até 6 (seis) parcelas mensais, acrescidas de correção monetária e de juros de um por cento ao mês.
§ 1o O exequente será intimado para manifestar-se sobre o preenchimento dos pressupostos do caput, e o juiz decidirá o requerimento em 5 (cinco) dias.
§ 2o Enquanto não apreciado o requerimento, o executado terá de depositar as parcelas vincendas, facultado ao exequente seu levantamento.
§ 3o Deferida a proposta, o exequente levantará a quantia depositada, e serão suspensos os atos executivos.
§ 4o Indeferida a proposta, seguir-se-ão os atos executivos, mantido o depósito, que será convertido em penhora.
§ 5o O não pagamento de qualquer das prestações acarretará cumulativamente:
I – o vencimento das prestações subsequentes e o prosseguimento do processo, com o imediato reinício dos atos executivos;
II – a imposição ao executado de multa de dez por cento sobre o valor das prestações não pagas.
§ 6o A opção pelo parcelamento de que trata este artigo importa renúncia ao direito de opor embargos
§ 7o O disposto neste artigo não se aplica ao cumprimento da sentença.

Processo Civil de 1973, disposto no art. 745-A,[79] tendo sido incluído pela Lei nº 11.382/2006.

Observa-se, entretanto, que a novel legislação cuidou de aprimorar a redação, inovar em alguns pontos e trazer, o que para alguns, é um grande equívoco,[80] qual seja, a proibição de utilização do benefício em favor do devedor nos cumprimentos de sentença.

Cumpre, pois, primeiramente entender o instituto, tecendo as críticas que se julgam necessárias e enfim analisar sua aplicação ao Processo do Trabalho. Humberto Theodoro Junior[81] diz que o parcelamento constitui uma espécie de moratória legal,[82] na qual surgem vantagens para ambas as partes. Enquanto o executado ganha um prazo para pagar, o exequente vê de plano afastada a possibilidade da interposição de embargos.

Não se pode negar que nos quinze dias que procedem à citação cabe ao executado fazer uma escolha entre resistir ao pagamento da obrigação, oferecendo embargos, ou requerer o parcelamento da dívida. Como é de conhecimento popular: "cada escolha, uma renúncia", sendo assim ao escolher resistir com o oferecimento de embargos, automaticamente desiste de seu direito potestativo[83] de parcelar o débito, bem como ao requerer o parcelamento desiste da faculdade de oferecer embargos.

Sendo assim, pode-se afirmar que o requerimento do parcelamento torna o débito incontroverso, o que, indubitavelmente, traz a efetividade tão almejada ao processo.

---

79 Art. 745-A. No prazo para embargos, reconhecendo o crédito do exequente e comprovando o depósito de 30% (trinta por cento) do valor em execução, inclusive custas e honorários de advogado, poderá o executado requerer seja admitido a pagar o restante em até 6 (seis) parcelas mensais, acrescidas de correção monetária e juros de 1% (um por cento) ao mês.

§ 1º Sendo a proposta deferida pelo juiz, o exeqüente levantará a quantia depositada e serão suspensos os atos executivos; caso indeferida, seguir-se-ão os atos executivos, mantido o depósito.

§ 2º O não pagamento de qualquer das prestações implicará, de pleno direito, o vencimento das subseqüentes e o prosseguimento do processo, com o imediato início dos atos executivos, imposta ao executado multa de 10% (dez por cento) sobre o valor das prestações não pagas e vedada a oposição de embargos.

80 Neste sentido Cassio Scarpinella Bueno (BUENO, Cassio Scarpinella. Manual de Direito Processual Civil. 2. ed. São Paulo: Saraiva, 2016.)

81 THEODORO JR., Humberto. *op. cit.*

82 Também neste sentido Daniel Amorim Assupção Neves (NEVES, Daniel Amorim Assumpção. op. cit.) e Cassio Scarpinella Bueno (BUENO, Cassio Scarpinella. op. cit.)

83 BASTOS, Antonio Adonias Aguiar. Comentários aos arts. 914 ao 920, *In:* WAMBIER, Teresa Arruda Alvim *et all*. Breves Comentários ao novo Código de Processo Civil. São Paulo: Revista dos Tribunais, 2015, pp. 57/97.

A doutrina[84] entendeu que para o deferimento da moratória em estudo faz-se necessária a presença concomitante de alguns requisitos, quais sejam: o reconhecimento da dívida,[85] o requerimento do parcelamento, a comprovação do depósito de 30% do valor exequendo e que todos estes atos sejam praticados no prazo legal determinado para a oposição de embargos.

Destaca-se que se os embargos forem apresentados antes do prazo final ocorre, por óbvio, preclusão consumativa.[86]

O §1º do dispositivo em comento (art. 916 do Código de Processo Civil) veio solucionar um problema que muito se discutia quando na vigência do Código anterior, uma vez que naquele procedimento não era aberto o contraditório, não havendo momento para o exequente se manifestar acerca do requerimento do executado.

Sendo assim, privilegiando o contraditório e ampla defesa, o NCPC determinou que o exequente deve ser intimado a se manifestar do pedido de parcelamento antes mesmo da manifestação do juiz.

Não se pode olvidar, neste caso, que, como se trata de direito potestativo do executado, a manifestação do exequente deve se limitar à verificação do preenchimento dos requisitos apresentados no *caput*.

Assim também deve acontecer no que tange à decisão do juiz acerca do deferimento ou não do parcelamento, ou seja, ela não pode ser discricionária, estando a autoridade limitada à verificação do preenchimento dos requisitos.

Importante salientar que se o juiz não identificar o preenchimento dos requisitos, poderá indeferir o parcelamento, e, neste caso, caberá interposição de agravo de instrumento, nos termos do parágrafo único do art. 1.015 do Código de Processo Civil.[87]

A efetividade buscada pela possibilidade de parcelamento do débito era abandonada no sistema anterior, uma vez que o executado para ter seu requerimento deferido precisava cumprir os requisitos do *caput* e somente após o deferimento do juiz é que continuava o depósito das parcelas, isso podia demorar meses.

Ora, neste aspecto, mais uma vez o NCPC inovou, determinando que o pagamento das parcelas deve se dar independentemente do deferimen-

---

84 THEODORO JR., Humberto. *op. cit.* e BASTOS, Antonio Adonias Aguiar. *op. cit.*

85 Segundo Antonio Adonias o reconhecimento da dívida difere da confissão, pois esta se dá em sede de processo de conhecimento. (BASTOS, Antonio Adonias Aguiar. *op. cit.)*

86 *Ibidem.*

87 "Art. 1.015. Cabe agravo de instrumento contra as decisões interlocutórias que versarem sobre:

(...)

Parágrafo único. Também caberá agravo de instrumento contra decisões interlocutórias proferidas na fase de liquidação de sentença ou de cumprimento de sentença, no processo de execução e no processo de inventário."

to do parcelamento. Mais que isso, o NCPC possibilitou o levantamento da quantia depositada pelo exequente antes mesmo de o parcelamento ser deferido, trazendo ainda mais efetividade ao comando legal.

Com relação ao não pagamento de quaisquer das parcelas, o novo sistema implementado pelo NCPC difere em partes do antigo, para este o inadimplemento levava ao vencimento imediato das parcelas subsequentes; à imposição de multa de dez por cento sobre as parcelas não pagas; e a impossibilidade de se interpor embargos.

Ora, o novo sistema exclui das sanções a impossibilidade de propor embargos, pois trata a questão como preclusão lógica[88] inerente ao fato de quando citado o executado ter optado por requerer o parcelamento.

Por fim, no que tange a análise do dispositivo na execução civil, passa-se ao seu mais polêmico ponto: a proibição da utilização do instituto no cumprimento de sentença, previsto no §7º.

O assunto já rendeu calorosas discussões quando da vigência do Código de 1973, haja vista o diploma ter sido omisso quanto à aplicação do parcelamento ao cumprimento de sentença, razão pela qual o tema foi enfrentado pela jurisprudência.

Entretanto, nas análises judiciais, havia entendimento tanto pela aplicação[89]

---

88 Neste sentido: Paulo Cézar Pinheiro Carneiro (CARNEIRO, Paulo Cézar Pinheiro; PINHO, Humberto Dalla Bernardina; [coordenadores] et. al. Novo código de processo civil: anotado e comparado: Lei 13.105, de 16 de março de 2015.) e Antônio Adonias Bastos (BASTOS, Antonio Adonias Aguiar. *op. cit.*)

89 "PROCESSO CIVIL. RECURSO ESPECIAL. CUMPRIMENTO DE SENTENÇA. PARCELAMENTO DO VALOR EXEQUENDO. APLICAÇÃO DO ART. 745-A DO CPC. POSSIBILIDADE. PRINCÍPIO DA EFETIVIDADE PROCESSUAL. ART. 475-R DO CPC. APLICAÇÃO SUBSIDIÁRIA. HIPÓTESE DE PAGAMENTO ESPONTÂNEO DO DÉBITO. NÃO INCIDÊNCIA DA MULTA PREVISTA NO ART. 475-J, § 4º, DO CPC. HONORÁRIOS ADVOCATÍCIOS. DESCABIMENTO ANTE O CUMPRIMENTO ESPONTÂNEO DA OBRIGAÇÃO VEICULADA NA SENTENÇA. PRINCÍPIO DA NON REFORMATIO IN PEJUS. VIOLAÇÃO DOS ARTS. 165, 458 E 535 DO CPC NÃO CONFIGURADA. 1. A violação aos arts. 165, 458 e 535 do CPC não foi configurada, uma vez que o Tribunal de origem, embora sucintamente, pronunciou-se de forma clara e suficiente sobre a questão posta nos autos, sendo certo que o magistrado não está impelido a rebater, um a um, os argumentos trazidos pela parte, se os fundamentos utilizados foram suficientes para embasar a decisão. 2. A efetividade do processo como instrumento de tutela de direitos é o principal desiderato das reformas processuais engendradas pelas Leis 11.232/2005 e 11.382/2006. O art. 475-R do CPC expressamente prevê a aplicação subsidiária das normas que regem o processo de execução de título extrajudicial, naquilo que não contrariar o regramento do cumprimento de sentença, sendo certa a inexistência de óbice relativo à natureza do título judicial que impossibilite a aplicação da norma em comento, nem mesmo incompatibilidade legal. Portanto, o parcelamento da dívida pode ser requerido também na fase de cumprimento da sentença, dentro do prazo de 15 dias previsto no art. 475-J, caput, do CPC. 3. Não obstante, o parcelamento da dívida não é direito potestativo do devedor, cabendo ao credor impugná-lo, desde que apresente motivo

quanto pela não aplicação[90] do parcelamento ao cumprimento de sentença.

A divergência foi enfrentada várias vezes pelo STJ que entendeu na maioria delas pela aplicação do parcelamento ao cumprimento de sentença,[91] a con-

justo e de forma fundamentada, sendo certo que o juiz poderá deferir o parcelamento se verificar atitude abusiva do exequente, uma vez que tal proposta é-lhe bastante vantajosa, a partir do momento em que poderá levantar imediatamente o depósito relativo aos 30% do valor exequendo e, ainda, em caso de inadimplemento, executar a diferença, haja vista que as parcelas subsequentes são automaticamente antecipadas e é inexistente a possibilidade de impugnação pelo devedor, nos termos dos §§ 2º e 3º do art. 745-A. 4. Caracterizado o parcelamento como técnica de cumprimento espontâneo da obrigação fixada na sentença e fruto do exercício de faculdade legal, descabe a incidência da multa calcada no inadimplemento (art. 475-J do CPC), sendo certo que o indeferimento do pedido pelo juiz rende ensejo à incidência da penalidade, uma vez configurado o inadimplemento da obrigação, ainda que o pedido tenha sido instruído com o comprovante do depósito, devendo prosseguir a execução pelo valor remanescente. 5. No caso sob exame, a despeito da manifestação de recusa do recorrente (fl. 219), o Juízo deferiu o pedido de parcelamento ante a sua tempestividade e a efetuação do depósito de 30%, inclusive consignando o adimplemento total da dívida (fl. 267), ressoando inequívoco o descabimento da multa pleiteada. 6. A Corte Especial, por ocasião do julgamento do REsp 1.028.855/SC, sedimentou o entendimento de que, na fase de cumprimento de sentença, havendo o adimplemento espontâneo do devedor no prazo fixado no art. 475-J do CPC, não são devidos honorários advocatícios, uma vez desnecessária a prática de quaisquer atos tendentes à satisfação forçada do julgado. No caso concreto, porém, conquanto tenha-se caracterizado o cumprimento espontâneo da dívida, o Tribunal condenou a recorrida ao pagamento de honorários advocatícios, o que, em face de recurso exclusivo do exequente, não pode ser ser afastado sob pena de reformatio in pejus. 7. Recurso especial não provido."

90 "CUMPRIMENTO DE SENTENÇA – Inaplicabilidade do parcelamento do débito – Artigo 745-A do CPC que só tem aplicação nas execuções extrajudiciais – Recurso provido. (TJ-SP – AI: 991090458649 SP, Relator: Tersio Negrato, Data de Julgamento: 25/11/2009, 17ª Câmara de Direito Privado, Data de Publicação: 28/12/2009) e AGRAVO DE INSTRUMENTO. CUMPRIMENTO DE SENTENÇA. PARCELAMENTO DO DÉBITO. INAPLICABILIDADE DO ARTIGO 745-A, DO CPC À ESPÉCIE. Inexiste previsão legal de aplicação do disposto no artigo 745-A do Código de Processo Civil ao cumprimento de sentença, pois o parcelamento do débito se destina somente às execuções de título extrajudicial. AGRAVO DE INSTRUMENTO DESPROVIDO. UNÂNIME. (Agravo de Instrumento Nº 70065601536, Nona Câmara Cível, Tribunal de Justiça do RS, Relator: Iris Helena Medeiros Nogueira, Julgado em 26/08/2015)." (TJ-RS – AI: 70065601536 RS, Relator: Iris Helena Medeiros Nogueira, Data de Julgamento: 26/08/2015, Nona Câmara Cível, Data de Publicação: Diário da Justiça do dia 28/08/2015).

91 "(...) Este Superior Tribunal possui precedentes no sentido de que o parcelamento do débito previsto no art. 745-A do CPC também seria aplicável à execução de título judicial ou cumprimento de sentença. A propósito, confiram-se: DIREITO PROCESSUAL CIVIL. CUMPRIMENTO DE SENTENÇA. ART. 745-A DO CPC. TÍTULOS EXECUTIVOS JUDICIAIS. CRÉDITO DE ALIMENTOS. 1. Tendo em vista a importância do crédito alimentar, sua execução pode ser feita por meio de cumprimento de

clusão se deu tendo em vista o até então vigente art. 475-R[92] do Código de 1973 que autorizava a aplicação subsidiária dos dispositivos que regiam a execução ao cumprimento de sentença.

Pois bem, quis o legislador ordinário enfrentar também o problema e inseriu entre os parágrafos do dispositivo em análise o §7º que desautoriza a aplicação do parcelamento ao cumprimento de sentença.

O dispositivo é claro, não permitindo interpretações diversas, entretanto a doutrina ainda se divide entre lamentar[93] ou comemorar[94] a opção legislativa.

---

sentença (art. 475-J do CPC). 2. A efetividade do processo, como instrumento de tutela de direitos, é o principal desiderato das reformas processuais produzidas pelas Leis n.11.232/2005 e 11.382/2006. O art. 475-R do CPC expressamente prevê a aplicação subsidiária das normas que regem o processo de execução de título extrajudicial àquilo que não contrariar o regramento do cumprimento de sentença, sendo certa a inexistência de óbice relativo à natureza do título judicial que impossibilite a aplicação da norma em comento, nem mesmo incompatibilidade legal. Portanto, o parcelamento da dívida pode ser requerido também na fase de cumprimento da sentença, no prazo de 15 dias previsto no art. 475-J, caput, do CPC (REsp n. 1.264.272/RJ). (...)" (STJ – REsp: 1492070 SP 2014/0276456-7, Relator: Ministro MOURA RIBEIRO, Data de Publicação: DJ 20/03/2015).

---

92 Art. 475-R. Aplicam-se subsidiariamente ao cumprimento da sentença, no que couber, as normas que regem o processo de execução de título extrajudicial.

93 Nesse sentido Scarpinella: "O §º do art. 916 faz expressa (e, com o devido respeito, infeliz) opção quanto à inaplicabilidade do instituto ao cumprimento de sentença. Paradoxal é que a moratória é aplicável à ação monitórianas condições anunciadas pelo §5º, do art. 701." (BUENO, Cassio Scarpinella. *op. cit.* p. 588)

94 Nesse sentido Theodoro Jr.: "O que justifica a moratória do art. 916 é sua aplicação no início do processo de execução do título extrajudicial. Com o parcelamento legal busca-se abreviar, e não procrastinar, a satisfação do direito do exequente que acaba de ingressar em juízo. O credor por título judicial não está sujeito à ação executiva nem tampouco corre o risco de ação de embargos do devedor. O cumprimento de sentença desenvolve-se sumariamente e pode atingir, em breve espaço de tempo, a expropriação do bem penhorado e a satisfação do valor da condenação. Não há, pois, lugar para o prazo de espera e parcelamento num quadro processual como esse. O NCPC é bastante claro ao dispor, expressamente, no §7º do art. 916, que o parcelamento "não se aplica ao cumprimento de sentença." (THEODORO JR., Humberto. *op. cit.* p. 683). Também aplaudindo a determinação legal Antonio Adonias Bastos: "De um lado, é inócuo/impossível que o executado reconheça o crédito do exequente no cumprimento de sentença, pois a obrigação já se encontra certificada por título judicial, constituído com a observância do devido processo legal, oportunizando-se o amplo debate e os recursos pra a revisão/invalidação da decisão exequenda. Também não há vantegem para o exequente, que já teve que suportar o ônus do tempo decorrente do processo da demanda de conhecimento, ao passo que uma das justificativas do parcelamento é exatamente a abreviação da atividade jurisdicional. Além disso, todo o regramento do cumprimento de sentença é composto por mecanismos voltados a compelir o executado a cumprir a obrigação (a exemplo da multa do §1º do art. 523), revelando-

Sendo assim, diante desse panorama que hoje se apresenta com relação à não possibilidade de aplicação do parcelamento ao cumprimento de sentença, faz-se necessário analisar a possibilidade de aplicação do parcelamento ao Processo do Trabalho.

Em se tratando de Justiça do Trabalho, a despeito do alargamento de sua competência trazido pela Emenda Constitucional nº 45/2004, sabe-se que a efetivação do direito material se dá muito mais pelos cumprimentos de sentença, que já possuíam o sincretismo há algum tempo, do que através de execução.

Desta feita, apesar de encontrar terreno propício à aplicação subsidiária do dispositivo ao Processo do Trabalho,[95] é relevante asseverar que tal dispositivo, como não cabível no cumprimento de sentença, terá utilização extremamente diminuta.

Não é demais relevar que a proibição atinge apenas o direito potestativo do executado de parcelar a dívida exequenda no cumprimento de sentença; todavia, a liberalidade das partes de acordarem pelo parcelamento continua intacta. Ou seja, não pode o executado se valer do parcelamento a despeito da não aceitação dele pelo exequente, todavia nada impede que se este concordar, o parcelamento possa ser feito.

Entretanto, não se deve confundir a referida negociação que tem por objeto um direito material com os negócios processuais admitidos no novo sistema processual cível, portanto é factível a possibilidade de acor-

---

se incompatível com o benefício previsto pelo art. 916." (BASTOS, Antonio Adonias Aguiar. *op. cit.* p. 2047). Também contrário à aplicação no cumprimento de sentença é Fredie Didier: "Primeiramente, defendemos o cabimento do parcelamento do art. 745-A do CPC somente na execução de título extrajudicial, sendo ele incompatível com a execução de título judicial basicamente em razão de dois fundamentos: a) para obter o parcelamento, o executado deve reconhecer a obrigação documentada no título executivo, tanto que perde o direito de apresentar embargos à execução. Essa é uma vantagem que se confere ao exequente: a obrigação, que apenas estava presumida no título, passa a ser formalmente reconhecida pelo executado. Isso é incompatível com o cumprimento da sentença, não havendo qualquer razão para que se estimule o reconhecimento da obrigação pelo executado, porquanto a preclusão das matérias e a própria coisa julgada militam em favor do exequente. b) Há regra expressa, no cumprimento de sentença, que cuida do pagamento parcial da obrigação certificada no título judicial. Neste caso, a multa deve recair sobre a parcela não adimplida (art. 475-J, §4º, CPC). Essa regra expressa não pode ser ignorada. A aplicação do art. 475-R, que permite a aplicação subsidiária das regras da execução fundada em título extrajudicial ao cumprimento da sentença pressupõe que não haja regramento próprio a respeito do assunto. (DIDIER, Fredie. Editorial 145, 2012. Disponível em:< http://www.frediedidier.com.br/editorial/editorial-145/>. Acesso em: 15 de set. 2016.)

---

95 Verifica-se no sistema processual laboral a ausência de qualquer dispositivo que preveja o parcelamento da execução, ficando clara a omissão. Também pode-se se dizer que o parcelamento é compatível com o sistema.

do entre as partes de parcelamento de dívida exequenda no Processo do Trabalho.

Já rumando à reta final da análise da IN39 no que tange os dispositivos aplicáveis ao processo executivo, tem-se o art. 3º, XXII que prevê aplicável ao processo do trabalho a rejeição liminar dos embargos à execução.[96]

Tal dispositivo não traz muita novidade com relação ao CPC anterior, além disso a CLT é omissa ao tratar o assunto.

As determinações legais buscam proteger a efetividade do processo, evitando delongas desnecessárias, bem como privilegiar a lealdade processual. Sabe-se que tanto o princípio da efetividade quanto o princípio da lealdade são informativos também do processo do trabalho e, portanto, o referido dispositivo tem aplicação subsidiária a ele.

Seguindo o estudo da IN39, no que diz respeito às normas aplicáveis ao processo executivo, o Pleno do TST passou a elencar as normas aplicáveis "em termos" ao processo do trabalho.

Inaugura este rol o art. 13[97] que entende cabível a aplicação supletiva do art. 784, I, NCPC,[98] considerando o cheque e a nota promissória emitidos em reconhecimento de dívida inequivocadamente de natureza trabalhista são títulos executáveis na Justiça do Trabalho.

Tendo em vista que a Lei 9.958/00 permitiu a execução de título executivo extrajudicial na Justiça do Trabalho, bem como levando em consideração a ampliação de competência trazida pela Emenda Constitucional nº 45/2004, entende-se ser plenamente aplicável a norma do NCPC ao processo do trabalho, desde que a execução se dê apenas para os créditos inequivocadamente trabalhista, o que deverá ser ônus probatório do exequente.

A referida medida, sem dúvida, trará efetividade ao processo do trabalho.

Finalizando, enfim, a análise, o Pleno do TST entendeu aplicável[99] ao Processo do Trabalho as normas que instituem novos meios de coerção ao executado para que este adimpla a dívida. Dessa forma, sem prejuízo da inclu-

---

96 Art. 918. O juiz rejeitará liminarmente os embargos:
I – quando intempestivos;
II – nos casos de indeferimento da petição inicial e de improcedência liminar do pedido;
III – manifestamente protelatórios.
Parágrafo único. Considera-se conduta atentatória à dignidade da justiça o oferecimento de embargos manifestamente protelatórios.

97 Art. 13. Por aplicação supletiva do art. 784, I (art. 15 do CPC), o cheque e a nota promissória emitidos em reconhecimento de dívida inequivocamente de natureza trabalhista também são títulos extrajudiciais para efeito de execução perante a Justiça do Trabalho, na forma do art. 876 e segs. da CLT.

98 Art. 784. São títulos executivos extrajudiciais:
I – a letra de câmbio, a nota promissória, a duplicata, a debênture e o cheque;

99 Art. 17, IN39

são do devedor no Banco Nacional de Devedores Trabalhistas, também estão os devedores trabalhistas sujeitos à hipoteca judiciária, protesto de decisão judicial e da inclusão do executado em cadastros de inadimplentes.[100]

Os referidos dispositivos tratam de normas de coerção indireta, que tentam obrigar ao exequente a cumprir a determinação judicial, trazendo efetividade ao processo e plenamente compatíveis com o Processo do Trabalho. Além disso, considerando que não há normas que tratam o tema na CLT, plenamente possível sua aplicação subsidiária.

6. Conclusão

Chegando ao final do trabalho pode-se concluir, que, por regra, a tutela executiva, tanto cível quanto trabalhista, se coincide em suas características e princípios, portanto neste tema, tem-se que a plena vigência do NCPC causará muitas mudanças ao processo executivo trabalhista, trazendo ao que se viu mais efetividade na busca da entrega do bem da vida.

Além disso, também é possível afirmar que os entendimentos trazidos à baila pela IN39 no que tange ao processo executivo foram acertadamente colocados, pois compatíveis com toda a sistemática do Processo do Trabalho.

7. Referências bibliográficas

ABELHA, Marcelo. Manual de execução civil. 5.ed. rev. e atual. Rio de Janeiro: Forense, 2015.

ARENHAERT, Sérgio Cruz. *Perfis da tutela inibitória e coletiva.* São Paulo: Revista dos Tribunais, 2003. p. 367-378.

ASSIS, Araken de. *Cumprimento de sentença.* 4.ed. Rio de Janeiro: Forense, 2013.

______. *O contempto of court no direito brasileiro.* In: Academia Brasileira de Direito Processual Civil. Disponível em: < http://www.abdpc.org.br/abdpc/artigos/araken%20de%20assis(4)%20-%20formatado.pdf> Acessado em: 25 maio 2016.

BASTOS, Antonio Adonias Aguiar. Comentários aos arts. 914 ao 920, *In:* WAMBIER, Teresa Arruda Alvim et all. *Breves Comentários ao novo Código de Processo Civil.* São Paulo: Revista dos Tribunais, 2015, pp. 57/97.

BUENO, Cassio Scarpinella. Manual de Direito Processual Civil. 2. ed. São Paulo: Saraiva, 2016.

CARNEIRO, Paulo César Pinheiro. Comentários aos arts. 1º a 15, *In:* WAMBIER, Teresa Arruda Alvim et all. *Breves Comentários ao novo Código de Processo Civil.* São Paulo: Revista dos Tribunais, 2015, pp. 57/97.

CARNEIRO, Paulo Cézar Pinheiro; PINHO, Humberto Dalla Bernardina ; [coordenadores], et. al. *Novo código de processo civil: anotado e comparado: Lei 13.105, de 16 de março de 2015.* Forense: Rio de Janeiro, 2015.

100 Art. 495. A decisão que condenar o réu ao pagamento de prestação consistente em dinheiro e a que determinar a conversão de prestação de fazer, de não fazer ou de dar coisa em prestação pecuniária valerão como título constitutivo de hipoteca judiciária.

DIDIER, Fredie. Editorial 145, 2012. Disponível em:< http://www.frediedidier.com.br/editorial/editorial-145/>. Acesso em: 15 de set. 2016.

Enunciados do Fórum Permanente de Processualistas Civis. Disponível em: < http://portalprocessual.com/wp-content/uploads/2016/05/Carta-de-S%C3%A3o-Paulo.pdf> Acessado em: 15 de setembro de 2016.

FUX, Luiz. *O novo processo de execução: o cumprimento da sentença e a execução extrajudicial.* Rio de Janeiro: Forense, 2008.

GRECO, Leonardo. Execução civil – entraves e propostas. Revista Eletrônica de Direito Processual, ano 7, v. XII, jul./dez. 2013. Disponível em: <http://www.redp.com.br/>. acessado em: 25 de maio de 2016. p. 432

______. Garantias fundamentais do processo: o processo justo. In: Estudos de direito processual. Campos dos Goytacazes: Ed. Faculdade de Direito de Campos, 2005.

LEITE, Carlos Henrique Bezerra. *Manual de processo do trabalho.* São Paulo: Atlas, 2014.

MOREIRA, José Carlos Barbosa. *Por um processo socialmente efetivo.* In*:* Temas de direito processual: oitava série. São Paulo: Saraiva, 2004.

NEVES, Daniel Amorim Assumpção. *Manual de direito processual civil.* 8.ed. Salvador: JusPodivm, 2016.

REDONDO, Bruno Garcia. Comentários aos arts. 831 a 836, *In:* WAMBIER, Teresa Arruda Alvim et all. *Breves Comentários ao novo Código de Processo Civil.* São Paulo: Revista dos Tribunais, 2015, pp. 1921/1932.

SARAIVA, Renato e MANFREDINI, Aryanna. *Curso de direito processual do trabalho.* 11. ed. rev. e atual. Rio de Janeiro: Forense; São Paulo: Método, 2014.

SCHIAVI, Mauro. *Manual de direito processual do trabalho.* 18.ed. São Paulo: LTr, 2015.

SILVA, Bruno Freire e. *A aplicação do CPC reformado às execuções trabalhista e fiscal: um estudo dos três sistemas normativos e uma proposta de unificação.* São Paulo: LTr, 2008.

THEODORO JR., Humberto. *Curso de Direito Processual Civil: Execução forçada, cumprimento de sentença, execução de títulos extrajudiciais, processo nos Tribunais, recursos, direito intertemporal.*, vol. 3. 48ª ed. rev., atual. e ampl. Rio de Janeiro: Forense, 2016.

TUPINAMBÁ, Carolina. *Premissas teóricas para a constitucionalização do processo do trabalho.* In*:* FUX, Luiz. Processo Constitucional. Rio de Janeiro: Forense, 2013.

A INFLUÊNCIA DO NOVO CÓDIGO DE PROCESSO CIVIL NO PROCESSO PENAL

Breves considerações acerca de seus impactos nas ações penais à luz do direito intertemporal

Bernardo Braga e Silva

1. À guisa de introdução: o vetusto código de processo penal e os desafios do operador do direito frente as subsequentes Leis Processuais Penais Esparsas

Enquanto um novo Código de Processo Penal continua apenas como promessa – tendo em vista que o último Projeto de nova codificação, não ausente de duras críticas, o PLS 156/09,[1] elaborado por uma comissão de juristas coordenada pelo Min. Hamilton Carvalhido, encontra-se ainda em tramitação nos caminhos tortuosos de nosso Congresso Nacional – os operadores do Direito na ciência criminal tentam, de maneira hercúlea, readaptar conceitos e dispositivos previstos em nosso vetusto C.P.P. de 1941, para uma realidade político-jurídica absolutamente diversa daquela em que tal diploma legal foi editado.

Principalmente após o advento da Constituição Federal de 1988, com toda a inovação principiológica e dogmática da ciência processual explicitada nas garantias processuais nela albergada, exigiu-se uma releitura rigo-

1 O Projeto, após ser aprovado no Senado Federal, foi enviado à Câmara dos Deputados através do ofício n. 2427, de 21/02/2010, para revisão, onde recebeu o número 8.045/2010.

rosa de todos os preceitos trazidos na antiga codificação processual penal – muitos dos quais não foram recepcionados pela Norma Maior[2] – o que, por si só, acabou gerando diversas dissonâncias interpretativas acerca de diversos dispositivos, muitas vezes motivadas por interesses setoriais que vão muito além da isenção necessária para o tema.

Soma-se a tal cenário catastrófico, a edição de diversas e sucessivas leis esparsas, dentre as quais se podem citar, como mais relevantes, aquelas taxadas à época de "Reforma do C.P.P.",[3] formadas pelas Leis de números 11.689/2008, 11.690/2008, e 11.719/2008, bem como a Lei n. 12.403/2011 – essa mais recente, versando sobre questões atinentes às medidas cautelares –, que, ao alterarem topicamente inúmeros seguimentos da codificação processual penal, tornaram o C.P.P. uma verdadeira *colcha de retalhos*, fazendo, assim, com que tal espécie legislativa, que nasce com aspirações à unidade, se tornasse claramente assistemática.

Agora, porém, nova batalha surge nos campos da processualística penal brasileira com a edição do Novo Código de Processo Civil, sancionado em 16 de março de 2015 e que, antes mesmo de sua vigência, já veio a sofrer alterações significativas através da lei 13.256/16.

A novel codificação processual já foi objeto de diversos artigos e estudos e continuará a ser engradecida com a participação acadêmica pelos

---

2 Pode-se citar, apenas como exemplo, o disposto no art. 26, C.P.P., que prevê a possibilidade de instauração de ação penal, em casos de contravenção penal, por meio do auto de prisão em flagrante, ou portaria expedida pela autoridade judiciária ou policial. Trata-se de norma evidentemente não-recepcionada pela Constituição Federal uma vez que, além de contrariar expressamente seu art. 129, inciso I, quando este estabelece que apenas o Ministério Público poderá promover a ação penal pública, atinge diretamente princípios basilares do Processo Penal como o da inércia da jurisdição, imparcialidade do Juízo, acusatório, dentre outros.

3 Esse grupo de leis que entraram em vigência no final da década passada é o exemplo claro da grande dificuldade prática que se verifica para a edição de um novo Código de Processo Penal. Embora se saiba que a revogação total do código de 1971 é o melhor caminho a se seguir, diversos empecilhos legislativos decorrentes da morosidade na tramitação dos códigos (demonstrados no próprio calvário pelo qual passou a aprovação do Código Civil de 2002), fez com que José Carlos Dias, ao assumir o Ministério da Justiça, mediante o Aviso n° 1.151, de 29 de outubro de 1999, convidasse o Instituto Brasileiro de Direito Processual para então apresentar propostas visando a reforma tópica do Código de Processo Penal brasileiro. Desta comissão fizeram parte alguns dos maiores juristas nacionais como Ada Pellegrini Grinover (presidente), Petrônio Calmon Filho (secretário), Antônio Magalhães Gomes Filho, Antônio Scarance Fernandes, Luiz Flávio Gomes, Miguel Reale Júnior, Nilzardo Carneiro Leão, René Ariel Dotti (posteriormente substituído por Rui Stoco), Rogério Lauria Tucci e Sidnei Beneti. Inicialmente a citada Comissão havia entregue onze anteprojetos, que, após ser amplamente debatidos com todas as categorias jurídicas envolvidas, foram agrupados em sete anteprojetos. Posteriormente, após novas alterações legislativas, os anteprojetos acabaram resultando nas citadas leis.

próximos anos, período em que a prática forense exigirá a revisão e o desenvolvimento dos conceitos e institutos nela albergados, sendo certo que sua análise profunda foge aos objetivos e limites do presente trabalho.

Mas fato é que dentre as diversas alterações à sistemática do Direito Processual Civil, muitas das quais buscaram concretizar princípios e valores já albergados explicita ou implicitamente por nossa Magna Carta, encontram-se algumas que gerarão ressonância direta no Processo Penal, seja porque trazem em si regras pormenorizadas que auxiliarão na concretização principiológica mencionada – como, por exemplo o art. 489, parágrafo 1º, do NCPC, que estabelece critérios para a fundamentação judicial –, seja porque expressamente revogaram dispositivos aplicados diariamente na praxe forense penal, como aqueles constantes na ainda vigente Lei n. 8.078/90, referente aos procedimentos a serem adotados nos Tribunais Superiores.

Este texto, portanto, longe de objetivar esgotar o tema, ao sustentar a exigência de observação, por parte dos operadores do direito no campo penal, de apenas algumas das novas regras impositivas introduzidas pelo Código de Processo Civil de 2015, tentará, primeiramente, estabelecer um critério único para determinar quais terão efetiva aplicação nas ações penais, para então, apresentar aquelas que trarão modificações significativas no Direito Processual Penal, com grande atenção às novas normas a serem seguidas nos procedimentos dos recursos excepcionais.

2. O art. 3º, C.P.P. e a regra geral para a aplicação dos dispositivos do NCPC no direito processual penal

Não há dúvidas de que a edição do Novo Código de Processo Civil trouxe grande excitação para a ciência processual como um todo, até mesmo em razão do Processo Civil ser, de certa forma, o pilar central de uma Teoria Geral do Processo por muitos festejada.

Isso porque a introdução, pelo novel *"Codex"*, de diversos dispositivos inovadores – ainda que, em nosso entender, muito deles apenas tenham positivados parâmetros de concretização de normas principiológicas há décadas já assentados pela doutrina – fizeram com que, de forma açodada, se pudesse fantasiar acerca de sua incidência imediata e irrestrita nos diferentes ramos do Processo.

Não se nega aqui a necessária existência de uma unidade, um núcleo comum ao direito processual. Tanto o Processo Civil, quanto o Penal e o Trabalhista, derivam de uma mesma *base jurídica*, que condiciona suas funções, dinâmica e estrutura.[4] Assim, conceitos e princípios, expressamente

---

4 LAURINO, Salvador Franco de Lima. "O artigo 15 do novo Código de Processo Civil e os limites da autonomia do processo do trabalho". Revista eletrônica [do] Tribunal Regional do Trabalho da 9ª Região, vol. 4, n. 44, set./2015

previstos e delineados na codificação processual civil, mas que devam ser considerados como pilares da ciência processual – como, *v.g.*, processo, jurisdição, ação, juiz natural, acesso à justiça – deverão sempre ser levados em consideração em toda e qualquer ação, seja ela cível, penal ou trabalhista.[5]

Todavia, a aplicação daquilo previsto no Código de Processo Civil a outros ramos do direito processual haverá de ser feita com a devida parcimônia[6], uma vez que se exige o respeito às regras de aplicação das normas processuais atinentes a determinado ramo específico exatamente em razão das especificidades atinentes a cada uma de suas vertentes, decorrentes, obviamente, do caráter instrumental do processo, que aponta para sua conexão inseparável à pretensão de direito material que visa tutelar.

Feitas essas devidas ressalvas, há de se notar que o Novo Código de Processo Civil, em seu art. 15, estabelece que "na ausência de normas que regulem processos eleitorais, trabalhistas ou administrativos, as disposições deste Código lhes serão aplicadas supletiva e subsidiariamente".

Salta aos olhos, portanto, que, embora tenha previsto expressamente a possibilidade de se aplicar subsidiária e supletivamente as normas constantes na novel codificação aos Processos do Trabalho, Eleitorais, e Administrativos, desde que não haja normais específicas naqueles ramos,[7] simplesmente o legislador silenciou quanto ao Direito Processual Penal.

Considerando que, na redação originária do Projeto de Lei do Senado n. 166, de 2010, a locução "processos penais" constava do referido art. 15 – de sorte que os processos trabalhistas eram aqueles não previstos – teria o legislador propositalmente excluído o Processo Penal da possibilidade de incidência subsidiária das normas processuais civis, isto é, tratar-se-ia de silêncio legal eloquente, o que vedaria por completo a utilização do NCPC, ainda que subsidiariamente, nas ações penais?

---

5 Neste sentido, Cândido Rangel Dinamarco assevera que: "Não passam despercebidas as diferenças que existem entre os diversos ramos do direito processual, que são independentes a partir do ponto de inserção no tronco comum. Mas a seiva que vem do tronco é uma só, o poder, a alimentar todos os ramos. Embora cada um deles tome a sua direção, nunca deixará de ser um ramo da árvore do processo, nem pode se afastar tanto que dê a impressão de se isolar do sistema" (DINAMARCO, Cândido Rangel. A instrumentalidade do processo. São Paulo: Ed. Malheiros, 1993, p. 73)

6 Francesco Carnelutti, em notório artigo intitulado "*Cenerentola*", explicitou a necessidade do Direito Processual Penal desenvolver seus próprios conceitos e institutos à luz da especificidade do referido ramo, afastando-se, assim, de eventuais amarras do Processo Civil. (CARNELUTTI, Francesco. "*Cenerentola*". *Rivista di Diritto Processuale*. Vol. 1, n. 1, Padova: CEDAM, 1946). Ainda sobre o tema, no país: TUCCI, Rogério Lauria. "Considerações acerca da inadmissibilidade de uma teoria geral do processo". Revista Jurídica. ed. 281, Porto Alegre, 2001, p. 48-64

7 Prescrição essa redundante, uma vez que somente a omissão legal autorizaria a eventual aplicação subsidiária ou supletiva de qualquer outra norma.

Não nos parece.[8]

Primeiramente porque se encontra enorme dificuldade em identificar a razão pela qual foi excluída, sem o devido debate, tal previsão da redação originária do art. 15 do Projeto de Lei.

Conhece-se apenas as razões pelas quais, durante a tramitação do Projeto da Câmara dos Deputados, sob o número 8.046/2010, foi incluída a expressão "processos trabalhistas"[9] – a qual, inclusive, concordamos –, mas não se sabe por que foi retirada a possibilidade da aplicação do NCPC no Direito Processual Penal.

Embora seja cediço que a *"mens legis"*, utilizada validamente como subsídio para aplicação da interpretação teleológica, não se confunda com a intenção do legislador propriamente dito,[10] sendo essa última, em regra, irrelevante, também não há dúvidas de que a absoluta ausência de qualquer justificação para a retirada da menção expressa aos processos criminais pouco contribui para que se possa sustentar tratar-se de silêncio eloquente da lei.

Assim, inexistindo qualquer óbice legal previsto na nova codificação processual civil para sua aplicação subsidiária ao Processo Penal, continua vigente a regra geral prevista no Código de Processo Penal, em seu art. 3º, desde 1941, que autoriza a utilização de analogia nas ações penais quando houver alguma omissão, seja ela absoluta, hipótese em que não há qualquer previsão no C.P.P. para regular determinada matéria, ou parcial, situação em que, embora prevista genericamente no código, sua regulamentação poderá ser complementada por norma processual externa ao sistema penal.

---

8 Neste mesmo sentido Renato Brasileiro: "Portanto, quando o art. 15 do novo CPC faz referência apenas aos processos eleitorais, trabalhistas ou administrativos, houve uma omissão involuntária do legislador, que deve ser suprida pela interpretação extensiva para fins de ser reconhecida a possibilidade de aplicação supletiva e subsidiária do novo diploma processual civil ao processo penal (comum e militar)". (LIMA, Renato Brasileiro de. Manual de processo penal: volume único. Salvador: Ed. JusPodivm, 2016, p. 101)

9 Conforme consta na proposta de emenda de lavra do Deputado Federal Reinaldo Azambuja: "Justifica-se a alteração redacional do citado dispositivo porque, com é do pleno conhecimento dos operadores do direito que o processo trabalhista é lacunoso, em especial, no cumprimento (execução) da sentença e ou acórdão; sendo que neste caso específico tem sido utilizada a Lei nº 6.830/80 (Lei de Execução Fiscal), que causa, com freqüência, muita celeuma e confusão". Disponível em <http://www.camara.leg.br/sileg/integras/922280.pdf>, acesso em 22/06/2016.

10 Neste sentido, precisas são as lições de Hélio Tornaghi: "Convém frisar: o que se procura com a interpretação é o conteúdo da lei, é a inteligência e a vontade da lei, não a intenção do legislador. Este é a pessoa imaginária, cuja vontade dificilmente se chega a saber que coisa é, até porque o legislador é, na maioria dos casos, órgão coletivo, em que cada componente, como pessoa física, tem vontade própria e possivelmente diversa dos demais". (TORNAGHI, Hélio Bastos. Comentários ao Código de Processo Penal: Vol. 1, Tomo I, Rio de Janeiro: Ed. Forense, 1956, p. 91)

Note-se que nossa jurisprudência e doutrina sempre utilizaram o referido dispositivo para sustentar a aplicação analógica das normas processuais civis nas ações penais, entendendo que aquelas seriam "fonte subsidiária ou complementar ao entendimento ou integração das normas do processo penal".[11]

Eventuais omissões presentes na legislação processual penal, portanto, deverão ser preenchidas, através do método de auto integração, com as disposições do Novo Código de Processo Civil, quando compatíveis.[12]

Ademais, como não se haverá de invocar o disposto no art. 15, NCPC, não se mostra necessário, pelo menos no campo penal, adentrar no mérito da distinção entre aplicação subsidiária ou supletiva das normas processuais civis, embora, fortes na regra geral de que a lei não deverá conter palavras inúteis, concordamos com Paulo Cezar Pinheiro Carneiro quando, alertando que "na prática, tem-se confundido a etimologia destas palavras, aplicando, uma ou outra, nos dois sentidos", afirma que "existe uma diferença entre a aplicação supletiva e a aplicação subsidiária". Ainda segundo o autor, "a primeira se destina a suprir algo que não existe em uma determinada legislação, enquanto a segunda serve de ajuda ou de subsídio para a interpretação de alguma norma ou mesmo um instituto".[13]

E mesmo que se possa encontrar na doutrina processual penal tradicional, quando da interpretação do art. 3º, C.P.P., reiterada menção genérica apenas à aplicação subsidiária das normas processuais civil no Processo Penal[14], fato é que, estes mesmos autores, sempre deram amplitude enorme ao conceito de "aplicação analógica", admitindo-se, portanto, a utilização das normas processuais civis tanto em hipóteses de omissão absoluta de norma (ou lacuna integral), como naquelas que apenas visam complementar normativamente, quando da aplicação prática, aquilo já regulado de forma incompleta (ou lacuna parcial).[15]

---

11 GRECO FILHO, Vicente. Manual de processo penal. São Paulo: Ed. Saraiva, 2010, p. 74.

12 Assevera José Frederico Marques que "havendo em um e outro ramo do direito processual institutos e conceitos idênticos, como, *verbi gratia*, as exceções, a sentença, os recursos, etc., até por analogia pode-se fazer a aplicação do processo civil nos casos omissos do processo penal". (MARQUES, José Frederico. Elementos de direito processual penal – volume I. Campinas: Ed. Bookseller, 1997, p 53)

13 CARNEIRO, Paulo Cezar Pinheiro. Breves comentários ao novo código de processo civil, Coord. Teresa Arruda Alvim Wambier e outros, São Paulo: Revista dos Tribunais, 2015, p. 94.

14 MARQUES, José Frederico. Elementos de direito processual penal – volume I. Campinas: Ed. Bookseller, 1997, p. 53

15 Note-se que há, ainda, quem sustente um conceito mais elástico de aplicação subsidiária: "O legislador disse menos do que queria. Não se trata somente de aplicar as normas processuais aos processos administrativos, trabalhistas e eleitorais quando não houver normas, nestes ramos do direito, que resolvam a situação. A aplicação subsidiária ocorre também em situações nas quais não há omissão. Trata-se, como su-

Assim, não vedando expressamente o art. 15, NCPC, a possibilidade de utilização eventual das normas previstas naquela codificação no Processo Penal, será o próprio Código de Processo Penal que autorizará seu uso[16], quando mostrarem-se presentes necessidades interpretativas ou lacunas que precisam ser integradas.[17]

Em corroboração a todos os argumentos acima expostos, há de sempre se ter em mente, como bem assevera Fernando da Fonseca Gajardoni, que os Códigos de Processo Civil e Penal não devem "ser vistos como compartimentos estanques; como ilhas legislativas capazes de, sem recurso a influência de outros diplomas, darem respostas a todos os problemas do processo".[18]

Como bem lembrado pelo mencionado autor, sempre se verificou na prática forense, ainda que sem previsão legal expressa, a possibilidade até mesmo do C.P.P. ser utilizado para suprir determinadas lacunas na codifica-

---

gere a expressão 'subsidiária', de uma possibilidade de enriquecimento, de leitura de um dispositivo sob outro viés, de extrair-se da norma processual eleitoral, trabalhista ou administrativa um sentido diferente, iluminado pelos princípios fundamentais do processo civil. A aplicação supletiva é que supõe omissão. Aliás, o legislador, deixando de lado a preocupação com a própria expressão, precisão da linguagem, serve-se das duas expressões. Não deve ter suposto que significam a mesma coisa, se não, não teria usado as duas. Mas como empregou também a mais rica, mais abrangente, deve o intérprete entender que é disso que se trata." (WAMBIER, Teresa Arruda Alvim Wambier; CONCEIÇÃO, Maria Lúcia Lins; RIBEIRO, Leonardo Ferres da Silva; MELLO, Rogério Licastro Torres de. Primeiros comentários ao Novo Código de Processo Civil: artigo por artigo. São Paulo: Revista dos Tribunais, 2015, p. 75).

16 Em sentido idêntico Cássio Scarpinella Bueno afirma que: "A questão, pertinentíssima, é saber se, não obstante esse silêncio, a aplicação continua a ser autorizada pelo art. 3º do CPP. A melhor resposta parece ser a positiva, o que se justifica até mesmo pela amplitude do texto da referida regra processual penal. De resto, nos casos em que o Código de Processo Penal faz expressa remissão ao Código de Processo Civil (art. 139 [depósito e administração de bens arrestados]; art. 362 [citação por hora certa]; e art. 790 [homologação de sentença estrangeira]), é irrecusável o prevalecimento da disciplina trazida pelo novo CPC." (BUENO, Cássio Scarpinella. Novo Código de Processo Civil Anotado. São Paulo: Saraiva, 2015, p. 52)

17 "Nessa senda, não é o Novo Código de Processo Civil que declara sua aplicação subsidiária ao processo penal, mas são as necessidades interpretativas e lacunas da legislação processual penal que impõem a sua integração, como preconizado pelo art. 3º, do CPP : a lei processual penal admitirá interpretação extensiva e aplicação analógica, bem como o suplemente dos princípios gerais de direito". (TÁVORA, Nestor; ALENCAR, Rosmar Rodrigues. Curso de direito processual penal. Salvador: Ed. JusPodvm, 2016, p. 33)

18 GAJARDONI, Fernando da Fonseca. Impactos do Novo CPC no processo penal. Disponível em <http://jota.uol.com.br/impactos-do-novo-cpc-no-processo-penal%C2%B9>, acesso em 24/06/2016.

ção processual civil, como, por exemplo, quando da utilização analógica do art. 28, C.P.P. nas ações civis, em hipóteses nas quais o magistrado discorda da manifestação ministerial de não atuação no feito.[19]

Mas note-se, e aqui fica o alerta, a possibilidade de utilização das normas processuais civis em Processo Penal, em que pese a omissão do art. 15, NCPC, *apenas se verificará na ausência de previsão expressa no Código de Processo Penal em sentido diverso, ou quando o dispositivo penal for deveras lacunoso.*[20]

No confronto direto entre uma norma específica de Processo Penal e um dispositivo trazido pela nova codificação processual civil deverá sempre se favorecer o primeiro, em razão de sua especialidade, não obstante tratar-se o último de lei mais recente.[21]

Por fim, tratando-se o Código de Processo Civil de 2015 de legislação processual nova, deverá ser igualmente respeitada a regra geral, expressamente prevista tanto no art. 14 daquele diploma legal, como no próprio art. 2º, C.P.P., do *"tempus regit actum"*, ou seja, a nova norma processual terá incidência imediata a toda e qualquer ação, ainda que a relação processual já esteja instaurada e em curso, preservando-se a validade dos atos processuais praticados na vigência da lei anterior.[22]

---

19 Este mesmo argumento é também utilizado por Fernando Gajardoni para corroborar seu posicionamento pela manutenção do princípio do livre convencimento motivado no Processo Civil brasileiro, ainda que após a retirada de tal dispositivo pelo NCPC, uma vez que o art. 155, do Código de Processo Penal, que o prevê, poderia ser aplicado de forma integrativa como regra referente à Teoria Geral do Processo. (GAJARDONI, Fernando da Fonseca. Impactos do Novo CPC no processo penal. Disponível em <http://jota.uol.com.br/impactos-do-novo-cpc-no-processo-penal%C2%B9>, acesso em 24/06/2016.)

20 Neste sentido: "No entanto, a aplicação do novo CPC ao processo penal só pode ocorrer de maneira subsidiária. O emprego da analogia permitido pelo art. 3º do CPP pressupõe a inexistência de lei disciplinando matéria específica, constatando-se, pois, a lacuna involuntária da lei. Por ser a analogia recurso de autointegração (Lei de Introdução às normas do Direito Brasileiro, art. 4º), e não instrumento de derrogação de texto ou de procedimento legal, o emprego da analogia só pode ser admitido quando a lei for omissa". (LIMA, Renato Brasileiro de. Manual de processo penal: volume único. Salvador: Ed. JusPodivm, 2016, p. 101)

21 Não se ignora aqui a grande dificuldade de se estabelecer um metacritério para resolver antinomias entre especialidade e cronologia. Embora a regra geral seja a *"lex posterior generalis non derogat priori speciali"*, Norberto Bobbio já alertava para a necessária análise caso a caso, que pode eventualmente gerar o afastamento da premissa. (BOBBIO, Norberto. Teoria do Ordenamento Jurídico. Trad. Ari Marcelo Solon. São Paulo: EDIPRO, 2011, p. 109-110.)

22 Diga-se de passagem, a validade do ato jurídico perfeito praticado na vigência da lei anterior é a regra insculpida tanto no art. 5º, XXXVI, CF, quanto no art. 6º, da Lei de Introdução às normas do Direito Brasileiro. Isso porque, nas célebres lições de Benjamin

Não se ignoram aqui os três sistemas, explicitados por nossa doutrina,[23] relativos a forma de aplicação da nova lei processual aos processos já em curso, entre quais se verificam: (i) o da *unidade processual*, para o qual o processo seria um bloco único e indivisível, que comportaria a aplicação de somente um regramento, o antigo, ou o novo de forma retroativa;[24] (ii) o das *fases processuais*, em que se busca dividir o trâmite processual em seguimentos consubstanciados nas fases postulatória, instrutória, decisória e recursal, autorizando-se, assim, que a lei nova apenas incida na fase subsequente à sua vigência; e, por fim[25], (iii) o do *isolamento dos atos processuais*, que impõe a preservação dos atos praticados na vigência da lei anterior, respeitando-se, inclusive, seus efeitos futuros, incidindo, portanto, os novos dispositivos processuais apenas nos atos processuais seguintes à sua entrada em vigor.

Todavia, o Código de Processo Penal, como visto, adotou expressamente, em seu art. 2º, o último sistema, razão pela qual será sob esse espectro que será analisada a utilização incidental das novas normas processuais civis nas ações penais em curso, respeitando-se, assim, o chamado direito processual adquirido.[26]

Constant: "A retroatividade é o maior atentado que a lei possa cometer, é o despedaçamento do pacto social, a anulação das condições em virtude das quais a sociedade tem o direito de exigir obediência do indivíduo; ela lhe arrebata as garantias que ela mesma lhe assegurava em troca daquela obediência, que é um sacrifício". (Apud MAXIMILIANO, Carlos. Direito intertemporal ou teoria da retroatividade das leis. São Paulo e Rio de Janeiro: Freitas Bastos, 1946, p. 23.)

---

23 Sobre a questão, dentre muitos: SANTOS, Moacyr Amaral. Primeiras linhas de direito processual civil, vol. 1, São Paulo: Ed. Saraiva, 1992, p. 31 e seguintes.

24 Esse foi o sistema adotado expressamente, por exemplo, pelo art. 76 da Lei de Locações Urbanas, número 8.245/91.

25 Com bem assevera Paulo Magalhães Nasser "a adoção do referido sistema mostra-se sobremaneira dificultosa, uma vez que árdua a tarefa de se definir com exatidão a fase processual a que se está atravessando". Segue ainda afirmando o autor que "o que inicialmente poderia se definir como fase eminentemente postulatória, passa a comportar atos característicos das fases probatória, decisória e recursal, decisória e recursal, daí a dificuldade de adoção do sistema em tela". (NASSER, Paulo Magalhães. "Direito intertemporal e o reexame necessário". Revista de Processo, ano 33, n. 166, dez./2008, pp.136-155, p. 141)

26 Fredie Didier Jr. afirma que: "Há direitos processuais; direitos subjetivos processuais e direitos potestativos processuais – direito ao recurso, direito de produzir uma prova, direito de contestar etc. O direito processual é uma situação jurídica ativa. Uma vez adquirido pelo sujeito, o direito processual ganha proteção constitucional e não poderá ser prejudicado por lei. Lei nova não pode atingir direito adquirido (art. 5º, XXXVI, CF/1998), mesmo se for um direito adquirido processual". (DIDIER JR., Fredie. Curso de direito processual civil: introdução ao direito processual civil, parte geral e processo

Note-se, ainda, que a possibilidade de aplicação retroativa da lei nova para, em benefício do réu, reger situações jurídicas ocorridas em momento anterior ao de sua vigência – expressamente prevista no art. 5º, XL, de nossa Magna Carta – é apenas admitida nas normas penais puras, atinentes unicamente a direito material, ou nas chamadas normas penais híbridas, que guardam tanto natureza de direito material quanto processual.[27]

Por essa razão, tal dispositivo constitucional, em regra, não regerá a forma de incidência das normas processuais civis, mesmo quando aplicadas analogicamente ao Processo Penal, sendo, portanto, aquelas apenas utilizadas no regramento de atos processuais penais ocorridos após a edição do Novo CPC.

Decerto, porém, que, em algumas hipóteses, haverá de existir certa relativização de tal princípio geral de direito intertemporal processual para evitar choque frontal com normas principiológicas próprias do Direito Processual Penal, o que será analisado, caso a caso, nos pontos seguintes.

3. As possíveis influências do NCPC no processo penal

Assentadas as devidas premissas, passa-se então a verificar as principais inovações abarcadas pelo Novo Código de Processo Civil que poderão – ou não – gerar consequências diretas não apenas nas ações penais futuras, mas também naquelas ainda em curso, desde que respeitadas as normas de direito intertemporal processual.

3.1. Das novas disposições do NCPC acerca da contagem do prazo processual

Uma das inovações trazidas pelo Novo Código de Processo Civil, cuja aplicação imediata traz consequências importantíssimas ao trâmite procedimental, é a nova sistemática acerca da contagem de prazo processual prevista em seu artigo 219, *"caput"*, ao estabelecer que deverão ser apenas computados os dias úteis, afastando-se, assim, a tradicional regra anterior de contagem em dias corridos.

Não há dúvidas de que tal alteração teve como objetivo evitar aquilo que há tempos se verificava: a redução prática do tempo para a realização

de conhecimento. Salvador: Ed. Jus Podivm, 2015, p. 56). Ainda sobre o tema, ver: LACERDA, Galeano. O novo direito processual civil e os feitos pendentes. Rio de Janeiro: Forense, 2006.

27 Como, por exemplo, o art. 89 da Lei n. 9.099/95, que tem tanto natureza processual quando regula o procedimento para o oferecimento e aceitação da proposta ministerial de suspensão condicional do processo, quanto de direito material, uma vez que cria nova hipótese de causa extintiva da punibilidade.

de atos processuais importantíssimos pelo simples fato de parte de seu prazo incidir em final de semana, quando, em regra, não se realiza qualquer atividade profissional.

Todavia, seguindo-se a premissa ressaltada em ponto anterior de que as novas normas processuais civis apenas serão aplicadas nas ações penais quando inexistirem dispositivos penais específicos quanto ao tema, não há outro caminho a seguir que não o do afastamento da incidência do referido dispositivo[28].

Isso porque o artigo 798, do Código de Processo Penal, norma específica e ainda em vigor, determina que todo e qualquer prazo processual será contínuo e peremptório, estabelecendo, ainda, expressamente, que não serão interrompidos por "férias, domingo ou dia feriado".

Nesse sentido, inclusive, o Ministro Celso de Mello, em decisão monocrática proferida em pedido de reconsideração no *Habeas Corpus* n. 134.554/SP, assentou que a contagem de prazo nas ações penais continuará sendo regrada pelo antigo dispositivo do Código de Processo Penal, visto que "a possibilidade de aplicação analógica da legislação processual civil ao processo penal, embora autorizada pelo art. 3º do próprio Código de Processo Penal, depende, no entanto, para incidir, da existência de omissão na legislação processual penal (Lei de Introdução às Normas do Direito Brasileiro, art. 4º)".[29]

---

28 Fernando Gajardoni, sobre o ponto, assevera que: "Evidentemente não serão aplicáveis ao processo penal princípios e regras do NCPC que contrariem disposições específicas ou disciplina própria da legislação processual penal, como é o caso da regra sobre contagem de prazos em dias úteis do NCPC (art. 219), ou do recesso forense de fim de ano (art. 220). Para desespero dos advogados criminalistas, a novel regra não incidirá analogicamente no processo penal por conta de disciplina própria que os temas têm no CPP. O art. 798, §§ do CPP, estabelece que nos processos criminais, os prazos são contados continuamente, inclusive aos sábados, domingos e feriados (isto é, em dias não úteis)". (GAJARDONI, Fernando da Fonseca. Impactos do Novo CPC no processo penal. Disponível em <http://jota.uol.com.br/impactos-do-novo-cpc-no-processo-penal%C2%B9>, acesso em 24/06/2016). Neste mesmo sentido: LIMONGE, Celso. O Novo Código de Processo Civil e sua influência no processo penal. Disponível em < http://www.migalhas.com.br/dePeso/16,MI228317,101048-O+Novo+Codigo+de+Processo+Civil+e+sua+influencia+no+processo+penal> , acesso em 26/06/2014.

29 Seguiu, ainda, o Eminente Ministro asseverando que: "Como anteriormente deixei registrado, inexiste omissão, no Código de Processo Penal, quanto à regulação do modo de contagem dos prazos processuais, eis que, nessa específica matéria, há cláusula normativa expressa que estabelece que "Todos os prazos (...) serão contínuos e peremptórios, não se interrompendo por férias, domingo ou dia feriado" (CPP, art. 798, "caput" – grifei), ressalvadas, unicamente, as hipóteses em que o prazo terminar em domingo ou em dia feriado, caso em que se considerará prorrogado até o dia útil imediato (CPP, art. 798, § 4º)." (STF – Reconsideração no HC n. 134.554/SP, Rel. Min, Celso de Mello, julg. 10/06/2016). Cabe ressaltar que a 3ª Seção do Superior Tribunal de Justiça também já se manifestou dessa mesma forma nos autos do AgRG na Reclamação n. 30.714/PB, Rel. Min. Reynaldo Soares da Fonseca, DJe 04/05/2016.

Fato é que o sistema processual penal, exatamente em razão do valor liberdade que o consubstancia, inadmite dilações procedimentais desnecessárias, o que motivou a introdução de diversas regras que sempre o distanciariam do desenrolar mais cadenciado do Processo Civil, como, por exemplo, a regra geral em Processo Penal da irrecorribilidade das decisões interlocutórias.

Essa visão sistemática do sistema processual penal, como um procedimento que deva primar pela velocidade – sem que isso, obviamente, importe, na chamada "aceleração antigarantista"[30] –, corrobora ainda mais para a não-aplicação na nova forma de contagem de prazos introduzida pelo Novo Código de Processo Civil.

Ainda que se possa eventualmente alegar a pouquíssima relevância relativa do acréscimo temporal resultante da nova contagem de prazos, quando em cotejo com o tempo total gasto para a tramitação integral do procedimento – principalmente quando se considera o lapso temporal desperdiçado em cartório, sem qualquer movimentação –, como já aventado, o principal óbice para a adoção do art. 219, "*caput*", NCPC, no Processo Penal é exatamente a previsão expressa em sentido contrário na codificação penal.

3.2. As "novas" disposições acerca da concretização das garantias fundamentais do Contraditório e da Motivação das Decisões Judiciais

Uma das grandes contribuições do Novo Código de Processo Civil foi positivar regras de aplicação e concretização de princípios constitucionais valiosíssimos ao direito processual comum que – não por falta de reiterados alertas da doutrina pátria – teimavam em ser desrespeitadas por uma parcela de nossos órgãos julgadores.

Nesse diapasão, as garantias constitucionais fundamentais ao contraditório e à motivação de todas as decisões judiciais, que, por razões óbvias, são evidentemente caras também ao Direito Processual Penal, foram contempladas com dispositivos que merecem aplausos, não apenas em razão de sua clareza, mas por albergarem aspectos dos mencionados princípios

30 Precioso é o alerta de Aury Lopes Jr.: "(...) não se pode cair no outro extremo, no qual a duração do processo é abreviada (aceleração antigarantista) não para assegurar esses direitos, senão para violá-los. Não existe nada mais demonstrativo da arbitrariedade de um procedimento que os juízos sumários ou sumaríssimos em matéria penal, pois eles impedem que o imputado possa exercer todas as faculdades próprias de um processo penal adequado à Constituição democrática. Isso nos remete a um primeiro ponto de partida, que é analisar o problema a partir da perspectiva dos direitos do imputado. O processo penal reclama tempo suficiente para satisfação, com plenitude, de seus direitos e garantias processuais". (LOPES JR., Aury. Introdução Crítica ao Processo Penal (Fundamentos da Instrumentalidade Garantista). Rio de Janeiro: Ed. Lúmen Juris, 2005, p. 126)

que já vinham, há muito, sendo explicitados tanto pela doutrina processual nacional, quanto pela estrangeira.

Tratando-se de verdadeiras regras gerais que deverão regular a forma de incidência dos referidos princípios em todo e qualquer ramo do direito processual, impõe-se, obviamente, sua igual observação nas ações penais. Até porque, qual fundamento poderia existir para se exigir maior rigor no respeito às garantias processuais apenas no Processo Civil, relegando-se, assim, o Processo Penal, cujo provimento final pode atingir até mesmo a liberdade do réu, a um segundo plano?[31]

No que tange ao contraditório, os principais dispositivos albergados pelo NCPC que certamente influenciarão o Processo Penal estão prescritos em seus arts. 7º e 10. Enquanto o primeiro reafirma a ideia de "*par conditio*", ou paridade de armas[32] – sempre tendo como paradigma a isonomia material, e não a meramente formal –, como elemento ínsito ao mencionado princípio, o segundo veda expressamente a prolação de qualquer decisão "com base em fundamento a respeito do qual não se tenha dado às partes oportunidade de se manifestar, ainda que se trate de matéria sobre a qual deva [o juiz] decidir de ofício".

Exige-se, portanto, o necessário respeito ao direito das partes em influenciar o convencimento do órgão julgador, seja acerca de questão de fato, seja sobre matéria de direito, vedando a chamada *decisão-surpresa,*[33] e fazendo com que a participação obrigatória das partes se revele como elemento de legitimação democrática do ato jurisdicional.[34]

A influência imediata da aplicação analógica de tais dispositivos ao procedimento penal deverá afastar a possibilidade de o magistrado, quando da sentença, utilizando-se do instituto da *emendatio libelli*, dar uma nova qualificação jurídica aos fatos narrados na denúncia sem antes questionar às partes acerca da nova capitulação.[35]

---

31 Levantando o mesmo questionamento: SILVARES, Ricardo; PINTO, Ronaldo Batista. Novo CPC e seus reflexos no âmbito do Processo Penal. Salvador: Ed. JusPodivm, 2016, p. 23

32 Conforma sustenta Humberto Theodoro Júnior, o "principal consectário do tratamento igualitário das partes se realiza através do contraditório". (THEODORO JÚNIOR, Humberto. Curso de Direito Processual Civil, Vol. 1, Rio de Janeiro: Ed. Forense, 2000, p. 26)

33 Sobre a proibição da prolação de decisões sem a efetiva participação das partes: OLIVEIRA, Carlos Alberto Alvaro de. "Poderes do juiz e visão cooperativa do processo". Revista de Direito Processual Civil. Curitiba: Gênesis, n. 27, 2003, p. 28-29; MALLET, Estevão. "Notas sobre o problema da chamada ´decisão-surpresa´". Revista de Processo. n. 233, 2014, p. 43-63.

34 Sobre a questão: MARINONI, Luiz Guilherme. Novas linhas do processo civil. São Paulo: Ed. Malheiros, 1999. p. 255-258

35 Neste sentido, antes mesmo da vigência no NCPC, Gustavo Badaró já sustentava que: "Se o juiz tem poderes que lhe permitem uma atuação de ofício, seja quanto à produção de provas, seja quanto à aplicação de regra jurídica, o exercício de tais poderes não

Se é verdade que o art. 383, C.P.P., de um lado, não obriga a abertura à manifestação das partes, por outro, também não a veda expressamente, admitindo-se, então, que tal lacuna seja suprida pela norma do art. 10, NCPC, passando-se a impor a prévia oitiva tanto da acusação, quanto da defesa, acerca da nova tipificação (questão de direito), antes da prolação definitiva da sentença.

Todavia, evidente que se as partes, por iniciativa própria, em nome de um princípio da eventualidade, em suas razões finais, já se manifestaram previamente acerca da possível nova capitulação, não haverá necessidade de nova abertura de vista às mesmas, podendo o magistrado aplicar, *in casu*, o novo tipo penal.

Já quanto às exigências trazidas pelo NCPC com relação à fundamentação das decisões judiciais que, igualmente, auxilia na concretização de princípio constitucional já previsto em nossa Magna Carta, especial atenção merece o parágrafo 1º, do art. 489, que determina tratar-se de decisão viciada, por falta de fundamentação, aquelas hipótese em que o juiz: (i) se limita à invocar atos normativos sem relacioná-los à causa; (ii) emprega abstratamente conceitos jurídicos indeterminados; (iii) invoca motivos genéricos aplicáveis a qualquer outra decisão; (iv) se furta a enfrentar os argumentos das partes contrários à conclusão judicial; (v) aponta precedentes ou enunciados de súmula sem confrontá-los com o caso concreto; ou (vi) se afasta de enunciado de súmula, jurisprudência ou precedente invocados por uma das partes sem a aplicação das técnicas do "*distinguishing*" ou o do "*overruling*".

Tais previsões, além de exigirem que o magistrado, após a análise circunstanciada dos argumentos trazidos pelas partes, sempre relacione *sua ratio decidendi* com o caso concreto, vão ao encontro da necessária valorização dos precedentes judiciais[36] – desde que realizada com o respeito às suas regras técnicas de aplicação típicas do sistema da *common law* [37]–,

pode surpreender as partes. Ao tomar conhecimento do resultado do exercício deste poder somente na sentença, as partes não mais terão oportunidade e possibilidade de contradizer, alegando e provando, para poder influir na formação do convencimento do juiz. Em tais casos, para evitar uma lesão ou perda da efetividade do princípio do contraditório, o órgão jurisdicional deve, antes de exercer seus poderes oficiais e como pressuposto de eficácia de tais poderes, submeter à apreciação das partes tais questões, permitindo a contradição das mesmas". (BADARÓ, Gustavo Henrique. Correlação entre acusação e sentença. São Paulo: Revista dos Tribunais, 2009, p. 24).

36 Exaltando o necessário fortalecimento dos precedentes judiciais: MARINONI. Luiz Guilherme. Precedentes obrigatórios. São Paulo: Revista dos Tribunais, 2011, p. 120-190; ATAÍDE JÚNIOR, Jaldemiro Rodrigues de. Precedentes vinculantes e irretroatividade do direito no sistema processual brasileiro, Curitiba: Juruá, 2012, p. 136-142

37 Isso porque, se por um lado a utilização uniforme de um precedente judicial visa, em última instância, garantir o respeito à isonomia, por outro, sua aplicação a casos con-

contribuindo, assim, de sobremaneira, para a qualidade futura das decisões penais.

Delineadas, portanto, as principais nuances dos arts. 7º, 10 e 489, parágrafo 1º, NCPC, e admitida a possibilidade de sua incidência nas ações penais, há de se questionar se tais dispositivos poderão ser utilizados para a constatação de vícios em atos processuais realizados em data anterior à vigência da nova codificação.

Embora tais dispositivos configurem verdadeiras normas explicativas que, como já asseverado, apenas positivaram características e exigências que a doutrina processual vinha apontando como ínsitas às garantias do contraditório e da motivação das decisões judiciais bem antes da entrada em vigor no Novo Código de Processo Civil, sob pena de se gerar uma insegurança jurídica incalculável,[38] os arts. 7º, 10 e 489, parágrafo 1º, NCPC deverão obrigatoriamente ser observados apenas nas decisões penais proferidas após a vigência da *novel* codificação, impedindo-se, assim, a decretação de nulidade de inúmeros atos decisórios anteriores que eventualmente se encontrem em choque com suas disposições.

Deve-se respeitar, portanto, quando da aplicação das referidas normas em Processo Penal, a regra geral do "*tempus regit actum*".

3.3. O novo regramento dos Recursos Extraordinário e Especial e a possibilidade expressa de concessão de efeito suspensivo

Umas das principais mudanças implementadas pelo Novo Código de Processo Civil, no que tange ao Processo Penal, foi a expressa revogação, através de seu art. 1.072. inciso IV, de diversos dispositivos relativos aos procedimentos a serem adotados nos Tribunais Superiores, constantes na Lei n. 8.038/90.

Nessa toada, a "*novel*" codificação civil afastou de nosso ordenamento jurídico os arts. 26 a 29, do mencionado diploma legal, que, até então,

---

cretos que diferem daqueles utilizados para sua formação igualmente atinge o referido princípio. Neste sentido: THEODORO JR., Humberto; NUNES, Dierle; BAHIA, Alexandre, "Breves contribuições sobre a politização do Judiciário e sobre o panorama de aplicação no direito brasileiro – Análise da convergência entre o civil law e o common law e dos problemas da padronização decisória". Revista de Processo, n. 189, nov./2010, p. 25-27.

---

38 Como bem assevera Lúcio Defino: "Destarte a regra de ouro estabelece que a toda lei dispõe para o futuro e não para o passado, de modo que os fatos ocorridos e situações já consumadas não se regem pela lei nova que entra em vigor, mas continuam valorados segundo a lei do seu tempo, circunstância que encontra justificativa no culto à segurança das relações jurídicas, um valor constitucionalmente garantido". (DELFINO, Lúcio. "Anotações sobre direito intertemporal processual". Revista Jurídica, ano 55, jun./2007, n. 356, pp.77-90, p. 80)

continuavam regrando os Recursos Extraordinário e Especial – e outros deles decorrentes – em matéria penal, mesmo após alterações recentes do CPC/73 que introduziram dispositivos específicos acerca dos recursos de via extraordinária.

Constatando-se a expressa revogação dos arts. 26 a 29, da Lei n. 8.038/90, não há dúvidas, portanto, que deverá ser aplicado analogicamente em Processo Penal, agora por absoluta ausência de lei específica, o disposto nas Seções II, III e IV, do Capítulo VI, do Título II, do Novo Código de Processo Civil, intituladas "Do Recurso Extraordinário e do Recurso Especial", "Do Agravo em Recurso Especial e em Recurso Extraordinário", e "Dos Embargos de Divergência".[39]

Novamente em razão dos limites – e dos próprios objetivos – do presente trabalho não se fará aqui uma análise circunstanciada de todas as novas previsões legais trazidas na referida codificação com relação ao tema, mas nos ateremos àquilo que poderá ser extremamente relevante caso nossa Suprema Corte mantenha seu recente – e surpreendente – posicionamento exortado nos autos do *Habeas Corpus* n. 126.292, qual seja: a nova previsão legal expressa da possibilidade de concessão de efeito suspensivo aos recursos excepcionais na forma do parágrafo 5º, do art. 1.029, NCPC.

A referida ação de *Habeas Corpus* foi impetrada sucessivamente contra prévia negativa de concessão de liminar em *writ* proferida pelo Superior Tribunal de Justiça, no qual se discutia a impossibilidade, em razão do princípio da presunção da inocência, da realização de execução provisória de acórdão condenatório de segundo grau quando pendentes ainda os respectivos recursos de via extraordinária.

Embora desde o célebre julgamento do Plenário do Supremo Tribunal Federal, realizado em 05/02/2009, nos autos do *Habeas Corpus* n. 84.078, a orientação jurisprudencial tenha se consolidado em conferir caráter absoluto à referida garantia processual penal, o que impediria a antecipação da aplicação da pena antes do trânsito em julgado do decreto condenatório, em 17/02/2016, a nova composição do órgão plenário, no *Habeas Corpus* n. 126.292, aparentemente mudou seu entendimento para o sentido oposto, tornando como regra o início da execução penal ainda que eventuais recursos excepcionais se encontrassem pendentes de análise pelos Tribunais Superiores.

Em que pesem as diversas objeções a essa última decisão[40] – que se baseou, fundamentalmente, em critérios utilitaristas –, e mais ainda quanto

---

39 Tais seções compreendem os arts. 1.029 a 1.042, NCPC.

40 Sobre as principais críticas, importante a leitura do Parecer acerca da constitucionalidade do art. 283, C.P.P., subscrito por Menelick de Carvalho Netto, Mateus Rocha Tomaz e Marcus Vinícius Fernandes Bastos, solicitado pelos patronos do Partido Ecológico Nacional (PEN), e que instruiu a Ação Direta de Constitucionalidade (ADC) n. 43, ora em trâmite no Supremo Tribunal Federal.

à sua aplicação indiscriminada como precedente pelas diversas cortes do país a todos os demais casos, lhe atribuindo, inclusive, força vinculante[41], acreditamos que a expressa possibilidade de concessão de efeito suspensivo aos recursos excepcionais, prevista no parágrafo 5º, do art. 1.029, NCPC – o que não se verificava nos antigos arts. 26 a 29 da Lei n. 8.038/90 –, será um instrumento extremamente relevante para a modulação da observância da referida decisão plenária ao caso concreto por nossos Tribunais de Apelação.

Isso porque, ainda segundo o Novo Código de Processo Civil, em seu art. 995, a eficácia da decisão corrida poderá ser suspensa pela concessão de efeito suspensivo a recurso, sempre que "da imediata produção de seus efeitos houver risco de dano grave, de difícil ou impossível reparação, e ficar demonstrada a probabilidade de provimento do recurso".

Se é certo que, nas ações penais, até mesmo em razão do direito material envolvido, estará *sempre presente o risco de dano grave e irreparável*,[42] a eventual probabilidade de provimento do recurso, todavia, deverá sempre ser analisada *caso a caso*, sendo verificada, por exemplo, quando o recurso interposto envolver tese de direito controvertida na doutrina, na jurisprudência, ou mesmo quando não se houver atingido unanimidade entre os julgadores no julgamento de segunda instância.

Note-se que o art. 637 do Código de Processo Penal, ainda vigente, *não proíbe peremptoriamente a concessão de efeito suspensivo ao Recurso Extraordinário*, mas apenas estabelece que, em regra, este não o terá, inexistindo assim qualquer antinomia que impeça sua concessão casuística, na forma da previsão processual civil, aqui aplicada analogicamente.[43]

---

41 Nota-se que, pelo menos até a conclusão deste trabalho, em 06/07/2016, não havia a efetiva lavratura de acórdão, tampouco a juntada de votos de todos os Ministros participantes do julgamento, o que dificulta sobremaneira a extração completa de sua *ratio decidendi*, necessária para a aplicação em outras ações penais. Além disso, não se pode deixar de ressaltar que o referido julgamento foi proferido em ação de *Habeas Corpus* relativa a crime de roubo majorado pelo emprego de arma de fogo e concurso de pessoas, delito que apresenta grande gravidade, o que pode ter sido considerado, ainda que de forma inconsciente, para se adotar o novo posicionamento. Nesse sentido, alertando sobre a ausência de força vinculante da referida decisão plenária, o Min. Celso de Mello, em decisão liminar monocrática proferida em 01/07/2016, nos autos do *Habeas Corpus* n. 135.100/MG – STF, afirmou que "pelo fato de haver sido proferida em processo de perfil eminentemente subjetivo, não se reveste de eficácia vinculante, considerado o que prescrevem o art. 102, § 2º, e o art. 103-A, "*caput*", da Constituição da República, a significar, portanto, que aquele aresto, embora respeitabilíssimo, não se impõe à compulsória observância dos juízes e Tribunais em geral".

42 Ao menos quando da aplicação de pena privativa de liberdade ou restritiva de direito no acórdão condenatório de segundo grau.

43 Admitindo a possível concessão de efeito suspensivo aos recursos excepcionais em Processo Penal após a edição do Novo Código de Processo Civil: BADARÓ, Gustavo

No que tange à possibilidade de aplicação do referido efeito suspensivo aos procedimentos recursais atualmente em curso há de se relembrar, primeiramente, a regra geral referente a direito processual intertemporal já explicitada anteriormente: os atos praticados na vigência da lei anterior deverão ser respeitados, sendo certo que seus efeitos também serão mantidos.

E o direito ao recurso – bem como todas as faculdades dele decorrentes – nascerá para a parte no exato momento em que a decisão judicial é publicada, visto que será esse o marco temporal em que a situação jurídica ativa restará consolidada.[44]

Deve-se salientar, todavia, que a publicação da decisão a que nos referimos não se trata do ato de intimação através da Imprensa Oficial, mas sim aquele que torna público o pronunciamento judicial, que pode ser tanto na própria data do julgamento – como se verifica nas hipóteses de atos decisórios proferidos oralmente em audiência pelo Juízo monocrático, ou mesmo nas sessões de julgamentos dos órgãos colegiados[45] –, ou, quando a decisão for prolatada em gabinete, no dia em que efetivamente juntado aos autos do processo pelo escrivão.[46]

A intimação das partes representa apenas "a condição ou termo inicial de exercício de um direito – o de impugnar – que preexiste, nascido no dia em que se proferiu o julgamento".[47]

Disso se constata que o recurso, em tese, deverá ser regido pela lei vigente quando da publicação do pronunciamento judicial, devendo-se, portanto, verificar, em regra, a ultratividade, tanto dos arts. 26 a 28 da Lei n. 8.038/90, para que tais normas, referentes aos recursos excepcionais, continuem a ser aplicadas aos julgamentos proferidos pelos Tribunais de segunda instância em data anterior à vigência do NCPC, quanto do art. 29 da

---

Henrique. Manual dos Recursos Penais. São Paulo: Editora Revista dos Tribunais, 2016, p. 392; TÁVORA, Nestor; ALENCAR, Rosmar Rodrigues. Curso de direito processual penal. Salvador: Ed. JusPodvm, 2016, p. 1.941 e seguintes.

---

44 Nesse sentido, José Carlos Barbosa Moreira: "O princípio fundamental, na matéria, é o de que a recorribilidade se rege pela lei em vigor na data em que foi publicada a decisão: a norma processual superveniente respeita os atos já praticados e os respectivos efeitos já produzidos antes de sua vigência". (MOREIRA, José Carlos Barbosa. Comentários ao Código de Processo Civil, vol. V. Rio de Janeiro: Ed. Forense, 2006, p. 269)

45 No caso do julgamento por órgãos colegiados, a posterior lavratura do acórdão configura mero ato vinculado de documentação.

46 Nesse sentido: DIDIER JR., Fredie. Curso de direito processual civil: introdução ao direito processual civil, parte geral e processo de conhecimento. Salvador: Ed. Jus Podivm, 2015, p. 57, nota 89.

47 LACERDA, Galeano. O novo direito processual civil e os feitos pendentes. Rio de Janeiro: Forense, 2006, p. 50.

referida lei, que permanecerá regendo a hipótese de oposição de embargos de divergência em matéria penal quando a decisão colegiada, em sede de Recurso Extraordinário ou Especial, foi prolatada anteriormente à entrada em vigor da *"novel"* codificação processual civil.

Consequentemente, seguindo-se tal regra, não haveria que se falar, ao menos em tese, acerca da possibilidade de concessão de efeito suspensivo a recursos excepcionais interpostos contra decisões proferidas na vigência da lei anterior, não albergando, portanto, os procedimentos recursais já em curso.

Todavia, aqui há de se fazer, novamente, relevantíssima ressalva sobre uma peculiaridade do Direito Processual Penal que justifica o afastamento da regra geral de direito processual intertemporal.

O direito material envolvido refere-se à liberdade do réu que, ao menos quando se tratar de condenação à pena de prisão, será sempre diretamente atingida quando sustentada uma peremptória inviabilidade abstrata de concessão de efeito suspensivo a Recursos Especiais e Extraordinários manejados pela defesa.[48]

Sempre que a nova norma penal, ainda que processual, contiver aspectos que beneficiem materialmente o acusado, deverá lhe ser conferida a possibilidade de aplicação imediata, ainda que passe a reger situação jurídica anterior já consolidada.

Como bem alertado por Lúcio Delfino, por vezes, há de se encontrar uma "situação intermediária" entre a retroatividade e a irretroatividade da lei nova processual, admitindo-se "a aplicação imediata da nova lei às relações nascidas sob a vigência da anterior e que ainda não se aperfeiçoaram", desde que, evidentemente, se respeite o direito processual adquirido. A lei nova poderá ser aplicada "aos fatos e situações pretéritas, originadas sob a égide e o império da lei precedente por ela revogada, mas ainda não consumados, que se encontram num estado de transição".[49]

Assim, acreditamos que se deve adotar, *"in casu"*, uma versão temperada à regra do *"tempus regit actum"*, admitindo-se a incidência da nova regra que estabelece a possibilidade de concessão de efeito suspensivo aos

---

48 Ressalte-se que a inviabilidade total de aplicação retroativa da norma processual penal apenas se verificará quando estas atingirem direitos do acusado, visto que, nessas hipóteses, se exige interpretação restritiva da norma. Gustavo Henrique Badaró assevera que: "Como emanação das garantias constitucionais da presunção da inocência e da ampla defesa, as disposições de leis processuais penais que limitem ou restrinjam a liberdade do acusado ou o exercício do direito de defesa devem receber interpretação restritiva. Em outras palavras, em tal campo, estão proibidas a interpretação extensiva e a analogia, salvo *in bonam partem*, isto é, em favor do acusado ou para beneficiá-lo". BADARÓ, Gustavo Henrique. Processo penal. Rio de Janeiro: Ed. Elsevier, 2014, p. 63.

49 DELFINO, Lúcio. "Anotações sobre direito intertemporal processual". Revista Jurídica, ano 55, jun./2007, n. 356, pp.77-90, p. 80.

Recursos Extraordinário e Especial também às hipóteses em que o procedimento recursal já se encontra em curso, uma vez que tal previsão confere maior proteção ao direito de liberdade do acusado.

4. Conclusão

Buscou-se no presente trabalho, primeiramente, demonstrar a viabilidade da aplicação analógica das novas normas processuais civis às ações penais, ainda que o art. 15, NCPC, tenha restado silente quanto à utilização subsidiária e supletiva da *"novel"* codificação no Processo Penal.

Assentou-se que a regra específica do art. 3º, C.P.P., ainda vigente, continua admitindo a aplicação analógica dos dispositivos do Código de Processo Civil, utilizando-o como critério de auto integração; ou seja, havendo lacunas totais ou parciais na legislação penal a serem preenchidas, aplicar-se-ão as normas processuais civis que com aquela não conflitem.

Partindo-se dessa premissa, analisou-se a possível transposição ao Processo Penal dos dispositivos do NCPC referentes (i) à nova técnica de contagem de prazo processual, (ii) às prescrições concretizadoras dos princípios do contraditório e da motivação das decisões judiciais, e (iii) aos procedimentos referentes aos recursos excepcionais, concluindo-se que apenas esses dois últimos deverão ser observados nas ações penais, desde que respeitadas as regras – e exceções – atinentes ao direito processual intertemporal.

Assim, sem qualquer pretensão em esgotar o tema, espera-se que o presente trabalho tenha contribuído para sedimentar a necessidade de adoção, nas ações penais, de algumas das grandes inovações trazidas pelo Novo Código de Processo Civil, desde que estas se mostrem perfeitamente compatíveis com as peculiaridades e disposições do nosso sistema processual penal.

5. Referências bibliográficas

ATAÍDE JÚNIOR, Jaldemiro Rodrigues de. *Precedentes vinculantes e irretroatividade do direito no sistema processual brasileiro*, Curitiba: Juruá, 2012

BADARÓ, Gustavo Henrique. *Correlação entre acusação e sentença*. São Paulo: Revista dos Tribunais, 2009

______. *Manual dos Recursos Penais*. São Paulo: Revista dos Tribunais, 2016

______. *Processo penal. Rio de Janeiro*. Ed.1. Elsevier, 2014

BOBBIO, Norberto. *Teoria do Ordenamento Jurídico*. Trad. Ari Marcelo Solon. São Paulo: EDIPRO, 2011

BUENO, Cássio Scarpinella. *Novo Código de Processo Civil Anotado*. São Paulo: Saraiva, 2015

CARNEIRO, Paulo Cezar Pinheiro. *Breves comentários ao novo código de processo civil*, Coord. Teresa Arruda Alvim Wambier e outros, São Paulo: Revista dos Tribunais, 2015, p. 94.

CARNELUTTI, Francesco. *"Cenerentola". Rivista di Diritto Processuale.* Vol. 1, n. 1, Padova: CEDAM, 1946

DELFINO, Lúcio. *Anotações sobre direito intertemporal processual.* Revista Jurídica, ano 55, jun./2007, n. 356, pp.77-90

DIDIER JR., Fredie. *Curso de direito processual civil: introdução ao direito processual civil, parte geral e processo de conhecimento.* Salvador: Ed. Jus Podivm, 2015

DINAMARCO, Cândido Rangel. *A instrumentalidade do processo.* São Paulo: Ed. Malheiros, 1993

GAJARDONI, Fernando da Fonseca. *Impactos do Novo CPC no processo penal.* Disponível em <http://jota.uol.com.br/impactos-do-novo-cpc-no-processo-penal%C2%B9>, acesso em 24/06/2016.

GRECO FILHO, Vicente. *Manual de processo penal.* São Paulo: Ed. Saraiva, 2010

LACERDA, Galeano. *O novo direito processual civil e os feitos pendentes.* Rio de Janeiro: Forense, 2006

LAURINO, Salvador Franco de Lima. *O artigo 15 do novo Código de Processo Civil e os limites da autonomia do processo do trabalho.* Revista eletrônica [do] Tribunal Regional do Trabalho da 9ª Região, vol. 4, n. 44, set./2015

LIMA, Renato Brasileiro de. *Manual de processo penal: volume único.* Salvador: Ed. JusPodivm, 2016

LIMONGE, Celso. *O Novo Código de Processo Civil e sua influência no processo penal.* Disponível em < http://www.migalhas.com.br/dePeso/16,MI228317,101048-O+Novo+Codigo+de+Processo+Civil+e+sua+influencia+no+processo+penal> , acesso em 26/06/2014

LOPES JR., Aury. *Introdução Crítica ao Processo Penal (Fundamentos da Instrumentalidade Garantista).* Rio de Janeiro: Ed. Lúmen Juris, 2005

MALLET, Estevão. *Notas sobre o problema da chamada 'decisão-surpresa'.* Revista de Processo. n. 233, 2014, p. 43-63

MARINONI, Luiz Guilherme. *Novas linhas do processo civil.* São Paulo: Ed. Malheiros, 1999

______. *Precedentes obrigatórios.* São Paulo: Revista dos Tribunais, 2011

MARQUES, José Frederico. *Elementos de direito processual penal* v. I. Campinas: Ed. Bookseller, 1997

MAXIMILIANO, Carlos. *Direito intertemporal ou teoria da retroatividade das leis.* São Paulo e Rio de Janeiro: Freitas Bastos, 1946

MOREIRA, José Carlos Barbosa. *Comentários ao Código de Processo Civil,* vol. V. Rio de Janeiro: Ed. Forense, 2006

NASSER, Paulo Magalhães. *Direito intertemporal e o reexame necessário.* Revista de Processo, ano 33, n. 166, dez./2008, pp. 136-155

OLIVEIRA, Carlos Alberto Alvaro de. *Poderes do juiz e visão cooperativa do processo.* Revista de Direito Processual Civil. Curitiba: Gênesis, n. 27, 2003

SANTOS, Moacyr Amaral. *Primeiras linhas de direito processual civil,* vol. 1, São Paulo: Ed. Saraiva, 1992

SILVARES, Ricardo; PINTO, Ronaldo Batista. *Novo CPC e seus reflexos no âmbito do Processo Penal.* Salvador: Ed. JusPodivm, 2016

TÁVORA, Nestor; ALENCAR, Rosmar Rodrigues. *Curso de direito processual penal.* Salvador: Ed. JusPodvm, 2016

THEODORO JÚNIOR, Humberto. *Curso de Direito Processual Civil,* Vol. 1, Rio de Janeiro: Ed. Forense, 2000

______. NUNES, Dierle; BAHIA, Alexandre, *Breves contribuições sobre a politização do Judiciário e sobre o panorama de aplicação no direito brasileiro – Análise da convergência entre o civil law e o common law e dos problemas da padronização decisória*. Revista de Processo, n. 189, nov./2010

TORNAGHI, Hélio Bastos. *Comentários ao Código de Processo Penal*: Vol. 1, Tomo I, Rio de Janeiro: Ed. Forense, 1956

TUCCI, Rogério Lauria. *Considerações acerca da inadmissibilidade de uma teoria geral do processo*. Revista Jurídica. ed. 281, Porto Alegre, 2001, p. 48-64

WAMBIER, Teresa Arruda Alvim Wambier; CONCEIÇÃO, Maria Lúcia Lins; RIBEIRO, Leonardo Ferres da Silva; MELLO, Rogério Licastro Torres de. *Primeiros comentários ao Novo Código de Processo Civil: artigo por artigo*. São Paulo: Revista dos Tribunais, 2015.

A DESJUDICIALIZAÇÃO ENQUANTO FERRAMENTA DE ACESSO À JUSTIÇA NO CPC/2015

A nova figura da usucapião por escritura pública

Humberto Dalla Bernardina de Pinho
José Roberto Sotero de Mello Porto

Sumário: 1. O novo CPC e a amplitude do acesso à justiça. 2. A evolução do fenômeno da desjudicialização no direito brasileiro. **3.** A nova jurisdição voluntária extrajudicial. **4.** A figura da usucapião administrativa e o exame do art. 1.071 do CPC/2015. **4.1.** Uma nova espécie de usucapião administrativa? **4.2.** Amplitude do instituto. **4.3.** A solução judicial: uma via sempre aberta? **4.4.** Requisitos do requerimento. **4.5.** Documentos necessários. **4.6.** Ciência aos entes federados e demais interessados. **4.7.** Casos de dúvida. **4.8.** Acolhimento do pedido. **4.9.** Rejeição do pedido versus impugnação do pedido. **4.10.** A função conciliatória do tabelião. **5.** Conclusão. **6.** Referências bibliográficas.

1. O novo CPC e a amplitude do acesso à justiça

O Novo Código de Processo Civil trouxe, em seu art. 3º, o comando de que "não se excluirá da apreciação jurisdicional ameaça ou lesão a direito", enquanto o texto constitucional, em seu art. 5º, XXXV, entende que "a lei não excluirá da apreciação do Poder Judiciário lesão ou ameaça a direito".

Embora haja similitude entre as duas redações, uma leitura mais atenta revela que o comando infraconstitucional busca oferecer uma garantia mais ampla, extrapolando os limites do Poder Judiciário, a quem incumbe prestar a jurisdição, mas não como um monopólio.[1]

---

1 LIMA. Cláudio Vianna de. A arbitragem no tempo, o tempo na arbitragem. In: A Arbitragem na Era da Globalização, livro coordenado pelo professor José Maria Rossani Garcez, 2ª edição, Rio de Janeiro: Forense, 1999, p. 5.

A função jurisdicional representa o dever Estatal de dirimir conflitos, abarcando as modalidades chiovendiana, de atividade substitutiva,[2] e carneluttiana, de resolução de conflitos.[3]

Contudo, na construção clássica, o Judiciário apenas atua na forma negativa, ou seja, dirimindo conflitos com a imposição de vontade do juiz, determinando um vencedor e um vencido.[4]

Por isso, o art. 3° do NCPC, ao se referir à apreciação jurisdicional, vai além do Poder Judiciário e da resolução de controvérsias pela substitutividade. O dispositivo passa a permitir outras formas positivas de composição, pautadas no dever de cooperação das partes e envolvendo outros atores.[5]

Desse modo, a jurisdição, outrora exclusiva do Poder Judiciário, pode ser exercida por serventias extrajudiciais ou por câmaras comunitárias, centros ou mesmo conciliadores e mediadores extrajudiciais.

Dentro do contexto, ganha força também a jurisdição voluntária extrajudicial,[6] que será vista no próximo tópico.

A jurisdição é essencialmente uma função estatal. Por isso, em momentos históricos diversos, desde a Antiguidade, passando pelas Idades Média, Moderna e chegando à Contemporânea, o Estado, invariavelmente, chamou para si o monopólio da jurisdição, sistematizando-a, a partir de Luís

---

2 CHIOVENDA, Giuseppe. Instituições de Direito Processual Civil. 3ª ed. vol. II. Campinas: Bookseller, 2002. p. 8: "Pode definir-se jurisdição como a função do Estado que tem por escopo a atuação da vontade concreta da lei por meio da substituição, pela atividade de órgãos públicos, da atividade de particulares ou de outros órgãos públicos, já no afirmar a existência da vontade da lei, já no torná-la, praticamente, efetiva."

3 CARNELUTTI, Francesco. Sistema de Direito Processual Civil. 2ª ed. São Paulo: Lemos e Cruz, vol. 1, 2004. p. 63: "A influência que faz desdobrar o interesse externo para determinar a composição espontânea dos conflitos nem é pequena, nem pode ser desprezada. Pelo contrário, uma observação profunda sobre os regimes dos conflitos interindividuais, intersindicais e internacionais parece-me que deve levar a comprovar que, à medida em que a civilização progride, há menos necessidade do Direito para atuar a solução pacífica do conflito, não apenas porque cresce a moralidade, como também, e mais por tudo, porque aumenta a sensibilidade dos homens perante o supremo interesse coletivo."

4 ALCALÁ-ZAMORA, Niceto y Castillo. Estudios de teoría general del proceso. México: Universidad Nacional Autónoma de México, 1992. Disponível em: <http://info5.juridicas.unam.mx/libros/libro.htm?l=1049>. Acesso em: 13 ago. 2015. p.127.

5 PINHO, Humberto Dalla Bernardina de. STANCATI, Maria M. S. Martins. A ressignificação do princípio do acesso à justiça à luz do art. 3° do CÓDIGO DE PROCESSO CIVIL DE 2015. Revista de Processo, v. 254, Abr/2016, São Paulo: Revista dos Tribunais, p. 20.

6 LOPES DA COSTA, Alfredo de Araújo. A Administração Pública e a Ordem Jurídica Privada (Jurisdição Voluntária). Belo Horizonte: Bernardo Álvares, S. A., 1961. p. 36. Veja-se, também, PRATA, Edson. Jurisdição Voluntária. São Paulo: Ed. Universitária, 1979. p. 55.

XIV. A atuação jurisdicional, então, era um poderoso mecanismo para assegurar o cumprimento das leis.

No entanto, Leonardo Greco[7] admite que a jurisdição não precisa ser, necessariamente, uma função estatal.

É claro que não se pode simplesmente desatrelar a jurisdição do Estado, até porque, em maior ou menor grau, a dependência do Estado existe, principalmente para se alcançar o cumprimento da decisão não estatal.

Por outro lado, podemos pensar no exercício dessa função por outros órgãos do Estado[8] ou por agentes privados.[9]

O próprio Cappelletti[10] defendeu o desenvolvimento da justiça coexistencial,[11] mesmo sem a participação e controle do Estado, de acor-

---

7 GRECO, Leonardo. Instituições de Processo Civil, vol. I, 5ª edição, Rio de Janeiro: Forense, 2015, p. 70. "a composição de litígios e a tutela de interesses particulares podem ser exercidas por outros meios, por outros órgãos, como os órgãos internos de solução de conflitos, estruturados dentro da própria Administração Pública, compostos de agentes dotados de efetiva independência, e até por sujeitos privados, seja por meio de arbitragem, seja pela justiça interna das associações".

8 "Assim como a normatividade não é monopólio do Legislativo, a realização do justo não é monopólio do Judiciário. Há lugar para a mediação, para a arbitragem, para a negociação, para o juiz de aluguel e outras modalidades de solução dos conflitos" (NALINI, José Renato. O juiz e o acesso à justiça. 2ª ed., São Paulo: Ed. RT, 2000, p. 100).

9 "O sentido contemporâneo da palavra jurisdição é desconectado – ou ao menos não é acoplado necessariamente – à noção de Estado, mas antes sinaliza para um plano mais largo e abrangente, onde se hão de desenvolver esforços para (i) prevenir formação de lides, ou (ii) resolver em tempo razoável e com justiça aquelas já convertidas em processo judiciais" (MANCUSO, Rodolfo de Camargo. A resolução dos conflitos e a função judicial no contemporâneo Estado de Direito. São Paulo: Editora Revista dos Tribunais, 2009, p. 52).

10 "Mas a temática daquilo a que chamei a "terceira onda" vai muito mais além dessas formas de simplificação dos procedimentos e dos órgãos de justiça. Muito importante é a substituição da justiça contenciosa por aquela que denominei de justiça coexistencial, isto é, baseada em formas conciliatórias" (CAPPELLETTI, Mauro. Problemas de Reforma do Processo nas Sociedades Contemporâneas. In: Revista Forense, n. 318, pp. 123-124).

11 Em uma de suas mais felizes passagens, pontifica o Mauro Cappelletti: "o recente despertar de interesse em torno do acesso efetivo à Justiça levou a três posições básicas, pelo menos nos países do mundo Ocidental. Tendo início em 1965, estes posicionamentos emergiram mais ou menos em sequência cronológica. Podemos afirmar que a primeira solução para o acesso – a primeira 'onda' desse movimento novo – foi a assistência judiciária; a segunda dizia respeito às reformas tendentes a proporcionar representação jurídica para os interesses 'difusos', especialmente nas áreas da proteção ambiental e do consumidor; e o terceiro – e mais recente – é o que nos propomos a chamar simplesmente "enfoque de acesso à justiça" porque inclui os posicionamentos anteriores, mas vai muito além deles, representando, dessa forma, uma tentativa de atacar as barreiras ao acesso de modo mais articulado e compreensivo". (CAPPELLETTI, Mauro, GARTH, Bryant [tradução de Ellen Gracie Northfleet]. Acesso à Justiça, Porto Alegre: Sérgio Antonio Fabris, 1988, p. 31 e ss.).

do com o tipo de conflito. Como exemplos concretos de "Tribunais de Vizinhança", já observava os "Tribunais de Camaradas" do Leste Europeu, as "Comissões Sociais de Conciliação" polonesas e o *conciliateur* local francês.[12] De resto, a desjudicialização dos conflitos encontra-se inserida na terceira onda de acesso à justiça prenunciada pelo doutrinador italiano.

À luz do conceito moderno de acesso à justiça, o princípio da inafastabilidade da jurisdição deve passar por uma releitura,[13] não ficando limitado ao acesso ao Judiciário, mas se estende às possibilidades de solucionar conflitos no âmbito privado. Nessas searas, também devem ser asseguradas a independência e a imparcialidade do terceiro que irá conduzir o tratamento do conflito.[14]

Como já temos falado em diversas oportunidades,[15] a via judicial deve estar sempre aberta, mas isso não significa que ela precise ser a primeira ou única solução. O sistema deve ser usado subsidiariamente, até para evitar sua sobrecarga, que impede a efetividade[16] e a celeridade[17] da prestação jurisdicional.

---

12 *Ibidem*. pp. 114-120.

13 "O acesso à justiça não está vinculado necessariamente à função judicial e, muito menos, ao monopólio estatal da justiça. A terceira onda renovatória do processo civil tratou da ampliação do acesso à justiça, prestigiando métodos auto e heterocompositivos. Todavia, o Brasil ainda não alcançou essa terceira fase do processo civil, tendo em vista que prestigia somente o meio judicial de solução de conflito, confinando o acesso à justiça às portas dos tribunais, que abarrotados de processos, não garantem uma prestação jurisdicional eficiente" (SANTANNA, Ana Carolina Squadri. Proposta de reeleitura do princípio da inafastabilidade da jurisdição: introdução de métodos autocompositivos e fim do monopólio judicial de solução de conflitos. 2014. Dissertação. Universidade do Estado do Rio de Janeiro, p. 131).

14 GRECO, Leonardo. *Op. cit.*, p. 71.

15 "Somos de opinião que as partes deveriam ter a obrigação de demonstrar ao Juízo que tentaram, de alguma forma, buscar uma solução consensual para o conflito. Não há necessidade de uma instância prévia formal extrajudicial, como ocorre com as Comissões de Conciliação Prévias na Justiça do Trabalho; basta algum tipo de comunicação, como o envio de uma carta ou e-mail, uma reunião entre advogados, um contato com o 'call center' de uma empresa feito pelo consumidor; enfim, qualquer providência tomada pelo futuro demandante no sentido de demonstrar ao Juiz que o ajuizamento da ação não foi sua primeira alternativa. Estamos pregando aqui uma ampliação no conceito processual de interesse em agir, acolhendo a ideia da adequação, dentro do binômio necessidade-utilidade, como forma de racionalizar a prestação jurisdicional e evitar a procura desnecessária pelo Poder Judiciário. Poderíamos até dizer que se trata de uma interpretação neoconstitucional do interesse em agir, que adequa essa condição para o regular exercício do direito de ação às novas concepções do Estado Democrático de Direito" (PINHO, Humberto Dalla Bernardina de. A mediação no direito brasileiro: evolução, atualidades e possibilidades no projeto do novo Código de Processo Civil. Disponível em: <www.ambito-juridico.com.br>. Acesso em 11/10/2014).

16 MANCUSO, Rodolfo de Camargo Mancuso. Op. cit., p. 51.

17 "Nesse contexto, demonstrada a incapacidade do Estado de monopolizar esse processo, tendem a se desenvolver outros procedimentos jurisdicionais, como a arbitragem, a

Não é compatível com as modernas teorias sobre o Estado Democrático de Direito a ideia de que o processo em juízo seja a forma preferencial de solução de controvérsias,[18] nada obstante essa visão, quer seja pela tradição, ou mesmo pelo receio da perda de uma parcela de poder, mantenha-se em alguns seguimentos.[19]

Nesse contexto, é preciso assentar a ideia de um Estado-juiz minimalista. Cabe ao juiz assumir seu novo papel de gerenciador do conflito, de modo a orientar as partes, mostrando-lhes o mecanismo mais adequado para tratar aquela lide específica.[20]

2. A evolução do fenômeno da desjudicialização no direito brasileiro

Fixadas essas premissas, vamos tratar das formas de desjudicialização previstas no ordenamento brasileiro.

mediação, a conciliação e a negociação, almejando alcançar a celeridade, informalização e pragmaticidade" (SPENGLER, Fabiana Marion. Da jurisdição à mediação. Por uma outra cultura no tratamento de conflitos. Ijuí: Editora Ijuí, 2010, p. 104).

18 PINHO, Humberto Dalla Bernardina de. STANCATI, Maria M. S. Martins. A ressignificação do princípio do acesso à justiça à luz do art. 3° do CÓDIGO DE PROCESSO CIVIL DE 2015. Revista de Processo, v. 254, Abr/2016, São Paulo: Revista dos Tribunais, p. 27.

19 "A inflacionada demanda por justiça é um fenômeno complexo, que parte sobretudo, de uma dependência social dos Tribunais, seja por uma cultura demandista especialmente notada em países do sistema civil law, seja pelo incentivo estatal, que temendo a perda do monopólio, faz o Poder Judiciário propagar a ideia de que somente ele é capaz de proporcionar uma solução eficaz dos conflitos, percebido quando se promove por exemplo, a incorporação das ADRs aos Tribunais" (PINHO, Humberto Dalla Bernardina de; PAUMGARTTEN, Michele Pedrosa. A institucionalização da mediação é a panacea para a crise do acesso à justiça? Disponível em: <www.publicadireito.com.br>. Acesso em 08/10/2013).

20 "É comum ouvir acerca do descrédito no Poder Judiciário e sobre casos de injustiça patente, a ponto de banalizar-se e crer-se tal fato como irremediável e normal, Tal situação gera um descontrole e cria maior zona de conflitos, quando muitos se aproveitam dessa morosidade para descumprir as leis, desrespeitar contratos e não cumprir deveres e obrigações, criando um ciclo vicioso no qual, quanto maior a duração do processo pelo seu excessivo número, em mais casos é o Judiciário obrigada a intervir. Entendemos que a jurisdição civil deva ficar reservada a casos extremamente necessários e nos quais a solução dependa da chancela, supervisão ou decisão estatal. A chamada jurisdição voluntária deve ser revista, assim como situações em que é injustificável a intervenção estatal, privilegiando-se as formas de solução de conflito alternativas (câmaras de conciliação, arbitragem, juizados cíveis especializados etc.)" (HOFFMAN, Paulo. Razoável duração do processo. São Paulo: Quartier Latin, 2006, p. 23-24).

Primeiramente há uma questão terminológica: se a desjudicialização pode ser caracterizada como um quarto meio de resolução de conflitos.[21]

O ordenamento escolhe conceder tratamento diverso à pretensão que poderia vir a ser resistida e originaria a lide que iria ocasionar o nascimento da demanda. Chega-se a um consenso pela atividade negocial das partes ou pela intervenção de um terceiro (conciliação ou mediação), valendo-se das ferramentas extrajudiciais.[22]

O fenômeno da desjudicialização não era imaginado pela comunidade jurídica em décadas anteriores,[23] pela utilização de um conceito restrito de jurisdição. Mesmo assim, sutilmente, já era possível vislumbrar casos de desjudicialização na sociedade brasileira. Ousa-se afirmar que desde a edição da Lei 6.015/73 (Lei de Registros Públicos) já se apontava para a desjudicialização dos ritos presentes nessa lei, ou seja, para os casos de procedimentos que não necessitavam de atividade decisória judicial para existir, mas há ingerência estatal para lhes assegurar segurança jurídica, e atribuir-lhes oponibilidade *erga omnes*.

A desjudicialização não perde a natureza de intervenção estatal – há, apenas, uma materialização estruturada de forma diversa do processo judicial. Os conceitos de informalização e desjudicialização, em sentido amplo, manifestam-se através de diferentes realidades que permitem prevenir ou resolver um litígio.

Assim, em 1973, com a aprovação da Lei de Registro Públicos (LRP – Lei 6.015), buscou-se a unificação dos procedimentos que não precisavam ter cunho decisório jurisdicional para produzir efeitos contra terceiros, de modo que, nessa seara, há muito já se exerce jurisdição voluntária extrajudicial.

A partir de 1992, a desjudicialização acentua-se, com a promulgação da lei 8.560 que institui formas de reconhecimento de paternidade direto no registro de nascimento, pela escritura pública ou escrito particular arquivado na serventia, por testamento, mesmo que incidental, e ainda pela via judicial. Há a facultatividade da escolha do procedimento.[24]

Registre-se que, desde 2012, esse reconhecimento foi ampliado de forma que o pai não precisa nem ir na Serventia onde se localiza o assento

---

21 PEDROSO, João. Percurso(s) da(s) reforma(s) da administração da justiça – uma nova relação entre o judicial e o não judicial. Centro de Estudos Sociais, Observatório Permanente da Justiça Portuguesa, Coimbra, v. 171, p.1-43, abr. 2002. Disponível em: <http://www.ces.uc.pt/publicacoes/oficina/ficheiros/171.pdf>. Acesso em: 20 set. 2015. p. 14.

22 PINHO, Humberto Dalla Bernardina de. STANCATI, Maria M. S. Martins. *Op.cit.*, p. 29.

23 ALMEIDA, João Alberto de. Desjudicialização: a relação entre a arbitragem e os serviços notariais e registrais. In: Revista da Faculdade de Direito UFMG, Belo Horizonte, n. 59, p.101-122, jul. 2011. p. 113.

24 PINHO, Humberto Dalla Bernardina de. STANCATI, Maria M. S. Martins. Op.cit., p. 32.

de nascimento do filho, podendo reconhecer a paternidade em qualquer Serventia de Registro de Pessoas Naturais do Brasil.[25]

Em 1994, com a Lei n° 8.951, a consignação em pagamento passou a poder ser feita extrajudicialmente, com a inserção do § 1° no art. 890 do CPC/73.

Em 1997, a lei 9.514, que trata de alienação judiciária de bem imóvel, permitiu o registro da alienação fiduciária em garantia de coisa imóvel e averbação do termo de securitização de créditos imobiliários, quando submetidos a regime fiduciário.

A sub-rogação de dívida, da respectiva garantia fiduciária ou hipotecária e da alteração das condições contratuais, em nome do credor que venha a assumir tal condição também pode ser registrada na forma do disposto pelo art. 31 da Lei no 9.514, de 20 de novembro de 1997, ou do art. 347 do Código Civil.

O procedimento é realizado em ato único, a requerimento do interessado, devidamente instruído com documento comprobatório firmado pelo credor original e pelo mutuário, pela redação dada pela Lei nº 12.810, de 2013. O registro desse gravame permite a troca de propriedade do bem sem a necessidade de intervenção do Poder Judiciário.

Já a lei 10.931/04, que dispõe sobre o patrimônio de afetação nas incorporações imobiliárias, introduziu a averbação da cessão de crédito imobiliário e o instituto da retificação administrativa, que é o modelo a ser utilizado pela usucapião extrajudicial. Na retificação, há a possibilidade de se corrigirem erros relacionados ao registro imobiliário, prescindindo de decisão judicial.

O divórcio e inventário extrajudiciais foram introduzidos pela Lei n° 11.441/07,[26] permitindo aos maiores capazes, sem filhos menores, com bens ou não, que se utilizassem dessa via de forma facultativa e célere para regularizar a situação de término da sociedade conjugal ou inventariar e repartir os bens deixados pelo *de cujus*.

Também podem seguir esses procedimentos o inventário negativo, que visa dizer que o falecido não deixou bens, e o divórcio com ou sem bens a partilhar, no intuito de extinguir os deveres do casamento e decidir sobre pensão alimentar ao cônjuge e filho maior.[27]

---

25 Art. 6º e §§, Provimento 16/2012, CNJ, derivado da ampla adesão do programa Pai presente.

26 Apesar de não ser o primeiro procedimento a ser desjudicializado, ele é apresentado como um marco da desjudicialização (RIBEIRO, Moacyr Petrocelli de Ávila. op. cit. p.3, CAVALCANTI NETO, Clóvis Tenório. op. cit. p.1; KOLLET, Ricardo Guimarães. A Jurisdição Notarial e os Direitos Subjetivos da Normalidade, 2009. Disponível em: <http://www.portalibest.com.br/img_sis/download/bd64869585011025ec09b79c5778539f.pdf>. Acesso em: 05 fev. 2015. p.16).

27 Caso de filho maior universitário, ou se o genitor deseja, de forma graciosa, continuar a pensionar seu filho.

Em 2008, a Lei n° 11.790 desjudicializou o procedimento de registro de nascimento após o prazo legal. A providência pode ser tomada pelo genitor ou pelo próprio interessado em ter seu assento de nascimento, em seu lugar de residência, com a assinatura de duas testemunhas. Caso o Oficial do registro não se convença acerca da identidade do registrando pode exigir prova suficiente e realizar diligências complementares. Caso persista a dúvida, ele deverá remeter o procedimento à via judicial.

O Programa Minha Casa Minha Vida (PMCMV), trazido pela Lei n° 11.977/09, permitiu aos detentores do título de legitimação de posse registrada, após cinco anos, a conversão em propriedade, pela modalidade de usucapião, sem a necessidade de processo judicial. Para áreas com mais de 250m^2, o prazo da conversão da posse em propriedade é estabelecido na legislação específica sobre usucapião. A doutrina batizou o instituto de usucapião administrativo.

Ainda em 2009, a Lei nº 12.100 permitiu a correção de erros facilmente constatáveis pelo Oficial, mediante provocação ou mesmo sem, independente de qualquer pagamento, após manifestação conclusiva do Ministério Público, sem necessidade de intervenção judicial.

O CPC/2015 se manteve nessa linha e acrescentou novas hipóteses de desjudicialização.

O art. 1.071 autoriza a desjudicialização do procedimento de usucapião. A postulação pode ser dirigida diretamente o cartório do registro de imóvel, incorporando-se o rito para a usucapião na lei de registros públicos (Lei n. 6.015/73, art. 216-A)[28]. No caso de se judicializar a usucapião, não há mais previsão de rito específico, devendo seguir o procedimento comum.

Aliás, o código vigente, excluindo o procedimento especial para a ação de usucapião, apenas menciona o tema em três momentos: além da inserção na lei notarial mencionada acima, ao tratar da citação dos confinantes (que deverá ser pessoal, salvo quando o bem imóvel objeto do processo seja unidade autônoma de prédio em condomínio (art. 246 §3°) e ao prever a publicação de editais (art. 259, inciso I).

Não há mais menção explícita à participação dos entes públicos[29], senão quando proprietários dos imóveis confrontantes, logicamente, nem do

---

28 Enunciado n. 368 do FPPC: (art. 1.071) A impugnação ao reconhecimento extrajudicial da usucapião necessita ser feita mediante representação por advogado.

29 Há, entretanto, entendimento no sentido da intimação dos mesmos, mesmo sem previsão legal (Enunciado 25 do Fórum Permanente de Processualistas Civis: "A inexistência de procedimento judicial especial para a ação de usucapião e de regulamentação da usucapião extrajudicial não implica vedação da ação, que remanesce no sistema legal, para qual devem ser observadas as peculiaridades que lhe são próprias, especialmente a necessidade de citação dos confinantes e a ciência da União, do Estado, do Distrito Federal e do Município").

Ministério Público. De todo modo, é possível entender pela atuação ministerial nas hipóteses do artigo 178: interesse social (apenas se especialmente justificado, não pelo simples fato de ser um pleito *ad usucapionem*), interesse de incapaz (se este for proprietário ou possuidor) e litígios coletivos pela posse de terras (leia-se, para os fins deste trabalho, ações que buscam o usucapião coletivo).

Mesmo nos casos em que a legislação extravagante (Estatuto da Cidade e Lei 6.969/81) exigem obrigatória intervenção ministerial, é bastante questionável que esta se mantenha como requisito necessário tão somente pela previsão legal. Faz sentido, mesmo em tempos de um neoprocessualismo fortemente principiológico, atermo-nos à literalidades desses diplomas algo anacrônicos? Seguramente que não: a leitura deve ser feita à luz do novo Código de Processo Civil, inclusive em homenagem à economia processual.

Com o art. 1.071, além de outros dispositivos, o CPC/2015 consolida o movimento de desjudicialização. Outras passagens do Código que tratam do tema são:

a) art. 571 – permite que a demarcação e a divisão de terras possam ser realizadas por escritura pública, desde que maiores, capazes e concordes todos os interessados.

b) art. 703, § 2º – autoriza a homologação do penhor legal pela via extrajudicial.

c) art. 733 – reproduz a regra então vigente no CPC/73, por força da Lei n. 11.441/2007, dispondo que o divórcio consensual, a separação consensual e a extinção consensual de união estável, não havendo nascituro ou filhos incapazes e observados os requisitos legais, poderão ser realizados por escritura pública.

d) art. 610, § 1º – na mesma linha da Lei n. 11.441/2007, estabelece que se todos os herdeiros forem capazes e concordes, o inventário e a partilha poderão ser feitos por escritura pública.

e) art. 384 – estabelece que a existência e o modo de existir de algum fato podem ser atestados ou documentados, a requerimento do interessado, mediante ata lavrada por tabelião.

Posteriormente à promulgação do NCPC, foi editada a Lei n° 13.112/2015, que aumentou o prazo para o pai registrar o nascimento de seu filho, de modo a igualar o prazo do pai ao da mãe.

Todos esses procedimentos, desjudicializados, acabaram integrados à cultura jurídica brasileira, de modo que a saída desses ritos do âmbito judiciário acabou mal sendo notada[30], o que não vem ajudando a ampliação das discussões sobre as consequências que essas medidas vêm causando.

---

30 STANCATI, Maria Maria Martins Silva. Administração de conflitos na Jurisdição Voluntária Extrajudicial: subsídios doutrinários sobre sua possibilidade. Dissertação de Mestrado. Estácio, 2016, 178 p.

3. A nova jurisdição voluntária extrajudicial

No Brasil, Leonardo Greco[31] cita a jurisdição voluntária extrajudicial, mas não adentra em suas minúcias.

Outros autores como Frederico Marques,[32] Lopes da Costa,[33] Edson Prata,[34] José Maria Tesheiner[35] e João Paulo Lucena[36] não citam essa modalidade de jurisdição, mas afirmam que os procedimentos presentes na LRP são de jurisdição voluntária.

Não vamos, nesse texto, retornar à polêmica da natureza da jurisdição voluntária. Contudo, é importante registrar que o CPC/2015 manteve a nomenclatura. Digno de nota, ainda, é o fato do legislador ter promovido um enxugamento dos procedimentos, e eliminado o dispositivo que no CPC/73 impedia que as sentenças proferidas em tais procedimentos alcançassem a coisa julgada material.[37]

Trabalhamos, aqui, com o conceito segundo o qual a jurisdição voluntária tem natureza jurisdicional, tanto se exercida no seio do Poder Judiciário, como fora dele.[38]

Interessante a abordagem de Kollet,[39] para quem, diferentemente da Justiça reparadora (contenciosa), a justiça reguladora (voluntária) pode ser exercida pelos notários.[40]

---

31 GRECO, Leonardo. Jurisdição Voluntária Moderna. São Paulo: Dialética, 2003.

32 MARQUES, José Frederico. Ensaio sobre a Jurisdição Voluntária. Campinas: Millennium, 2000.

33 LOPES DA COSTA, Alfredo de Araújo. *Op.cit.*

34 PRATA, Edson. A Jurisdição Voluntária no novo Código de Processo Civil. In: Revista Forense, São Paulo, v. 71, n. 251, pp. 403/408, 1975.

35 TESHEINER, José Maria Rosa. Jurisdição Voluntária. Rio de Janeiro: Aide Editora, 1992.

36 LUCENA, João Paulo. Natureza Jurídica da Jurisdição Voluntária. Porto Alegre: Livraria do Advogado, 1996.

37 Art. 1.111 do CPC/73. Isso significa, também, que agora é cabível o uso da ação rescisória em tais hipóteses, o que antes era obstado, também por esse dispositivo.

38 "Retirar a Jurisdição Voluntária dos órgãos jurisdicionais, não retira o caráter jurisdicional" (GUERRA FILHO, Willis Santiago. Jurisdição Voluntária estudada pela Teoria Geral do Processo. In: Revista do Processo, São Paulo, v. 18, n. 69, p.31-62, 1993).

39 KOLLET, Ricardo Guimarães. A Jurisdição Notarial e os Direitos Subjetivos da Normalidade. 2009. Disponível em: <http://www.portalibest.com.br/img_sis/download/bd64869585011025ec09b79c5778539f.pdf >. Acesso em: 05 fev. 2015, p. 8.

40 Para alguns, seria, possível, até mesmo se falar em justiça notarial: CAVALCANTI NETO, Clóvis Tenório. O notário moderno no cenário jurídico brasileiro e seu aspecto garantidor da prestação jurisdicional. 2011. Disponível em: <http://www.boletimjuridico.com.br/doutrina/texto.asp?id=2313>. Acesso em: 03 fev. 2015, p. 4.

Edson Prata[41] indica que os atos de jurisdição voluntária eram atribuídos aos juízes de direito, de menores e de paz. Sendo que ao primeiro, cabe a jurisdição voluntária quando há desarmonia de interesses, o que ele chama de situações anormais ou anômalas.

Ao juiz de paz e ao notário, caberiam as situações normais, como o interesse de uma pessoa (testamento, declaração de nascimento...) ou de duas ou mais pessoas sem conflito (separação, notificação...). E, ao juiz de paz, cabe, ainda, a conciliação das partes que recorram ao seu juízo. Note-se que ficou duvidosa se a função do juiz de paz pode ser exercida pelo notário ou não, por isso, há a tese de que o notário poderia exercer o cargo de juiz de paz.

Lopes da Costa[42] afirma que os feitos de jurisdição voluntária estão distribuídos entre a autoridade administrativa e judiciária por um critério mais político do que jurídico. Indica que pela Lei Mineira nº 1.096/1959 eram tido por órgãos o juiz de paz, os oficiais do Registro Civil e os tabeliães, cabendo ao primeiro a conciliação entre as partes, além dos procedimentos de jurisdição voluntária como a justificação, a arrecadação provisória de bens, a habilitação e celebração de casamento, bem como a abertura de testamento quando o juiz de direito não podia fazê-lo.

Quanto à função conciliatória, o notário e o registrador já exercem, por derivação, a tarefa de pacificação social do conflito. As partes podem ir à serventia com uma lide, e ele poderá aconselhá-las sobre o meio mais adequado para resolver aquele litígio, formalizando juridicamente sua vontade através de um documento dotado de fé pública.

Essa conclusão, que já era intuitiva e uma realidade prática, agora ganha previsão expressa na Lei de Mediação.[43]

Na realidade, também o novo Código de Processo reconhece esse importante papel de tais atores extrajudiciais, ao trazer a ata notarial como meio de prova típico. Sabidamente, a praxe forense habituou-se com o referido instrumento, no qual o tabelião lavra ata atestando a ocorrência de um fato, ou o modo como ocorreu. Pelo fato de ser um documento dotado de fé pública, reveste-se de maior valor probatório.

Ontologicamente, pode-se conceber que o código revogado previa autorização para que o delegatário declarasse fatos que ocorreram em sua

---

41 PRATA, Edson. Op. cit. p. 115-117.

42 LOPES DA COSTA. Op. cit. p. 71-75.

43 Lei n° 13.140, de 26 de junho de 2015. Dispõe sobre a mediação entre particulares como meio de solução de controvérsias e sobre a autocomposição de conflitos no âmbito da administração pública. Confira-se o Art. 42: "Aplica-se esta Lei, no que couber, às outras formas consensuais de resolução de conflitos, tais como mediações comunitárias e escolares, e àquelas levadas a efeito nas serventias extrajudiciais, desde que no âmbito de suas competências".

presença (artigo 364 do CPC/73). No entanto, ainda que existisse regulamentação infralegal acerca do instrumento público em questão, a doutrina vinha se mostrando bastante assente quanto à atipicidade do referido meio probatório.

Diante desse panorama, o legislador preferiu delinear, de maneira breve, porém suficiente, a *ata notarial* no novo código, em seu artigo 384. Doravante, o requerimento do interessado ao tabelião para que ateste a existência do fato (ou seu "modo de existir", menção inédita) sai do abstrato rol de provas atípicas e ingressa na literalidade normativa.

Interessante notar que o parágrafo único do dispositivo, atento à realidade moderna, permite que seja certificada inclusive a constatação de imagens ou sons gravados em arquivos eletrônicos (o que seguramente robustece alegações das partes sobre eventuais mensagens enviadas ou recebidas nas mídias sociais ou no celular, bem como vídeos e fotos), evitando que uma eventual perda desses voláteis arquivos implique em uma impossibilidade quase que absoluta de convencimento do magistrado.

Estando presente na Seção III do Capítulo XII do Código, destinado às provas, a ata notarial apenas se segue às disposições gerais e à produção antecipada de provas, antecedendo os meios probatórios típicos da atividade jurisdicional (depoimento pessoal, confissão, testemunhal).

A topografia não se deu ao acaso: o novo meio típico pode gerar interesse mesmo que de maneira totalmente divorciada de um processo judicial – o que reafirma toda a tendência desjudicializante relatada. Bastará que o sujeito interessado perceba uma potencial utilidade probatória (ainda que distante), e que sua inércia momentânea poderá resultar em um comprometimento dessa prova, desejando atestar um fato.

Da mesma maneira, pode facilitar a economia processual microscópica, evitando-se, por exemplo, a expedição de uma precatória para ouvir testemunha que more em local distante, ou, ainda, uma oitiva em domicílio de alguém que não poderia se dirigir ao fórum, dada alguma debilidade locomotiva.

Os exemplos são variados, sendo de relevo também o papel pacificador exercido pelo tabelião diante de conflitos colocados à sua observância – outra manifestação da importante dinâmica desjudicializante oriunda do acesso à justiça.[44]

---

44 "Outro aspecto é o poder pacificador na presença de um tabelião em reuniões conflituosas, como de condomínio, associações ou sindicatos, além da relevância da fé pública da ata notarial por ele produzida em seguida à reunião. Mas há outras possibilidades ainda pouco exploradas: ata notarial relativa a estado do imóvel na entrega das chaves ou de obra não acabada; ata notarial para constatar abandono de um imóvel; ata notarial de constatação de acidentes, inundações, ou, em tempo de crise, para constatar que uma empresa encerrou suas atividades, que não atende

4. A figura da usucapião administrativa e o exame do art. 1.071 do CPC/2015

Passemos, então, à análise do atual panorama do instituto criado pelo novo código. Trata-se de uma construção legislativa absolutamente identificada com a realidade corrente da população brasileira, notadamente em cidades de interior ou em regiões socialmente desfavorecidas, onde o título de propriedade revela-se objeto raro.

Buscar-se-á a descrição do procedimento – não apenas conforme a lei, cuja redação prontamente gerou um leque de dúvidas práticas, mas também analisando as regulamentações ora existentes por parte das Corregedorias Gerais de Justiça dos tribunais de diversos entes federativos. Urge apontar, *ab initio*, que existem diversas disparidades entre esses instrumentos normativos secundários, razão pela qual, aliás, o Conselho Nacional de Justiça convocou audiência pública para o debate do tema, visando sua salutar uniformização.

4.1. Uma nova espécie de usucapião administrativa?

O dispositivo traz a desjudicialização da usucapião de forma ampla, inserida no art. 216-A da Lei de Registros Públicos. Navegou-se para além da hipótese trazida pela mencionada Lei n° 11.977/2009 (art. 60) – chamada de usucapião administrativa –, que já tem seu procedimento próprio.

Na modalidade, cuja vigência persiste, o detentor do título de legitimação de posse, nos moldes delineados pelo programa fundiário, pode, decorridos 5 anos,[45] requerer ao oficial de registros sua conversão em propriedade.

Evidentemente, estamos diante de uma espécie de usucapião, enquanto forma originária de aquisição da propriedade, desta vez dispensando a atuação jurisdicional.

Como exigências, estão declarações de que o pretenso proprietário não possui outro imóvel, que utiliza aquele para sua moradia, e que é a primeira vez que adquire área urbana por usucapião, bem como certidões comprobatórias da ausência de ação pendente acerca da posse ou propriedade do bem. Tais requisitos escancaram a motivação social da norma, que

---

telefone e não responde e-mails, muito útil para consumidores que tenham sido lesados e que queiram imediatamente atuar" (ASSUMPÇÃO, Letícia Franco Maculan. A ata notarial e a Usucapião Extrajudicial – considerações amadurecidas. 23 set. 2016. Disponível em: <http://www.notariado.org.br>. Acesso em: 14 out. 2016).

45 O prazo pode, ocasionalmente, ser maior, seguindo os do Código Civil, caso a área supere os 250 metros quadrados (art. 60 §3º).

densifica o direito social fundamental à moradia (artigo 6º da Constituição Federal).

É válido, aqui, um parêntesis terminológico, com duas breves observações. A primeira: há quem repute inadequada a tradicional sinonímia entre usucapião e prescrição aquisitiva, numa leitura minuciosa dos conceitos.[46]

A segunda: embora grande parcela dos autores apelide a inovadora modalidade do artigo 216-A da LRP de "usucapião administrativa",[47] outros preferem restringir essa nomenclatura para a hipótese advinda do título de legitimação de posse, vez que este é proveniente de ato autenticamente administrativo[48] – alerta este com o qual estamos de acordo.

Verifica-se, portanto, um gênero, usucapião extrajudicial *lato sensu* (assim entendidas todos os procedimentos de reconhecimento de propriedade por essa modalidade de aquisição originária que dispensem ajuizamento da demanda judicial), de que são espécies a usucapião administrativa (atinente à Lei do Programa Minha Casa Minha Vida, decorrendo da legitimação de posse) e a usucapião extrajudicial *stricto sensu* ou "reconhecimento extrajudicial de usucapião", expressão selecionada pelo próprio código.

As circunstâncias caracterizadoras são, principalmente, as seguintes: (i) naquela, é requisito que a posse decorra de autorização administrativa formal, (ii) sendo exercida sobre bem público, (iii) com forte finalidade de regularização fundiária e efetivação do direito fundamental à moradia; nesta, (i) a posse pode se dar amparada por algum justo título ou não (a depender da espécie), (ii) sendo exercida sobre bem particular, (iii) sem direta ligação com programas sociais.

Outro exemplo predecessor do novel instituto, guardando similitude com a alcunha de "usucapião administrativo", é a concessão de uso especial para fins de moradia, prevista na Medida Provisória 2.220/01.[49] Trata-se de

---

46 GAMA, Guilherme Calmon Nogueira da. Reconhecimento extrajudicial da usucapião e o novo Código de Processo Civil. Revista de Processo, v. 259, Set/2016. São Paulo: Revista dos Tribunais, p. 371.

47 ARRUDA ALVIM WAMBIER, Teresa; CONCEIÇÃO, Maria Lúcia Lins; RIBEIRO, Leonardo Ferres da Silva; MELLO, Rogério Licastro Torres de. Primeiros comentários ao novo Código de Processo Civil. São Paulo: Revista dos Tribunais, 2015, p. 1551.

48 A diferenciação, eminentemente técnica, já foi desenhada por GAMA, Guilherme Calmon Nogueira da. *Op. cit.*, p. 385.

49 Reza seu art. 1º; "Aquele que, até 30 de junho de 2001, possuiu como seu, por cinco anos, ininterruptamente e sem oposição, até duzentos e cinquenta metros quadrados de imóvel público situado em área urbana, utilizando-o para sua moradia ou de sua família, tem o direito à concessão de uso especial para fins de moradia em relação ao bem objeto da posse, desde que não seja proprietário ou concessionário, a qualquer título, de outro imóvel urbano ou rural".

efetivação do direito fundamental à moradia mediante ato administrativo vinculado, e que, portanto, pode ser exigido em juízo.[50]

4.2. Amplitude do instituto

Fica bastante perceptível que o legislador não quis limitar o reconhecimento extrajudicial de usucapião a algumas de suas espécies. Presume-se, pois, a possibilidade de o pleito envolver qualquer modalidade, que deverá ser especificada no requerimento.[51]

É de se questionar, então, que haja alguma restrição no ato normativo infralegal. O provimento oriundo do TJ/RJ, por exemplo, é expresso ao permitir a desjudicialização genericamente, excepcionando apenas os casos "em que a lei exigir expressamente manifestação do Ministério Público"[52].

Ora, como visto *supra*, o diploma processual vigente sequer se refere à participação do *Parquet* nas ações ordinárias em que se pleiteia a declaração da usucapião, de modo que, como regra, não sucederá intervenção obrigatória.

Uma possibilidade de leitura é diferenciar os casos em que o Ministério Público deve ser intimado daqueles nos quais deverá efetivamente intervir, isto é, se manifestar. Contudo, acabará por se revelar algo irrelevante o cotejo, porque nas modalidades especiais de usucapião, previstas em legislação específica (Estatuto da Cidade[53] e Lei 6.969/81[54]), o Ministério Público deverá intervir. Surge, desse modo, um conflito indisfarçável: é legal e constitucional a restrição regulamentar do Tribunal de Justiça do Rio de Janeiro?

Nos parece que não: toda a *ratio* desjudicializadora delineada *supra* se volta à facilitação da aquisição de direitos, procurando facilitar o acesso à justiça. Quando muito, para não ignorar a preocupação do legislador, pode-se imaginar uma atuação ministerial extrajudicial, no curso do procedimen-

---

50 "Art. 6º. O título de concessão de uso especial para fins de moradia será obtido pela via administrativa perante o órgão competente da Administração Pública ou, em caso de recusa ou omissão deste, pela via judicial".

51 Provimento 23/2016 CGJ/RJ, art. 10, parágrafo único: "O requerimento, que apontará a modalidade de usúcapião pretendida e os fundamentos jurídicos do pedido, será assinado conjuntamente pelo interessado ou acompanhado de procuração deste, sem necessidade de reconhecimento de firma (...)".

52 Provimento 23/2016 CGJ/RJ, art. 17: "Presentes os requisitos legais, é possível o reconhecimento extrajudicial das diversas modalidades de usucapião, salvo aquelas em que a lei exigir expressamente a manifestação do Ministério Público".

53 Art. 12 §1° do Estatuto da Cidade: "Na ação de usucapião especial urbana é obrigatória a intervenção do Ministério Público".

54 Art. 5° §5° da Lei 6969/81: "Intervirá, obrigatoriamente, em todos os atos do processo, o Ministério Público".

to (algo que, na prática, soa impensável) ou ao seu deslinde, numa espécie de função saneadora.

Interessante notar que o mesmo provimento administrativo carioca permite que o oficial, após a análise da documentação toda, entenda por reconhecer modalidade diversa da pleiteada, caso presentes os requisitos legais.[55]

Essa não adstrição (ou adstrição amplificadora) vem no sentido de facilitar a aquisição da propriedade, ultrapassando um apego burocrático que, eventualmente, ao cabo de todo o procedimento extrajudicial, pudesse entender por negar a usucapião requerida, quando poderia declarar a existência de outra espécie – efetivando o direito fundamental, objetivo último do instituto.

Sem dúvida, estamos diante de uma positivação, ainda que infralegal, de diversos valores caros ao atual ordenamento neoprocessual e plenamente aplicáveis a procedimentos extrajudiciais, sobretudo quando desjudicializantes. Haveria melhor exemplo de aplicação prática da economia processual macroscópica ou da duração razoável do processo (administrativo), diante desse imbróglio?

Outras regulamentações, embora não impeçam seu reconhecimento, estabelecem requisitos ulteriores para determinadas modalidades de usucapião. Nessa linha, o provimento do TJ/DFT exige, no caso de pleito de usucapião especial urbana ou rural, certidões negativas de propriedade expedidas pelos cartórios de registro de imóveis do ente federativo e declaração dos próprios requerentes de que não possuem outro imóvel.[56]

Aqui, antes de restringir o acesso à justiça imponde exigências *contra legem*, prestigia-se a segurança jurídica, tão somente importando para o procedimento extrajudicial a comprovação dos requisitos estabelecidos na legislação civil para a aquisição da propriedade.

Similar é o que ocorre na minuta de provimento do CNJ[57], a ser debatida nas audiências públicas, o qual exige, na hipótese de se buscar a usuca-

---

55 Provimento 23/2016 CGJ/RJ, art. 26, parágrafo único: "O Oficial não está adstrito à modalidade de usucapião eleita pelo requerente e poderá reconhecer os pressupostos de outra, caso presentes os requisitos legais".

56 Provimento 10/2016 CGJ/DFT, art. 3º, parágrafo único: "Se o pedido de reconhecimento se referir a usucapião especial urbano ou rural, o requerente e seu cônjuge ou companheiro deverão apresentar certidões negativas de propriedade expedidas pelos cartórios de registro de imóveis do Distrito Federal, bem como declaração, com firmas reconhecidas em cartório de notas do Distrito Federal, de que não são proprietários de imóvel rural ou urbano".

57 Texto disponível para consulta pública no seguinte endereço: http://www.cnj.jus.br/files/conteudo/arquivo/2016/07 /ec1e95ba2c6aecf760c5697be977fe95.pdf. Acesso em 15 de outubro de 2016.

pião familiar (entre cônjuges – artigo 1.240-A do Código Civil), apresentação da sentença transitada em julgado reconhecendo o abandono do lar[58] e a prova da propriedade em comum.

Não parece bastar uma sentença que decrete o divórcio, por exemplo (a menos que, *obiter dictum*, mencione essa peculiar circunstância), de modo que poder-se-ia cogitar de uma ação declaratória como condição necessária para o proceder extrajudicial.

Até se pode argumentar que, ainda assim, o desenrolar do feito se mostrará mais abreviado que o da ação de usucapião, tradicionalmente morosa. Porém, não se negue que a exigência (agravada com a necessidade do trânsito em julgado) soa desarrazoada. É de se questionar, por tudo isso, se não seria possível a alternativa de atestar essa condição por meio da ata notarial, seja a mesma que trata da posse ou uma outra, autônoma – caso o tabelião não se mostrasse satisfeito, restaria o caminho da dúvida ou o pleito judiciário.

Por fim, cumpre observar que o instituto se destina, *de lege lata*, apenas a bens imóveis. É o que se extrai da literalidade do artigo 216-A, bem como dos próprios requisitos por ele enunciados. *De lege ferenda*, contudo, o reconhecimento extrajudicial da aquisição de bens móveis homenagearia o acesso à justiça de igual maneira – mormente, porque a anuência do pretérito proprietário é condição básica para lançar mão do procedimento, de modo que não haveria, a princípio, prejuízo para qualquer dos particulares.

4.3. A solução judicial: uma via sempre aberta?

A nova usucapião extrajudicial igualmente não compromete a provocação judicial da questão, ainda que após a instauração do procedimento junto ao cartório. Aliás, mesmo após a negativa definitiva em cartório, a lei deixa margem para o ajuizamento da pretensão[59] (embora não precisasse fazê-lo: a inafastabilidade constitucionalmente estatuída não permitiria outra conclusão). Nada de contencioso administrativo obrigatório, portanto.

Mais uma interrogação é deixada: durante o desenrolar do procedimento extrajudicial, seria possível o ajuizamento? A princípio, a resposta teria de ser positiva, vez que não há vedação legal e, menos ainda, constitucional. Contudo, uma leitura atenta do interesse de agir autorizaria conclusão diversa, sob pena de sobrecarregar o Judiciário com pedido que

---

58 A doutrina não é uníssona quanto ao conceito de abandono do lar, havendo quem o observe apenas sob a ótica do distanciamento físico, e quem exija que venha acompanhado do desamparo material. A discussão da culpa na separação, entretanto, se considera extinta pela EC 66/10.

59 Art. 216-A, § 9º: "A rejeição do pedido extrajudicial não impede o ajuizamento de ação de usucapião".

eventualmente seria resolvido de forma mais célere antes mesmo da resposta impositiva do juiz[60]. É ultrapassada a quadra do acesso irrestrito, porque irracional, ao Judiciário.

Evidentemente, em havendo alguma peculiaridade que justifique a provocação da jurisdição, como uma excessiva demora na resposta do tabelião ou exigências probatórias infundadas do mesmo, abre-se a via em questão (inclusive, por meio do mandado de segurança, caso se objetive apenas o prosseguimento do procedimento extrajudicial, na forma da lei).

Seja como for, reitere-se que o pedido negado em sede cartorária pode ser dirigido ao Judiciário, por meio de uma ação ordinária de usucapião.

4.4. Requisitos do requerimento

O que se percebe, com uma análise perfunctória do instituto, é uma autêntica saída extrajudicial, na qual o tabelião praticamente terá somente que certificar a regularidade da situação. No entanto, a inovação foi tímida – ou, melhor dizendo, prudente -, impondo exigências variadas.

Embora o art. 216-A não o diga expressamente, rapidamente se percebeu que o requerimento deve se adequar à forma de uma *petição inicial*, no que couber, indicando, além dos documentos exigidos pela lei, a modalidade de usucapião pleiteada, nome e qualificação dos possuidores, a matrícula do imóvel (quando não houver, basta informar tal situação), valor atribuído ao imóvel e eventuais edificações, benfeitorias ou acessões.[61]

60 "Poderíamos até dizer que se trata de uma interpretação neoconstitucional do interesse em agir, que adequa essa condição para o regular exercício do direito de ação às novas concepções do Estado Democrático de Direito. Mas esta é apenas uma das facetas desta visão. A outra e, talvez, a mais importante, seja a consciência do próprio Poder Judiciário de que o cumprimento de seu papel constitucional não conduz, obrigatoriamente, à intervenção em todo e qualquer conflito. Tal visão pode levar a uma dificuldade de sintonia com o Princípio da Indelegabilidade da Jurisdição, na esteira de que o juiz não pode se eximir de sua função de julgar, ou seja, se um cidadão bate as portas do Poder Judiciário, seu acesso não pode ser negado ou dificultado, na forma do artigo 5o, inciso XXXV da Carta de 1988. O que deve ser esclarecido é que o fato de um jurisdicionado solicitar a prestação estatal não significa que o Poder Judiciário deva, sempre e necessariamente, ofertar uma resposta de índole impositiva, limitando-se a aplicar a lei ao caso concreto. Pode ser que o Juiz entenda que aquelas partes precisem ser submetidas a uma instância conciliatória, pacificadora, antes de uma decisão técnica" (PINHO, Humberto Dalla Bernardino de. A mediação e a necessidade de sua sistematização no processo civil brasileiro. In: Revista Eletrônica de Direito Processual. v. 5, jan/jun 2010, disponível em http://www.e-publicacoes.uerj.br/index.php/redp).

61 O Código não inaugurou esses requisitos, mas é presumível que integrem o pedido, de modo que o art. 3º da minuta do CNJ os elenca.

O pedido deve estar acompanhado da prova documental[62] indicada no dispositivo, devendo ser feito por meio de advogado, qualificado na petição – o que impõe mais um requisito: a *procuração*, outorgada por instrumento público ou particular[63]. O aceno acerca do patrono é relevante porque em seu nome serão dirigidas notificações, no curso do procedimento[64].

4.5. Documentos necessários

A lista começa pela *ata notarial* lavrada pelo tabelião (de notas[65]), atestando o tempo de posse do requerente e seus antecessores, conforme o caso e suas circunstâncias. Ou seja, anteriormente ao pedido de reconhecimento da aquisição da propriedade, o interessado deverá ter pleiteado que um notário certifique há quanto tempo possuía o bem e em que condições.

Inicial questionamento não respondido pela lei diz respeito ao cartório autorizado a confeccionar a ata: será apenas aquele da circunscrição do imóvel ou qualquer outro?

A princípio, qualquer tabelião poderia atestar o tempo de posse, se convencido disso. No entanto, o requisito está longe de ser banal, podendo se mostrar, em concreto, mais complexo e trabalhoso. Isso porque, para que se ateste o período de posse, o tabelião pode diligenciar no local, indagando pessoas próximas e afins, para além de verificar o suposto exercício por provas documentais, das mais variadas (fotos, comprovante de pagamento de impostos reais, etc.), se na circunscrição municipal a ele delegada[66].

Essa aparente faculdade, no entanto, pode vir a se tornar uma obrigação – ou um poder-dever.

Certas regulamentações, inclusive, assim o previram, de maneira

---

62 A minuta de provimento do CNJ ousou ao exigir que os documentos sejam apresentados no original, sem paralela imposição legal. Deveriam bastar cópias autenticadas.

63 O Provimento do TJDFT obriga a outorga de poderes especiais (art. 2°, §1°). A minuta do CNJ, por sua vez, exige reconhecimento de firma, na procuração por instrumento particular (art. 2°, §1°).

64 É a previsão do provimento mineiro e do art. 4° da minuta do CNJ, o qual aduz, ainda que o não atendimento dessas notificações é capaz de caracterizar omissão apta a arquivar o pedido e cancelar as prenotações. Diante dessa consequência relevante, não soa exagerado que, em um juízo de razoabilidade, o tabelião notifique pessoalmente o interessado, sobretudo quando o procedimento já estiver com andamento avançado.

65 Subsidiariamente, por vezes se admite a destinação do pedido ao oficial de registro civil, nas comarcas em que não houver tabelionato de notas. É o caso do estado de Alagoas, em razão do art. 27 da Lei Estadual 5.627/94.

66 A limitação vem no art. 9° da Lei 8.935/94: "O tabelião de notas não poderá praticar atos de seu ofício fora do Município para o qual recebeu delegação", como reconhecido pelo provimento carioca e pelo baiano.

explícita,[67] sempre às expensas do requerente.[68] Isso porque é difícil imaginar que seja verificada com precisão a posse do pleiteante sem que haja uma análise *in loco*. Na ata, então, constará a descrição objetiva da diligência, bem como aspectos de relevo, como declarações de possuidores e proprietários de imóveis confinantes ou de outros terceiros, ou, ainda, o valor do imóvel, como declarado pelos interessados.[69]

Porém, nada impede que a ata notarial seja confeccionada, como alertado, em repartição mais distante do imóvel,[70] se dentro da circunscrição territorial municipal – fundamental é apenas que haja a fé pública que lhe é inerente. Em suma: há discricionariedade, porém mitigada, por parte do possuidor.

Perfeitamente possível, também, que tal ata venha a ser levada em conta como elemento probatório pelo magistrado, caso se opte por judicializar a questão em algum momento, o que torna inegável a utilidade prática do recém acrescentado meio típico de prova. A legislação permite, ainda, que o tabelião esclareça casos de sucessão, geral ou particular[71], na posse daquele bem – o que só soa crível quando inexistirem discussões mais acaloradas, a demandar solução judicial.

O segundo requisito legal é a *planta* e o *memorial descritivo* assinado por profissional legalmente habilitado (isto é, com prova de anotação de responsabilidade técnica no respectivo conselho de fiscalização profissional) e pelos titulares de direitos reais e de outros direitos registrados ou averbados na matrícula do imóvel usucapiendo e na matrícula dos imóveis confinantes.

Uma leitura do dispositivo legal permite dividi-lo em dois documentos: (i) a planta e (ii) o memorial descritivo. Este último deve vir assinado (ii.a)

---

67 É como tratou do tema o Provimento 35/2016 da Corregedoria Geral de Justiça do TJ/AL (art. 3°, 3°).

68 Art. 2° Provimento CGJ/RJ e Provimento Conjunto CGJ/CCI 02/2016 da Bahia, por exemplo. Frise-se, ademais, que a ata notarial tem valor econômico, devendo os emolumentos serem fixados com base no valor do imóvel (previsão da regulamentação baiana).

69 Caso haja divergência acerca do valor real do bem, o provimento alagoano institui que "caberá ao interessado fazer acostar ao pedido 02 (dois) laudos de avaliação elaborado por profissional com inscrição junto ao respectivo conselho de classe, contendo o valor de mercado do imóvel" (art. 2°, §1° do Provimento 35/2016 CGJ/AL).

70 O Provimento 23/2016 da Corregedoria Geral de Justiça do TJ/RJ, que regulamenta o usucapião extrajudicial, contém previsão expressa em seu art. 1°: "A ata notarial para fins de reconhecimento extrajudicial de usucapião será lavrada por Tabelião de Notas de livre escolha das partes".

71 A diferença é dada pelo Código Civil: "Art. 1.207. O sucessor universal continua de direito a posse do seu antecessor; e ao sucessor singular é facultado unir sua posse à do antecessor, para os efeitos legais".

pelo profissional (em todos os casos), bem como por eventuais detentores de direitos reais registrados ou averbados na matrícula (ii.b) do usucapiendo e (ii.c) dos confinantes.

Desse modo, tem-se, como *elementos obrigatórios/necessários*, a planta e o memorial descritivo, com a assinatura do profissional habilitado; e, como *elementos acidentais/eventuais*[72], as assinaturas dos titulares de direitos reais constantes na matrícula do bem pleiteado e dos confinantes.

O legislador, de fato, não foi exatamente didático (poderia ter separado os dois documentos, dedicando um inciso para cada um, desfazendo qualquer confusão). De todo modo, a lei, vista à luz do texto, nos leva a concluir nesse sentido: não é dito "planta e memorial descritivo assinados", mas "planta e memorial descritivo assinado". Causa espécie, então, que o parágrafo 2° fale que a planta deve estar assinada pelos titulares de direitos reais.

No entanto, ao observar a regulamentação do procedimento por diversos Tribunais de Justiça, encontram-se interpretações diferentes. O provimento carioca, por exemplo, exige que a planta seja assinada pelos titulares de direitos reais e pelo profissional, enquanto o memorial descritivo o seja apenas pelo profissional[73]. Por outro lado, a minuta do CNJ exige que ambos os documentos sejam assinados por todos os sujeitos mencionados.

A assinatura do profissional legalmente habilitado[74] possui a clara finalidade de, além de dar respaldo técnico para o tabelião, atrair para si a responsabilidade oriunda de fatos inverídicos, verificados mesmo que após o término do procedimento[75]. É razoável, pois, que o registrador necessite da certificação, ainda que na planta, do profissional que a confeccionou. Na prática, de todo modo, é difícil imaginar a apresentação de uma planta minimamente precisa e técnica sem a referida rubrica.

Muito mais polêmica é a necessidade de assinatura dos titulares de direitos registrados ou averbados na matrícula do imóvel usucapiendo e dos imóveis confinantes. A redação final do dispositivo, modificando o substitutivo da Câmara dos Deputados, passou a exigir a anuência dos proprietários e de demais titulares de direitos reais.

Quanto a estes últimos, é preferível uma interpretação à luz do acesso à justiça, de modo que aqueles que possuem direitos reais diversos da

---

72 No caso de imóveis rurais, certos provimentos, como o distrital (art. 6°), acrescem necessidade de verificações ulteriores, inclusive pelo INCRA.

73 Artigo 10, parágrafo único do Provimento CGJ/RJ 23/2016.

74 A minuta de provimento do CNJ esclarece o que seria a habilitação: prova da anotação de responsabilidade técnica (ART) ou registro de responsabilidade técnica (RRT) no conselho profissional respectivo (art. 2°, inciso II). O Provimento 10/2016 da CGJ/DFT, por sua vez, se satisfaz com uma declaração do referido conselho profissional (art. 6°, §1°).

75 O artigo 2°, §2° do Provimento 35/2016 da CGJ/AL assim o prevê, de modo expresso.

propriedade e não afetados diretamente pelo usucapião (exemplo: direito de uso), ainda que silentes, não impediriam, *de per si*, o reconhecimento extrajudicial da aquisição de propriedade. A minuta do Conselho Nacional de Justiça é, nesse particular, de se aplaudir, ao colocar a cláusula "desde que haja relevância no procedimento de reconhecimento da usucapião".[76]

No mesmo sentido, dar-se-ia a discordância dos titulares de direitos reais sobre os imóveis confinantes, que dificilmente seriam afetados, no seu patrimônio jurídico, pela mudança de proprietário, quando, note-se, a posse já é exercida por longo período pelo pleiteante.[77]

Imaginar que uma postura procrastinatória ou indiferente desses sujeitos pudesse impedir, plenamente, a efetivação do direito do requerente ofende a proporcionalidade frontalmente. Logicamente, diante do caso concreto, caso o tabelião (que, aliás, deverá buscar a conciliação diante desse quadro fático) perceba uma justificável resistência, poderá optar por suscitar dúvida ou, lançando mão da lei puramente, negar o pedido, deixando-o a cargo do Judiciário.

A inércia do proprietário, por sua vez, impõe solução diversa: apenas será possível o instituto debatido se houver consentimento expresso destes. Trata-se de autêntica escolha legislativa que, embora discutível, é clara – mas, também, prudente.

De modo a evitar impugnações ulteriores, é preferível que todas as assinaturas referidas (profissional e titulares de direitos reais do imóvel e dos confinantes) constem em ambos os documentos (planta e memorial descritivo), ou, esta uma solução mais atenta aos princípios do novo processo civil, que se satisfaça a exigência de anuência com a rubrica em qualquer dos dois documentos, na ata notarial ou em documento apartado.[78]

---

76 Redação do art 2°, II, *in fine*.

77 O art. 12, §§5º e 6º, do Provimento 23/2016 da CGJ/RJ elenca, nessa linha, hipóteses de dispensa da anuência dos confrontantes: "§ 5º. É dispensada a anuência dos confrontantes quando o imóvel usucapiendo for unidade autônoma cujos limites, perfeitamente discriminados no assento imobiliário, coincidam com a descrição no memorial de que trata o artigo 10, inciso III, salvo no caso de unidades em sobrados e assemelhadas, segundo prudente critério do Oficial. § 6º. É igualmente dispensada a anuência dos confrontantes quando o imóvel usucapiendo for área cujos limites, perfeitamente discriminados no assento imobiliário, coincidam com a descrição no memorial de que trata o artigo 10, inciso III".

78 "A anuência dos titulares de direitos reais e de outros direitos registrados ou averbados na matrícula do imóvel usucapiendo, e nas matrículas dos imóveis confinantes, poderá ser certificada na própria ata notarial, ou prestada em documento apartado, público ou particular, com reconhecimento de firma, declarando-se o conhecimento da planta e do memorial descritivo e a concordância com o procedimento" (art. 12 Provimento 23/2016 CGJ/RJ). Na minuta do CNJ, admite-se a anuência "a qualquer momento, em *documento particular* com firma reconhecida" (art. 5°, §5°).

Em permanecendo silentes os referidos titulares de direitos, o oficial de registro os notificará, pessoalmente ou por via postal com aviso de recebimento[79], para, em 15 dias,[80] consentir expressamente com o pleito. O grande cerne da questão é que, decorrido tal prazo, o parágrafo 2º do novel artigo 216-A estatui que será concluída sua discordância – o que significa dizer: restará impossível o prosseguimento extrajudicial. Sua anuência é *conditio sine qua non.*[81]

Rapidamente, surgiram vozes criticando a opção. Chega-se a alegar, de maneira interessante, sua inconstitucionalidade formal, porque, antes da redação final, o referido dispositivo, na Câmara, nada dizia a respeito da interpretação do silêncio como discordância.

A título de emenda redacional no Senado, explicitou-se a imprescindibilidade da concordância, o que, para essa corrente,[82] representaria uma reforma material do projeto sem retorno à Casa Legislativa anterior. Ademais, argumenta-se que o usucapião, instituto que está umbilicalmente ligado à inércia do proprietário, para ser reconhecido extrajudicialmente dependeria de uma postura positiva desse mesmo proprietário, o que seria uma incongruência clamorosa.

Não se discute que o instituto poderia ser mais amplo e que, efetivamente, em um sem número de casos o titular da propriedade poderá obstaculizar a aquisição da propriedade em cartório. Contudo, repita-se, foi a indisfarçável opção do legislador, que, a bem da verdade, previne modificações de propriedade temerárias.

Igualmente, não é verdade que o instituto será meramente acadêmico: não é raro, notadamente nas comarcas do interior, que a "propriedade" de certos bens seja passada informalmente, sem qualquer registro, inclusive por quem sequer a possui, formalmente.

São os "contratos de posse", investimentos da economia de toda uma vida de milhares de brasileiros carentes, mas que, juridicamente, pouco ou

---

79 Explicita o provimento distrital que "a notificação será dirigida ao endereço fornecido pelo requerente ou ao endereço do próprio imóvel confinante" (art. 8º, parágrafo único).

80 Quanto ao termo inicial do prazo, o provimento alagoano é o mais didático: "o prazo para os titulares de que trata o parágrafo antecedente manifestarem seu consentimento expresso, é de 15 (quinze) dias, a contar do recebimento da notificação pessoal, ou se for o caso, da devolução do Aviso de Recebimento, interpretando-se o seu silêncio como discordância" (art. 7º, §2º).

81 "Considera-se anuente o proprietário que tenha concordado prévia e documentalmente com a transmissão da posse ou propriedade do imóvel, desde que haja reconhecimento de firma ou registro público, e não haja dúvida quanto à identificação do imóvel" (art. 12 §3º Provimento 23/2016 CGJ/RJ).

82 PEREIRA, Felipe Pires. A interpretação do silencia na usucapião extrajudicial do novo CPC. Consultor Jurídico, 9 jan. 2016. Disponível em: <http://www.conjur.com.br/2016-jan-09/interpretacao-silencio-usucapiao-extrajudicial-cpc>.

nada significam (e que demandavam, por isso, ajuizamento de ações de usucapião). A usucapião extrajudicial, nesses casos, afigura-se completamente possível e recomendável: muitas vezes, aliás, o atual possuidor possui contato com o proprietário formal, que jamais se oporá a facilitar a regularização.

Atento a isso, foi brilhante o protótipo da Ministra Nancy Andrighi, enquanto corregedora nacional de justiça, ao prever que o consentimento pode ser considerado outorgado de maneira expressa mesmo diante do silêncio do proprietário e mesmo sem a notificação mencionada, quando existir (i) título ou instrumento que demonstre a existência de uma relação jurídica com o titular do direito real,[83] (ii) acompanhada pela prova da quitação da obrigação, (iii) e da certidão negativa de ação judicial contra o usucapiente ou seus cessionários. Deve-se, de resto, justificar o óbice que impede a correta escrituração, para impedir a burla dos procedimentos notariais pela via do usucapião. Ao registrador, caberá, lançando mão de seu livre convencimento, proferir decisão fundamentada acerca da validade dos documentos e da inexistência de lide.

Em suma: é o fim das ações de adjudicação compulsória, absolutamente comuns em casos nos quais existe o instrumento de promessa de compra e venda e a prova da quitação, decorrida, por vezes, há décadas, mas sem a posterior formalização da transferência da propriedade. Só esse passo bastaria para atribuir imensa utilidade ao instituto.

O fato de o proprietário ser falecido, de resto, não impede o procedimento analisado, bastando a assinatura dos seus herdeiros legais, acostando-se a declaração de únicos herdeiros.[84] Trata-se de manifestação do princípio da *saisine*, sendo tais sucessores os autênticos proprietários do bem, em conjunto, desde a morte.

O terceiro requisito documental previsto pela lei são as *certidões negativas dos distribuidores* da comarca da situação do imóvel e do domicílio do requerente, buscando evitar reconhecimento extrajudicial de uma propriedade já pleiteada ou em debate em demanda autônoma (na linha da vedação do artigo 557, bem como para fins de se atestar, sem receio, a natureza pacífica da posse).

---

83 Diz o §1º: "São exemplos de títulos ou instrumentos a que se refere o caput: a) Compromisso de compra e venda; b) Cessão de direitos e promessa de cessão; c) Pré-contrato; d) Proposta de compra; e) Reserva de lote ou outro instrumento no qual conste a manifestação de vontade das partes, contendo a indicação da fração ideal, do lote ou unidade, o preço, o modo de pagamento e a promessa de contratar; f) Procuração pública com poderes de alienação para si ou para outrem, especificando o imóvel; g) Escritura de cessão de direitos hereditários especificando o imóvel; h) Documentos judiciais de partilha, arrematação ou adjudicação".

84 Atentaram muito bem para esse aspecto, de forma expressa, o Provimento da 05/2016 CGJ/AC e 35/2016 da CGJ/AL (art. 5º de ambos).

Assevera a minuta do CNJ que as referidas certidões devem ser em nome do usucapiente, do requerido, dos demais possuidores (caso seja hipótese de sucessão da posse, cujo tempo se some ao do pleiteante), sempre acompanhadas das dos seus cônjuges.

Na verdade, também o requerimento deve ser feito pelo casal, excetuados os casos em que o cônjuge não seja proprietário ou meeiro do bem pleiteado[85]. Outrossim, os consentimentos dados pelos titulares de direitos reais, salvo as mesmas hipóteses.

Não faria sentido amparar uma conduta negativa quando sequer pudesse exercer as faculdades do domínio. Incogitável, portanto, a aplicação analógica do artigo 1.647 do Código Civil, incisos I e II, uma vez que não se trata de alienação de bem imóvel nem de judicialização acerca desses bens. De todo modo, ainda que se o aplicasse, o regime patrimonial merecerá atenção (uma união construída com base na separação absoluta jamais teria qualquer implicação nesse aspecto).

Quarto e último requisito advindo da normatização do novo código é o *justo título ou quaisquer outros documentos* que demonstrem a origem, a continuidade, a natureza e o tempo da posse, tais como o pagamento dos impostos e das taxas que incidirem sobre o imóvel. Constitui-se verdadeira cláusula geral a ser preenchida *in concreto*, trazendo à baila qualquer demonstração relevante sobre a posse ensejadora da declaração de usucapião (suas características são conhecidas: mansa, pacífica, contínua).[86]

Naturalmente, em sendo hipótese de pleito de modalidade especial, como o ordinário, o justo título será elemento necessário. Da mesma maneira, na usucapião especial (urbana ou rural), a certidão negativa de propriedade em nome dos usucapientes revela-se fundamental.[87] O importante é a satisfação das exigências de direito material.

---

85 Veja-se o art. 2º, §2º do Provimento da CGJ/DFT: "O interessado necessitará do consentimento do cônjuge, salvo se forem casados sob o regime de separação absoluta de bens, ou do companheiro, se for comprovada a existência de união estável". É uma importação do art. 73 do diploma processual ("o cônjuge necessitará do consentimento do outro para propor ação que verse sobre direito real imobiliário, salvo quando casados sob o regime de separação absoluta de bens") para o procedimento extrajudicial.

86 A corregedoria geral de justiça do Rio de Janeiro enunciou outros elementos, exemplificativamente, como "recebimento de correspondências, instrumentos de compra e venda ou promessa de compra e venda, declarações de imposto de renda que citam o imóvel, verificação pelo Tabelião de Notas de construções e plantações realizadas pelos ocupantes, ou outros elementos que fizer constar da ata notarial"(art. 10, parágrafo único, I do Provimento 23/2016).

87 O Provimento 10/2016 da CGJ/DFT é expresso nesse sentido: "Se o pedido de reconhecimento se referir a usucapião especial urbano ou rural, o requerente e seu

As regulamentações infralegais trouxeram outros requisitos, como a *procuração* para o advogado (logicamente, em sendo assistido por defensor público, a mesma estará dispensada), a *prova de anotação no conselho profissional* do subscritor da planta e do memorial, e elementos específicos. Trata-se de verdadeiro rol exemplificativo oriundo da necessidade probatória junto ao tabelião, perfeitamente inserível no inciso IV do artigo 216-A do diploma resgitral.

Se faltar algum dos documentos, cabe ao oficial de registro formular nota devolutiva e entregá-la ao requerente, para que sane a omissão.

4.6. Ciência aos entes federados e demais interessados

Deverá o tabelião, recolhidos os elementos mencionados, providenciar as notificações das Fazendas Públicas (Federal, Estadual e Municipal), para que se manifestem[88] em 15 dias.[89] O meio de comunicação aqui também é o próprio oficial (na notificação pessoal) ou o correio, com aviso de recebimento.[90]

---

cônjuge ou companheiro deverão apresentar certidões negativas de propriedade expedidas pelos cartórios de registro de imóveis do Distrito Federal, bem como declaração, com firmas reconhecidas em cartório de notas do Distrito Federal, de que não são proprietários de imóvel rural ou urbano" (art. 3°, parágrafo único).

88 Como bem ressalta Albuquerque Junior: "Vale ressaltar um ponto importante da regulamentação normativa: se o confinante ou titular de direitos reais não se manifestar, não se presume sua anuência. A solução adotada é oposta à vigente na retificação extrajudicial, em que o silêncio do confinante notificado implica concordância tácita (Lei de Registros Públicos, artigo 213, parágrafo 5º). Com a cautela legislativa, a segurança jurídica foi privilegiada em detrimento da efetividade. Um estudo estatístico que analise o número de retificações administrativas em comparação com o de contestações judiciais posteriores pode servir para confirmar a solução do novo artigo 216-A, ou para indicar a necessidade de sua reforma posterior. Se qualquer das partes interessadas apresentar impugnação, o registrador remeterá os autos ao juízo competente, para apreciação. Nesse caso, cabe a emenda da inicial, para ajustá-la às exigências do processo judicial. Se a documentação é insuficiente e o requerente não se conformou com as exigências formuladas, pode requerer a suscitação de dúvida (Lei de Registros Públicos, artigo 198), para que o juiz decida, no âmbito administrativo" (ALBUQUERQUE JÚNIOR, Roberto Paulino de. O usucapião extrajudicial o novo Código de Processo Civil. Consultor Jurídico, 18 mai. 2015. Disponível em <http://www.conjur.com.br/2015-mai-18/direito-civil-atual-usucapiao-extrajudicial-codigo-processo-civil>.

89 A disciplina dada pela Corregedoria Geral de Justiça da Bahia causa espécie, neste ponto, ao permitir a dilatação do prazo até 30 dias, a depender da complexidade do caso e da quantidade de documentos. Com todas as vênias, a previsão afigura-se ilegal, embora dotada de intenção presumivelmente boa (art. 1.421 do Código de Normas e Procedimentos Notariais e de Registro do Tribunal de Justiça do Estado da Bahia).

90 Cumpre, porém, uma proposta: o oficial que confeccionasse a ata notarial poderia, antecipando o aviso acima, notificar os entes em questão, de modo que, decorridos 15 dias, seria dispensável nova comunicação.

A diferença para a notificação dos titulares de direitos reais silentes é que, no caso dos entes fazendários, o decurso do prazo sem manifestação implica concordância com o pedido.

A lei prevê, além disso, a publicação de edital em jornal de grande circulação para dar ciência a terceiros eventualmente juridicamente interessados, para se manifestarem, sempre em 15 dias. O grande questionamento, neste ponto, é: e onde inexistir o referido meio de dar publicidade?

A resposta vem dada por diversos provimentos. Na Bahia e no Acre,[91] por exemplo, optou-se por preconizar a divulgação em jornal de circulação regular na comarca mais próxima à serventia extrajudicial. Em outros estados, a solução é fixar cópia do edital no átrio da serventia.[92]

No Rio de Janeiro, mantém-se a publicação em jornal do próprio município de circulação diária, ainda que não considerado de grande circulação[93], enquanto a proposta do CNJ fala me jornal de outra localidade com grande circulação no município do imóvel.[94]

Afigura-se preferível o meio com maior capacidade real (e não retórica) de notificação: em geral, na própria circunscrição, sendo recomendável também que se faça por outros instrumentos,[95] inclusive digitais, como na internet.

4.7. Casos de dúvida

Em havendo dificuldade por parte do registrador, nem por isso a via extrajudicial será extinta. A lei fala que, em qualquer caso, é lícito ao interessado suscitar o procedimento de dúvida (parágrafo 5°). Outra solução, se não estiver convicto da realidade fática, é a realização de diligências no local do bem, uma opção do tabelião[96] (parágrafo 7°).

São soluções para problemas diversos: a dúvida é a remessa para o juiz para que decida sobre ponto específico em procedimento registral, sendo dotada de natureza administrativa, jamais impedindo a impugnação judicial da mesma matéria (artigo 204 da LRP), enquanto as diligências servem para auxiliar o tabelião na percepção das circunstâncias acerca

---

91 Art. 9°, parágrafo único, do Provimento 5/2016 CGJ/AC e art. 1.442, §1°, do Código de Normas baiano.

92 Provimento 35/2016 CGJ/AL, art. 9, parágrafo único.

93 Art. 23, parágrafo único, do Provimento 23/2016 CGJ/RJ.

94 Art. 8°, §2° da minuta do CNJ.

95 O Código de Normas da Bahia menciona a anacrônica faculdade de divulgação via rádio (art. 1.421, §2°).

96 Afigura-se chocante com a disciplina legal, nesse aspecto, o provimento alagoano, que fala que o oficial "deverá" realizar diligências, quando o código foi claro ao empregar o verbo "poderá".

da posse alegada, contribuindo para sua decisão. Naquela, decide o juiz; nesta, o oficial de registro.

Há, ainda, a possibilidade de se suscitar dúvida inversa, por parte do requerente, caso discorde do tabelião, buscando que o juiz determine que realize determinado ato.[97]

4.8. Acolhimento do pedido

Presentes os requisitos todos e convencido o tabelião, este registrará a aquisição na matrícula existente ou, se não houver, abrirá uma nova.

Eventualmente, serão necessárias providências outras. Pode ocorrer, por exemplo, de a área registrada divergir da alegada, de modo que será necessária a precedente retificação da mesma. Igualmente, em se tratando de área rural, certa documentação específica será exigida.[98]

Note-se que variadas regulamentações de corregedorias esmiuçaram hipóteses específicas que possam vir a ocorrer, na prática: parcelamento irregular do solo,[99] usucapião de área maior que a constante na matrícula,[100]

97 O Código de Normas da Bahia, em seu art. 1.426, §2°, o prevê, expressamente.

98 Diz a minuta do CNJ, em seu artigo 10, §1°: "o registro do reconhecimento extrajudicial de usucapião de imóvel rural somente será realizado após a apresentação: I – do recibo de inscrição do imóvel rural no Cadastro Ambiental Rural (CAR) de que trata o art. 29 da Lei no 12.651, de 25 de maio de 2012, emitido por órgão ambiental competente, esteja ou não a reserva legal averbada na matrícula imobiliária, fazendo-se expressa referência, na matrícula, ao número de registro e à data de cadastro constantes daquele documento; II – do Certificado de Cadastro de Imóvel Rural (CCIR) mais recente, emitido pelo Instituto Nacional de Colonização e Reforma Agrária (INCRA), devidamente quitado; III – da certificação expedida pelo INCRA de que a poligonal objeto do memorial descritivo não se sobrepõe a nenhuma outra constante de seu cadastro georreferenciado e de que o memorial atende às exigências técnicas, conforme as áreas e os prazos previstos na Lei no 10.267, de 28 de agosto de 2001, e nos seus decretos regulamentadores.

99 Provimento 10/2016 CGJ/DFT, art. 15, parágrafo único: "Quando existir parcelamento irregular do solo para fins urbanos sobre o imóvel ou parte dele, essa informação constará da matrícula e serão admitidos posteriormente apenas os atos tendentes ao registro do parcelamento do solo aprovado pelo órgão competente do Distrito Federal".

100 Provimento 23/2016 CGJ/RJ, art. 26: "Presentes os requisitos de configuração da usucapião, caberá ao Oficial do Registro de Imóveis: III- Averbar o destaque da área objeto da usucapião no assento de origem, caso recaia sobre porção de maior área, mencionando o número da matrícula aberta".

existência de restrições administrativas sobre o bem,[101] dispensa do "habite-se",[102] entre outras.

4.9. Rejeição do pedido versus *impugnação do pedido*

Apresentado o pleito, pode ser o caso de o pedido ser rejeitado. Sucederá quando faltar algum documento, sem complementação no prazo aberto pelo registrador. Para o requerente, ficam abertas duas vias: a renovação do pedido (quando, por exemplo, deixou de juntar a planta) ou o ajuizamento de ação.

Diferente é a hipótese de impugnação do pedido de reconhecimento extrajudicial de usucapião, em que o oficial remeterá os autos ao juízo competente da comarca da situação do imóvel, cabendo ao requerente emendar a petição inicial para adequá-la ao procedimento comum. O pedido extrajudicial transmuda-se em ação judicial, em autêntica manifestação do princípio da economia processual e da efetividade, corolários de um justo acesso à justiça.

4.10. A função conciliatória do tabelião

É inegável que, como visto acima, o papel do registrador, em tempos de jurisdição contemporânea, reveste-se de enorme relevância, ao substituir a tradicional resposta judicial, solucionando conflitos de maneira mais célere e mais próxima do cidadão. Tal proximidade, aliás, justifica outras funções, como a de buscar, prioritariamente, a solução consensual do imbróglio.

As regulamentações administrativas sobre a temática estimulam a figura do "tabelião-conciliador":[103] a todo tempo, deverá o oficial de registros buscar não apenas *esclarecer* os envolvidos acerca do requerimento,[104] mas

101 Provimento 260/2013 CGJ/MG (alterado pelo Provimento 325/2016), art. 1.018-H §8º: "O reconhecimento extrajudicial de usucapião de imóvel matriculado não extingue eventuais restrições administrativas, tais como, tombamento e reserva legal, nem gravames judiciais regularmente inscritos, devendo o pedido de cancelamento, quando for o caso, ser formulado pelo interessado diretamente perante a autoridade que emitiu a ordem".

102 Mesmo Provimento mineiro, art. 1.018-H, §6º: "Se houver edificação na área usucapida, será aberta matrícula para o terreno com a edificação, independentemente de apresentação de 'habite-se' ou certidão previdenciária".

103 A hipótese é genericamente prevista no art. 42 da Lei n° 13.140/2015. "Aplica-se esta Lei, no que couber, às outras formas consensuais de resolução de conflitos, tais como mediações comunitárias e escolares, e àquelas levadas a efeito nas serventias extrajudiciais, desde que no âmbito de suas competências".

104 Previsão, entre outros, do art. 1.427, §1º, do Código de Normas baiano.

também intentar a *conciliação,*[105] nas eventuais complicações que vierem a surgir.

Se o desconhecimento do Direito é uma realidade que atinge ao cidadão-médio, nas disputas possessórias esse drama é acentuado, sobretudo por envolver porções particularmente hipossuficientes da tessitura social, tanto econômico como juridicamente.

Contar com um agente ativo, nessa dinâmica, pode constituir um verdadeiro alívio, traduzindo para as partes do pleito o que efetivamente está a se passar. No fim das contas, toda a busca por esclarecimentos poderá permitir que o problema se resolva efetivamente em sede extrajudicial.

Veja-se a hipótese da falta de consentimento. Não raro, o proprietário formal do bem imóvel pode entender que, anuindo ao pedido, estará abrindo mão de um direito "de mão beijada" – temor esse típico da sociedade litigante em que vivemos. Contudo, uma exposição rápida por parte do tabelião terá o condão de lhe explicar que sua resistência de nada lhe aproveitará, antes a posse consolidada há muito, bem como expor os malefícios da solução judicial, mais morosa e custosa.

Irmã gêmea do esclarecimento é a conciliação, tanto no momento da elaboração da ata notarial[106] como no procedimento principal[107]. Tê-la como mote é um mandamento central da nova sistemática processual civil, extensível para resoluções extrajudiciais, pelos métodos adequados para desfazer o emaranhado litigioso. Verifica-se um argumento de reforço a favor da prudente escolha legislativa de exigir o consentimento expresso dos titulares de direitos reais, pois a mera negativa não servirá de palavra final. A pergunta que o tabelião deverá fazer é: "por que não?".

Em suma, se o código quis dar aos registradores um novo instrumento (e, por conseguinte, mais uma fonte de emolumentos), também exige destes o (falso) ônus de se comportarem de maneira mais elucidante e próxima do destinatário final de seu serviço. Mais uma concreta manifestação do princípio da cooperação, instaurando uma comunidade coparticipativa em sede extrajudicial.

---

105 Art. 1.427 do Código de Normas do TJ/BA, art. 9º do Provimento da CGJ/RJ, art. 17 do Provimento da CGJ/AL, art. 11 da minuta do Conselho Nacional de Justiça (Corregedoria Geral de Justiça).

106 Art. 9º do Provimento CGJ/RJ 23/2016: "Havendo impugnação ao reconhecimento extrajudicial da usucapião, expressa ou tácita, poderá o Oficial de Registro de Imóveis tentar conciliar as partes".

107 Art. 28 do mesmo Provimento: "Havendo impugnação ao reconhecimento extrajudicial da usucapião, expressa ou tácita, poderá o Oficial de Registro de Imóveis tentar conciliar as partes".

5. Conclusão

Nasceu mais um polêmico instituto, absolutamente inserido na conjuntura jurisdicional contemporânea. Buscou-se passar, brevemente, pelos vazios deixados pela lei, muitos deles prontamente preenchidos pela normativa administrativa dos Tribunais de Justiça, que, em grande parte, responderam a algumas dessas interrogações.

Estamos convencidos da imperiosa necessidade de o Conselho Nacional de Justiça normatizar a matéria. Não custa lembrar que no passado, com o advento da Lei n° 11.441/07, só se alcançou um razoável grau de segurança jurídica quando o CNJ editou a Resolução n° 35/07.

De fato, em se tratando de temáticas extrajudiciais, as minúcias são relevantíssimas – e, atualmente, diferenciam-se de Estado para Estado. A consulta pública promovida, cujo prazo, apos ser prorrogado, se encerrou recentemente, seguramente contribuirá para a pacificação dessas questões.

Por outro lado, apareceram outros problemas, advindos da análise de compatibilidade dos provimentos das Corregedorias Gerais de Justiça com o texto do artigo 216-A da Lei de Registros Públicos, bem como deste com a Constituição Federal. Nessa linha, muito se questionou acerca da razoabilidade de se exigir a concordância expressa dos titulares de direitos reais sobre o imóvel objeto do procedimento. Talvez seja essa a maior inquietude da doutrina.

A nosso ver, entretanto, deve-se ultrapassar a questão, percebendo, realisticamente, que o instituto recém delineado é, como toda construção legislativa, fruto de escolhas.

Boas ou más, melhores ou piores, mais ou menos prudentes, porém escolhas – as quais devem ser respeitadas. Não se trata tanto da lei que queremos, mas da que temos, mormente quando tratamos da dinâmica registral. É impensável que, em uma serventia lotada, o oficial se dê ao luxo de ficar analisando a inconstitucionalidade ou, ainda pior, os acertos e as seleções do legislador. Cumpre-lhe por em prática a efetivação de direitos, abreviando as angústias inerentes a qualquer lide, amplificadas pela *via crucis* judiciária.

Mas não apenas. Agora, diante da discussão acerca do reconhecimento extrajudicial da usucapião, espera-se que o tabelião decida a questão, e, em não sendo possível, que esclareça e concilie os envolvidos. O acesso à justiça é realizado, primeiramente, pela educação em direitos, e o cartorário goza de protagonismo nessa peça, estando (espera-se) face a face com a população.

6. Referências Bibliográficas

ALBUQUERQUE JÚNIOR, Roberto Paulino de. *O usucapião extrajudicial o novo Código de Processo Civil*. Consultor Jurídico, 18 mai. 2015. Disponível em <http://www.conjur.com.br/2015-mai-18/direito-civil-atual-usucapiao-extrajudicial-codigo-processo-civil>.

ALCALÁ-ZAMORA, Niceto y Castillo. *Estudios de teoría general del proceso*. México: Universidad Nacional Autónoma de México, 1992. Disponível em: <http://info5.juridicas.unam.mx/libros/libro.htm?l=1049>. Acesso em: 13 ago. 2015.

ALMEIDA, João Alberto de. Desjudicialização: a relação entre a arbitragem e os serviços notariais e registrais. In: *Revista da Faculdade de Direito UFMG*, Belo Horizonte, n. 59, p.101-122, jul. 2011.

ARRUDA ALVIM WAMBIER, Teresa; CONCEIÇÃO, Maria Lúcia Lins; RIBEIRO, Leonardo Ferres da Silva; MELLO, Rogério Licastro Torres de. *Primeiros comentários ao novo Código de Processo Civil.* São Paulo: Revista dos Tribunais, 2015.

ASSUMPÇÃO, Letícia Franco Maculan. *A ata notarial e a Usucapião Extrajudicial – considerações amadurecidas*. 23 set. 2016. Disponível em: <http://www.notariado.org.br>. Acesso em: 14 out. 2016.

CAPPELLETTI, Mauro, GARTH, Bryant [tradução de Ellen Gracie Northfleet]. Acesso à Justiça, Porto Alegre: Sérgio Antonio Fabris, 1988.

CAPPELLETTI, Mauro. Problemas de Reforma do Processo nas Sociedades Contemporâneas. In: Revista Forense, n. 318.

CARNELUTTI, Francesco. Sistema de Direito Processual Civil. 2ª ed. São Paulo: Lemos e Cruz, vol. 1, 2004.

CAVALCANTI NETO, Clóvis Tenório. *O notário moderno no cenário jurídico brasileiro e seu aspecto garantidor da prestação jurisdicional*. 2011. Disponível em: <http://www.boletimjuridico.com.br/doutrina/texto.asp?id=2313>. Acesso em: 03 fev. 2015.

CHIOVENDA, Giuseppe. Instituições de Direito Processual Civil. 3ª ed. vol. II. Campinas: Bookseller, 2002.

GAMA, Guilherme Calmon Nogueira da. Reconhecimento extrajudicial da usucapião e o novo Código de Processo Civil. *Revista de Processo*, v. 259, Set/2016. São Paulo: Revista dos Tribunais.

GUERRA FILHO, Willis Santiago. Jurisdição Voluntária estudada pela Teoria Geral do Processo. In: *Revista do Processo*, São Paulo, v. 18, n. 69, p.31-62, 1993.

GRECO, Leonardo. *Instituições de Processo Civil*, vol. I, 5ª edição, Rio de Janeiro: Forense, 2015.

______. *Jurisdição Voluntária Moderna*. São Paulo: Dialética, 2003.

HOFFMAN, Paulo. *Razoável duração do processo*. São Paulo: Quartier Latin, 2006.

KOLLET, Ricardo Guimarães. *A Jurisdição Notarial e os Direitos Subjetivos da Normalidade*. 2009. Disponível em: <http://www.portalibest.com.br/img_sis/download/bd64869585011025ec09b79c5778539f.pdf >. Acesso em: 05 fev. 2015.

LIMA. Cláudio Vianna de. A arbitragem no tempo, o tempo na arbitragem, in A Arbitragem na Era da Globalização, livro coordenado pelo professor José Maria Rossani Garcez, 2ª edição, Rio de Janeiro: Forense, 1999.

LOPES DA COSTA, Alfredo de Araújo. *A Administração Pública e a Ordem Jurídica Privada (Jurisdição Voluntária)*. Belo Horizonte: Bernardo Álvares, S. A., 1961.

LUCENA, João Paulo. *Natureza Jurídica da Jurisdição Voluntária*. Porto Alegre: Livraria do Advogado, 1996.

MARQUES, José Frederico. *Ensaio sobre a Jurisdição Voluntária*. Campinas: Millennium, 2000.

MANCUSO, Rodolfo de Camargo. *A resolução dos conflitos e a função judicial no contemporâneo Estado de Direito*. São Paulo: Revista dos Tribunais, 2009.

NALINI, José Renato. *O juiz e o acesso à justiça*. 2ª ed., São Paulo: Revista dos Tribunais, 2000.

PRATA, Edson. A Jurisdição Voluntária no novo Código de Processo Civil. In: *Revista Forense*, São Paulo, v. 71, n. 251, 1975.

______. *Jurisdição Voluntária*. São Paulo: Ed. Universitária, 1979.

PEDROSO, João. *Percurso(s) da(s) reforma(s) da administração da justiça – uma nova relação entre o judicial e o não judicial*. Centro de Estudos Sociais, Observatório Permanente da Justiça Portuguesa, Coimbra, v. 171, p.1-43, abr. 2002. Disponível em: <http://www.ces.uc.pt/publicacoes/oficina/ficheiros/171.pdf>. Acesso em: 20 set. 2015.

PEREIRA, Felipe Pires. *A interpretação do silencia na usucapião extrajudicial do novo CPC*. Consultor Jurídico, 9 jan. 2016. Disponível em: <http://www.conjur.com.br/2016-jan-09/interpretacao-silencio-usucapiao-extrajudicial-cpc>.

PINHO, Humberto Dalla Bernardina de; PAUMGARTTEN, Michele Pedrosa. *A institucionalização da mediação é a panacea para a crise do acesso à justiça?* Disponível em: <www.publicadireito.com.br>. Acesso em 08/10/2013.

______. A mediação e a necessidade de sua sistematização no processo civil brasileiro. In: *Revista Eletrônica de Direito Processual*. v. 5, jan/jun 2010.

______. *A mediação no direito brasileiro: evolução, atualidades e possibilidades no projeto do novo Código de Processo Civil*. Disponível em: <www.ambito-juridico.com.br>. Acesso em 11/10/2014.

______. STANCATI, Maria M. S. Martins. A ressignificação do princípio do acesso à justiça à luz do art. 3° do código de processo civil de 2015. *Revista de Processo*, v. 254, Abr/2016, São Paulo: Revista dos Tribunais.

RIBEIRO, Moacyr Petrocelli de Ávila. op. cit. p.3, CAVALCANTI NETO, Clóvis Tenório. op. cit. p.1; KOLLET, Ricardo Guimarães. *A Jurisdição Notarial e os Direitos Subjetivos da Normalidade*. 2009. Disponível em: <http://www.portalibest.com.br/img_sis/download/bd64869585011025ec09b79c5778539f.pdf>. Acesso em: 05 fev. 2015.

SANTANNA, Ana Carolina Squadri. Proposta de reeleitura do princípio da inafastabilidade da jurisdição: introdução de métodos autocompositivos e fim do monopólio judicial de solução de conflitos. 2014. Dissertação. Universidade do Estado do Rio de Janeiro.

SPENGLER, Fabiana Marion. *Da jurisdição à mediação. Por uma outra cultura no tratamento de conflitos*. Ijuí: Editora Ijuí, 2010.

STANCATI, Maria Maria Martins Silva. *Administração de conflitos na Jurisdição Voluntária Extrajudicial: subsídios doutrinários sobre sua possibilidade*. Dissertação de Mestrado. Estácio, 2016.

TESHEINER, José Maria Rosa. *Jurisdição Voluntária*. Rio de Janeiro: Aide Editora, 1992.

Este livro foi impresso nas oficinas gráficas da Editora Vozes Ltda.,
Rua Frei Luís, 100 – Petrópolis, RJ.